西南政法大学刑法学术文库

DUPIN FANZUI SIFA RENDING JIBEN WENTI YANJIU

毒品犯罪司法认定基本问题研究

梅传强　等／著

中国检察出版社

图书在版编目（CIP）数据

毒品犯罪司法认定基本问题研究 / 梅传强等著. 北京：中国检察出版社，2025. —ISBN 978 - 7 - 5102 - 3149 - 0

Ⅰ. D924. 364

中国国家版本馆 CIP 数据核字第 20250NU708 号

毒品犯罪司法认定基本问题研究

梅传强　等著

责任编辑：史世琦

技术编辑：王英英

美术编辑：徐嘉武

出版发行：中国检察出版社

社　　址：北京市石景山区香山南路 109 号（100144）

网　　址：中国检察出版社（www. zgjccbs. com）

编辑电话：（010）86423736

发行电话：（010）86423726　86423727　86423728

（010）86423730　86423732

经　　销：新华书店

印　　刷：唐山玺诚印务有限公司

开　　本：710 mm × 960 mm　16 开

印　　张：19. 5

字　　数：324 千字

版　　次：2025 年 2 月第一版　　2025 年 2 月第一次印刷

书　　号：ISBN 978 - 7 - 5102 - 3149 - 0

定　　价：66. 00 元

国家社科基金重大项目《国家毒品问题治理的实践困境与模式创新研究》（20&ZD196）阶段性成果

2024年度教育部人文社会科学研究规划基金项目《青少年新型毒品滥用风险防控研究》（24YJA820019）阶段性成果

盈科律师事务所横向课题《国家毒品问题治理的理论与模式创新研究》最终成果

总 序

七十载辉煌征程，七十载峥嵘岁月。当时光的脚步踏入2019年，我们迎来了新中国成立七十周年的历史性时刻。在这个洋溢着喜庆的美好日子里，全新打造的《西南政法大学刑法学术文库》（以下简称《西政刑法文库》）由中国检察出版社隆重推出，这既是庆贺新中国七十华诞和致敬新中国光辉成就的献礼，更是西南政法大学刑法学科再出发的前进号角，我们将伴随着新中国永不停息的发展脚步，迈入新征程，迎接新挑战，实现新跨越。

西南政法大学刑法学科是全国最早获得硕士学位授权的刑法学科之一，是我国西部地区第一个刑法专业博士学位授权点，早在1995年就被确定为省部级重点学科。在近七十年的发展历程中，西政刑法学人辛勤耕耘、默默奉献，以赵念非教授、伍柳村教授、黄观效教授、邓又天教授、董鑫教授、高绍先教授、赵长青教授、陈忠林教授、李培泽教授、朱启昌教授、邱兴隆教授、张绍彦教授、梅传强教授等为代表的一大批知名学者为刑法学科的建设和发展做出了重要贡献。改革开放以来，邓又天教授、赵长青教授、陈忠林教授、梅传强教授和石经海教授先后担任学科带头人（负责人）。时至今日，刑法学科的专任教师已达38人，形成了具有良好学历、职称、年龄和学缘结构的教学科研团队；拥有重庆市首批人文社科重点研究基地“毒品犯罪与对策研究中心”，与最高人民法院、国家禁毒办合作共建了“国家毒品问题治理研究中心”，还有“有组织犯罪研究中心”“量刑研究中心”“特殊群体权利保护与犯罪预防研究中心”“少年法学研究中心”“金融刑法研究中心”“外国与比较刑法研究中心”等研究基地。经过几代人的薪火相传和不懈努力，西南政法大学刑法学科已经成为具有雄厚学科基础和优良学术传统、在全国发挥重要影响并且具有一定国际知名度的省部级重点学科。

科学研究与人才培养是学科建设的两翼。西南政法大学刑法学科具有数量规模庞大、年龄结构合理、学历水平优化、学缘结构合理的学科团队，他们积极投身于教学科研第一线，近年来在科研项目立项、学术论文发表、科研成果获奖等方面成绩斐然。在大力加强科学研究的同时，西南政法大学刑法学科也着力于人才培养。自2001年获得博士学位授权点以来，本学科已培养了近百名博士，他们活跃在法学理论和司法实务的各个领域，他们所取得的成绩在一定意义上也是本学科所取得的成绩。为此，《西政刑法文库》将立足本学科，主要出版本学科教学科研人员的优秀著作；同时，也将选择本学科培养且已经毕业的部分博士的学位论文或其他优秀学术著作出版。为了发挥《西政刑法文库》的学术价值和社会效应，体现学术丛书的性质，我们将采取不定期常年出版的形式，对于拟出版的著作由编辑委员会审定同意后出版，力争将其打造成为规模较大、质量上乘、影响广泛的学术精品。《西政刑法文库》将秉承思想交流与学术创新的基本宗旨，着力打造学术精品，展示西南政法大学刑法学人形象，献力中国刑法学术发展。

学术的生命在于争鸣，思想的火花源于碰撞。《西政刑法文库》的出版将呈现每一个作者对当下中国刑法理论与实践问题的关注和思考，为学术交流搭建一个有益的平台，用文字和思考为中国法治发展贡献自己的绵薄之力。我们期待《西政刑法文库》的出版发行能够为国内外同行了解和认识本学科提供一个窗口，也期待国内外同行能够以此为平台加强与本学科的沟通交流，国内外同行和广大读者的真知灼见将是我们进一步加强学科建设的重要力量。

将西南政法大学刑法学科发展好、建设好，是全体西政刑法学人的使命和追求。处在新时代的激流之中，在“双一流”建设的大背景下，本学科的发展也面临着诸多新的挑战，加强学科建设刻不容缓。值此《西政刑法文库》出版之际，诚挚欢迎学界同仁以及各界朋友一如既往地关心和支持西南政法大学刑法学科的发展建设，共同促进我国法治事业的健步前行。

《西南政法大学刑法学术文库》
编辑委员会
2019 年 10 月

目　录
CONTENTS

上　篇

下 篇

上　篇

第一章 毒品犯罪司法认定的基本概述

毒品犯罪作为一种较为高发、社会危害性高的犯罪，已经成为我国甚至全世界的公害，对公众健康、社会管理秩序等法益都会造成严重的侵害。党和国家一直对禁毒工作十分重视，也一贯坚持“严厉打击毒品违法犯罪”的做法。对毒品犯罪的司法认定问题进行深入研究，可以为司法实践中科学、正确地打击毒品犯罪提供助力，进而为打赢新时代禁毒人民战争提供理论保障。自近代毒品流入中国之后，我国的禁毒工作便一直未曾停歇，对毒品犯罪的打击也一直采取“零容忍”的态度。新中国成立之后，毒品在我国几近销声匿迹。但是，改革开放之后，随着我国对外开放的进程加快，毒品也不断从境外流入，毒品犯罪在中华大地上“死灰复燃”，甚至愈演愈烈。面对愈发严峻的毒品犯罪形势，我国对毒品违法犯罪进行严厉打击，取得了一定的成效。

具体而言，在刑事领域，随着刑法的诞生与完善，许多具有严重社会危害性的涉毒行为被纳入犯罪圈，加之毒品犯罪的法定刑较高、入罪门槛低、再犯处罚更为苛刻的立法规定，以及司法实践中的大量禁毒资源的投入，毒品犯罪的高发态势得到了遏制，社会秩序得到了稳定。但是，毒品犯罪的治理在取得巨大成就的同时，其背后也存在着一些悬而未决的问题亟待解决，尤其是近年来新精神活性物质的不断出现、网络化手段的不断翻新更是为毒品犯罪治理带来了新的挑战。在治理毒品犯罪之时，除了重视集中力量与资源在实践中及时对相关犯罪进行严厉打击之外，我们也应该分出一些目光，着眼于实践经验背后的理论根基问题，以期做到“成效斐然”与“有理有据”相统一。其中，实践现状的厘清是科学认定毒品犯罪的前提。在实践中，新型毒品更新迭代较快、“互联网+寄递”贩毒犯罪屡见不鲜、毒品犯罪司法认定疑难较多是较为典型的毒品犯罪实践现状。

第一节 新型毒品更新迭代较快

就新型毒品犯罪的性质认定而言，新型毒品属于人工合成毒品，制作周期短，种类变化快，而我国毒品管制的规定和制度反应迟缓，对于社会上出现的，尚未列入管制药品目录中的，具有严重成瘾性与毒害性的物质，没有明确的法律规定可以对其进行管制，导致这些物质的泛滥，对社会造成严重损害。厘清新型毒品的基本问题是研究新型毒品犯罪司法认定的前提和基础，只有在清楚了解新型毒品概念、分类以及特征的基础上，才能够更加深入地分析司法认定中存在的缺陷与弊端，并针对既有缺陷和弊端提出建设性意见。

一、新型毒品的概念

（一）毒品的基本概念

在世界其他国家和地区，“毒品”的定义和称谓不尽相同。联合国的国际公约一般称之为列入管制清单的“麻醉药品和精神药品”，其他国家和地区大多数按照联合国的文件规定采用此称谓，也有国家或者地区按照自己国家的专有名词来进行法律规制。例如，美国《管制物质法案》（the Controlled Substances Act）① 中的“受控制化学品”；日本刑法典中专章规定的“鸦片烟罪”中的“鸦片烟”②；我国香港特别行政区《危险药物条例》中的“危险药物”③ 和《药剂业及毒药条例》中的“毒药”④；我国台湾地区

① 也译作《受控制物质法案》。参见刘建宏主编：《新禁毒全书（第六卷）：外国禁毒法律概览》，人民出版社2015年版，第3页。

② 黎宏：《日本刑法精义》（第二版），法律出版社2008年版，第480页。

③ 香港特别行政区《危险药物条例》，载香港特别行政区律政司：电子版香港法例网，https://www.elegislation.gov.hk/hk/cap134，最后访问日期：2018年10月25日。

④ 香港特别行政区《药剂业及毒药条例》，载香港特别行政区律政司：电子版香港法例网，https://www.elegislation.gov.hk/hk/cap138，最后访问日期：2018年10月25日。

“毒品危害防制条例”中的“毒品”。[①] 这些称谓均是指易成瘾的麻醉药品和精神药品。即便是在相同的国家，法律规定与理论研究中对毒品的称谓也不同。如德国法律对毒品定义为“受国家控制的麻醉药品”，但德国理论界有学者把毒品定义为“指作用于人的中枢神经系统，使之兴奋或抑制，导致精神快感或幻觉，能产生依赖性的药品，有鸦片、大麻、可卡因、制幻剂和其他人工合成品”[②]。

在我国，“毒品”一词是指代麻醉药品和精神药品的专有名词，由最早的“鸦片烟毒”发展而来。新中国成立之后，“毒品”一词已在社会上广为使用，但有关法律文件仍称其为“鸦片烟毒”。这里的“烟毒”专指鸦片类毒品，而没有“鸦片和其他毒品”的含义。[③] 1979 年《刑法》第 171 条对毒品犯罪的规定中出现了“毒品”的表述，但并未对其具体含义进行界定。[④]“鸦片烟毒”“毒品”等概念混用，交替出现在行政规章和法律规定中。1979 年刑法公布之后，1981 年国务院颁布的《关于重申严禁鸦片烟毒的通知》中仍然使用“鸦片烟毒”概念来指代毒品。1990 年全国人大常委会通过的《关于禁毒的决定》中首次对“毒品”进行明确界定，将“毒品”定义为“国务院规定管制的其他能够使人形成瘾癖的麻醉药品和精神药品”，并在 1979 年刑法列举的 3 种毒品类型的基础上增加了吗啡和海洛因，扩大了“毒品”的外延。[⑤] 在此以后，部门规章和法律规定中统一使用“毒品”概念，“鸦片烟毒”少有提及。20 世纪 80 年代，新型毒品开始在我国泛滥，为了打击新型毒品犯罪，遏制新型毒品的发展势头，1997 年刑法在 1990 年全国人大常委会通过的《关于禁毒的决定》的基础上，增加了

---

① 我国台湾地区“毒品危害防制条例”，载北大法宝网，http://gfggi66f6a8ad06ba47d9scbucbuv560xb6w9u.fbch.oca.swupl.edu.cn/twd/50b236cc8844736ee3b2703571f8ed15bdfb.html?keyword=%E6%AF%92%E5%93%81%E5%8D%B1%E5%AE%B3%E9%98%B2%E6%B2%BB%E6%9D%A1%E4%BE%8B&way=listView，最后访问日期：2018 年 10 月 25 日。

② 覃清燕：《毒品犯罪的立法缺陷与完善》，广西民族大学 2010 年硕士学位论文。

③ 李云鹏：《我国“毒品”定义之思考》，载《中国人民公安大学学报（社会科学版）》2012 年第 3 期。

④ 1979 年《刑法》第 171 条规定：“制造、贩卖、运输鸦片、海洛因、吗啡或者其他毒品的，处五年以下有期徒刑或者拘役，可以并处罚金。一贯或者大量制造、贩卖、运输前款毒品的，处五年以上有期徒刑，可以并处没收财产。”

⑤ 1990 年全国人大常委会《关于禁毒的决定》第 1 条规定：“本决定所称的毒品是指鸦片、海洛因、吗啡、大麻、可卡因以及国务院规定管制的其他能够使人形成瘾癖的麻醉药品和精神药品。”

“甲基苯丙胺（冰毒）”作为毒品的特殊列举种类，并且将“国务院规定管制”改为了“国家管制”。2008年施行的《禁毒法》第2条继续沿用了现行刑法对于“毒品”的定义，并在此基础上增加了“医疗、教学、科研的需要”的例外规定。①

至此，在我国刑事法律规范中，“毒品”的定义被正式确定为“鸦片、海洛因、甲基苯丙胺（冰毒）、吗啡、大麻、可卡因，以及国家规定管制的其他能够使人形成瘾癖的麻醉药品和精神药品”②。

（二）新型毒品的基本概念

与“毒品”的定义有明确的法律规定不同，“新型毒品”并没有专门的法律定义，不属于一个法律概念。虽常出现在资料文献中，但并不存在一个统一的学术概念，“新型毒品”在不同的学术资料中的概念有着不同的表达。有的学者将“新型毒品”表述为“相对于罂粟阿片原植物加工的鸦片、海洛因等传统毒品而言的，主要是指通过人工方式化学合成的兴奋剂、致幻剂类毒品，是由国际禁毒公约和我国法律法规所规定管制的，直接作用于人体中枢神经系统，使人兴奋或抑制，连续使用能使人产生依赖毒理反应的精神药品”③。有的学者将其表述为“相对鸦片、海洛因、大麻等传统麻醉品而言，在近几十年发生滥用的，以化学合成品为主的毒品”④。

由于本书研究的主要目的在于解决因新型毒品性质、特征等方面与传统毒品存在着较大的差距，国家在运用基于传统毒品犯罪形势而制定的法律对新型毒品犯罪行为进行惩处时，所出现的新型毒品认定困难、量刑依据空缺和量刑失衡等法律规制无力的问题，因此，将“新型毒品”理解为“与大麻、海洛因、可卡因等需要从罂粟等毒品原植物提炼加工而成，对毒品原植物依赖较大的传统毒品相区别的，近几十年发生滥用的化学合成毒品”较为适宜。根据此类界定，除了以吗啡、海洛因等通过毒品原植物提取的第一

---

① 《禁毒法》第2条规定：“本法所称毒品，是指鸦片、海洛因、甲基苯丙胺（冰毒）、吗啡、大麻、可卡因，以及国家规定管制的其他能够使人形成瘾癖的麻醉药品和精神药品。根据医疗、教学、科研的需要，依法可以生产、经营、使用、储存、运输麻醉药品和精神药品。”

② 《刑法》第357条规定：“本法所称的毒品，是指鸦片、海洛因、甲基苯丙胺（冰毒）、吗啡、大麻、可卡因以及国家规定管制的其他能够使人形成瘾癖的麻醉药品和精神药品。毒品的数量以查证属实的走私、贩卖、运输、制造、非法持有毒品的数量计算，不以纯度折算。”

③ 肇恒伟、关纯兴主编：《禁毒学教程》，东北大学出版社2003年版，第19页。

④ 夏国美、杨秀石：《社会学视野下的新型毒品》，上海社会科学院出版社2017年版，第72页。

代传统毒品之外，以甲基苯丙胺、氯胺酮等化学合成毒品为代表的第二代毒品，以及近几年大肆泛滥的第三代毒品——新精神活性物质，都属于“新型毒品”的范畴。

二、新型毒品的分类

新型毒品根据其性质主要分为四类：第一类以中枢神经兴奋作用为主，代表物质包括冰毒和可卡因；第二类是致幻剂，包括植物来源和化学合成的，代表物质有色胺类（如裸盖菇素）、麦角二乙酰胺（LSD）、苯烷胺类（如麦司卡林）和分离性麻醉剂（苯环己哌啶和氯胺酮）；第三类兼具兴奋和致幻作用，代表物质是亚甲二氧基甲基苯丙胺（俗称“摇头丸”）；第四类是一些以中枢神经抑制作用为主的物质，如氟硝西泮。[①] 如果按照联合国“7 公约”分类，新型毒品又可分为三大类，即苯丙胺类中枢兴奋剂、镇静催眠药和致幻剂。[②]

三、新型毒品的特征

对新型毒品特点进行分析，是研究新型毒品的最好切入点。通过对新型毒品总量的变化、类型的变化以及毒品含量的分析，有利于更加全面和系统地对新型毒品进行认识和研究，为制定规制新型毒品犯罪的一系列法律法规奠定坚实的基础。

（一）新型毒品总量迅速增长

自 20 世纪 90 年代以来，以冰毒为代表的新型毒品总量增长迅速，国家药品监督管理局的数据显示，以冰毒为代表的新型毒品滥用数量呈增长态势。从 2001 年开始，除 2001 年至 2006 年有较小的起伏外，2007 年至 2014 年我国冰毒缴获数量快速上升，2014 年达到 25.9 吨的历史最高，是 1991 年的 73.8 倍。[③] 2016 年，合成毒品的报告滥用率为 54.8%，同比 2015 年（51.6%）增长了 3.2 个百分点。2012 年（25.9%）至今，合成毒品滥用呈

---

① 夏国美、杨秀石：《社会学视野下的新型毒品》，上海社会科学院出版社 2017 年版，第 72 页。

② 覃清燕：《毒品犯罪的立法缺陷与完善》，广西民族大学 2010 年硕士学位论文。

③ 陈如超：《我国毒品犯罪治理的方向与措施》，载《山东警察学院学报》2018 年第 1 期。

现逐年上升的趋势，五年累计增加28.9个百分点。[①] 根据《2014年中国毒品形势报告》显示，截至2014年底，全国滥用合成毒品人员145.9万名，占登记在册吸毒人员总数的49.4%，其中滥用冰毒人员119万名，与上一年同比增加40.5%；滥用氯胺酮人员22.2万名，与上一年同比增加15%；在2014年新发现的48万名吸毒人员中，滥用合成毒品人员占79.1%；合成毒品滥用群体比例首次超过海洛因滥用群体比例。[②]《国家药物滥用监测报告（2016年）》也显示，新发生药物滥用人群中，合成毒品占比（86.8%）较2015年下降了2.5个百分点，但仍保持在高位；传统毒品占比（10.2%）保持在近五年的相对低位；新发生药物滥用人群中，冰毒滥用比例是海洛因的8.4倍。[③] 在2016年破获毒品犯罪的过程中，共缴获各类毒品82.1吨，其中海洛因8.8吨、冰毒晶体17.4吨、冰毒片剂11.6吨、氯胺酮10.4吨。[④]

从以上数据可以看出，以冰毒、氯胺酮为代表的新型毒品滥用规模逐渐超过以大麻、海洛因为代表的传统毒品，成为毒品滥用的主要类型。以走私、贩卖、运输、制造冰毒、氯胺酮为代表的新型毒品犯罪也必将成为今后毒品犯罪的主要类型。研究新型毒品滥用的各种特性，有利于更好地适应毒品犯罪发展新形势，达到有效打击毒品犯罪，遏制毒品泛滥的目的。

（二）新型毒品种类不断翻新

不仅新型毒品的总量在急速地增加，而且新型毒品的种类也在不断地翻新。不同于传统毒品需要毒品原植物作为原材料进行加工提取，新型毒品属于合成毒品，经过人工合成获得。[⑤] 实施合成毒品制造的犯罪分子只需要相应的化学原料即可人工合成新型毒品，且改变合成毒品化学式中相应化学键，即可“举一反三”地得到多种新类型的新型毒品。近几年悄然兴起并逐渐滥用的“新精神活性物质”，就是犯罪分子改变合成毒品的化学式中某

---

① 《国家药物滥用监测年度报告（2016年）》，载国家药品监督管理局网，https：//www.nmpa.gov.cn/xxgk/fgwj/gzwj/gzwjyp/20170811104001233.html，最后访问日期：2018年12月7日。

② 《2014年中国毒品形势报告》，载中国禁毒网，http：//www.nncc626.com/2015－06/24/c_127945747.htm，最后访问日期：2018年9月25日。

③ 《国家药物滥用监测年度报告（2016年）》，载国家药品监督管理局网，https：//www.nmpa.gov.cn/xxgk/fgwj/gzwj/gzwjyp/20170811104001233.html，最后访问日期：2018年12月7日。

④ 《国家禁毒办：2016年全国共破获毒品刑事案件14万起》，载中国法院网，https：//www.chinacourt.org/article/detail/2017/03/id/2631229.shtml，最后访问日期：2018年9月25日。

⑤ 阮惠风：《新型合成毒品滥用实证调查与治理对策》，上海社会科学院出版社2016年版，第75页。

些化学键获得多种新类型的未在管制范围内的新型毒品衍生物，从而谋取更大的犯罪利益。

新精神活性物质属于能够作用于人的中枢神经系统，改变人的认知和行为的化学物质，且“尚未被我国规定管制，能够使人形成瘾癖，其滥用问题已经对公共健康安全造成现实危害或潜在威胁”。[①] 新精神活性物质也被称为“实验药”或者“策划药”，大多数新精神活性物质是根据已属于国家管制范围的新型毒品的化学式衍生而来的。[②] 将新型毒品化学式中的某些化学结构稍加变化，就可以得到多种新精神活性物质，翻新速度极快，合成简便。根据联合国2015年《世界毒品报告》，2009年到2016年向联合国毒品和犯罪问题办公室预警咨询报告的新精神活性物质的数量由最开始的126种增加到450种。截至2015年10月，全球共检测发现了602种新精神活性物质，与2014年10月报告的388种物质相比，一年之内就增加了55%，已超出目前国际社会普遍管制毒品数量的两倍。[③]

国家禁毒委员会办公室于2017年发布的《中国禁毒报告》专门增加了对于新精神活性物质管制的介绍，也说明了新精神活性物质的极快更新速度和大面积滥用趋势极大可能会给未来毒品管制工作带来不小的阻碍与挑战。以新精神活性物质为代表的新型毒品日新月异的换代速度势必会成为今后新型毒品的显著特点和研究重点。

（三）新型毒品成分复杂多变

以海洛因、大麻为代表的传统毒品通常含量单一，不掺杂其他毒品类型，且纯度较高。但近几年逐渐成为主要毒品类型的新型毒品却往往可能含有多种麻醉药品和精神药品，且各种管制药品的含量普遍偏低。

以2009年至2013年湖南省某司法鉴定机构承办的100余起涉及毒品含量鉴定的案件为例，新型毒品纯度含量高低不一。例如，麻古中甲基苯丙胺含量低的只有0.5%、含量高的达到21.3%，并且麻古中除了含有甲基苯丙胺，还含有咖啡因等成分；冰毒中甲基苯丙胺含量低的只有25.5%、含量

---

① 张黎、张拓：《新精神活性物质的滥用危害与防控问题研究——以构建我国禁毒防控体系为视角》，载《中国人民公安大学学报（社会科学版）》2013年第4期。

② 胡云腾、方文军：《论毒品犯罪的惩治对策与措施》，载《中国青年社会科学》2018年第5期。

③ 黄新洁：《欧洲毒品问题的新趋势和变化》，载《中国药物依赖性杂志》2015年第6期。

高的达到86.5%。[①] 在我国被称为“摇头丸”的新型毒品，主要含有MDMA、MDA等苯丙胺类兴奋剂，同时为了增强毒品服食后的兴奋性和致幻性，还可能混杂甲基苯丙胺、氯胺酮、麻黄素、咖啡因、解热镇痛药等毒品和药物，成分复杂，各种药品含量高低不一。

第二节 “互联网+寄递”贩毒犯罪屡见不鲜

从近年我国发布的毒品（毒情）形势报告通报的毒情来看，自2014年起，我国毒品管控形势总体向好，尤其在减少吸食人数、控制国内制毒源头、加强吸毒戒治工作等方面取得了明显的进步。但是，互联网和寄递业涉毒违法犯罪活动在每年的报告中均被列为亟须解决的突出问题，且总体形势愈加严峻。如今，“互联网+寄递”贩卖毒品已由零散个例发展为新常态。[②] 的确，在互联网经济高速发展、寄递行业急剧扩张的大背景下，互联网和快递已经成为国民生活不可或缺的一部分，其为生活带来高效、便捷的同时，也为毒品犯罪的复杂化发展提供了可乘之机。“互联网+寄递”贩毒犯罪治理由此也呈现出法律法规执行效果较差、司法适用标准把握不明、现有对策施行收效甚微等问题。明晰“互联网+寄递”贩毒犯罪的概念是展开相关理论研究的前提，明确“互联网+寄递”贩毒犯罪的行为特征是探究犯罪治理对策的靶向。“互联网+寄递”贩毒犯罪是行为人同时利用互联网和寄递业实施的贩卖毒品犯罪，经实证研究发现，此类犯罪在案件数量、案发地

---

① 刘冬娴、伍玉功、贺江南：《毒品犯罪量刑中毒品纯度问题刍议》，载《湖北警官学院学报》2015年第11期。

② 《2014年中国毒品形势报告》表明：物流寄递已成为贩毒活动的重要渠道，互联网涉毒违法犯罪活动已从单纯的视频吸毒发展为传播制毒技术、贩卖制毒原料、销售毒品和聚众吸毒等全链条涉毒活动，形成“网络联系、银行打款、物流销售”的贩毒模式。《2015年中国毒品形势报告》表明：利用网络贩毒问题突出。《2016年中国毒品形势报告》表明：利用互联网贩毒快速蔓延，贩毒活动的隐蔽性特点突出。《2017年中国毒品形势报告》表明：互联网成为贩毒人员勾联交易的平台，寄递物流贩运毒品愈加突出。《2018年中国毒品形势报告》表明：“互联网+物流”已成为贩毒活动主要方式。《2019年中国毒品形势报告》表明：利用网络虚拟身份勾连、线上交易毒品，采用手机银行、微信、支付宝转账等网络支付方式付款，通过寄递渠道运送毒品的网络贩毒模式已成新常态。《2020年中国毒情形势报告》表明：“互联网+物流寄递”贩毒活动增多。

域、所涉毒品种类、所判刑期分布等方面都呈现出鲜明的特征。

一、“互联网＋寄递”贩毒犯罪概念明晰

（一）“互联网＋”的定义界定

“互联网＋”的定义可以从整体构式、拆分理解两个角度出发解读。其一，将“互联网＋”作为一个整体，强调传统产业通过互联网实现转型升级，以及互联网作为信息时代的重要依托，在其他领域所发挥的导航式作用。其二，将“互联网”与“＋”拆分理解，如“互联网＋教育”“互联网＋金融”“互联网＋政务”等，将互联网与其他领域相平行，强调二者的联合与融合。本书所称的“互联网＋”是在第一类解释的语境下，以“互联网＋”带来的信息便捷、产业升级为重要时代背景，分析在新型犯罪形式中互联网发挥的作用和引起的变化。本书所称的“互联网＋寄递”则是在第二类解释的语境下，把互联网领域与寄递业并列而论，将二者视为同一链条上的不同环节，强调二者的相互作用。

（二）“寄递”的范围限定

寄递有广义和狭义之分，广义的寄递是指所有通过物流完成寄送的活动过程①，狭义的寄递将范围仅限定在小宗快递业，如《2020年中国毒情形势报告》在区分物流货运渠道贩毒案件和邮寄快递渠道贩毒案件的基础上，阐明我国毒品贩运方式“大宗走物流、小宗走寄递”的特点明显②。本书对寄递的范围界定采狭义说，仅限定于小宗邮寄快递业中实施的寄递活动，大宗物流货运并非本书的讨论范围。

（三）“互联网＋寄递”贩毒犯罪的含义框定

本书所称“互联网＋寄递”贩毒犯罪指行为人同时利用互联网与寄递业实施的链条式贩卖毒品犯罪行为，其以“线上勾连＋线下寄收”为主要特征。从整体表述来看，与“互联网＋寄递”相关的行文表述有“互联网

① 根据《邮政法》第84条的规定：寄递，是指将信件、包裹、印刷品等物品按照封装上的名址递送给特定个人或者单位的活动，包括收寄、分拣、运输、投递等环节。

② 《2020年中国毒情形势报告》，载中国禁毒网，http://www.nncc626.com/2021－07/16/c_1211244064.htm，最后访问日期：2021年8月2日。

+物流寄递"[①]"互联网+物流"[②]，本书采"互联网+寄递"，既与最新的"寄递渠道百日攻坚行动"表述相统一[③]，又符合本书对小宗快递业这一范围的框定。另外，贩毒同样存有广义和狭义之分。广义的"贩毒"更倾向于对行为样态的描述，即泛指毒品犯罪的关键环节，其涵摄的罪名包括走私、贩卖、运输、制造毒品罪，非法买卖制毒物品罪，非法买卖毒品原植物种子、幼苗罪等罪名；狭义的"贩毒"则仅涵摄贩卖毒品罪。此处所称的"贩毒"采狭义概念，仅指贩卖毒品罪一罪。

当然，在"互联网+寄递"这一行为模式下，当行为人利用网络和寄递渠道购买制毒工具实施制毒行为时可能构成非法买卖制毒物品罪或制造毒品罪[④]；当行为人利用寄递实施毒品运输行为时可能构成运输毒品罪[⑤]；当行为人利用暗网或境外社交平台交易购买毒品，并通过国际快递走私进境时可能构成走私毒品罪[⑥]；当行为人的犯罪对象指向毒品原植物种子、幼苗时可能构成非法买卖、运输、携带、毒品原植物种子、幼苗罪。本书之所以将讨论范围限定于贩卖毒品罪，一是因为寄递渠道贩毒早已被国家禁毒委员会办公室列为四大贩毒通道之一[⑦]，通过"互联网+寄递"实施贩卖毒品犯罪，比实施制造、运输、走私毒品犯罪的发生频率更高，所占比例最大。[⑧]二是结合我国毒情，贩卖毒品犯罪的社会危害性较大。在国内制毒犯罪形势向好的背景下，互联网和寄递业为制毒行为创造的便利不及贩卖行为大，所造成的恶劣影响也不及贩卖行为深；且寄递渠道的运输行为和大额的走私行为通常都是服务于上下游的贩卖行为的，加之，运输毒品行为社会危害性和行为人的人身危险性相对贩卖行为而言较低[⑨]，其仅是毒品流通过程中难以

---

① 《2020年中国毒情形势报告》提到："互联网+物流寄递"贩毒活动增多。

② 《2018年中国毒情形势报告》提到："互联网+物流"已成为贩毒活动主要方式。

③ 中国禁毒网发布的《公安部国家邮政局国家禁毒办召开会议部署"寄递渠道百日攻坚行动"》中提到：做好"互联网+寄递"渠道禁毒工作面临着复杂形势和严峻挑战。

④ 湖北省荆州市中级人民法院（2020）鄂10刑初35号刑事判决书。

⑤ 贵州省黔南布依族苗族自治州中级人民法院（2021）黔27刑初8号刑事判决书。

⑥ 辽宁省营口市中级人民法院（2020）辽08刑初25号刑事判决书。

⑦ 李云鹏：《物流贩毒问题研究》，云南大学出版社2018年版，第48页。

⑧ 笔者通过中国裁判文书网搜索并分析以"互联网+寄递"方式实施走私、贩卖、运输、制造毒品罪的141份刑事判决书，发现该141份刑事判决书涉及犯罪嫌疑人283人，其中实施了包含贩卖的一个行为或多个行为的行为人多达225人，占比高达79.50%。

⑨ 王心一、邵学瑱：《运输毒品罪的刑法定位与罪刑适应——基于我国西南某市151份一审刑事判决书的实证研究》，载《云南警官学院学报》2021年第2期。

独立评价的附属行为[①]。因此，做好贩卖毒品犯罪的专项防控是毒品犯罪治理的根本所在。

二、“互联网+寄递”贩毒犯罪实证分析

随着经济全球化和社会信息化程度的不断加深，我国毒品犯罪不断呈现新形势，毒品犯罪治理不断面临新困境，明晰“互联网+寄递”贩卖毒品犯罪的司法现状是对该严峻态势做出灵活应对的前提。笔者通过在中国裁判文书网上设定特殊检索条件（判决结果含“贩卖”，全文含“快递”，案由为“走私、贩卖、运输、制造、毒品罪”，案件类型为“刑事案件”，文书类型为“判决书”，法院层级为“全部”，审判程序为“刑事一审”，裁判日期为“2014年1月1日至2020年12月31日”），检索可得判决书5381份。一方面，笔者将从案件量、地域分布等方面对样本作整体分析；另一方面，笔者针对上述5381份判决，以年份为单位，以全文含“网”为附加条件，搜索可得判决419份，经逐件筛查，汇总符合“互联网+寄递”模式贩毒的案件297件，涉及行为人561人。经过对上述297份判决作对比分析，总结案发地点的分布、涉案毒品的种类、行为方式的变化、行为人所判刑期呈现的特征，分析“互联网+寄递”贩毒犯罪的司法现状。

（一）案件数量大幅增长

随着互联网经济的快速发展、寄递业的日趋成熟，“互联网+寄递”贩毒犯罪案件数量总体呈高速增长模式。实证研究数据显示，在2014年前，仅有零星几件相关案例，寄递贩毒呈崭露头角之势，尚未形成类案特征，故没有纳入研究范围。如表1所示，自2014年至2020年，案件数量分别是202件、368件、536件、684件、880件、1395件、1316件，总体呈现高比例上升趋势。抽样和筛选后的案件量同样也反映出以互联网为依托，以寄递为媒介的贩卖毒品犯罪明显呈现扩张之势，即在此期间，我国“互联网+寄递”贩毒犯罪的态势未能得到及时控制且趋向严峻。

---

① 包涵：《运输毒品罪的立法扩张与司法限制》，载《中国刑事法杂志》2021年第1期。

表 1 分年案件量汇总表

	2014 年	2015 年	2016 年	2017 年	2018 年	2019 年	2020 年	总数
总量（件）	202	368	536	684	880	1395	1316	5381
抽样数量（件）	19	32	57	64	69	87	91	419
筛选后案件数量（件）	13	29	40	49	49	53	64	297
筛选后行为人数量（件）	28	55	76	69	95	114	124	561

（二）案发地域跨度渐广

在互联网空间性弱和寄递贩毒牵涉地广的双重影响下，“互联网＋寄递”贩毒案件的地域集聚性特征并不明显，但分析样本案例的案发地区域分布仍然具有重要意义。样本案例所涉地域包含 30 个省级行政区，几乎涵盖我国大部分疆域，其中，广东、山东、江苏、辽宁、四川等地案发率较高。考虑到寄递业在地域上的超强流动性，其辐射影响的范围相比图中显示的地域呈倍数扩张。例如，行为人以所在地为圆心，向全国各地散发式贩卖毒品，该案件辐射的地域范围便是数个省份；或以暗网、境外社交网站为媒介，国际快递为依托，采取境外转寄的方式将毒品直接从毒源地寄到末端消费市场，将涉案范围扩展至世界各地时，所涉区域跨度就更大。因此，寄递贩毒较大的涉案半径直接导致毒品犯罪的影响广度成倍增加，寄递业由此成为加速毒品扩散的助推剂。

（三）毒品种类日趋丰富

如图 1 所示，“互联网＋寄递”贩毒犯罪所涉毒品种类每年都主要集中于甲基苯丙胺一类，且犯罪所涉毒品种类越来越丰富。其一，大麻一类总体呈高比例上升趋势，且在 2020 年大幅抬头；其二，混合类别（涉案毒品包括两种及两种以上毒品）数量呈逐年上升的趋势，但占比并无显著提升；其三，“其他”一类表现形式越趋多样，且涉案量逐渐攀升，此类具体的毒品种类主要包括曲马多、麻古、咖啡因，唑仑、氯硝西泮、阿普唑仑、艾司唑仑、4－氯甲卡西酮、复方磷酸可待因口服液、马来酸咪达唑仑片、GHB、可待因、硫酸吗啡缓释片、氯胺酮（“K 粉”）、美施康定硫酸吗啡缓释片、麦角酰二乙胺、亚甲二氧基甲基苯丙胺（“MDDA、摇头丸”）、N，N－二异丙基－5－甲氧基色胺（“G 点液”“犀牛液”）等。

值得注意的是，日渐丰富的毒品种类中充斥着大量的新型毒品。新型毒品不同于传统毒品需要毒品原植物作为原材料进行加工提取，其系经人工合成形成的合成类毒品。① 相较于传统毒品，新型毒品越来越受犯罪分子青睐，这是因为新型毒品本就具有样态多变的特征，加上犯罪分子通常会选择利用合法外表对其进行掩饰和伪装，从而导致骗取、诱惑他人吸食、注射、使用时更为方便。同时，这也为物流企业的查验工作、侦查机关的查获活动带来了更加严峻的挑战。②

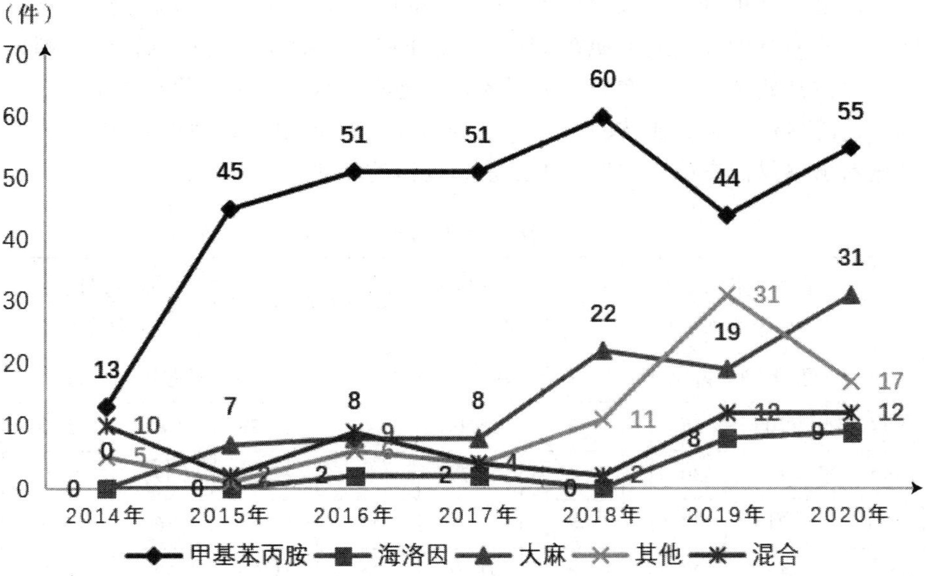

图 1　毒品种类

（四）重刑比例居高不下

走私、贩卖、运输、制造毒品罪是妨害社会管理秩序罪一章中的子罪名，其侵害的法益是我国的毒品管理秩序和公民的生命健康权。结合实证分析中对涉案毒品数量的统计可以发现，“互联网 + 寄递”贩卖毒品案件所涉毒品数量偏大，犯罪情节严重。如表 2 所示，从样本案例反映出的刑期分布来看，实施“互联网 + 寄递”贩毒犯罪的行为人被判处 15 年有期徒刑、无

① 阮惠风：《新型合成毒品滥用实证调查与治理对策》，上海社会科学院出版社 2016 年版，第 75 页。

② 梅传强、盛浩：《新精神活性物质数量计算的困境、症结与完善》，载《中国人民公安大学学报（社会科学版）》2020 年第 2 期。

期徒刑该档刑期的占比最高，[①] 2014 年至 2020 年 7 年的平均值高达 36.27%，其中，在 2016 年、2017 年行为人被判处 15 年有期徒刑、无期徒刑刑罚的占比已经逼近 50%；行为人被判处 7 年以上有期徒刑、无期徒刑的平均值已达 54.35%。以最高人民法院公布的毒品案件重刑率为参考，2022 年，全国法院一审审结毒品案件 37282 件，判决生效 56179 人，其中被判处 5 年有期徒刑以上刑罚的有 13290 人，重刑率达 23.66%，高出同期全部刑事案件重刑率约 15 个百分点。[②] 由此可见，实施“互联网 + 寄递”贩毒犯罪的行为人被判刑期在 15 年有期徒刑、无期徒刑的比例已经远超毒品案件被判处 5 年以上案件的重刑率，更是远远高出我国其他刑事案件重刑率。这既显示出较大比例的“互联网 + 寄递”贩毒犯罪案件情节较为恶劣，又显示出仅仅依靠严苛的刑罚难以达到良治的成效。

表 2 刑期分布

	管制、拘役、3 年以下有期徒刑		3 年以上 7 年以下有期徒刑		7 年以上有期徒刑		15 年有期徒刑、无期徒刑	
	数量/件	占比/%	数量/件	占比/%	数量/件	占比/%	数量/件	占比/%
2014 年	10	35.71	7	25.00	4	14.29	7	25.00
2015 年	17	30.91	4	7.27	15	27.27	19	34.55
2016 年	21	27.63	8	10.53	11	14.47	36	47.37
2017 年	14	20.29	8	11.59	15	21.74	32	46.38
2018 年	24	25.26	18	18.95	20	21.05	33	34.74
2019 年	33	28.95	23	20.18	16	14.04	42	36.84
2020 年	26	20.97	45	36.29	17	13.71	36	29.03
总计	145	25.85	113	20.14	98	17.47	205	36.54

---

① 抽样所得案例均无行为人被判处死刑，因此并未单独列出行为人被判处死刑一类。

② 《最高法召开 2023 年人民法院禁毒工作新闻发布会》，载中国法院网，https://www.chinacourt.org/article/detail/2023/06/id/7367307.shtml，最后访问日期：2024 年 3 月 21 日。

三、“互联网+寄递”贩毒犯罪特征简析

通过实证分析可知，从整体视域来看，“互联网+寄递”贩毒犯罪的案件数量、案发地域、所涉毒品、所判刑期均呈现出明显的走向；从微观视域来看，每个案件在行为模式、行为手段、行为方式、行为主体等方面也显现出一些相同的规律，体现着鲜明的特征。其一，“互联网+寄递”贩毒犯罪在互联网和寄递两侧表现形式丰富，各类犯罪行为两两相加，逐步呈现出交叉组合的类型化样态；其二，“互联网+寄递”贩毒犯罪以互联网、寄递业、电子支付、电商平台等现代科技为依托，犯罪手段呈现智能化走向；其三，“互联网+寄递”贩毒犯罪各环节似流水线作业般环环相扣，在链条化发展的态势下编织成网；其四，“互联网+寄递”贩毒犯罪主体呈潜形匿迹的隐蔽化趋势，精准查获犯罪行为人身份变得越发困难。

（一）犯罪模式类型化

所谓犯罪模式类型化是指互联网一侧的各类行为表现形式与寄递一侧的各类行为表现形式两两交叉组合，形成类型化的组合样态。如“以暗网为交易平台+以国际物流为运送渠道”“以明网为交易场所+以国内快递为货运渠道”“以网络为勾连媒介+以同城跑腿为交付渠道”。其中，暗网、明网、国际物流、国内快递等元素呈现出形式趋于丰富、利用方式趋于隐秘的特征。经过对抽样案例的逐一分析可以总结出，在网络表现形式一侧，各类元素包括微信、QQ等私人社交平台，贴吧、论坛等相对开放社交平台，推特、“Telegram”等境外社交平台，淘宝网、闲鱼网等第三方交易平台，暗网等隐秘网络平台；在寄递路径一侧，各类元素包括国际快递、国内普通快递、同城速递等。

具体来看，在互联网一侧，主要形成了以下五种元素组成的行为模式：

第一，以微信、QQ等常用私人社交平台为勾连媒介。根据实证研究分析结果可知，此类方式在2014年、2015年前后适用最为广泛且一直延续，是最常见的网络勾连方式。这是因为其不仅便捷，使用方法也最能为用户所掌握。具体方式包括点对点、群组对接、朋友圈发散等。比如，上下家在购买的虚拟身份下，一对一直接达成合意；或者行为人通过建立网络群组，以暗号为掩护吸引买家加入；或者行为人在QQ空间或朋友圈发布涉毒隐晦信息，吸引同行主动联络。

第二，以百度贴吧、“园丁丁”论坛、陌陌软件等相对开放的社交网站为信息来源。贴吧、论坛等社交平台相较于微信、QQ 一类平台公共性更强，信息更丰富、用户信息匿名性更高。因私密性相对较弱，选择此类方式勾连的行为人通常也会借助其他平台来作为补充。例如，行为人一边通过网络平台获取客源，以微信等私人社交平台为联系途径，同时通过网络收购毒品在互联网百度贴吧，如“地佐辛吧”等公共平台发布隐晦涉毒信息。[①]

第三，以“推特”“Telegram”“popluarseeds. com”网站等境外通讯社交平台为勾连途径。境外通讯平台具有进入渠道隐秘、所涉主体广泛、查证难度较高等特征，在境外交易更容易躲避国内的追踪打击措施。例如，有行为人利用外贸 P2P 网站找到外国客户，然后根据客户需要在互联网上找供货商，网上订货后让供货商直接通过快递方式发货至指定的有国际业务的货代处，再由货代通过 EMS 方式发往国外。[②]

第四，通过淘宝网、闲鱼网、转转二手平台、微店等交易平台经营网店、发布商品链接或设立交易网页。此类方式可以完全借助电商平台的交易模式，以普通商品链接为掩护，在勾连交流、支付手段、发货渠道等方面实现一体化贩卖。据统计数据显示，2019 年前后，行为人利用电商平台出售含 N，N－二异丙基－5－甲氧基色胺成分的液体（俗称“犀牛液”）现象较为突出。[③] 另外，也有行为人通过淘宝网卖家平台发布销售“戒毒药”的相关信息并留下自己手机、微信等联系方式，而后通过微信联系，[④] 或在闲鱼网建设“鱼塘”用于沟通联系，[⑤] 即把电商平台作为信息扩散的媒介。

第五，以暗网[⑥]的“梦商城”（Dream Market）、“亚洲药物聊天室”等

---

① 浙江省苍南县人民法院（2020）浙 0327 刑初 472 号刑事判决书。

② 江苏省南京市中级人民法院（2017）苏 04 刑初 22 号刑事判决书。

③ 上海市闵行区人民法院（2019）沪 0112 刑初 2073 号刑事判决书。

④ 河南省南阳市卧龙区人民法院（2019）豫 1303 刑初 609 号刑事判决书。

⑤ 厦门市集美区人民法院（2019）闽 0211 刑初 115 号刑事判决书。

⑥ 暗网是指存储在网络数据库中，需要借助特殊软件、特殊授权或对电脑加以特殊设置（如 Tor、I2P）才能访问的资源集合。与暗网相关的概念有表层网（Surface Web）、深网（Deep Web）。其中，表层网又称可见网或明网，是指通过普通搜索引擎便可以轻松检索、查询的网络。与表层网相对应的是深网，即不能用搜索引擎搜索到的网站集合。深网所涉范围非常广泛，小到加密的个人社交平台，大到国家军事秘密，而暗网是深网的子集。在广义的互联网范围下，暗网是互联网的表现形式之一。

暗网市场[①]为交易平台。“暗网经济”与毒品犯罪利润惊人、受众广泛却又上不得台面的特征完全契合，二者具有依附关系。[②] 据实证分析数据显示，暗网毒品犯罪在2018年前后开始盛行，并以大麻为主要毒品种类；在2020年前后，受新冠疫情的影响，暗网毒品犯罪达到了顶峰。[③] 常见的行为方式是行为人为了贩卖而从暗网购买毒品，因涉及境内外交易，一般构成走私、贩卖毒品罪。

在寄递一侧，行为人利用寄递业实施贩卖毒品犯罪路径丰富，越趋高频，所涉企业可以分为以下三个类别：

第一，国际寄递。当行为人在暗网或者国外社交平台与外国贩毒者达成合意进行毒品交易时，国际快递便在犯罪过程中充当着非常重要的作用。目前，我国为跨境电子商务提供国际快递服务的有联合包裹服务公司（United Parcel Service，UPS）、联邦快递公司（FedEx，FDX）、敦豪速递公司（DHL）、中国邮政速递物流公司（EMS）、顺丰速运公司等。[④] 样本案例中跨境犯罪使用的多为EMS国际邮包。跨境物流涉及多个运营环节，如仓储、运输、报关、检疫检验、质监、配送等，跨境物流比国内物流多了报关、检疫检验和国际物流等环节。[⑤] 随着国际物流的现代化和智能化，结合国外“大麻合法化”的浪潮，国际毒品形势对我国毒品犯罪治理将形成更加纵深的影响。

第二，国内普通快递。经实证分析，顺丰、丰巢、中通、韵达、京东、圆通、申通、德邦、天天、百世汇通、邮政EMS、安能、达达、全峰、国峰、京达物流、安华快运、宅急送等物流公司均有涉案包裹被查获。[⑥] 因上述涉案公司基本涵盖了我国大部分快递公司，说明我国快递行业目前对寄递

---

① 暗网市场（Darknet Markets）是暗网发展的产物。

② 钱敏：《暗网犯罪：网络犯罪的深层探析》，载严励、岳平主编：《犯罪学论坛（第五卷）》，中国法制出版社2018年版，第798页。

③ 《2020年世界毒品问题报告》显示，新冠疫情相关限制措施实行的同时，暗网上的贩运活动可能会增加，暗网毒品市场活动有所增加主要是由大麻零售推动的。

④ 张滨、刘小军、陶章：《我国跨境电子商务物流现状及运作模式》，载《中国流通经济》2015年第1期。

⑤ 范静、袁斌：《国外跨境电子商务物流模式创新的经验与启示》，载《商业经济研究》2016年第11期。

⑥ 因笔者在中国裁判文书网中收集的样本案例的部分判决书隐去了涉案公司的名称，故上述结论的材料支撑仅来源于中国裁判文书网中明示了涉案快递公司的样本判决书。

贩毒犯罪的防控力度尚显不足，行业管理至今仍有缺口。

第三，同城速递。随着快递行业的多样化发展，美团跑腿、闪送 App、“快跑”“UU 跑腿”等同城快递服务迅速发展，相较于上述长途寄递，同城速递具有所运毒品数额相对较小、辐射范围相对狭隘的特征，但同城速递缺乏长途寄递所设定的规范性检查，其短时间运作和对高效率的追求容易导致毒品等风险物品的不当传递。

值得注意的是，网约车、黑车、出租车等非寄递业也一直活跃于贩卖毒品的犯罪市场。犯罪嫌疑人通过网约车服务或招揽黑车实施毒品贩运行为呈现增长势头。与之相对应的是，在 2014 年、2015 年左右，行为人常采用长途汽车捎带货物的方法贩运毒品，而随着长途运输业的规范化和毒品犯罪打击力度的加大，此种方法已经逐渐退出历史舞台。但在网约车服务发展迅速，黑车行业规制不足的背景下，此类新路径实则在一定程度上是传统方式改头换面的体现。

总之，随着网络利用方式越趋隐秘、寄递路径越趋丰富，以上元素两两组合形成“互联网 + 寄递”的双轨制发展模式，致使“互联网 + 寄递”的具体含义随着行为方式的变迁不断发生变化和更新，但始终不变的是两两组合的类型化模式。

（二）犯罪手段智能化

2024 年 8 月 29 日，中国互联网络信息中心（CNNIC）发布了第 54 次《中国互联网络发展状况统计报告》。该报告显示，截至 2024 年 6 月，中国网民规模近 11 亿人（10.9967 亿人），较 2023 年 12 月增长 742 万人，互联网普及率达 78%。[①] 智能化程度高是网络的主要特征之一，结合前述实证调研显示的各类网络交易方式，行为人利用互联网实施贩毒犯罪的路径变化可以归纳为“直接的点对点勾连—建立专门的勾连平台—横纵双向拓展勾连途径—利用电商平台一体化交易”，该变化体现了行为方式在网络层面的智能化程度不断加深。而寄递业作为信息时代的代表性产业，同样天然具有智能化程度高的特征。因为相较于传统的乘坐公共交通工具贩毒、驾车贩毒、人体藏毒等方式，行为人利用寄递渠道贩卖毒品，已然成为智慧物流所创造利益的享用者。随着寄递行业本身的成熟，智能化程度有增无减，早期手写

① 《第 54 次〈中国互联网络发展状况统计报告〉发布》，载《传媒论坛》2024 年第 17 期。

填单的方式衍变为电子单据，早期的人工分拣衍变为自动化分类；大数据、云计算、物联网、人工智能等先进技术的应用，小到寄递公司的信息管理软件，大到全球寄递公司的信息服务的物流信息系统,① 都给犯罪活动带来了智能化选择。

另外，“互联网 + 寄递”贩卖毒品智能化程度高在支付方式上同样体现得非常明显。传统的贩毒方式多集中于线下交易，线下交易通常伴随的是现金支付；但寄递贩毒中购毒者和贩毒者一般不会直接接触，实证分析结果显示，在 2014 年、2015 年，行为人实施毒品犯罪交易行为时，多采用将现金存入对方储蓄卡中、网银支付等以银行为主要媒介的支付方式；自 2016 年起，支付宝转账、微信支付等第三方支付平台日渐盛行；自 2018 年起，随着暗网毒品犯罪的浮现，比特币支付也成为新的支付形式。由此可见，支付端的便捷性和智能化特征较为显著。需要注意的是，随着数字人民币的推行，日后，在享受数字人民币支付为人民生活带来便捷的同时，也需要设置防控措施防范其为不法分子恶意利用。因此，在“勾连交易—支付结算—货物寄递”这一系列环节上，不断更新的技术水平使犯罪行为的智能化程度越来越高，这既为犯罪手段的不断更替提供了技术支撑，也为后续的追踪查控埋下了难题。

（三）犯罪行为链条化

在司法实践中，行为人采用的交易程序逐渐形成了以下几类环环相扣的链条：一是单线式，即在传统的一对一交易中形成“线上勾连—电子支付—寄递发货—买家收货”的单线链条，此类方式是个人犯罪最为常见的形式。二是流水式，即行为人兼具上家与下家身份，进发货均采线上勾连、线下邮寄的手段，由此形成了多个购毒者和贩毒者上下相接的形态，各行为人在购进卖出之间形成流水链条，此类方式常见于共同犯罪之中。在此链条中，寄递发挥作用的方式有两种：其一，行为人直接将下家收货地址发送给上家，由上家跨级将毒品直接邮寄给下家；其二，行为人在收取了上家发送的毒品后，先进行分拣处理再邮寄给下家。三是“一体式”，即借助第三方平台，形成“电商平台上架商品—买家支付拍下商品—卖家寄递发货—买家收货完成交易—卖家获得货款”的一体化交易，此类方式各环节的

① 周兴建、蔡丽华主编：《现代物流管理概论》，中国纺织出版社 2016 年版，第 49 页。

联系最为紧密。之所以“卖家获得货款”被列为最后一环，是因为淘宝网、闲鱼网这一类普通的第三方平台为确保买卖双方的公平交易，通常会暂存货款至交易完成后再交由卖方。而若以暗网贩毒犯罪为例，行为人以贩卖牟利为目的，通过暗网寻找国外卖家、用比特币购买毒品，以快递为实体依托将毒品运送进境同样属于“一体化”交易。此外，进入暗网不需要复杂的操作和高超的技术，且在进入后实施暗网毒品犯罪行为与在淘宝网等平台购物一样简单，行为人只需要选取“商品”、比特币支付、接收物流运输交付，以比特币为支付媒介实现了支付隐秘，以快递为实体依托实现了线下交付，由此完成紧密连接的犯罪行为。

（四）行为主体隐蔽化

在智能化、链条化特征的双向加持下，实施“互联网 + 寄递”贩毒犯罪的行为人可供隐匿身份的选择也较多。首先，人货分离是寄递贩毒犯罪的显著特征。在毒品投寄和收取的过程中，行为人与毒品呈相连状，但此时的行为人在团伙犯罪中均非核心人物，对犯罪起着关键作用的“主角”往往隐居幕后。随着代寄代取代排等业务的盛行，此时的“行为人”可能只是没有犯罪故意的局外人，成功抓获该类行为人对于破获毒品犯罪的益处较为微弱。而在毒品运输的过程中，若侦查机关通过精密的查验和检视措施将毒品成功查获，也会因行为人与毒品呈脱离状，而只能依托于留存的信息和快递收取环节，主体身份隐匿性同样较高。且各行为人间多用“暗号”交流。例如，LSD 本身叫作“酸”，用毒者便是“酸头”，服用 LSD 叫作“值班”，药性发作时称为“旅行”等也加大了犯罪主体的隐匿性。[①] 另外，在暗网范畴下，寄递贩毒犯罪在隐匿性特征上体现得更加明显。暗网就是隐蔽性的代表，身份隐形、IP 隐形、网站隐形为行为人实施犯罪行为提供了天然的屏障，这也是暗网犯罪的症结所在。具体而言，行为人通过 Tor（The Onion Router，洋葱浏览器）进入暗网。Tor 的工作原理是通过多台电脑迂回发送搜索结果、聊天记录、订单信息或电子邮件，信息传输在每一步都被加密，让人无从得知信息传送的起始地和目的地。洋葱浏览器不同于普通浏览器会对访问者的 IP 地址作留痕处理，相反，访问者每次的 IP 地址都在不断变化，当行为人进入暗网以后，交易双方不会知道各自的真实身份。即使在完

① 郭宝主编：《禁毒学总论》，中国人民公安大学出版社 2015 年版，第 113 页。

成交易后，行为人所留下的邮寄信息，通常也是假姓名、假电话，而仅有地址通常也不能直接明确地指向行为人的身份。由此，在整个犯罪的过程中，行为人的身份极易隐匿。[①]

第三节 毒品犯罪司法认定疑难较多

毒品犯罪规定在我国刑法“妨害社会管理秩序”一章，该章专节规定了毒品犯罪的具体罪名。具体而言，毒品犯罪可以分为三类：第一类是直接以毒品为对象的犯罪；第二类则是以制毒工具、原材料等为对象的犯罪；第三类则是以吸毒人员为对象的犯罪。在司法实践中，对毒品犯罪的司法认定呈现以下三个特征：其一，将毒品犯罪侵害的主要法益认定为“社会管理秩序”，具体而言，则是国家对毒品的管理制度；其二，在毒品认定之时，采用《麻醉药品品种目录》《精神药品品种目录》等行政规范性文件加以规制；其三，在毒品犯罪行为认定时，毒品数量往往起到决定性作用，且在认定毒品数量时不考虑毒品纯度。

一、法益认定仅着眼于社会管理秩序

法益是指法律所保护的利益，它同时“是一种条件，在满足了这种条件的情况下，人类在一个社会公正的秩序中，能够衣食无忧地自由发展自我”[②]。我国刑法理论通说则用客体的概念指代法律所保护的社会关系，可以说，法益和客体在实现对法律所认可的价值的保护方面，两者叙述的内容大致相同。对犯罪侵犯的法益，尤其是主要法益的正确认识，在立法上，有助于正确地将相关罪名置于合适的章节并配置适当的法定刑。具体而言，立法者根据犯罪侵犯的主要法益调整其在刑法条文中的正确位置；同时，根据犯罪所侵害的法益的种类、程度确定适当的法定刑幅度，比如侵犯国家安全、公共安全、生命健康等重要法益的犯罪往往法定刑设置较之侵犯其他法

---

① 秦总根：《暗网环境中的涉毒犯罪及其治理》，载《犯罪与改造研究》2020 年第 12 期。

② ［德］乌尔斯·金德霍伊泽尔：《法益保护与规范效力的保障：论刑法的目的》，陈璇译，载《中外法学》2015 年第 2 期。

益的犯罪更加严厉。在司法上，正确认识犯罪所侵犯的法益，尤其是主要法益，有助于为司法实践中对某一类犯罪的定罪量刑提供方向指引，一方面，法益侵害性的有无以及严重程度决定了行为社会危害性的大小，对行为的定性起着至关重要的作用；另一方面，厘清犯罪所侵犯的法益，有助于寻找定罪量刑所要依据的事实，从而使得定罪量刑的依据更科学、更有针对性。

厘清犯罪所侵犯的法益，尤其是其所侵犯的主要法益，有助于对其进行正确的司法认定并找寻预防的对策。具体到毒品犯罪的司法认定中，传统的毒品犯罪侵犯法益一元论①已经较为片面，有学者提出了毒品犯罪侵犯法益二元论的观点，认为毒品犯罪“其社会危害性首先在于直接侵害吸食者的生命健康权益，并主要通过吸食者吸毒后的违法犯罪行为实现对社会管理秩序的间接侵害”②。这种观点承认毒品犯罪侵犯法益的非单一性并将公众健康认定为毒品犯罪侵犯的主要法益，存在一定的科学性，为研究毒品犯罪的法益侵害性提供了思路。然而，该观点却忽视了不断扩张、利润高昂的毒品市场对社会主义市场经济秩序和公民财产权利等法益的侵害。毒品犯罪作为一种全球性的灾害，其“生产、供应以及消费，已经形成了一个环环相扣的、遍布全球的毒品供需市场”③。为了逃避打击，毒品犯罪分子往往借助公司等外衣进行交易，严重侵害了社会主义市场经济秩序，在贩毒等违法犯罪活动过程中，高昂的毒品价格和吸毒人员难以抑制的毒瘾等因素也引发了对公民财产权利的侵害。据此，毒品犯罪侵害的是多元法益，对公众健康、公民的人身权利、社会管理秩序、社会主义市场经济秩序、公民的财产权利、公共安全等多项法益都造成了严重的侵害。但是，毒品犯罪侵犯的主要法益为何，学界对这一问题依旧存在争议，比较有代表性的观点包括社会的

---

① 即认为毒品犯罪侵犯的法益是单一的社会管理秩序，具体而言是国家对毒品的管理制度。具体参见高铭暄、马克昌主编：《刑法学》（第十版），北京大学出版社、高等教育出版社 2021 年版，第 604 页。

② 梅传强、伍晋：《毒品犯罪死刑控制的教义学展开——基于 122 份二审死刑判决书的实证研究》，载《现代法学》2019 年第 5 期。

③ 莫洪宪：《毒品犯罪的挑战与刑法的回应》，载《政治与法律》2012 年第 10 期。

管理秩序说、个人的生命健康说，以及社会的公共健康说。[①]

“毒品，是魔鬼用来汲取人类灵魂的毒药，它已经成为当今人类的一大公害。”[②] 早在二十年前，我国学者便针对毒品犯罪侵害的法益进行了深入的探讨，形成了丰硕的理论成果并形成了“社会管理秩序说”的通说。社会管理秩序说可谓是如今刑法学界的通说。具体而言，毒品犯罪侵犯了国家对毒品的管理制度。根据社会管理秩序说，毒品的本质是一种违禁品，是国家管制的易使人形成瘾癖的麻醉药品和精神药品，而打击毒品违法犯罪的主要原因在于行为人对禁毒管理法规所营造的管理秩序的破坏。“社会管理秩序说”的优势在于凸显了毒品犯罪行政犯的特征，有助于行政认定结果在刑事审判中的直接使用，操作起来较为便捷，而且秩序法益的兜底性、模糊性概念也使得毒品犯罪的入罪门槛较低，为我国的禁毒工作和“重刑治毒”政策提供了来自法规的形式侧面上的支持，取得了明显的成效，在破获大量毒品犯罪案件的同时，全国现有的吸毒人员人数出现下降。[③]

但是，“社会管理秩序说”将毒品作为国家管制物品进行规制，也存在着不少缺陷。一方面，既然已经将毒品犯罪纳入刑法进行规制，那么毒品自然已经具有“国家管制物品”的属性，何必再次强调？即使这种认定是为了强调对社会秩序的保护和毒品犯罪行政犯的性质，但是，秩序或者行政规范制定本身也是为了保护更深层次、更重要的法益，后者才应是毒品犯罪侵犯的主要法益。换言之，社会管理秩序这一法益在毒品犯罪侵犯的诸多法益当中属于表面法益或者说是次要法益，最根本、最主要的法益则是国家对毒品的管理制度设置所要保护的“公众健康”。此外，一方面“社会管理秩序”一词过于空泛、模糊，具体内涵难以明晰，在司法认定时容易被滥用，进而导致毒品犯罪司法认定中入罪门槛偏低、量刑过高等问题。另一方面，“社会管理秩序说”行政色彩浓烈，含有强烈的规范违反说和行为无价值理

---

① 过去，学者们对毒品犯罪所侵犯的法益的探讨是站在毒品犯罪侵犯法益一元论的立场上进行的，但其争论的焦点实质上在于对毒品犯罪侵犯的主要法益的探讨或者试图通过一个法益对毒品犯罪的社会危害性进行概括。在本书看来，不妨承认毒品犯罪的多元法益侵害性并做主次区分，使得对毒品犯罪侵害的法益的讨论更为全面，同时更好地解决毒品认定、毒品犯罪行为认定等多方面问题。

② ［美］弗雷达·阿德勒、杰哈德·穆勒、威廉·拉斐尔：《遏制犯罪——当代美国的犯罪问题及犯罪学研究》，康斌等译，中国民主法制出版社2006年版，第231页。

③ 《2018年中国毒品形势报告》指出：2018年，全国共破获毒品犯罪案件10.96万起……全国现有吸毒人员240.4万名，首次出现下降。

论色彩，导致在治理毒品问题时行政、司法手段难以区分，具体表现在毒品的行政认定与刑事司法认定混同，部分涉毒违法行为与毒品犯罪行为界限不分明等。在此，本书并不是否定规范本身或是秩序法益的重要性，而是强调规范、秩序设立的目的是对一些更为重要的法益的保护，后者才是行政犯所侵犯的更为主要的法益。具体到毒品犯罪中，如果不考虑有关毒品问题的规范或者秩序设立的背后目的——保护公众健康，“不得不说，这就使得对该行为违法性的认定失去了正当性基础，成为毫无意义的规范设定”①。

二、毒品认定局限于闭合性行政文件

在毒品犯罪中，最基本也关乎最大的问题便是毒品的认定。对于毒品的认定直接关系着行为人的行为定性，以及后续的定罪、量刑等一系列问题。可以说，正确认定毒品是正确处理一切毒品犯罪中的疑难问题的基础。当前，我国司法实践中对于毒品的认定采用的是行政前置的形式认定标准，具体而言，司法实践中将毒品定义为“国家管制的麻醉药品、精神药品”并通过相关行政文件对毒品进行列举式管理。在此前提下，有关部门②联合发布了《麻醉药品品种目录》《精神药品品种目录》等闭合性行政文件③，对纳入“目录”的麻醉药品和精神药品进行管制。在司法实践中，司法机关对毒品的认定以“目录”所列明的种类为标准。由此可见，我国刑事司法领域的毒品认定标准存在以下三方面的特征：

第一，我国刑事司法领域毒品认定标准行政法色彩强烈。一方面，从毒品认定的形式标准来看，在刑事司法领域对毒品犯罪中的毒品进行认定时，是直接引用的“目录”等行政文件。这就涉及空白罪状与罪刑法定原则之间的关系。当然，对毒品的范围界定的相关条文是否属于空白罪状也存在着争议。一般而言，空白罪状中需要“指明了需要援引的法律、法规的刑法

---

① 贾健：《新行为无价值论的困境与出路——兼与周光权教授商榷》，载《现代法学》2018年第6期。

② 具体为原国家食品药品监督管理总局、公安部、原国家卫生和计划生育委员会。

③ 因相关目录处于不断更新状态，下文所简称的“目录”包括所有与毒品性质判定相关的麻醉药品、精神药品品种目录，如《麻醉药品品种目录》《精神药品品种目录》《非药用类麻醉药品和精神药品管制品种增补目录》。

规范”[①]，而我国刑法对毒品所下的定义并没有指明毒品认定需要援引的法律法规。即使认为刑法中的“国家管制”是指“目录”等行政文件对毒品进行的管制，从而认定刑法中关于毒品定义的条文属于空白罪状。但是，由于“目录”不断更新且存在诸多认定文件，这一空白罪状所规定的援引文件的明确性也有待质疑。质言之，在缺乏明文规定的前提下，刑事司法实践中直接援引“目录”等行政文件对毒品进行认定的做法，违背了刑法的明确性要求，与罪刑法定原则相悖离。另一方面，从毒品认定的实质标准来看，在刑事司法领域，司法机关往往直接援引“目录”等行政文件的规定来认定毒品，而不考虑具体案件中相关物质的数量、纯度、种类等具体情况。依照上述标准认定的物质是否符合刑法明文规定的“易使人形成瘾癖”的毒品特征，其在身体损害性、精神刺激性方面又是否有严重的社会危害，需要通过刑事手段进行规制，也是值得商榷的。

第二，我国刑事司法领域毒品认定标准闭合性特征突出。纵览当前刑事司法领域认定毒品时所适用的“目录”等行政文件，都是以纯列举的模式对需要管制的麻醉药品、精神药品进行规定，而且“目录”中也没有设置兜底的条款。可以认为，有关部门在制定这些文件时采取了审慎的态度，认为需要经过大量的实验、论证并得到法律上的认可才可以将一种新的物质认定为毒品。这有助于坚守刑法的谦抑性原则，同时保障了涉毒违法犯罪分子的合法权益。然而，应当警惕的是，一方面，当前新精神活性物质不断出现，其中有部分已经符合了毒品的实质特征，对公众健康等法益产生了严重的侵害或者威胁，而且，由于其变种繁多、制造简便，导致相关新型犯罪处于高发态势，对其进行治理迫在眉睫。可以认为，部分新精神活性物质实质上应当被认定为毒品，而且相较于“目录”中所列管的部分物质，有更明显的毒品特征与更为严重的社会危害性。另一方面，许多毒品犯罪分子也正是了解到“目录”的闭合性特征，才把更多的精力投入制造、贩卖尚未被列入“目录”的新精神活性物质之上，以期逃避法律的监管，这个现象也是需要正视的。因此，适度提高毒品认定标准的开放性，有助于应对以新精神活性物质不断涌现为征表的毒品犯罪新形势，而且只要坚守法益保护原则，以此为基础对毒品进行实质性的认定并不会导致刑法的滥用。相反，这

---

① 魏瀚申：《论空白罪状的罪刑法定原则的符合性判断——以赵春华持枪案为例的实证分析》，载《黑龙江省政法管理干部学院学报》2019 年第 3 期。

种认定模式会使对毒品犯罪的打击更有针对性和科学性。

第三，我国刑事司法领域毒品认定标准不考虑实质要素。在司法实践中，对于毒品的认定，司法审判人员往往以“目录”等文件作为单一认定标准，但凡被列入这些文件的物质，不考虑其在具体案件中是否符合毒品的实质要素，一律认定为毒品。再者，在刑事审判中并没有单独的毒品认定流程，审判人员也未曾在裁判文书中对毒品认定情况进行充分说理。这种形式认定模式，几乎已成“司法惯例”，不仅是实务界，连理论界也觉得习以为常。然而，且不考虑“目录”等文件闭合性的弊端，即使根据刑法明确性的要求，发挥刑法的规范指引作用，在毒品认定时也要对实质要素做适当考虑并进行说理。此外，在当前的司法实务中，这种形式的毒品认定标准是否有助于遏制新型毒品犯罪的泛滥，与“易使人形成瘾癖”的明文规定和社会危害性理论是否有冲突，都是值得思考的。

三、毒品犯罪认定主要依据毒品数量

上文已经提出，毒品犯罪作为一类犯罪，根据犯罪对象的不同可以分为三类：第一类是直接以各种毒品为犯罪对象的犯罪；第二类是以制毒工具、原材料等为犯罪对象的犯罪；第三类是以涉毒行为人为犯罪对象的犯罪。其中，第一类毒品犯罪属于司法实践中的高发犯罪，也是其他两类犯罪存在的基础，刑法也相应地规定了更低的入罪门槛和更为严厉的刑罚配置。申言之，第一类毒品犯罪是整个毒品犯罪的构成基础，其与其他两类毒品犯罪之间有着密切联系，可被称为狭义的毒品犯罪。

如今，在对毒品犯罪进行司法认定时，定罪时所考虑的主要要素包括毒品的数量与毒品的种类。在常见罪名如贩卖毒品罪和非法持有毒品罪中，入罪标准仅只有毒品数量一项。甚至，在“无论毒品数量多少，一律追究刑事责任”的规定下，走私、贩卖、运输、制造毒品罪几乎处于“无门槛”的状态。由此可见，在刑事司法中，认定毒品犯罪主要依据毒品的数量，对于其他情节则有欠考虑。一方面，由于刑法条文明文规定在认定毒品数量时不考虑纯度，而且司法实践中对毒品的认定存在较大偏差，从而导致了司法机关工作人员混淆了毒品与含毒物质的概念，将“不考虑毒品纯度”这一注意规定，[①]

① 根据本书的观点，应对毒品进行实质认定，在此前提下，刑法中有关不考虑毒品纯度的条文只是一则注意规定。

机械地理解成了不考虑查获的涉毒物质中有害物质的成分含量。这种做法忽略了《刑法》第13条“但书”的规定，也忽略了犯罪行为必须具备“严重社会危害性”的要求，不当加重了被告人的刑事责任。另一方面，立法者在设置认定毒品犯罪所需要考虑的情节要素时，“过度重视数量”的特征明显。这使得司法实践中，司法人员的自由裁量权受到了限制，面对纷杂的案件，简单地得出类似处理的结论。

需要承认的是，毒品数量与行为的法益侵害性、社会危害性息息相关，与其他的情节也有着千丝万缕的联系。一方面，从毒品数量中往往可以窥出整个行为的全貌，对整体社会危害性的把握不会存在过大的偏差；另一方面，过度重视毒品数量的重要性，甚至采取“唯数量论”的入罪认定模式，不仅标准简明、操作简便，也有助于在实践中对毒品违法犯罪进行严厉打击，符合国家“重刑治毒”政策的目的。然而，“过于重视数量”“只看单一情节”“无论毒品数量多少”等现有毒品犯罪行为的认定标准不可避免地存在着诸多缺陷。这反映出司法机关对毒品犯罪侵犯的法益认定和毒品数量认定存在偏差，也导致了禁毒法规之间的衔接不畅。

具体而言，《刑法》第357条对毒品数量认定不考虑纯度的规定自然值得商榷，因为不论是将毒品犯罪侵犯的主要法益看作“公众健康”或是“社会管理秩序”，对这些法益起侵害作用的是毒品中的有害成分，因而毒品的纯度影响着毒品的法益侵害性与社会危害性。试考虑，当A与B贩卖同等数量的海洛因，A所贩卖的海洛因纯度为95%，B所贩卖的海洛因纯度仅有50%，但在司法实践中却对A和B同等定罪、量刑，似乎有违罪刑相适应之嫌，也与民众朴素的法感情相悖。立法对于毒品数量以外的其他情节也没有明确规定，也属于立法上的一个小小的疏漏，可以说是对“重刑治毒”政策的片面理解。然而，即使在立法没有修正的情况下，司法实践中也应当通过在具体个案中具体解释的路径，将毒品纯度、毒品犯罪违法所得、毒品扩散范围等影响涉毒行为法益侵害性、社会危害性的情节或说是要素进行充分考虑并形成合理的判决与充分的说理。尤为需要注意的是在特殊案件（如毒品数量极少、毒品纯度极低、毒品扩散范围极小等情形）的处理时更应当如此。这就要求司法机关在恪守罪责刑相适应原则和不放纵犯罪理念的前提之下，尽量坚守刑法谦抑的品格。

第二章
毒品犯罪司法认定的问题检视

毒品犯罪作为司法实践中案发率最高、社会危害性最严重的犯罪之一，其“消极影响经由个人、家庭然后层层传递至国家层面，成为威胁国家安全的重大非传统安全问题”[①]。因此，毒品犯罪一直受到国家与社会的高度重视，而且我国刑法设专节对毒品犯罪进行了规定。以“重刑治毒”政策打击毒品犯罪、对毒品“零容忍”的思想不仅在司法机关内部得到贯彻，还深入社会群众之心。在此基础上，毒品犯罪的高发态势得到了有效遏制，社会秩序得到了有效维护。在禁毒工作取得巨大成就的同时，回望禁毒立法和司法实践中存在的不足并加以修正是当下每一位禁毒人员应当关注的“分内之事”。纵览近年学界有关毒品问题的讨论，其重点大多在于为应对不断出现的新毒品、新手段等提出相应的对策，而对毒品犯罪的认定标准这一基础性的问题却关注较少，似乎随着“社会管理秩序说”“依照‘目录’对毒品进行认定”“毒品犯罪的定罪量刑主要考虑毒品数量”等学界通说和实务界通行方式的形成，一切都已尘埃落定，无须更多的目光流连其间。然而，现行毒品犯罪司法认定标准存在的问题已经逐渐暴露，甚至可以说，毒品犯罪中许多新问题的出现都源于这一基本问题的悬而未决。具体而言，现行毒品犯罪司法认定标准存在着主要法益认定偏离、毒品认定流于形式、构罪标准不成体系的缺陷，以此为基础构建的毒品犯罪治理体系也不免存在着一定的“根基不稳”的隐患。

---

① 罗钢：《毒品犯罪刑事治理去敌人刑法化》，载《政法论丛》2018年第1期。

第一节　主要法益认定存在偏离

当前，刑法学界的通说认为：毒品犯罪侵害的法益是“社会管理秩序”，具体来说是“国家对毒品的管理制度”。由此不难看出，国家将毒品当作“违禁品”看待，而毒品犯罪所具备的“行政犯”意蕴也更为浓厚。在此前提之下，衡量毒品犯罪的社会危害性的主要依据是其对规范的违反程度。这种做法忽视了毒品对公众健康的危害、对社会主义市场经济秩序和公民财产权利等其他法益的损害。正确认定毒品犯罪侵害的主要法益的前提是承认毒品犯罪的多元法益侵害性并“将国民生命健康法益置于社会管理秩序法益之前”[①]。毒品犯罪主要法益认定偏离源于个人法益上升至集体法益时的重点偏移。这背后不仅涉及了规范违反性与法益侵害性之争，也体现了处罚意志与法益保护之间的张力。

一、法益归纳基点偏移

针对当前“社会管理秩序说”的乏力之处，有学者试图将探寻这一秩序背后所保护的深层法益以做出适当的修正。[②] 毒品滥用会对个人的生命健康产生极大的危害已经成为共识，据此，似乎可以认为毒品犯罪侵害的主要法益是个人法益，具体而言是生命健康权。个人的生命健康说解释了我国禁毒的根本原因，亦即毒品的使用会对个人的人身权利造成极大的侵害，而且本说也为“重刑治毒”政策提供了来源于刑法文本的解释。这表明毒品不仅仅是法律禁止流通的违禁品，更是对个人的生命健康有极大侵害的违禁品，相较于其他违禁品，对于毒品的管制应当更加严厉。但是，本说有两个问题难以解决：其一，当下毒品犯罪已经形成了一个体系严密、更新迅速、

① 梅传强、伍晋：《毒品犯罪死刑控制的教义学展开——基于122份二审死刑判决书的实证研究》，载《现代法学》2019年第5期。

② 参见张明楷：《刑法学（下）》（第六版），法律出版社2021年版，第1505页；梅传强、伍晋：《毒品犯罪死刑控制的教义学展开——基于122份二审死刑判决书的实证研究》，载《现代法学》2019年第5期。

影响巨大的网络，极少存在针对特定个人实施的毒品犯罪。在此情形下，将毒品犯罪侵害的主要法益从集体法益还原为个人法益不符合我国当前的毒品犯罪形势，也难以站在更为宏观的立场对毒品犯罪进行规制。长期从事毒品犯罪研究的高巍教授也赞同将毒品犯罪侵犯的法益认定为集体法益。[①] 其二，毒品犯罪对个人生命健康的侵害具有间接性，对个人生命健康具有直接侵害性的吸毒行为并没有被纳入毒品犯罪的范畴，而且吸毒行为也远远无法涵盖所有的毒品犯罪类型。正如有学者指出："人的身体健康的危害不是毒品犯罪造成的，而是吸毒的行为造成的。"[②] 毋庸置疑，毒品犯罪造成的后果及于个体，但并不限于个体。因此，在探讨毒品犯罪侵害的主要法益时，将其认定为集体法益的做法是合理的。然而，集体法益的形成应当从个人法益入手，将后者所蕴含的共同点剥离、升华，正如有学者所说："'人之形象'是超个体法益合理建构的基石。"[③] 具体到毒品犯罪中，应当将毒品对个体的危害进行提炼，亦即将毒品犯罪对公民个人的人身权利、财产权利的侵害上升到对群体乃至社会的威胁层次，从而得出毒品犯罪侵害的主要法益是"公众健康"。在此，本书并不否认毒品犯罪对社会管理秩序的侵害，但是现有的通说在对毒品犯罪侵犯的"集体法益"进行归纳的过程中至少存在两个方面的缺陷：其一，"社会管理秩序"这一法益过于笼统、模糊，并未指明其具体指代，纵览刑法中规定的所有犯罪，从广义而言，无一不对社会管理秩序或者说对法秩序造成侵害。其二，社会管理秩序并不是个人生命健康权的集合，而是对个人法益的保障。因此，这一法益并不能直接、具体地反映其对个人法益的侵害。申言之，从理论上看，推导出毒品犯罪所侵害的集体法益类型时缺少个人法益的基础，从而导致司法实践中刑罚权的不当使用与扩张。

"个人法益限缩了国家的刑罚权，集体法益限制了个人自由的任性，看似悖论的两极，其实并非不能相容。"[④] 无论是在立法还是司法实践中，过度崇尚实用主义而忽略了法规背后的逻辑推导的做法实不可取，应当在规范设计时选择最有逻辑性与说服力的路径。具体而言，在认定犯罪侵害的集体

---

① 高巍：《贩卖毒品罪研究》，中国人民公安大学出版社 2007 年版，第 62 页。

② 李功胜、伍玉联：《浅论毒品犯罪所侵害的法益》，载《西部法学评论》2009 年第 2 期。

③ 贾健：《人类图像与刑法中的超个人法益——以自由主义和社群主义为视角》，载《法制与社会发展》2015 年第 6 期。

④ 孙国祥：《集体法益的刑法保护及其边界》，载《法学研究》2018 年第 6 期。

法益时应当从其侵害的个人法益入手进行推导，对毒品犯罪侵害的主要法益的分析和对其侵害的集体法益做出合理概括之时也须如此。“承认集体法益具有独立于个人法益的地位，并不代表集体法益具有‘初始的’或者‘原发的’独立性”[①]，毒品犯罪对社会的危害最初的起始点与最后的落脚点都在于其对个人法益的侵害，主要是对公民生命健康权利的损害。随着毒品和毒品市场的不断发展，毒品犯罪的规模、影响范围等都不断扩大，对个人法益的侵害逐渐上升成为对社会集体的威胁。以此为基础将毒品犯罪的法益侵害属性拔高到集体法益的层面来认定毒品犯罪侵害的主要法益更具合理性，也更有说服力。这样不仅为禁毒刑事立法提供了充足的理论支撑，也为释法说理准备了充分的依据，有助于刑法实施的社会评价的提高。

二、行政惯性影响司法

毒品犯罪作为典型的行政犯罪，无论是在立法还是司法上都存在着浓厚行政法色彩，其中禁毒立法与司法实践对规范违反性的重视尤能体现毒品犯罪所蕴含的“行政犯”的意蕴。“传统行政法释义学将行政行为形式作为体系架构的中心，以合法/违法作为论述重点。”[②] 因此，相较于刑法对法益保护的重视，行政法更关注的是行为的合法属性。简言之，行政法更关注的是违法行为的规范违反性而非法益侵害性，毒品犯罪中将主要法益定位于对秩序的违反正体现了这一点。根据我国刑法理论通说，毒品犯罪侵害的法益是“社会管理秩序”，具体而言是“国家对毒品的管理制度”。据此，不难得出这样的结论：毒品犯罪本质上是一种“违禁品”犯罪，对其进行规制的主要目的是对秩序的维护，亦即对禁毒法等行政禁毒规范的维护。在处理毒品犯罪时，司法机关主要衡量的是相关行为对秩序的违反情况。在对“重刑治毒”政策理解不够到位的前提下，司法机关不免将一些法益侵害性较低的行为纳入了犯罪圈，违背了刑法的谦抑性。正如有学者所担忧的那样：“一旦过分突出刑法保障规则服从的侧面，也存在着以捍卫规范权威、强化

---

① 王永茜：《论集体法益的刑法保护》，载《环球法律评论》2013 年第 4 期。

② 宋华琳：《中国行政法学总论的体系化及其改革》，载《四川大学学报（哲学社会科学版）》2019 年第 5 期。

公民守法意识为名滥用严刑峻法的危险。"[①]

诚然，重视行为的规范违反性、维护法秩序是刑法的重要机能与目的。然而，"刑法的作用在于保障规范的效力，而规范的目的则在于保护法益"[②]。在刑事司法实践中，应当坚持法益保护的原则，更加注重对犯罪所侵犯的法益进行分析，仔细考量相关行为的法益侵害性、社会危害性，以期对行为进行正确、合理的司法认定，完成刑法"惩罚犯罪、保护人民"的任务。具体到毒品犯罪中，将毒品犯罪侵害的主要法益认定为"国家对毒品的管理制度"的做法直接导致了毒品认定行政前置、犯罪司法认定过于重视毒品数量等消极后果的产生。可以说，国家对毒品的管理制度或者说禁毒规范建立的初衷是保护社会公众的生命健康、合法的财产权利和社会主义市场经济秩序等法益。其中，"社会公众的生命健康"应当是禁毒规范保护的主要法益，也是禁毒规范建立的基础。在毒品及其相关犯罪的认定之时也应考虑"国家对毒品的管理制度"背后所保护的法益，而不能单纯因为相关物质或者行为的出现侵害了"国家对毒品的管理制度"就将其纳入刑法的规制范畴。质言之，应当深入挖掘"规范法益"背后所保护的内容并正确揭示毒品犯罪侵害的主要法益。这也是对毒品犯罪进行正确定罪、量刑的基点。

三、处罚意识过于强烈

"从中国古代司法制度中也不难看出，无论司法机关的设置、诉讼原则的确立和审判制度的完善，都是以保证刑法的实施为重心的。"[③] 即使在倡导刑法谦抑性、刑罚轻缓化，实行宽严相济刑事政策的今天，重刑观念的影响也依旧深远。在毒品犯罪所侵害的多元法益中，我国刑事立法将难以量化、较为笼统的秩序法益作为侵害的主要法益，甚至唯一法益，并在司法实践中"简单粗暴"地对相关物质、行为进行认定、评价，这反映出我国的毒品犯罪治理实践深受重刑观念的影响。无论是我国传统的"社会危害性"

---

① 陈璇：《结果无价值论与二元论之争的共识、误区与发展方向》，载《中外法学》2016年第3期。

② [德] 乌尔斯·金德霍伊泽尔：《法益保护与规范效力的保障：论刑法的目的》，陈璇译，载《中外法学》2015年第2期。

③ 李军林、刘英：《中国传统法制的特点及其现代转型的困境》，载《河北学刊》2013年第1期。

概念，抑或后来从德国、日本引入的“法益侵害性”概念，两者都蕴含着在认定犯罪之时应当考虑犯罪对法益的侵害程度，从而作出实质判断的理念。换言之，两者都主张通过一定的实质判断将部分较为轻微的行为出罪，从而恪守刑法的谦抑性。应当说，从主体趋势来看，刑法的发展是愈加谦抑的，与此同时，刑罚也逐步轻缓，从而使得限缩犯罪圈、保护法益成为主流。

然而，毒品犯罪的认定却体现了司法者强烈的处罚意识，从其侵害的主要法益的认定、毒品的认定、犯罪的认定等诸多方面都可看出端倪。其中自然有严厉打击毒品犯罪的需要，但在部分案件中，刑法尤其是刑罚的适用过于随意、严厉的现象也并不鲜见。具体到毒品犯罪所侵害的主要法益认定问题，“社会管理秩序”法益之所以受到立法者、司法者的青睐，一方面，是源于毒品犯罪所带有的“行政犯”的特征和维护社会秩序的需要。另一方面，秩序法益难以量化和侵害门槛低的特点也使得司法者强烈的处罚意识更为便捷地转变为实质行动。在此情境之下，对“国家对毒品的管理制度”的信赖渐渐转变为对其效力的信赖。据此，在部分案件的处理过程中，相关行为的实质危害性较小，但由于单纯的处罚意识的作祟便认定其严重侵害了法益。实质上，这种行为“仅仅是一种单纯的违反全权性政制秩序的行为，没有上升到刑事处罚的必要”①。

第二节　毒品性质认定流于形式

当前司法实践中，毒品认定仅仅依据“目录”这种闭合型行政文件。简言之，在对毒品犯罪中的毒品进行认定时，只要涉案物质被列入“目录”即可被认定为毒品，反之则不予认定。这种认定模式凸显了我国司法实践中毒品认定流于形式的缺陷。一方面，现有的毒品认定模式难以应对毒品犯罪不断变化的新形势，尤其在将具有毒品特性的新精神活性物质纳入禁毒法律规制范围这一层面较为乏力。另一方面，即使在传统毒品的认定中，也存在着过于封闭、行政意识强烈的缺陷，直接运用于刑事司法可能与刑法的基本原则相背离。具体而言，当前的毒品认定标准存在着概念语境稍显模糊、可

① 戴锦澍：《集体法益中秩序法益的解构与反思》，载《四川警察学院学报》2019 年第 1 期。

持续性有待提高、行刑衔接存在障碍的问题。

一、概念语境稍显模糊

通过翻阅条文，不难发现，禁毒法中毒品的概念与刑法中毒品的概念在行文表述上基本一致，司法实践中也并未区分行政法视域下的毒品概念与刑法视域下的毒品概念的区别，直接将行政法对毒品的认定结论运用于刑事司法之中。不区分概念语境，直接将行政法上的概念与刑法上的概念混同的做法已经引发了学界的关注。同时，近年出现的一些热门案件如陆勇案、赵春华案等也揭露了这种处理方式的不足。

具体到毒品的认定中，这种概念语境不明的现状至少有两个方面的隐忧。一方面，禁毒法与刑法虽然在毒品概念的行文表述上一致，但是这并不代表两者的概念就是一致的。在我国传统理论中，违法与犯罪是以社会危害性进行界分的，由此形成了我国的二元处罚机制，亦即将形式上相同的行为根据其社会危害性的大小分别由行政法与刑法进行规制。具体到毒品的认定中，符合行政法对毒品的定义的同时，也需要其在具体案件中有严重的社会危害性才能纳入刑事犯罪的范畴，否则便违背了刑法的谦抑性原则和罪刑法定原则；另一方面，即使在刑事司法中采取与禁毒法完全等同的毒品概念，也不宜将“目录”中所列举的物质直接认定为行政法意义上的毒品。其原因在于，“目录”所体现的仅仅是毒品的国家管制性，而对毒品的形成瘾癖性、精神刺激性、身体损害性则没有提及，不能完整地概括毒品的特性，以此认定毒品有以偏概全之嫌。

二、可持续性有待提高

将“国家管制的麻醉药品、精神药品”的概念置换为“‘目录’列举的麻醉药品、精神药品”的做法，使得行政法层面对毒品的认定完全局限于一个封闭性的文件，不利于应对不断涌现的新型毒品，尤其是新精神活性物质犯罪。从医学角度来看，新精神活性物质“与毒品一样具有较强的形成瘾癖性，滥用后会对人的生理和精神状况造成损害”①。但从规范的层面来

---

① 张黎、张拓：《新精神活性物质的滥用危害与防控问题研究——以构建我国禁毒防控体系为视角》，载《中国人民公安大学学报（社会科学版）》2013年第4期。

看，许多新精神活性物质虽然与毒品类似，已经具备了毒品所特有的形成瘾癖性、精神刺激性、身体损害性，但由于并未及时将其纳入“目录”，将其认定为毒品存在着一定的困难。简言之，部分新精神活性物质与毒品的区别便在于是否被纳入“目录”。司法实践中，“不法分子往往通过修饰被列管的精神药品或者麻醉药品以达到规避法律管制的目的”① 的现象也并不罕见。在此情形下，要想应对不断出现的新型毒品犯罪，只能依靠“目录”的更新。

诚然，将一种物质纳入“目录”对其进行管制需要考虑诸多因素，也需要各学科领域的专家进行反复、长时间的论证，以保证结论的科学性，避免无辜的人受到法律的追究，提高法律实施的社会评价。然而，现在存在的问题是，在医学等领域得出毒品认定的结论后，将其纳入“目录”需要一段较长的时间，而且随着新精神活性物质的不断变种，“目录”需要频繁更新。再者，封闭式的“目录”即使频繁更新也难以跟上新精神活性物质更新的步伐。这样会导致对一些危害行为的处理缺乏依据。而且，作为法律规范，刑法频繁修正也会损害其稳定性与权威性，应当考虑对“目录”进行适当修正，构建一个完备的、开放式的毒品认定实质标准，使其更加科学、灵活。

三、行刑衔接存在障碍

即使对现有的“目录”进行了妥当修正并厘清了行政法视域下与刑法视域下的毒品概念的不同，将行政法中的毒品通过法益侵害性、社会危害性的二次评价认定为刑法意义上的毒品，其中的衔接环节在现有的禁毒法律规范中也是有缺失的。从表面上看，这是一个刑行界分的问题，主要包括两个方面：一方面，在行政法领域直接适用的文件通过何种程序可以使其在刑法领域继续适用，这是值得探究的。而当下的司法实践中，将“目录”作为刑事司法实践中认定毒品的依据的做法已司空见惯，鲜有质疑与思考。这种惯性究竟是恪守传统，还是落于窠臼，是值得反思的。另一方面，在行刑衔接的过程中，如何将部分行政法意义上具有严重社会危害性的违法行为认定为犯罪，其界限在何处，现有的禁毒规范也没有给出很好的解答。

---

① 姜宇、王雪、陈帅锋：《论我国新精神活性物质管制模式的完善》，载《中国药物滥用防治杂志》2019 年第 2 期。

从深层次来说，这种行刑衔接的不畅还体现了对刑法分则中部分空白罪状的解释与罪刑法定原则之间存在着矛盾。这种矛盾主要体现在行政犯的规定中。具体到刑法学视域下毒品的认定，将行政法意义上的毒品认定标准、结果直接适用于刑事认定，而不通过刑法中所规定的构成要件要素对其进行“刑事违法性”的审查。这种做法有违背罪刑法定原则和《刑法》第 13 条“但书”规定之嫌。在解决行政犯中的行刑衔接问题时，有学者提出了“前置法定性与刑事法定量的统一”① 的犯罪司法认定机制，亦即通过行政法来认定相关行为的违法实质，随后通过刑法筛选出具有严重社会危害性、符合犯罪构成的行为。可以说，这种犯罪司法认定机制的原理是正确的，但其表述存在一定的瑕疵。本书认为，刑事法在行政犯的认定中也具备了重要的定性功能。简言之，对违法的认定与对犯罪的认定都是重要的定性环节，甚至后者需要更严格的标准与更完备的程序。因此，要重视刑法的定性作用，在认定刑事违法的基础上“通过刑法构成要件的类型化判断来确定是否构成犯罪”②。

第三节 构罪标准判定不够多元

我国《刑法》第六章第七节共 11 条专门规定了有关毒品犯罪定罪、处罚的内容。通过对刑法条文的梳理，不难发现，同属毒品犯罪的不同罪名其构罪标准是不同的。简言之，在不同的毒品犯罪中，对犯罪的认定的考量因素有所不同。诚然，不同罪名的犯罪构成不同、社会危害性不同，规定不同的构罪标准体现了“具体问题具体分析”的思想，具备一定的合理性。然而，毒品犯罪作为一个类罪，其侵害的类法益相同，也存在着诸多共同的需要考虑的因素，这是部分罪名的立法行文中所忽略的，从而使得整个毒品犯罪的构罪标准缺乏体系性，过于杂乱。

---

① 田宏杰：《行政犯的法律属性及其责任——兼及定罪机制的重构》，载《法学家》2013 年第 3 期。

② 于冲：《行政违法、刑事违法的二元划分与一元认定——基于空白罪状要素构成要件化的思考》，载《政法论坛》2019 年第 5 期。

一、法益反映不够全面

毒品在本质上属于国家管制的麻醉药品、精神药品，在此基础上，当前刑法理论界的通说将其侵犯的法益认定为单一的“社会管理秩序”具有一定的合理性，也体现了国家对毒品管理秩序的维护和严厉打击毒品犯罪的决心。具体到司法实践中，这种单一法益认定模式直接体现为在对涉毒行为进行认定时，过度重视毒品数量这一单一要素，甚至出现了“唯数量论”的入罪标准，而这种法益认定模式和构罪标准是不能够全面反映毒品犯罪的法益侵害性与社会危害性的。诚然，毒品数量的多少往往能够反映其他情节的严重程度，涉毒行为所涉及的毒品数量越多，行为人对以禁毒法为核心所构建的毒品管理制度的蔑视程度则越深，对这种制度的破坏也越强烈。与此同时，相关行为的违法所得数额、控制非法市场规模等一般也达到了情节严重的程度。然而，高度盖然性并不能否认例外情形的存在。简言之，如果不考虑其他情节，毒品数量仅能证明涉毒行为对社会管理秩序的侵害程度，无法直接、必然反映其对公众健康、公民财产权利等其他法益的侵害程度。因此，由单一法益认定模式带来的当前毒品犯罪司法认定所适用的过度重视毒品数量的认定标准存在一定的缺陷。

从理论层面上看，毒品犯罪行为认定之所以出现“过于重视数量”的现状，是因为忽视了毒品犯罪的多元法益侵害性，也就是由单一法益认定模式所导致。简言之，法益反映片面与构罪标准单一两者息息相关，前者是后者的内在缘由，后者则是前者的外在体现。因此，毒品犯罪的司法认定标准问题与司法人员对法益保护原则和毒品犯罪所侵害的法益的理解一脉相承，只有准确厘清、理解毒品犯罪的多元法益侵害性及其侵害的主要法益，才能在司法实践中对其正确地定罪、量刑。从实践层面上看，毒品犯罪“过于重视数量”的认定模式和部分“唯数量论”的入罪标准也反映了司法人员忽视对涉毒行为所涉及的所有情节的全面考量和过度强调运用刑法对涉毒行为进行严厉打击的现状。诚然，以毒品数量作为毒品犯罪的认定标准较为全面地反映了相关行为对社会管理秩序的侵害程度。但其对更为主要的公众健康和社会主义市场经济秩序、公民财产权利等其他法益的侵害程度则反映不足。质言之，“过度重视数量”的毒品犯罪认定标准无法全面反映毒品犯罪的法益侵害性，这至少会导致以下两方面的问题：一方面，在毒品数量较大但是综合其他情节可以认定为情节显著轻微、危害不大的情形之下，将其入罪过于严厉，有违背刑法谦抑性原则之嫌。另一方面，在毒品数量相同但其他情节有所不同的两个案件中，处理结果可能相同和相似，似乎也违背了刑罚个别化和罪责刑相适应原则。故而，在对毒品犯罪进行司法认定时，充分考虑所有与行为法益侵害性、社会危害性有关的全部情节，从而准确判断行为的社会危害性，实现正确定罪量刑。

二、数量认定不够科学

毒品数量能够直接反映涉毒行为对社会管理秩序的侵害程度，同时对其他法益的受损程度也有一定的体现。科学认定涉案毒品数量对毒品犯罪的正确定罪、量刑有着重要意义。然而，在司法实践中，对毒品数量的认定标准也存在着不科学之处。

其一，混淆了毒品数量与含毒物质数量的概念。在对毒品进行形式认定的前提之下，当前司法实践中所认定的部分“毒品”并不符合刑法上毒品所具有的身体损害性、精神刺激性和易使人形成瘾癖的特征。这意味着相关物质虽然有害，但不符合刑法上毒品的概念，也自然无须动用刑法进行规制。因此，毒品概念本身就蕴含了一定程度上的法益侵害性的内在要求，当前司法实践中所认定的“毒品”并不能和刑法上的毒品画等号，使用含毒物质的称谓可能更加合适。

其二，在认定毒品数量时没有考虑纯度因素。需要说明的是，如果采用实质意义上的毒品概念的话，纯度这一词显得有些多余，刑法中关于毒品数量不以纯度折算的规定也只是提倡刑法意义上的实质毒品概念前提下的一个注意规定。但鉴于当前司法实践中对毒品以及含毒物质数量的混淆已成常态，故而依旧用毒品纯度一词指代含毒物质纯度，以免产生阅读上的不解与不适。在毒品犯罪中，真正对行为的法益侵害性、社会危害性有影响的是毒品依照纯度折算后的部分，即实质意义上的毒品数量，而其他部分倘若对人身、对社会无害则不应当计入毒品数量，以免过度夸大了行为的社会危害性从而不当增加行为人的责任。基于此，虽然不考虑纯度差异将所有查获的同类毒品相同对待的做法在司法实践中并不罕见，但是这种“在决定适用何种法定刑幅度时一般不考虑毒品纯度，而是依据查证属实的毒品数量”① 的

---

① 袁登明：《毒品纯度与毒品犯罪的定罪量刑》，载《中国检察官》2011 年第 8 期。

做法的科学性是有待商榷的。

其三，罪名的认定会随着毒品数量而转化。《全国法院毒品犯罪审判工作座谈会纪要》（以下简称《武汉会议纪要》）放宽了对吸毒者认定运输毒品罪的条件，将吸毒者在长距离的路程中携带数量较大的毒品认定为运输毒品罪，而非非法持有毒品罪。《全国法院毒品犯罪审判工作座谈会纪要》（以下简称《昆明会议纪要》）对运输毒品罪和非法持有毒品罪等罪名的认定规则进行了细化，但并未直接针对上述《武汉会议纪要》的规定进行修改。在此情形下，吸毒者罪名的认定就随着毒品数量与路途距离而变化，其中对运输毒品的故意认定，或者说是推定明显违反了刑事证据规则，亦即此种推定并不符合刑事推定基础事实必须真实可靠、没有明显的否定性解释、不得二次推定、可以反驳、反驳推定的强度应当不低于推定本身、就低不就高等规则。① 在运输毒品罪与非法持有毒品罪法定刑相去甚远的情况下，这种转化不仅违背了刑事诉讼法中的证明规则，也明显不符合运输毒品罪的犯罪构成，从而导致行为人因此遭受了过重的处罚。

三、法律规定不够统一

我国毒品犯罪的司法认定标准规定不够统一。这种不统一，一方面体现在同一犯罪的基本罪状与加重罪状中所考虑的因素有所不同；另一方面体现在对不同的毒品犯罪定罪时所要考虑的因素也各不相同。诚然，即使同属毒品犯罪这一类罪，不同的个罪具有自身的特性，在进行定罪时考虑的具体要素有所不同也是常情。然而，既然这些犯罪属于同一类罪，那就表明其侵犯的法益基本相同，能够反映法益侵害性的情节自然也有所重合。因此，总有一些共通的情节是认定所有毒品犯罪所要考虑的。这也能够使有关毒品犯罪认定的法律规定更为统一、成体系，有助于指导司法实践对各类毒品犯罪进行正确认定。

具体而言，在相同个罪中，入罪标准与加重处罚标准所考虑的要素不同的情况并不罕见。以运输毒品罪为例，在对运输毒品的行为进行定罪时，只需要考虑毒品的数量，无须考虑其他的情节，而在对运输毒品行为进行加重处罚时，除了可以对涉毒数量大的运输行为进行加重处罚之外，如果具备

① 邓子滨：《刑事法中的推定》，中国人民公安大学出版社 2003 年版，第 114—119 页。

“暴力抗拒”等其他情形也可以加重处罚。由此不难看出，在对运输毒品的行为进行加重处罚时，不仅考虑了毒品数量，也考虑了其他可以体现行为法益侵害性、社会危害性的情节。这与定罪时只考虑毒品数量这一单一情节的模式大不相同。毋庸置疑的是，在对运输毒品行为进行加重处罚时所考虑的情节，都能体现行为的法益侵害性与社会危害性，在定罪时也应当予以考虑。再者，基于毒品犯罪多元法益侵害的特点，许多刑法中没有明确规定的情节也能够直接反映出相关行为的社会危害性，在对毒品犯罪定罪时也是需要考虑的。归根结底，仅设置单一的入罪标准并不能全面反映出相关行为的社会危害性，也导致了各罪内部不同处罚标准所考虑的要素的不一致，并不足取，而考虑多元情节并采取“列举 + 概括”的形式规定在司法解释之中，可以在一定程度上弥补刑事立法上的不足。

从毒品犯罪各罪之间的规定来看，毒品犯罪中不仅存在着情节犯（包括数量犯），也存在着行为犯。这表明了不同的毒品犯罪有着不一致的入罪标准，且在情节犯中所考虑的情节也有所不同。部分犯罪只要实施相关行为即可入罪，部分犯罪则对毒品数量大小或者犯罪情节的严重程度有所要求。这种认定模式虽然体现了具体问题具体分析的思路，但是也破坏了对相似类罪进行认定的体系性程度。实现毒品犯罪行为认定体系的整体性统一并不是忽略了各罪所具备的特征，而是强调挖掘毒品犯罪各罪名之间存在的共性和归纳在入罪时需要考虑的共同情节。在此基础上，将这些共同情节以列举的方式加以列明，能够使得毒品犯罪行为认定标准更具体系性。诚然，重视个罪的独特性并进行具体分析是重要的，但也要正确认识整体与部分的关系，在整体中加深对部分的理解，正如现代系统论提出研究整体与部分之间的关系应当“放在整体上，放在事物之间和事物同外在环境的种种联系和关系上”①。这种分析整体与部分的思维模式对毒品犯罪的司法认定也有借鉴意义。

这种法律规定的不够统一不仅出现在刑法内部，也出现在各禁毒法规之间。更需注意的是，在没有对毒品进行实质认定并区分行政法意义上的毒品与刑法意义上的毒品之间的区别的前提下，走私、贩卖、运输、制造毒品罪中“无论毒品数量多少，一律追究刑事责任”的规定和一些行为犯的规定，

---

① 李建峰、李愿：《论现代系统论对整体与部分范畴的丰富和发展》，载《理论导刊》2007年第7期。

直接使得治安管理处罚等其他制裁措施几乎失去了用武之地，也招致了禁毒法、刑法、治安管理处罚法三者之间的不协调。[①] 这种矛盾不仅体现了毒品犯罪治理措施对我国通用的二元处罚机制的违反，也破坏了行政法与刑法的有效衔接。例如，禁毒法中规定了对情节较轻的走私、贩卖、运输、制造毒品行为可以适用治安管理处罚进行规制，而治安管理处罚法中并没有相关的条文规定。这种矛盾情况在毒品犯罪司法认定模式出现问题时愈演愈烈，值得警醒。

① 本观点来自朱建华教授在首届国家毒品问题治理论坛（2019）上的发言。

第三章 毒品犯罪司法认定的原则坚守

对我国毒品犯罪的司法认定标准进行正确修正，必须先明确我国毒品犯罪司法认定所要坚持的原则，确立正确的方向。除了罪刑法定原则、罪责刑相适应原则和适用刑法平等原则这三项“作为刑法学说与立法的‘璀璨明珠’，是指导刑事司法实践的主题曲与‘灵魂’”[①] 的基本原则之外，对毒品犯罪进行司法认定还应当坚持法益保护原则、刑法谦抑性原则、法秩序统一原则这三项具体原则，以提高毒品犯罪司法认定标准的科学性和社会评价。在坚持法益保护原则时，应当实现法益保护的多元化、重点化、后置化的转变。在坚持刑法谦抑性原则时，应当做到对二元处罚机制的坚持、注重治安管理处罚的运用和其他制裁措施的补充。在坚持法秩序统一原则时，应当做到在毒品犯罪的司法认定中，行政法规与刑事法规保护法益相趋同、毒品的行政认定与刑法认定相区分、涉毒的违法行为与犯罪行为相协调。

第一节 法益保护的原则

法益保护的原则，是德国、日本刑法学界所坚持的一个基本原则，在传入中国之后，也得到了许多学者的认同，其基本观点认为：“刑法的任务或

---

① 高铭暄：《刑法基本原则的司法实践与完善》，载《国家检察官学院学报》2019 年第 5 期。

目的是保护法益，犯罪应当被限定为对法益的加害行为。”[①] 在司法实践中，构建毒品犯罪司法认定的具体标准时，也应当从毒品犯罪侵犯的多元法益出发，找到能够反映毒品犯罪行为法益侵害性、社会危害性的情节。坚持法益保护原则，需要做到法益保护的多元化、重点化、后置化。具体而言，首先，需要厘清毒品犯罪究竟侵害了哪些法益，当下我国刑法理论通说“社会管理秩序说”难以全面概括毒品犯罪所侵犯的法益，以此为出发点考虑的犯罪情节对毒品犯罪整体的社会危害性判断并不全面。为此，需要明确毒品犯罪的多元法益侵害特征，避免认识过于机械、单一。其次，在实现法益保护的多元化，全面厘清毒品犯罪所侵犯的法益之后，需要正确定位毒品犯罪侵犯的主要法益，实现法益保护的重点化。最后，需要明晰刑法“保护法”的地位，从行为对法益的侵害程度归纳其社会危害性，判断是否应当将其认定为犯罪，实现法益保护的后置化。

一、法益保护的多元化

对毒品犯罪的侵害的法益探讨起源于20世纪，最后“社会管理秩序说”得到了学界与实务界的多数支持，成为有力的多数说。诚然，毒品犯罪侵犯了以禁毒法为核心的毒品管制秩序，毒品犯罪行为也体现了对法律规范的违反。然而，即使是所谓的通说也并不代表其不存在问题，更不能代表之前适用的规则，在社会现状、刑法观念已经转变的当下，依旧能够符合保护法益的需要。具体到毒品犯罪中，将毒品犯罪侵犯的法益认定为单一的“社会管理秩序”是规范违反说的观点体现，切合严厉打击毒品犯罪的需要，但是其对一些基本事实的忽视和对毒品认定、构罪标准构建的不利影响也是十分明显的。

一方面，毒品作为一种国家管制的麻醉药品与精神药品，其滥用会对吸食者的身体与精神都产生程度不一的损害。尤其在形成瘾癖无法摆脱毒瘾之后，随着使用量的增长，毒品吸食者的生命健康遭受极大的侵害。而且，由于毒品价格高昂，获取渠道不多，大部分吸食者往往无力负担购买毒品所需的金额，或是倾家荡产影响家庭关系，或是走上了其他违法犯罪道路，甚至成为毒品犯罪团伙的一分子。另一方面，毒品作为一种违禁品，在非法市场

---

① 张明楷：《外国刑法纲要》（第三版），法律出版社2020年版，第27页。

中进行交易，不仅降低了正常市场劳动力的数量与素质，也吸取了高额的资金与非法利润，给经济的健康发展造成了阻碍，严重侵害了社会主义市场经济秩序。简言之，除了“社会管理秩序”或者说“国家对毒品的管制”，毒品犯罪还侵害了诸多其他的法益，能够反映这些法益侵害的情节都是在毒品犯罪司法认定时需要考量的。从理论上看，现有的研究成果大多忽视了毒品犯罪的多元法益侵害性，直接导致了司法实践中毒品认定的形式标准的出现、毒品犯罪认定时考虑要素过于单一和对“无论毒品数量多少，一律追究刑事责任”等规定的错误解读。

而且，从理论上来看，单一的“社会管理秩序说”也与我国刑法理论通说中的关于犯罪本质的学说有所背离，严重的社会危害性是犯罪的本质，其揭示的是犯罪对社会利益的侵害，体现的是犯罪行为的社会意义和在社会中的地位。[①] 在现实生活中，毒品犯罪现象纷繁复杂，要想全面把握行为的社会危害性就必须将行为所侵害的法益都分析透彻。具体而言，需要考虑能够体现行为对法益的侵害的所有情节和行为所引发的一些具有高度关联性的衍生后果。在这种情况下，单一法益的认定显得无以为继，由此指导的单一认定模式自然也有着难以忽视的缺陷。

二、法益保护的重点化

20 世纪 50 年代到 70 年代末……毒品犯罪在华夏大地上几乎无踪可寻。[②] 自此之后，在我国，乃至全世界范围内，毒品犯罪是危害最大的几种犯罪之一。[③] 为了应对毒品犯罪从无到有、从有到多的严重态势，打击毒品犯罪分子的嚣张气焰，“重刑治毒”政策应运而生，运用刑罚对涉毒行为进行治理逐渐成为常态。“重刑治毒”政策在刑法中的重要体现之一是把毒品犯罪侵犯的法益单一认定为“社会管理秩序”。具体是国家对毒品的管理制度。这种认定不但忽略了毒品犯罪的多元法益侵害性，而且对毒品犯罪所侵犯的主要法益的认定也存在偏离。诚然，将毒品犯罪所侵犯的主要法益认定

---

① 刘艳红：《社会危害性理论之辨正》，载《中国法学》2002 年第 2 期。

② 梅传强：《回顾与展望：我国禁毒立法之评析》，载《西南民族大学学报（人文社科版）》2008 年第 1 期。

③ 任惠华、金浩波：《我国毒品犯罪刑事治理之回顾与展望》，载《中国刑警学院学报》2018 年第 2 期。

为“社会管理秩序”存在着操作简单的优点，对当时毒品犯罪的打击起到了积极作用。然而，随着合成毒品占有的市场份额不断扩大，尤其是部分具有毒品特性的新精神活性物质不断涌现，基于新型毒品对吸食者的生理、精神的损害都高于传统毒品的事实。而且，吸食新型毒品由于精神受到刺激导致一系列高度关联的衍生违法犯罪行为的出现，传统的“社会管理秩序说”已经无法准确概括当前毒品犯罪的特征，也无法揭示我们打击毒品犯罪的根本原因。这意味着“社会管理秩序说”难以阐明毒品犯罪社会危害性的根源所在，加之“社会管理秩序”这一概念过于笼统，其通说的地位受到动摇。因此，从毒品犯罪所侵犯的多元法益中找准其侵犯的主要法益是必要的。

毒品犯罪作为行政犯，运用刑法对其进行打击的目的不仅是保护相关行政管理法规所创制的一种管理秩序，更多在于保护这种管理秩序所意图保护的法益。可以说，后者是刑法规制毒品犯罪所要保护的深层法益，也是毒品犯罪所侵犯的深层法益。从禁毒法的行文中不难发现，毒品管理制度构建的首要初衷便在于“保护公民身心健康”[①]，即毒品管理制度这一秩序法益背后体现的是国家对公民身心健康的保护。故而，将公民身心健康即公众健康认定为毒品犯罪所侵犯的主要法益于法有依。此外，从毒品的特性来看，毒品的主要危害来源于其具有身体损害性、精神刺激性、易使人形成瘾癖等特点，直接侵害的是公众健康，人们对毒品的痛恨也主要来源于吸食者身体、精神素质的急剧下降和其他衍生行为。因此，将毒品犯罪所侵犯的主要法益认定为公众健康也符合毒品和毒品犯罪本身的特性。在践行法益保护原则时，需要实现法益保护的重点化，以便使司法实践中对毒品犯罪的打击更有针对性，合理配置司法资源实现案件的有效分流，为正确定罪、量刑打下基础。具体而言，实现法益保护的重点化需要做到：一方面，应当准确认定毒品犯罪所侵害的主要法益，从而在适用刑法对毒品犯罪进行规制时，重点考量相关行为对公众健康的危害程度。在定罪时，要充分、重点考虑毒品数量、毒品纯度、毒品市场大小等能够体现其对公众健康侵害程度的情节。另一方面，也不能忽视对毒品犯罪所侵犯的其他法益的保护。这是因为毒品犯罪的社会危害性是通过其法益侵害性体现的，即使相关行为对公众健康的侵

① 《禁毒法》第1条规定：“为了预防和惩治毒品违法犯罪行为，保护公民身心健康，维护社会秩序，制定本法。”

害相对较小，但是对社会主义市场经济管理秩序、公民的财产权利等其他法益侵害程度较高，也具备严重的社会危害性，应当运用刑法进行规制。简言之，司法实践中对涉毒行为进行定罪时，应当以保护主要法益为重点，着重考量能够反映“公众健康”受侵害程度的情节，也要考量犯罪中的其他能够反映其法益侵害性的情节，从而综合判断相关行为的社会危害性，以做到正确定罪。

三、法益保护的后置化

在运用刑法对涉毒行为进行规制时，坚持法益保护原则不仅要实现法益保护的多元化与重点化，也要实现法益保护的后置化。法益保护的后置化与刑法谦抑性原则息息相关，是指在对涉毒行为侵害的法益进行保护时，不应当先动用刑法，而是应当将刑法的适用后置，先采取行政处罚等其他手段进行保护，在其他手段不能起到保护法益的效果之时，才能用刑法对相关行为进行规制。在对涉毒行为进行司法认定时，实现法益保护的后置化，最重要也是最基础的是应当以行为的实质社会危害性为底线，坚守刑法的谦抑性，将情节特别轻微，不具备严重社会危害性的涉毒行为排除在犯罪圈之外。“近年来犯罪社会危害性标准出现降低趋势已经成为一个不争的事实。”[①] 而在毒品犯罪中，尤其在走私、贩卖、运输、制造毒品罪中，社会危害性的标准已经处于一个极低的程度，甚至在司法实践中出现了没有犯罪门槛的现象。其中，自然有对毒品认定流于形式、忽略了一定物质构成“毒品”本身就应当具备一定的条件的原因，但刑法的过于前置也是造成这一现象的重要原因，而且甚至可以说是根本原因。以运输毒品罪为例，司法实践中审判人员仅机械地着眼于“无论毒品数量多少，一律追究刑事责任”的字面规定，便将许多毒品数量极低、毒品纯度极低或者传播范围极狭窄的行为认定为犯罪处理。这不仅与《刑法》第 13 条“但书”的规定相冲突，也使得禁毒法中所规定的治安管理手段无用武之地。这种做法背离了刑法谦抑性原则以及我国宽严相济刑事政策，也使得部分涉毒行为人受到了不应承受的重罚，在保障被告人合法权益方面存在一定的不足。

阮齐林教授指出：“犯罪不仅是法律用刑罚禁止的行为，而且是有害、

---

① 高铭暄、李彦峰：《〈刑法修正案（九）〉立法理念探寻与评析》，载《法治研究》2016 年第 2 期。

有责的行为。”[①] 犯罪具有严重社会危害性、刑事违法性、应受刑罚处罚性的特征也被屡屡强调。因此，在对毒品犯罪进行认定之时，不仅要看行为是否符合了形式的构成要件，也要厘清刑法文本设置该犯罪所要保护的法益，从行为对各法益的侵害程度出发综合认定其社会危害性进行实质判断，以合理控制犯罪圈。其中，最需要慎重认定的，便是看似没有犯罪门槛的运输毒品罪等犯罪。对此，应当厘清《刑法》第13条“但书”的规定与“无论毒品数量多少，一律追究刑事责任”的规定之间的关系。本书认为，在具体适用刑法分则条文的规定进行定罪量刑之时，不能违背刑法总则的规定，故而不能将后者认定为“但书”的例外规定，当运输毒品数量极低或者存在其他情节，进行综合考量后，能认定为情节显著轻微、危害不大的，就不应当将其当作犯罪处理，用行政处罚进行规制即可。此外，正如陈忠林教授所认为的那样，数量极少的“毒品”不可能使人形成瘾癖，不符合毒品的形成瘾癖性的特征，因此存在内在逻辑上的错误。[②] 质言之，前述两条规定之间的关系并没有如其字面意思所体现的那般充满矛盾、非此即彼。“无论毒品数量多少”本身就是一个有门槛的入罪条件，只要从法益保护的角度出发，对毒品进行实质认定并在认定毒品之后考虑能够体现相关行为的法益侵害性的情节，从而综合认定行为的社会危害性，以判断其是否应当受刑罚处罚，从而实现刑法法益保护的合理后置化。

第二节 刑法谦抑性原则

刑法谦抑性原则，也有学者将其称为不得已原则，其基本含义是：“不到迫不得已的情况，不得运用刑罚作为调整社会关系的手段。”[③] 根据刑法谦抑性原则要求，对刑法尤其是刑罚的运用要采取谨慎的态度，当通过其他治理手段可以达到有效保护法益的效果之时，不能过于依赖刑法的功能。

---

① 阮齐林：《刑事司法应坚持罪责实质评价》，载《中国法学》2017年第4期。

② 本观点来自陈忠林教授在首届国家毒品问题治理论坛（2019）上的发言。

③ 蔡军、刘夏：《不得已原则：刑法的边界及根据》，载《检察日报》2019年6月22日，第3版。

一、二元处罚机制的坚持

在我国，由于轻罪制度尚未建立，在行政犯的处置上，对侵害法益的行为采取“行政处罚与刑事处罚”并行的二元处罚机制。详言之，对于社会危害性较小的违法行为，国家往往采取行政处罚的手段进行规制，而对于具有严重社会危害性、应受刑罚处罚的违背刑事法律的行为，则运用刑事处罚措施进行规制。这种阶梯式的处罚机制背后体现了刑法谦抑性原则的意蕴，也符合《刑法》第13条的规定。然而，在毒品犯罪中，由于刑事立法较为严厉且与禁毒法等行政法规衔接不畅，导致对毒品犯罪适用行政处罚措施的空间较小。尤其在运输毒品罪等犯罪中，由于“无论毒品数量多少，一律追究刑事责任”的规定存在，行政处罚措施已完全失去了用武之地，禁毒法中有关对运输毒品等行为可以处以治安管理处罚的规定也被束之高阁。在毒品的认定方面，直接以“目录”作为毒品认定标准，而不考虑具体案件中毒品的各项性质是否达到具备严重社会危害性的程度，从而在刑事审判中并不单独对毒品进行认定。这种现象也是刑法过度扩张的表现之一。

二、治安管理处罚的运用

应当承认，即使毒品犯罪作为刑法分则中最为严重的犯罪之一，在毒品犯罪涉及的各项罪名之间亦有轻重之分，在同一罪名下，不同案件中的不同情境亦有轻重缓急。从犯罪的客观行为来看，毒品犯罪并不属于严重的暴力型犯罪，其对公众健康的侵害源于其传播范围的广泛。从程度上来看，这种侵害相较于暴力犯罪要更为轻微，且具有明显的“可量化”特征。简言之，不同于故意杀人等严重的暴力犯罪，纵然在刑法规定了“无论毒品数量多少，一律追究刑事责任”的运输毒品罪等罪名适用中，当行为所涉及的“量”很小的时候，行为之质也会出现变化。具体而言，当行为人的涉毒数量极少或者传播范围极为有限（尤其是非法持有毒品的情形），又或者具备其他情节显著轻微的情形，也可以根据《刑法》第13条“但书”的规定，将这种行为出罪。同时，将情节显著轻微的毒品违法行为出罪之后，即可根据禁毒法的规定，根据违法行为的具体情节，适用相应的治安管理处罚措施。诚然，治安管理处罚法与刑法之间并非一一对应的关系，有些刑法中规定的行为，在治安管理处罚法中却没有相关的处罚规定，运输毒品等行为便是典型例子。针对这种现象，寄希望于立法的修正自然是最佳的选择。然而，在立法维持原状的前提之下，将《禁毒法》第 59 条[①]的规定看作一个空白罪状，然后根据行为的具体情形适用治安管理处罚措施似乎也是一个勉强可行的方式。

三、其他处置措施的补充

一般而言，涉毒行为人自身也有吸毒的行为，而为期 2 年的强制戒毒在非刑罚处罚措施中也属于较为严厉的一种，其对行为人权利的限制与剥夺并不亚于管制等轻微的刑事处罚措施。故而，当涉毒行为人的违法情节显著轻微，治安管理处罚也没有对应的处置方式之时，强制戒毒“着眼于行为人所具有的危险性格，为了保持社会治安，同时以改善行为人为目的而施行的”[②] 保安处分措施也可以在一定程度上起到惩罚与预防的效用。此外，随着社会的不断发展，推动国家治理体系与治理能力现代化已经成为当前党和国家工作的重点，“不断完善把各层面制度转化成有效运行的机制”[③] 极为重要。当前，无论是国家层面还是地方层面，都在探索合理、有效的社会治理模式，在毒品问题治理方面也是如此，比如，湖南以“关爱生命、呵护家庭”为目标，动员以广大妇女为主体的“妈妈禁毒联盟”，构筑了“识毒、防毒、拒毒”的社会防线。[④] 又如，四川凉山彝族自治州大力建设的兼具强制隔离、教育转化、社区康复、回归安置等社会功能的“绿色家园”项目。[⑤] 再如，在建设社会信用体系的背景下，对涉毒等违法、犯罪行为适用信用惩戒措施的各地试点。简言之，除了传统的刑事处罚措施与行政处罚措施之外，随着社会治理能力的不断提升，愈多有效的治理措施正在被发

---

① 《禁毒法》第 59 条规定：“有下列行为之一，构成犯罪的，依法追究刑事责任；尚不构成犯罪的，依法给予治安管理处罚：（一）走私、贩卖、运输、制造毒品的；（二）非法持有毒品的；（三）非法种植毒品原植物的；（四）非法买卖、运输、携带、持有未经灭活的毒品原植物种子或者幼苗的；（五）非法传授麻醉药品、精神药品或者易制毒化学品制造方法的；（六）强迫、引诱、教唆、欺骗他人吸食、注射毒品的；（七）向他人提供毒品的。”

② 张明楷：《外国刑法纲要》（第三版），法律出版社 2020 年版，第 387 页。

③ 宋世明：《推进国家治理体系和治理能力现代化的理论框架》，载《中共中央党校（国家行政学院）学报》2019 年第 6 期。

④ 王燕飞：《未成年人涉“毒”社会预防模式创新发展——湖南“妈妈禁毒联盟”实证分析》，载《警学研究》2019 年第 4 期。

⑤ 廖天虎：《凉山彝族地区外流贩毒治理对策探究》，载《四川警察学院学报》2019 年第 3 期。

掘。这也是消解刑法在社会治理中被过度依赖的消极影响的重要举措，对刑法谦抑性的坚守有着重要的外部作用。

第三节 法秩序统一原则

有学者指出："各个部门法之间相互协调，没有冲突与矛盾，是法秩序统一的基本要求。"① 具体而言，法秩序统一原则，要求各部门法之间的基本价值遵循趋于一致，各部门法的定位以及作用相对稳定，各具独特性与侧重点的部门法相互协调、互为补充。这也是实现行政法规、民事法规与刑法之间有效衔接的基本前提，也是正确划定毒品犯罪圈的首要原则。可以说，正确进行毒品犯罪的司法认定所需要坚持的法秩序统一原则、法益保护原则和刑法谦抑性原则之间互为补充、相互交融，其中法秩序统一原则更为宏观、抽象，是后两者的统领原则与实现目标。具体而言，就毒品违法与毒品犯罪侵害的法益而言，行政法的认定与刑法的认定应当趋同，在毒品认定方面，行政认定标准应与刑法认定标准相区分。在行为定性层面，涉毒违法行为与犯罪行为的认定标准也应相协调。

一、行政法规与刑事法保护法益相趋同

我国刑法将毒品犯罪设置在"妨害社会管理秩序"一章，刑法理论中的通说也认为毒品犯罪侵害的主要法益是国家对毒品的管理制度。简言之，刑法中有关毒品犯罪的规定是为了维护以禁毒法为代表的行政法规所构建的秩序，而禁毒法的规定则是将公民的身心健康，亦即公众健康排在了社会秩序之前。② 可以认为，禁毒法所保护的首要法益是公众健康，或者说禁毒法制定的首要目的是保护公众健康。再者，国家对毒品的管理制度是由以禁毒法为核心的行政法规构建的，其也应当与作为组成部分的禁毒法的保护目的相一致，即毒品管理秩序设立本身的目的也是遏制毒品违法、犯罪的蔓延，

---

① 吴镝飞：《法秩序统一视域下的刑事违法性判断》，载《法学评论》2019 年第 3 期。

② 《禁毒法》第 1 条规定："为了预防和惩治毒品违法犯罪行为，保护公民身心健康，维护社会秩序，制定本法。"

保护公众生命健康。这意味着，即使认为行政法规所确立的社会管理秩序是毒品犯罪侵害的法益，那么这一社会管理秩序背后所保护的公众健康也应当成为毒品犯罪侵害的主要法益或者说是核心法益。质言之，在行政犯中，行政法规与刑事法保护的法益应当一致，正如学者所说的：“在合目的性之统一的前提下，各个法领域可以基于其独有的目的，设定不同的行为规范。”①这也是法秩序相统一原则的应有之义。

二、毒品的行政认定与刑法认定相区分

由于刑法中对毒品的种类采取的是“列举+概括”的模式，整体而言属于空白罪状。然而，一方面，即使在空白罪状的认定中援引其他法律的规定，也应当符合罪刑法定原则与刑法的其他有关规定。例如，刑法中明文规定的“能够使人形成瘾癖”的毒品特性和犯罪所具有的严重社会危害性的要求。另一方面，由于刑法对毒品犯罪的处罚较为严苛，入罪门槛很低。在此前提下，对毒品本身在具体案件中所具备的社会危害性进行界定，适当控制毒品犯罪的犯罪圈确有必要。故而，应当改变当前仅以“目录”单一认定标准的形式认定模式，构建可以充分体现具体案件中毒品的社会危害性的实质认定标准，从而使得毒品的行政认定标准与刑法认定标准相区分。应当承认的是，坚持毒品的行政认定与刑法认定相区分并不是单纯舍弃现有的毒品认定模式进行重新建构，而是以现有的“目录”为基础与参考，同时考虑形成瘾癖性、身体损害性、精神刺激性这三项实质解释要素，形成实质的、相对开放性的毒品认定标准并赋予其司法适用的效力。一方面，当前的“目录”本身具备一定的医学、法学等基础，在制定之时也考虑了实质的因素，也经过了不同领域专家的充分论证，本身具备较高的科学性与示例性，可以作为刑事司法中认定毒品的重要参考，将其舍弃未免太过浪费司法资源。另一方面，“目录”列举式、封闭性的特征导致其适用过于僵化，也无法让司法人员与国民充分感知文件制定的依据与意义，无法应对当前不断变化的毒品新形势。而且，行政文件是否可以直接在刑事司法领域中适用也存在较大的争议。因此，对“目录”进行实质化改造并赋予其在刑事司法中适用的效力，不但是实现行政法规与刑法相衔接的重要举措，而且有助于让

---

① 陈少青：《法秩序的统一性与违法判断的相对性》，载《法学家》2016年第3期。

司法人员与国民更加了解毒品认定标准制定的依据，提高毒品犯罪司法认定的社会评价。

三、涉毒的违法行为与犯罪行为相协调

实现涉毒违法行为在刑法与行政法中的合理分流，需要严格把握毒品犯罪司法认定的标准。具体而言，在当前毒品犯罪“过于重视毒品数量”的前提之下，充分考虑涉毒行为所涉及的各种情节和这些情节所体现的社会危害性大小，是对一些情节显著轻微的涉毒行为进行出罪的有效途径，也是实现行政法与刑法在处理涉毒行为时相互配合、有效并行的应然选择。毒品数量作为体现毒品犯罪规模、违法所得的重要因素，其依旧属于认定毒品犯罪的重要因素。然而，在司法实践中，对毒品犯罪进行认定需要考虑毒品纯度并制定较为科学的毒品数量计算模式。其理由在于，不同纯度的毒品，其形成瘾癖性、身体损害性、精神刺激性皆有不同，而且在毒品市场上的交易价格亦有不同。简言之，毒品纯度影响着涉毒行为的社会危害性，也影响着涉毒行为的定罪与量刑，通过纯度分析对毒品的数量和客观危害性进行科学判断以实现罪责刑之间的实质一致①，是划分涉毒行为入罪边界的重要考量因素，也是实现行政法与刑法规定相协调的改进方向。此外，由于毒品犯罪市场化、高速流通的特点，毒品犯罪的涉案毒品扩散区域的范围、违法所得数量等也是需要考虑的重要情节。无论将毒品犯罪侵害的主要法益认定为社会管理秩序还是公众健康，这些都是可以直接反映相关行为法益侵害性的重要情节，应予以考虑。

---

① 彭景理、李亚博：《毒品数量的认定应当考虑纯度》，载《人民司法（应用）》2018 年第 25 期。

第四章
毒品犯罪司法认定的修正建议

在坚持法益保护原则、刑法谦抑性原则、法秩序统一原则等原则的前提下，对我国毒品犯罪司法认定进行修正，首先，需要承认公众健康的主要法益地位。这有助于司法实践中毒品认定标准更为灵活机动，为“重刑治毒”政策提供刑法文本本源解释，对高度关联现象进行充分有效的规制，提供毒品犯罪司法认定标准改造的依据。其次，需要采用毒品认定的实质解释标准，应当做到充分考虑相关物质的形成瘾癖性、重点考察相关物质的精神刺激性、主要考量相关物质的身体损害性的同时，注重毒品认定标准的司法化转型。最后，需要考虑毒品犯罪的多元认定情节，包括以毒品纯度为基础的数量、涉案毒品扩散区域的范围、毒品犯罪的违法所得数额和其他可以体现涉毒行为犯罪侵害性、社会危害性的情节。

第一节　承认公众健康的主要法益地位

针对“社会管理秩序说”的缺陷，有学者提出了“社会的公共健康说”，即毒品犯罪所侵害的主要法益是社会有机体的公共健康。①“作为毒品犯罪的保护法益的公众健康，并不是指特定个人的身体健康，而是作为社会

① 李功胜、伍玉联：《浅论毒品犯罪所侵害的法益》，载《西部法学评论》2009年第2期。

法益的公众健康。”[①] 社会有机体的公共健康既包括公民的人身权利、财产权利等个人法益，也包括国家对毒品的管理秩序、婚姻家庭秩序等集体法益，充分体现了毒品犯罪，尤其是新型毒品犯罪的多元法益侵害性并突出了毒品犯罪对“健康”的侵害。

公众健康说并没有否认毒品作为“国家管制的精神药品、麻醉药品”的性质，换言之，公共健康说在强调保护公众身体健康的同时，也强调毒品是禁止流通、滥用的违禁品这一性质。因此，采用公众健康说并不会造成“社会管理秩序说”所带来的优势的灭失，相反，可以弥补现有通说存在的不足，使得毒品犯罪的相关理论更加完善，以便更好地为司法实践提供助力。

一、司法实践中毒品认定标准更为灵活机动

公众健康说背后蕴含的是实质的毒品认定标准，不同于现行的根据毒品目录来进行毒品认定的形式标准，其根据相关新型物质的法益侵害性和社会危害性进行认定的实质标准更为灵活。在司法实践中，当新的疑似毒品物质出现的时候，不必等待毒品目录的更新，而是可以直接从毒品的法益侵害性、社会危害性入手，根据毒品固有的特点进行认定。换言之，当新出现的物质具有较强的身体损害性、形成瘾癖性与精神刺激性且其在社会上流通、滥用会导致公众健康受到侵害时，即可将其认定为毒品。这种认定标准相较于以前单一机械的形式认定标准，更加灵活，能够应对不断出现的新型毒品犯罪。

不可否认的是，这种认定标准带有实质解释论的意味，如果对上述标准把握不清，一味地将不断涌现的诸如新精神活性物质等新型物质认定为毒品，在这种情况下的解释就不再是对法律文本的严格解释，而是完全超越了法律文本，从而违背了罪刑法定原则。[②] 但是如何把握实质标准这种操作层面上的问题不应与实质标准本身的合理性混为一谈，不能单纯因为一个标准难以把握、一个措施难以实施就否定其本身的价值。再者，这种实质标准或

---

① 张明楷：《刑法学》，法律出版社 2016 年版，第 1141 页。

② 陈兴良：《形式解释论的再宣示》，载《中国法学》2010 年第 4 期。

者说实质解释也是“以文本为依据的，否则就谈不上是一种解释”①，其并不违反《刑法》第357条第1款关于毒品的定义。② 这是因为相关定义中的国家管制并没有特指纳入“目录”；正相反，符合上述实质标准的毒品属于违反刑法规定，应受也正受国家法律的管制。

二、为“重刑治毒”政策提供刑法文本本源解释

将毒品犯罪侵害的主要法益认定为公众健康并没有改变毒品“违禁品”的性质，反而揭示了其“危害公众健康的违禁品”的本质，这种本质正是“重刑治毒”政策的基本根据。可以明显看出或者感知到“妨害社会管理秩序罪”一章中其他违禁品犯罪只是单纯的侵害社会管理秩序或者说对人们的生命健康损害相对轻微。相较于此，毒品犯罪对人们的生命健康的损害却是极为严重的，极易导致吸食者重伤甚至死亡，其衍生后果也频繁发生，在此前提下，对毒品犯罪更加严厉打击并配置更高的法定刑也是理所应当。

诚然，不仅毒品本身具备易使人形成瘾癖性、身体损害性与精神刺激性的特征可以充分反映其社会危害性，毒品违法犯罪行为所造成的恶劣社会影响也可以看出毒品违法犯罪行为对社会具有极大的危害。因此，在“重刑治毒”政策出台之际民众都持理解与赞成的态度。可以说，即使刑法立法没有修正，“重刑治毒”政策也不会缺乏依据与正当性，其推行也不会存在太大的阻碍。但是刑法的研究和政策的出台不仅应当根据社会形势与实用主义，也应当从刑法文本中挖掘内涵、找到根据。“重刑治毒”政策的制定与推行亦是法律适用的问题，应当遵循法教义学原理从而为司法裁判的正当性提供某种逻辑保障。③ 因此，将毒品犯罪侵害的主要法益修改为“公众健康”有利于推进刑法文本与“重刑治毒”政策的有效衔接，也从刑法文本出发阐明了“重刑治毒”政策的本源根据。

---

① 李立众、吴学斌主编：《刑法新思潮——张明楷教授学术观点探究》，北京大学出版社2008年版，第67页。

② 《刑法》第357条规定：“本法所称的毒品，是指鸦片、海洛因、甲基苯丙胺（冰毒）、吗啡、大麻、可卡因以及国家规定管制的其他能够使人形成瘾癖的麻醉药品和精神药品。”

③ 陈兴良：《刑法教义学方法论》，载《法学研究》2005年第2期。

三、易于对高度关联现象进行充分有效规制

在毒品犯罪侵害的主要法益为“社会管理秩序”的前提下，其引发的诸如人员伤亡、财产损失、社会秩序破坏等关联现象难以得到有效规制。

一方面，倘若这些关联现象尚未达到犯罪的标准，则难以利用罪数理论进行规制，至多是将相关的情节纳入酌定量刑情节或是采用治安管理处罚进行规制。但由于新型毒品尤其是新精神活性物质具有相较于传统毒品更强的身体损害性与精神刺激性，因此，这些高度关联现象直接反映了相关毒品犯罪的法益侵害性与社会危害性，应当以更明确的方式对这些高度关联现象进行规制。相比之下，酌定量刑的标准显得过于模糊，受审判人员的主观能动性影响较大，难以全面、准确反映相关毒品犯罪的法益侵害性、社会危害性。再者，倘若对这些高度关联现象的规制太过于依赖审判人员的主观能动性，可能会出现许多“同案不同判”的现象，而在定罪没有违背“常识、常理、常情”的前提下，民众对于刑事审判结果的社会评价更多的是着眼于量刑结果。[①] 质言之，高度关联现象如果得不到合理解决，那将影响刑法实施的社会效果。

另一方面，倘若这些关联现象达到了犯罪的标准，虽然说根据罪数理论可以解决这些高度关联现象的规制问题，但是，罪数理论本身就带有许多悬而未决的问题与争议，而司法实践中毒品犯罪引发的高度关联现象又复杂多变，在毒品犯罪高发的前提之下也会出现许多定罪、量刑方面的争议。因此，将能够体现毒品犯罪的法益侵害性、社会危害性的高度关联现象纳入法定定罪、量刑情节并不违背罪责刑相适应原则，也能避免复杂的罪数理论所导致的司法实践中的混乱。

而将毒品犯罪侵害的主要法益认定为“公众健康”具有两点优势：其一，在探讨毒品犯罪的法益侵害性时，采用“主要法益”的用语而非“法益”，凸显了毒品犯罪所具备的法益侵害多元的特征；其二，这个主要法益可以在更大程度上将毒品犯罪及其衍生的高度关联现象的法益侵害性、社会危害性进行概括，从而为毒品犯罪的定罪、量刑标准的改造打下基础。

---

① 严磊、梅传强：《重刑观念的现代省思》，载《行政与法》2018 年第 9 期。

四、提供毒品犯罪司法认定标准改造的依据

在当下的司法实践中，部分毒品犯罪采用了“过于重视毒品数量”的单一定罪标准，而且在量刑方面虽有“数量＋情节”的规定，但主要是以毒品数量作为量刑的依据。这样的定罪、量刑标准不免过于机械、僵化。可以说，“过于重视毒品数量”的单一定罪标准是根据“社会的管理秩序说”所制定的，其内在逻辑是：毒品是国家管制的麻醉药品、精神药品，毒品犯罪中所涉及的毒品数量越多，国家管制的违禁品的数量便越多，国家对毒品的管理制度秩序受到的侵害便越严重，相应地就应当用更重的刑罚予以规制。但是，这个逻辑有两个方面的问题值得探讨：一方面，毒品的数量并不能完全反映其法益侵害性与社会危害性，毒品犯罪中还有许多情节都需要考虑；另一方面，并不是所有的涉及毒品数量较大的毒品犯罪都值得用刑法规制，“无论数量如何”的规定更是有违刑法谦抑性，过度扩大了犯罪圈。

公众健康法益则内涵丰富，要想衡量毒品犯罪对本法益的侵害程度，就必须同时考虑毒品数量与其他情节。一方面，涉及毒品数量较少但是具有诸如传播范围大、涉及网络贩毒、跨境贩毒等严重情节的毒品犯罪应予以合理地定罪、量刑。另一方面，采用“数量＋情节”的定罪、量刑标准也有助于将社会危害性、法益侵害性不强的且虽然涉及一定数量毒品但其他情节较为轻微的行为予以出罪，坚守了刑法的谦抑性，也为饱受争议的“无论毒品数量多少”的入罪标准提供了修正思路。此外，采用“数量＋情节”的定罪、量刑标准使得毒品犯罪的入罪规定与加重规定的立法模式相一致，有助于促使法条行文统一、逻辑自洽，使得刑法条文内部规定更有体系性的统一。①

对毒品犯罪侵害的主要法益的探讨似乎在理论界与实务界都早已“尘埃落定”，但本书也并非“为赋新词强说愁”般的“无病呻吟”。在本书看来，许多禁毒理论与司法实践中的热点问题、疑难问题之所以出现，很大程度上都是因为忽略了毒品犯罪的多元法益侵害性，同时对其侵犯的主要法益也没有正确认识。将毒品犯罪侵犯的法益认定得过于单一，在考虑构罪情节时也必然会挂一漏万，而对其所侵犯的主要法益认识不明，则会忽视不同情

---

① 石志卿、严磊：《大数据时代金融诈骗构罪标准的缺陷与修正》，载《安徽警官职业学院学报》2019年第1期。

节在认定毒品犯罪时的作用。倘若从行为的法益侵害性处罚来看，从“公众健康”这个主要法益入手考虑毒品犯罪的多元法益侵害性，那么诸如新型毒品的认定问题、毒品犯罪的定罪标准问题等都可以得到较好的解决。因此，为了应对司法实践中不断出现的新型毒品犯罪，也为了修正往常理论与实践中存在的一些误区，使得刑法司法更能体现公平正义，对毒品犯罪侵害的主要法益这个问题进行再次思考、探讨并以此为依据解决毒品认定、毒品犯罪行为认定实有必要。

第二节 采用毒品认定的实质解释标准

形式解释与实质解释是刑法解释学中的两种方法，或者说是两种不同的解释立场。可以说，随着刑法研究的深入与刑法理论的发展，形式解释论与实质解释论两大阵营之间已形成对垒之势。[①] 两者之间的争议焦点在于：“即能否通过实质判断将实质上值得科处刑罚但又缺乏形式规定的行为入罪？”[②] 反对实质解释论的学者的批评意见也主要在于实质解释论缺乏固定、明确的标准，易导致不具备犯罪形式要件的行为入罪，从而致使犯罪圈不当扩大，违反罪刑法定原则。在此需要厘清的是，无论是采用哪种解释的方法，基于怎样的解释立场，都应以遵循罪刑法定原则为基础，即使赞同实质解释论，在解释的过程中也应当注意符合罪刑法定原则，解释得出的结论也应当在刑法用语的含义之内。“实质解释论并非主张超出构成要件的范围进行实质的考虑”[③]，而是追求同时从形式与实质两个侧面实现对罪刑法定原则的坚守，考虑得更为周全，也符合刑法的目的。因此，本书主张从实质解释论的角度出发，以现有的“目录”作为重要参考，同时结合相关物质的形成瘾癖性、精神刺激性、身体损害性进行实质性的综合解释，并通过司法认定的模式，实现毒品认定实质解释标准的司法化转型，以期将刑事司法领域与行政领域的毒品相区分，使得实践中适用的毒品认定标准符合罪刑法定

---

① 劳东燕：《刑法解释中的形式论与实质论之争》，载《法学研究》2013 年第 3 期。

② 陈兴良：《形式解释论的再宣示》，载《中国法学》2010 年第 4 期。

③ 张明楷：《实质解释论的再提倡》，载《中国法学》2010 年第 4 期。

原则以及罪刑相适应原则的基本要求。

一、充分考虑相关物质的形成瘾癖性

从刑法的规定上看，形成瘾癖性是刑法明文规定的毒品的特征。若一种物质无法使人形成瘾癖，那么这种物质就不符合刑法里所规定的毒品的定义，相关行为自然也无法认定被纳入毒品犯罪的范畴。形成瘾癖性是毒品滥用的根本原因，毒品的本质是国家管制的精神药品、麻醉药品。可以说，倘若毒品不具备使人形成瘾癖的特性，那么吸食者适当地使用毒品便不会对身体产生过大的损害，甚至在医学用量的范围内，少量使用相关物质还会起到麻醉、镇痛等作用。但是，正因为毒品具有使人形成瘾癖的特征，吸食者一旦沾染上毒品，就要忍受毒瘾发作的煎熬，而单纯依靠个人的自制力是很难抵抗毒瘾的诱惑的。正因如此，毒品吸食者长年累月不断加大毒品的用量，毒瘾越来越深，无论在生理上还是心理上，都对毒品产生了不可摆脱的依赖，当他们身处吸毒环境或看见毒品时，往往难以抵制诱惑，需要不断摄取毒品来调节精神平衡①，最终对自己的身体造成了极大，甚至不可挽回的损害。

因此，形成瘾癖性不仅形式上符合刑法对毒品所下的定义，也和毒品的精神刺激性、身体损害性息息相关。应当认为，形成瘾癖性是毒品社会危害性产生并不断加深的基石。在认定相关物质的形成瘾癖性时应当通过医学原理与大量的实证数据进行论证，在论证形成瘾癖性时应当考虑三个层面的“成瘾”：其一，生理成瘾，分析在医学上相关物质对人的神经系统等的影响程度；其二，心理成瘾，主要是考察吸食者对这些物质的依赖程度以及复吸率；其三，社会成瘾，分析此类物质在社会上的滥用程度以及相关亚文化圈的发展态势。简言之，在构建毒品认定的实质标准时应当从上述三个方面充分考虑相关物质的形成瘾癖性。

二、重点考察相关物质的精神刺激性

所谓毒品的精神刺激性，是指毒品所具有的能够刺激吸食者的神经系

---

① 汪志远、王煜鑫：《“多进宫”戒毒人员为何毒瘾难断》，载《中国禁毒报》2017 年 5 月 16 日，第 3 版。

统，进而使其产生幻觉、兴奋、抑郁等精神失常表现的特性。日本立法便把毒品分为麻醉品、兴奋剂、精神药物、毒性药物、烈性药物等进行规制。[①] 在毒品的特性中，学者关注的焦点往往仅在于毒品的规范违反性以及形成瘾癖性，而对于其精神刺激性则有所忽略，但毒品的精神刺激性与其身体侵害性以及一些高度关联的衍生后果息息相关，直接体现了毒品犯罪的法益侵害性与社会危害性。正如有学者提到："毒品的滥用……由此诱发的次生犯罪日益突出，特别是因吸毒致幻引发的恶性犯罪时有发生。"[②]

在吸食具有精神刺激性，尤其是致幻性的物质之后，人脑的中枢神经因受相关物质的刺激，造成了精神系统的紊乱，导致了辨认能力和控制能力的暂时削弱或者丧失。[③] 一方面，具有愈强烈刺激效果的物质对人神经系统、感官系统等的损害便愈大。质言之，相关物质的精神刺激性往往与其身体损害性成正比，也与其社会危害性成正比。另一方面，相关物质的精神刺激性会导致吸食者陷入兴奋、幻觉等状态。随着新精神活性物质的不断出现，这种强烈的刺激状态往往更易陷入、程度也更深，从而导致吸食者处于兴奋、狂躁等错乱状态下，极易导致毁坏财物、危险驾驶等衍生的违法犯罪行为。可以说，这些衍生后果与相关物质的吸食行为，抑或与相关物质的精神刺激性直接相关且存在高度关联，亦是相关物质社会危害性的体现。因此，在认定毒品时应当重视相关物质的精神刺激性，将其作为毒品认定的要素之一。

三、主要考量相关物质的身体损害性

毋庸置疑，吸食毒品会对吸食者的身体造成损伤，而毒品犯罪则对"公众健康"造成极大侵害。这是国家严厉打击毒品犯罪的根本原因，也是"重刑治毒"政策的实质根据。当前，我国刑法理论与司法实践以"目录"为"铁律"过多地从规范违法性的角度去认定毒品和相关行为，忽视了毒品社会危害性的根本来源——对公众健康的危害，其背后是对毒品犯罪所侵害的主要法益的认识偏差，也是简单机械的"实用主义"的不当蔓延。对

① 司法部赴日本戒毒康复培训团等：《日本戒毒制度情况介绍及启示》，载《犯罪与改造研究》2019 年第 7 期。

② 姜远亮、刘寅：《对吸毒致幻引发的危害行为的实证分析与司法应对》，载《法律适用（司法案例）》2017 年第 14 期。

③ 李越锋、周胜俄：《毒品致幻型犯罪可罚性探析》，载《贵州警官职业学院学报》2014 年第 1 期。

相关物质是否符合毒品的定义与特性以及是否具备刑法上的“毒品”所具有的社会危害性，评价时并不是将毒品所具备的所有特征等价齐观，而是要在各个层次的评价中分出主项和次项，并以主项为主要指标而以次项为参考指标。①

而在毒品的认定过程中，评价的主项应当为相关物质的身体损害性，而形成瘾癖性、精神刺激性、规范违反性等也是需要考虑的次项。一方面，毒品的社会危害性的评估标准并非单一、机械的，而是应当综合考虑各种因素。只有当相关物质同时具备身体损害性、形成瘾癖性、精神刺激性、规范违反性等特点，才可认定为毒品，这些要素缺一不可。此外，规范违反性其实起到的是一个强调注意规定或者说划分参考范围的作用，因为满足毒品其他特性的物质的滥用与流通行为本身就具备了一定程度的社会危害性，是不为法律所允许的。即便短时间内我国仍然保持以各种闭合性的行政“目录”作为毒品认定的唯一来源，也应当对“目录”进行适当修正，使其存在一些实质解释的余地。另一方面，即使相关物质具备了毒品认定的其他要素，但其对人身体的损害较为轻微，一般也不宜将其视为毒品。正如高巍教授所说：“贩卖毒品罪的本质必须回到其指向的法益上寻求，这种法益也必须是具体的、可证成的。”② 据此，高巍教授将贩卖毒品罪所指向的法益认定为具体的、可证成的人民健康，这一点是值得赞同的。而且，基于毒品共同的特性，人民健康或者说是公众健康这一法益实质上是整个毒品犯罪共同侵犯的法益，能反映毒品犯罪对公众健康法益侵害的便是毒品所具有的对人身体的损害性。故而，一定程度的身体损害性是毒品的本质特征，也是毒品认定的基础要素，离开了这个要素，便不能将相关物质认定为毒品。

四、注重毒品认定标准的司法化转型

即使经过了充分的合理性论证，构建毒品实质认定标准并将其运用于司法实践也不是一件一蹴而就的事情。在法学领域内部，需要保持行政法规与刑法在毒品认定标准上的大体一致，同时应当注重两者之间的分别，不能简单地将行政法意义上的毒品认定标准直接适用于刑事审判之中，而应当注重

---

① 马荣春、韩丽欣：《论犯罪社会危害性评价机制的确立》，载《中国刑事法杂志》2007年第4期。

② 高巍：《贩卖毒品罪的本质》，载《云南大学学报（法学版）》2007年第1期。

毒品认定标准的司法化转型。从更宏观的角度来看，认定毒品的身体损害性、精神刺激性、形成瘾癖性等要素必然需要法学界、医学界、社会学界等诸多领域的共同协作。正如有学者所说："毒品的定义当中必然包含法学、医学、社会学、犯罪学等多种角度的诉求，在讨论毒品的定义时，必须考虑不同领域自有且独特的价值判断。"① 因此，本书认为，构建毒品实质认定标准需要综合各个学科、领域的知识，以现有的"目录"等文件为参考，增强其实质性、开放性的特征并在刑事审判领域中实现其司法化转型，应当采取以下措施。

（一）修改"目录"提供实质认定空间

无论是考虑到"目录"本身具备的重要参考价值，还是基于"从形式认定到实质认定"的过渡时期处理案件的需要，修改"目录"并使其赋予司法机关更大的实质认定空间都应当是构建毒品实质认定标准的第一步，也是依靠现有的理论成果与实务经验进行毒品认定标准修正的重要举措。在修改"目录"时应当注意以下几点：

其一，"目录"应当直接对毒品的概念、特征、认定标准进行阐释，将文件整合并把标题修改为"毒品品种认定标准"。"国家管制的麻醉药品、精神药品"只对毒品的一个侧面——规范违反性进行了描述，而对其形成瘾癖性、精神刺激性、身体损害性都未曾涉及，其混淆了"毒品"与"国家管制的麻醉药品、精神药品"的概念，"目录"没有直接采用"毒品品种目录"这样的称谓想来也是基于这样的考虑。毋庸置疑，"目录"的制定目的是为行政机关、司法机关处理毒品相关案件提供一个标准，也告知公众可能被认定为"毒品"的物质种类。简言之，"目录"的制定是为了处理与毒品相关的违法、犯罪行为。在此情形下，直接将目录的名称修改为"毒品品种认定标准"（以下简称"标准"），并从规范违反性、形成瘾癖性、精神刺激性、身体损害性这四个方面对毒品的认定标准进行阐述，现有的"目录"内容可以在规范违反性这一认定要素下列明。这样不仅可以直接符合"标准"制定的初衷，以免产生概念上的混淆，也可以对"标准"制定的过程进行详细阐释，维护法律明确性的特征，以防止法律语言的含糊和漏洞的

① 包涵：《规范视野下毒品定义要素的批判与重构》，载《公安学研究》2019 年第 3 期。

出现①。这种做法不仅有助于行政机关、司法机关的正确适用，也可以让民众更加明晰毒品的认定标准。

其二，“标准”对麻醉药品、精神药品或者说对毒品的规范违反性的阐释应当采用“列举+概括”的方式。目前，“目录”仅通过列举的方式向公众展示了国家管制的麻醉药品、精神药品，既没有对“目录”制定的依据、标准进行说明，也没有给司法机关留下解释的空间，无论是前提的科学性还是行文的合理性都存在较大的漏洞。一方面，采取“列举+概括”的方式有助于将符合毒品定义但没有纳入“目录”的物质认定为毒品，以应对不断涌现的新型毒品犯罪。对于民众来说，无论是行政法意义上的“法无规定即可为”，还是刑法规定中的“罪刑法定原则”，都为其行动范围划分了边界。质言之，行政法与刑法都没有禁止的行为就不属于行政违法、犯罪行为。而且，在当下的司法实践中，无论是司法机关还是民众都以“目录”作为认定毒品的唯一标准。这种情况下，不免有人会钻法律规定的空子，以没有纳入“目录”的物质作为对象实施一系列违法犯罪行为，这也是司法实践中新型毒品不断出现的原因之一。

其三，应当注重发挥新修订“标准”的出罪机能。修订“标准”对毒品进行实质认定并不仅仅是为了将新出现的新型毒品犯罪纳入犯罪圈，也是为了坚守刑法的谦抑性，将形式上符合被列举于“标准”但不具备相应社会危害性的物质排除出毒品的范畴。可以说，刑法上的犯罪概念的功能应当发生转换，作为毒品犯罪司法认定要素之一的“毒品”的概念亦是如此，虽不至于“实现由目前入罪与出罪兼具的双重功能到削弱入罪功能而只发挥其出罪功能的转换”②，但也至少要注重其出罪机能的发挥。一方面，随着社会的不断发展，新型犯罪不断出现，最初用于解决科学技术迅猛发展所带来的风险的“风险社会理论”③ 在刑法学界被过分延伸形成了“风险刑法理论”，其提出的应对风险之策在于法益保护的提前化，使得犯罪圈在不作

---

① 郭忠：《法律规范特征的两面性——从法律目的实现的角度分析》，载《浙江社会科学》2012年第6期。

② 刘艳红：《入出罪走向出罪：刑法犯罪概念的功能转换》，载《政法论坛》2017年第5期。

③ 程新英、柴淑芹：《风险社会及现代发展中的风险：乌尔利希·贝克风险社会思想述评》，载《学术论坛》2006年第2期；［德］乌尔里希·贝克：《世界风险社会》，吴英姿、孙淑敏译，南京大学出版社2004年版，第67—77页。

为犯、预备犯、过失犯等方面不断扩张。[①] 另一方面，毒品犯罪对许多个人、家庭、整个国家，甚至全世界都造成了极大的损害，民众对毒品犯罪深恶痛绝。在此前提下，自古就有的重刑观念依旧留存于民众心中，人们习惯于认为，只有判处重刑，才有利于预防犯罪。[②] 因此，诸如"无论毒品数量多少""零容忍"的词汇常见于毒品案件的处理之中，限制了刑法出罪机能的发挥。为此，构建毒品的实质认定标准并根据案件的具体情况从规范违反性、形成瘾癖性、精神刺激性、身体损害性四个方面共同入手对毒品进行认定，可以充分发挥"标准"所蕴含的出罪机能。具体而言，在司法实践中，当出现案件所涉及的物质在"标准"中有所列明，但综合相关物质的种类、纯度、数量等多方面的特性，能够认定相关物质的形成瘾癖性、精神刺激性、身体损害性较为轻微，不至于对"公众健康"造成严重侵害，不具备严重社会危害性的，不应当认定为毒品。

（二）对"标准"效力进行司法认定

即使"标准"已经修订，其本质也仅仅属于部门规章，在司法实践中只作为刑事审判中的一个重要参考依据，而不能直接适用，更不能当作认定毒品的唯一根据。而在毒品犯罪的处理中，"目录"直接作为司法机关认定毒品的依据，已经显露出行政刑法的意蕴。部分学者始终关注行政刑法的研究，而对于行政刑法的本质始终争议不休，[③] 但司法实践中将行政法所确立的标准直接适用于司法实践的做法并不鲜见，诸如《枪支致伤力的法庭科学鉴定判据》等行政部门发布的文件经常为司法机关直接引用，引发了诸如"赵春华非法持有枪支案"等争议案件。在本书看来，在行政犯中，相关行政法规、部门规章不经司法机关认定直接适用于刑事司法活动的做法是有待商榷的，其理由有三：

其一，行政法与刑法在目的、处罚措施等多方面都有着不同。因此，基于不同的出发点，行政法意义上的毒品与刑法意义上的毒品也可能具有不同

① 陈兴良：《风险刑法理论的法教义学批判》，载《中外法学》2014 年第 1 期。

② 张明楷：《改变重刑观念　做到量刑合理》，载《人民法院报》2013 年 1 月 30 日，第 6 版。

③ 如卢建平教授认为行政刑法本质为行政法，张明楷教授则认为其本质为刑法，刘艳红教授与周佑勇教授则坚持其二重性。具体论述参见卢建平：《论行政刑法的性质》，载《浙江大学学报（社会科学版）》1993 年第 3 期；张明楷：《行政刑法辨析》，载《中国社会科学》1995 年第 3 期；周佑勇、刘艳红：《行政刑法性质的科学定位（上）——从行政法与刑法的双重视野考察》，载《法学评论》2002 年第 2 期。

的内涵与外延，其认定也会有不同的侧重点。具体而言，处罚行政违法行为的根本依据在于其规范违反性，而对犯罪行为处罚的根本依据则在于其社会危害性。因此，将注重规范违反性的“标准”直接适用于注重判断社会危害性大小的刑事司法实践是不可取的。

其二，从规范的层级来看，从“目录”修订而得的“标准”，其实质上属于部门规章，而刑法则属于部门法律。从位阶来看，刑法的效力要高于“标准”。故而，在刑事司法审判时应当直接采用刑法上的毒品定义。虽然刑法上的毒品定义较为简单，在操作时缺乏可操作性，但是既然刑法已经明确了毒品的范围，且并没有诸如“违反毒品管理规定”等字样。此时，“标准”便只得作为刑事司法实践中的重要参考，而不得直接适用。

其三，在没有法律明文规定的情况下，直接将行政法上的认定结果运用于司法实践中，会导致法院审判环节的架空。刑事审判应当遵循“以事实为依据、以法律为准绳”的原则，根据具体案件的全部事实独立适用法律，而在现实生活中，司法的地方化、行政化现象并不鲜见。刑法中并没有在司法实践中适用“目录”或“标准”的规定，而现实往往是在部分案件的审理过程中，审判庭直接采纳公安机关根据“目录”作出的毒品认定意见，而没有对这种认定是否违反刑法规定进行审查。这样的事例在交通肇事责任、枪支认定等方面也屡见不鲜。这种情形的出现自然有司法机关追求“破案”“效率”的因素，但也是外在压力使然。但无论如何，这样的现象影响了案件结果的公正。

因此，对“标准”的司法效力进行认定迫在眉睫。相对经济的做法是由最高人民检察院、最高人民法院结合“标准”的具体内容与司法实践，以司法解释的方式对毒品认定的标准、范围等进行说明。但是司法解释只是对法律适用问题的一些说明，其本质依旧在于“解释”而非“立法”，即使认为司法造法具有一定的合理性，但那也只不过是特殊情况下的一种权宜之计而已。①

（三）以“标准”为参考实现实质认定

实现司法实践中毒品认定合理化的最好方式便是以“标准”作为重要参考，在具体个案中根据案件所涉物质的不同特点进行认定，同时发挥参考

---

① 袁明圣：《司法解释“立法化”现象探微》，载《法商研究》2003年第2期。

案例“在统一法律适用标准、指导下级法院审判工作、丰富和发展法学理论等方面”的作用。[①] 一方面，司法机关并不具备立法权。因此，司法机关对于司法实践中所遇到的具体问题所作的解释都不属于“法律”的范畴。因此，即使经过最高人民检察院、最高人民法院认定的“标准”在理想状态下依旧不适合在裁判时直接适用。另一方面，倘若一味强调排除“标准”和司法解释的适用，虽然有助于审判人员行使自由裁量权，但是由于司法人员缺乏专业的医学等方面的知识，在认定毒品之时必然会出现偏差。同时，毒品认定过于依赖审判人员的主观认知也会导致许多同案不同判的情形出现，最终损害刑法的统一性与明确性，导致刑法实施的社会评价的降低。因此，发挥“标准”与司法解释原则上的指导作用、刑事参考案例的引导作用和裁判文书网上公开案例的参考作用兼具必要性与重要性。与此同时，通过强调案例参考与裁判说理，不仅能为审判人员审理案件提供思路，也能够促使办案法官养成缜密的裁判思维，提高整理、归纳争点的能力，提高组织、驾驭庭审的能力，进而提升刑事审判的总体水平。[②]

“随着社会的转型和传统规范约束效力的下降，刑法根据社会变化进行修正既是必然的也是应当的。”[③] 反观毒品犯罪，毒品的认定是应对毒品犯罪基础所在，也是毒品犯罪中不断涌现的新问题的重中之重。我国历来所采用的行政前置的形式化毒品认定标准具备一定的科学性与合理性，也为我国的禁毒工作作出了巨大的贡献，但是其中所存在的问题依旧明显而且亟须解决，实现立法科学性、司法实用性、民众认可度三者相统一是毒品犯罪立法转型的方向。而在此情形下，从毒品犯罪侵害的法益出发，构建毒品认定的实质标准并以此作为刑事审判的重要参考，是毒品犯罪立法转型途中的第一站，也是基础之站。在正确处理毒品犯罪的法益认定问题、毒品认定问题之后，便应当着手解决毒品犯罪行为的认定问题。

---

① 胡云腾、于同志：《案例指导制度若干重大疑难争议问题研究》，载《法学研究》2008 年第 6 期。

② 刘静坤：《裁判文书上网与普通案例的参考功能——以刑事案例为立足点的分析》，载《法律适用》2014 年第 6 期。

③ 刘宪权：《刑事立法应力戒情绪——以〈刑法修正案（九）〉为视角》，载《法学评论》2016 年第 1 期。

第三节 考虑毒品犯罪的多元认定情节

基于毒品犯罪多元法益侵害性的特征，在构建毒品犯罪认定标准，考虑相关要素时，应当将能够反映毒品犯罪对各法益侵害程度的情节都充分纳入考量范围，而非单单重视单纯的毒品数量这一单一情节。诚然，毒品犯罪涉及诸多罪名，各罪名的构成要件不同，行为方式也有所差异，而且实际案件中各种情节纷繁复杂，能够反映行为法益侵害性、社会危害性和行为人人身危险性大小的情节难以全面列举。故而，在实际操作的时候，需要考虑各种毒品犯罪所共同具有的情节，包括以毒品纯度为基础的数量、毒品犯罪市场的覆盖范围，以及毒品犯罪的违法所得数额并根据案件的具体情况考虑其他情节，综合衡量行为的社会危害性，最终判断是否需要定罪、定罪之后如何量刑。在司法机关习惯参考司法解释进行判断的现状之下，也需要最高人民法院、最高人民检察院及时出台相关司法解释，使用“列举 + 概括”的行文方式，将认定毒品犯罪所要考虑的多元情节规定在内，以期对办案人员提供有益的指导，树立以法益保护为目标的办案理念，改变毒品犯罪“唯数量论”的认定现状。

一、以毒品纯度为基础的数量

虽然当前在毒品犯罪中经常采用的“唯数量论”的单一构罪标准存在诸多不足，但是将毒品数量列为毒品犯罪中的主要考量情节也不无道理。一般而言，涉案毒品的数量与犯罪团伙的规模、毒品犯罪非法市场的大小、犯罪所得的数额等情节之间存在着正相关的关系，也与毒品犯罪分子，尤其是犯罪集团的首要分子、积极参加者的人身危险性成正比。作为违禁品犯罪的一种类型，毒品犯罪不仅主要侵害了公众健康，也对社会管理秩序以及社会主义市场经济秩序等法益造成了侵害。从毒品犯罪对公众健康的侵害来看，查获的毒品数量越多，尤其是贩卖毒品的数量越多，毒品流入社会为他人所有或者吸食的现实危害或者危害可能就越高，对公众健康的侵害也就越大。从毒品犯罪对各类秩序法益的侵害，尤其是对社会管理秩序的侵害来看，涉案毒品数量越多、毒品违法犯罪的规模便越大的违禁品犯罪，其行为对社会管理秩序的侵害程度便越高，行为人漠视甚至蔑视规范的态度便越加明显。所以，在对毒品犯罪进行定罪时，毒品数量依旧是需要重点考虑的要素，甚至可以说是所有毒品犯罪都必须考量的重要情节，毒品数量背后所反映的其对法益侵害程度的高低，直接反映了相关行为社会危害性的严重程度。但从当下毒品数量的认定情况来看，在计算毒品数量之时往往不考虑毒品纯度、毒品种类等情节，就以含毒物质的重量和简单的折算法对毒品数量进行简单的计算，容易导致毒品数量的过度计算，将许多不具有毒品实质特性的物质当作毒品看待并计入毒品数量，从而过度夸大了相关行为的社会危害性，对行为人所施加的处罚也不当加重。

因此，在计算毒品①数量时，应当考虑“毒品”的纯度。而且，从刑法、禁毒法对毒品所下的定义来看，毒品应当符合“易使人形成瘾癖”的特征。再者，从毒品犯罪侵犯的法益来看，毒品应当具有形成瘾癖性、精神刺激性、身体损害性的实质特性。除此之外，不同纯度毒品对人体的损害自然是不同的，在贩卖的价格上亦有所不同，所以，纯度也影响着相关行为的法益侵害性、社会危害性，需要在认定时科学折算，正如有学者指出：“不同纯度的毒品确实有着程度不同的社会危害性……故为了实现定罪量刑上的公平合理，对于任何毒品都应做定性及定量测定。”② 简言之，只有具备这些特性的物质才能算作毒品，从而纳入毒品数量的计算范围，将其他无关，甚至无害的物质都当作毒品计算其数量，有违背罪刑法定原则之嫌。质言之，在对毒品数量进行计算时，还是应当首先明确毒品的定义与特性，以正确认定毒品为前提，只有当前“毒品”概念中的纯度部分，才是属于真正意义上的毒品，不可以混淆含毒物质与毒品的区别。这样也有助于解决现行刑法各条文之间所存在的“矛盾”之处。

可以认为，这种计算方式符合刑法对毒品所下的定义，而且使得“无论毒品数量多少”成为一个有门槛的入罪情节。这意味着，要想认定毒品，就必须准确测量含毒物质的纯度，从而确定其中管制物质的真正数量，然后判断其是否符合毒品的实质特性，以此确定是否需要定罪处理。在此前提

---

① 严格意义上来说，平常使用的毒品概念应当理解为含毒物品，其中以纯度折算后符合毒品实质定义的物质才算是真正意义上的毒品，不能将两者混为一谈，但基于阅读理解的需要以及日常用语的习惯，暂时不做区分。

② 陈荣飞：《论毒品纯度与涉毒行为之定罪量刑关系》，载《四川理工学院学报（社会科学版）》2011 年第 3 期。

下，“无论毒品数量多少”的规定就可以解释为一个有着一定门槛的入罪标准。这样既消解了与《刑法》第13条“但书”之间的紧张关系，也符合禁毒法与刑法对毒品的定义以及法益保护目的的需要。至于刑法中的“不以纯度”折算的规定，应当理解为毒品数量折算之后的，为了避免再次折算的一个注意规定。这是因为就真正意义上的毒品而言，是不存在纯度的问题的，更谈不上折算的问题，但是这并不影响实践中对含毒物质，即日常用语中的毒品进行纯度折算。采取这样的解释方法，能够使得法条之间的紧张关系得以缓解，从而不必采用立法层面的修改措施，以维护法律的稳定性。不可否认的是，这种认定方法和折算方法与当前司法实践中的通用做法还有着较大的差距，在实际操作时也会遭遇诸多困境。然而，在刑事法领域中，如何使得行为人的合法权益不受侵害，如何通过正确定罪量刑实现法益保护的目的才是首要考虑之处，不能因为距离遥远或者阻力重重就不去研究、不去修正，无视那些存在已久的痛点，也“不能为了追求司法效率的提高而简化程序”①。更何况，相较于数十年前，检测与鉴定技术有了显著的提高，在毒品检测中则表现为毒品分离、测量技术的不断提高、毒品纯度测量的精度也更为精确，想要正确测量含毒物质中不同种类毒品的数量已经不是过于困难的事情，至少对未来应当持乐观的态度。因此，在毒品认定时以纯度为基础进行折算实有必要，也并非不可为。

然而，随着新型毒品的不断涌现，合成毒品慢慢成为毒品市场的主流，致使司法实务中出现的毒品种类数不胜数，毒品纯度也各不相同。与此同时，每个具体案件中毒品所反映的行为的法益侵害性、社会危害性的大小也有所不同。此时，如何确定一个科学的折算标准并设置一个科学的折算程序一直是困扰理论界与实务界的一个难题。当前实务中，只规定了鸦片与海洛因的定罪、量刑标准，并将其他的毒品折算成海洛因进行二次计算。在过去，传统毒品盛行的时代，这是一种较为简便、有效的折算方式。然而，在新型毒品成为主流的今天，根据《2018年中国毒品形势报告》显示：吸食、滥用合成毒品的人越来越多，冰毒已经取代了海洛因“头号毒品”

---

① 司冰岩：《毒品犯罪疑难问题研究》，载《法律适用》2015年第12期。

的位置[①]，海洛因的“消费总量稳中下降，已不再是毒品消费市场上的主流毒品”[②]。故而，基于传统毒品与新型毒品之间的较大的差异，将海洛因作为毒品折算的唯一标准欠缺了代表性。可以尝试将毒品分为传统毒品与新型合成毒品两类，分别选取一种典型的毒品作为折算参照物，对于传统毒品，继续以海洛因作为折算参照物，而对于新型合成毒品则以现在滥用最多的冰毒作为折算参照物，即以“同类折算，跨类并罚”[③] 的方式进行综合计算。在具体折算时，应当考虑不同物质形成瘾癖性、精神刺激性、身体损害性的大小，会同医学、法学、禁毒学等多学科领域的专家，制定详细的折算方案并交由拥有资质的专业的司法鉴定机构进行鉴定。

二、毒品犯罪市场的覆盖范围

在对毒品犯罪进行认定时，不仅要着眼于传统的毒品犯罪模式，也要注意其市场化、网络化的特征。随着信息网络的发展，互联网技术在给人们的生产、生活带来巨大便利的同时，也带来了许多新生的风险。毒品犯罪作为一种传统的“市场化”犯罪，其从制造到运输再到贩卖，最后到吸毒人员吸食，其间有着许多环环相扣的环节，也充斥着交易与中转，逐渐形成了一个庞大的违禁品犯罪市场。其中，生产链、供应链、消费链环环相扣，毒品犯罪市场逐渐扩散至全球范围[④]，成为具备市场化特征的严重犯罪。当前，毒品犯罪分子依托传输快、受众广、隐蔽性强的互联网技术进行交易，不仅急剧扩大了毒品市场的规模以及受众群体的范围，而且“由于互联网的虚拟性和超越时空性等特点，网络涉毒违法犯罪具有比传统毒品犯罪更高的隐蔽性。”[⑤] 毒品犯罪网络化的趋势也给司法实务人员查处相关犯罪带来了更大的挑战。可以说，毒品犯罪市场的覆盖范围直接反映了个案中毒品犯罪市

① 《2018年中国毒品形势报告》指出：冰毒成为滥用“头号毒品”，大麻滥用人数增多。在240.4万名现有吸毒人员中，滥用冰毒人员135万名，占56.1%，冰毒已取代海洛因成为我国滥用人数最多的毒品；滥用海洛因88.9万名，占37%；滥用氯胺酮6.3万名，占2.6%。大麻滥用继续呈现上升趋势，截至2018年底，全国滥用大麻人员2.4万名，同比上升25.1%，在华外籍人员、有境外学习或工作经历人员及娱乐圈演艺工作者滥用出现增多的趋势。

② 张汝铮、郝银钟：《论毒品数量计算在司法实践中的重构》，载《法律适用》2019年第13期。

③ 徐冉：《论毒品数量计算方式的完善——基于98例裁判的文本分析》，载《中国人民公安大学学报（社会科学版）》2018年第6期。

④ 莫洪宪：《毒品犯罪的挑战与刑法的回应》，载《政治与法律》2012年第10期。

⑤ 明乐齐：《网络贩毒的趋势及打击对策》，载《云南警官学院学报》2018年第5期。

场的大小，也是相关毒品犯罪侵害公众健康、社会主义市场经济秩序以及社会管理秩序等法益的直观表现。

毒品犯罪市场的覆盖范围大小，或者说涉案毒品扩散的范围大小，直接体现了相关毒品犯罪的法益侵害性与社会危害性。一方面，从毒品犯罪对公众健康与财产权利的侵害角度来看，毒品犯罪市场的覆盖范围越大，意味着能够接触毒品的现实人数与潜在人数越多，就有更多的人遭受毒品犯罪的荼毒，从而损害到自身的生命健康与财产权利。对认定毒品犯罪来说，基于法益保护的思想和毒品犯罪侵犯的主要法益为公众健康的观点，涉案毒品的受众规模是非常重要的影响因素。在实践中，必须考虑涉毒行为的受众范围。倘若在其他条件类似的情况下，涉毒行为人通过市场化的手段向不特定或多数人贩卖、运输毒品，使得毒品大规模扩散，在不同的地区形成了其不法交易的市场。抑或行为人精通网络技术，在暗网等平台发布相关违法信息，在极短的时间内就能将相关信息传播扩散，从网络上招募到为数众多的“下家”并对其进行邀约与交易。在以上两种情况下，相关行为都具备更严重的社会危害性，一般应当认定为犯罪并视情节处以较重的处罚。与此相对应，倘若行为人只在封闭的、狭小的范围内传播毒品，比如在近亲属之间或是少数朋友形成的群组之间，由于涉案毒品并未在社会公开流通且受众较少，其行为的社会危害性较低、适用刑法的必要性也较小。倘若综合其他情节可以认定情节显著轻微、危害不大的，可以适用《刑法》第 13 条“但书”的规定予以出罪，即使不能出罪也应当给予较轻的处罚。

另一方面，从毒品犯罪对社会主义市场经济秩序和社会管理秩序的侵害角度来看，毒品犯罪市场的覆盖范围与违禁品市场的大小成正比，也与有关部门治理违禁品市场的必要性与难度成正比。毒品犯罪市场不但具有规模大、分散性强、利润高的特点，而且依托互联网技术带来的隐蔽性“外衣”以及部分堕落的“保护伞”的庇护。在此情形下，其不仅给正常的营商环境带来了危害，影响了诸多企业赖以生存的劳动力、资金等资源，也为社会的治理带来了隐患，各种经济纠纷、矛盾升级层出不穷。此外，上述现象加大了实务人员办案，尤其是收集证据的难度。要想营造风清气正的社会主义市场经济氛围和人民安居乐业的社会环境，及时遏制毒品犯罪市场的扩张实有必要。

诚然，在不同的个案中，基于毒品犯罪有着动态的流通性的特点，想要准确地把握每一件个案中的所有流通链条是较为困难的，尤其在网络贩毒案件之中。然而，“实在”的困难并不能阻却“当为”的意义与必要性，这也反向激励了司法工作人员提高办案水平，努力做到全面侦查、细致认定。因为厘清个案中的涉案毒品的扩散范围，无论是对定罪还是对量刑，都是大有裨益的。当然，由于诸多主客观条件限制，事无巨细地去了解毒品犯罪链条中所有环节、交易者的具体情况有时是很困难的。在此情况下，毒品犯罪市场的覆盖范围的确定应当以具体案件中查到的购买毒品者的人数为基础，并考量已经查明的毒品犯罪分子主要经营的地点以及毒品流通的具体方式，然后综合已经掌握的情况，对应相关地区毒品市场发展的趋势，确定相关涉毒行为所涉及的毒品非法市场的大小与控制范围并在定罪时予以考虑。

三、毒品犯罪的违法所得数额

毒品犯罪的违法所得数额是对涉毒行为侵害公民财产权利以及社会主义市场经济秩序这两项重要法益程度的直接反映。一方面，毒品价格高昂，远超于一般正常商品，且毒品犯罪分子往往会利用吸毒人员难以抵挡毒瘾的弱点以及毒瘾发作时的痛苦，以更高的价格或者采用威逼利诱等方式，促使吸毒人员高额购买毒品，构成了对公民财产权利的侵害。吸食毒品者往往负担了高额债务，甚至变卖家产或者实施盗窃、抢夺等其他违法犯罪行为，使得整个家庭经济情况陷于困窘之境，对家庭其他成员以及他人的财产权利有时也会造成间接的侵犯。另一方面，毒品市场作为一个非法运营的“市场”，其违法所得数额也体现了对我国社会主义市场经济秩序的破坏程度。许多人都是受毒品犯罪表面的高额利润吸引而走上犯罪道路的，数量庞大的违法所得引诱了许多原本应当进入正常市场的劳动力和资金流入了犯罪市场，如不及时遏制这样的趋势，我国的社会主义市场经济将受到严重的打击。无论是从犯罪学的预防角度出发，还是从刑法学的规范角度出发，将毒品犯罪的违法所得纳入毒品犯罪定罪的考量因素，遏制毒品犯罪的“市场”规模，都是正确、有效打击和预防毒品犯罪的应有之义。

将毒品犯罪的违法所得数额列入其定罪需要考虑的情节范围，首先需要厘清毒品犯罪违法所得的范围。在此前提下，厘清违法所得与涉毒资产（即毒资）的区别是正确认定毒品犯罪违法所得数额的基础。可以说，毒品犯罪的违法所得属于涉毒资产的一部分，是实施毒品犯罪行为所得的财产，不限于金钱，是能体现毒品犯罪法益侵害性的部分。在司法实践中，实务人员往往采用毒资的概念，有学者对毒资的范围作出了界定：“一是办案过程中当场查获的涉毒资产；二是通过追缴查获的银行账户资产等；三是房产、车辆等个人财产和家庭财产等。"[①] 本书认为，这种观点过于扩大了涉毒资产的范围，将许多与毒品犯罪无关或者无主要关联的财产纳入了涉毒资产，从而在认定涉毒行为的社会危害性时过于夸大，容易导致轻率定罪与量刑畸重。简言之，在认定毒品犯罪违法所得数额时，必须从相关财产与毒品犯罪的关联性出发进行认定。一方面，应当坚持个人责任原则，只应当计算涉毒行为人本人的相关财产，对于其近亲属的与毒品犯罪无关的财产不得计算，尤其在涉及共有财产之时更需要注意；另一方面，需要考虑相关财产对毒品犯罪的作用，包括基础作用（如毒品原材料、制毒贩毒原始资金）、帮助作用（制毒工具、存放毒品的容器、运输毒品的交通工具等）、收益作用（毒品销售或者中转时所得的收入）。换言之，倘若相关财产不属于涉毒行为人本人的财产或者没有对毒品犯罪起到基础作用、帮助作用、收益作用这三种作用之一的，都不应当认定为涉毒资产。

在涉毒资产中，只有对毒品犯罪起到收益作用的财产才能作为毒品犯罪的违法所得，理由在于：其一，并不是所有的涉毒资产都能直接体现毒品犯罪的法益侵害性，毒品犯罪中的制毒工具、制毒物品等只是对毒品犯罪的顺利实施起到了辅助作用，单独来看并没有也不能对毒品犯罪所侵犯的法益造成侵害，对于这部分单纯起到帮助作用的涉毒资产，直接采用"没收制度"即可，对毒品犯罪的定罪没有也不应该产生影响。其二，对毒品犯罪起到基础作用的财产，诸如毒品原材料、制毒贩毒原始资金等也不应当纳入毒品犯罪违法所得的范畴。一方面，这些基础财产经过加工或者"市场化"之后已经转化成为收益部分，将二者同时计算有着重复评价之嫌；另一方面，尚未进行加工的毒品原材料或者尚未利用的资金由于并没有进入市场，其对毒品犯罪所侵害的多种法益影响较之于已经在市场流通的情形要小得多，所以可以当作一个次要情节进行考虑，而不用当作"违法所得"这一主要情节进行考量。其三，将对毒品犯罪起到收益作用的财产作为毒品犯罪违法所得的财产并排除其他两类涉毒资产，也符合"违法所得"的原意和社会大众对其的认知。质言之，毒品犯罪作为一种违禁品犯罪，一种具有财产犯罪意蕴的犯罪，其违法所得数额是影响行为社会危害性的重要因素，应当予以考虑。

---

① 王曙文：《对涉毒案件中查缴毒资问题对策分析》，载《云南警官学院学报》2019 年第 1 期。

四、其他相关情节的综合考量

诚然，社会现象错综复杂，难以列举穷尽，犯罪现象也是如此。在司法解释中，各种毒品犯罪有着各种各样的表现形式、行为模式，犯罪的情节也是多种多样。在对涉毒行为进行定罪时，除了要考虑毒品数量与毒品纯度、毒品犯罪市场的覆盖范围和毒品犯罪的违法所得数额这三个共通的主要情节之外，对于其他能够体现涉毒行为社会危害性和行为人人身危险性的情节，也不能忽视，而是应当综合考量、妥当认定。其中，涉及涉毒行为的社会危害性的情节包括毒品交易模式、手段、对象等，诸如在实施涉毒行为时招募未成年人为其服务，将毒品卖给未成年人，或者在实施涉毒行为时带有暴力行径的，其社会危害性相较于那些其他情节相似但不具备这些特殊情节的涉毒行为要严重一些。而涉及涉毒行为人人身危险性的情节则包括其实施涉毒行为的动机、目的以及是否初犯、偶犯等。这些不仅仅在量刑时需要考虑，在定罪时也应当进行充分的分析，以做到正确定罪、不枉不纵。

在当前司法实践主要依赖司法解释的背景下，在法官根据具体案件情况发挥自身主观能动性的同时，完善相关司法解释也是具有现实意义的。具体而言，在司法解释的行文中，应当采取“列举 + 概括”的方式注明在定罪时需要考虑的情节，在概括时则可以通过设置兜底条款来保证考虑要素的多元性与认定标准的开放性。在处理具体案件时，办案人员应当从保护法益的目的出发，把握情节对于行为社会危害性与行为人人身危险性的反映程度，根据同类解释规则“根据确定性语词所涉及的同类或者同级事项予以确定”① 和“注意该规定与列举的具体要素之间的内在联系”② 的要求对兜底条款进行解释。具体到毒品犯罪的司法认定中，需要厘清案件中的其他情节能否反映行为对毒品犯罪所保护的法益的侵害，其对法益的侵害程度如何，行为人的人身危险性是否有所增加，其对行为社会危害性、人身危险性的影响是否足以影响定罪。简言之，需要避免单一追求刑法的处罚功能而进行的任意解释以及“刑法条文用语的字面含义中不可能包括该事项”③ 时的类推

① 梁根林：《刑法适用解释规则论》，载《法学》2003 年第 12 期。

② 张永江、秦星：《我国刑法兜底条款司法适用的完善》，载《江西社会科学》2015 年第 9 期。

③ 冯军：《论刑法解释的边界和路径——以扩张解释与类推适用的区分为中心》，载《法学家》2012 年第 1 期。

解释。

总而言之，要想对毒品犯罪进行正确定罪，司法实务人员应当在具体案件中做到具体分析，在承认毒品犯罪多元法益侵害性的基础上，承认公众健康为其侵犯的主要法益并以此出发，对案件中所包含的每一个具体情节进行全面分析，避免单一、机械地考量某个因素的做法，以构建科学、多元的毒品犯罪司法认定标准。因此，采用毒品犯罪认定的多元标准是既是法益保护目的的必然要求，也是全面把握行为社会危害性的有效举措，在毒品犯罪的司法认定中，应当推行。

下　篇

第五章
新型毒品的司法认定与完善路径

毒品犯罪是全球性的社会公害，几乎没有一个国家能够逃避它的荼毒，它对人类社会的生存和发展造成了极大的威胁，但是，毒品犯罪又是一个极难解决的社会性问题。自20世纪90年代以来，受全球毒品犯罪多元化趋势的影响，以甲基苯丙胺为代表的化学合成类药品在我国大肆泛滥。与传统毒品存在明显区别的新型毒品的泛滥，给打击毒品犯罪的司法工作带来了新的挑战和冲击。在现有法律制度下，新型毒品犯罪众多亟待解决的疑难问题中，最基础和关键的就是新型毒品犯罪的性质认定和数量认定问题。

第一节　新型毒品犯罪司法认定的缺陷分析

对现行的新型毒品认定制度的缺陷分析，是完善新型毒品犯罪司法认定的关键和重点，只有了解清楚现有制度存在的问题和造成问题的根本原因，才能“对症下药”，研究出完善司法认定的具体措施。

一、新型毒品犯罪性质认定的缺陷分析

我国对于新型毒品的性质认定研究还处于刚刚起步的阶段。毒品内涵外延的界定、毒品范围的划定、毒品目录更新的程序和时间规定、毒品分级制度的构建等都需要进行深入分析和研究。对新型毒品性质认定的缺陷分析，是完善新型毒品犯罪司法认定必不可少的一步。

（一）“毒品”法律界定的模糊不清

我国法律对于“毒品”概念的界定，从1990年全国人大常委会通过的《关于禁毒的决定》中首次明确毒品概念的表述，到2008年禁毒法和现行《刑法》第357条对毒品概念的界定，均采用“典型毒品种类列举+抽象概括”的方式。概念的界定是通常先对毒品的常见种类进行列举，然后对“毒品”的特征进行归纳总结，将“毒品”分类为麻醉药品和精神药品，强调毒品“国家管制”和“成瘾性”两大特征。[①]

毒品的法律定义旨在对毒品的范围作出一个明晰的界定，但由于内涵表述的不准确和列举的毒品类型已经不具备代表性，法律定义上的毒品范围实际仍处于一个模糊不清的状态，司法工作者无法通过毒品的法律定义判断一种新物质是否属于毒品的范畴。特别是在现今合成毒品成为主要滥用毒品的当下，合成毒品以及合成毒品的原料大部分在化工业以及医药业并不少见，很多毒品也具有一定的医学价值，“例如，俗称‘K粉’的固体氯胺酮的提纯，就是将化学药品氯胺酮注射液变成固体结晶的过程，从药品到毒品，只是一步之差”[②]。如果不对毒品的范围特别是新型毒品的范围作出准确的界定，“极易造成实践中存在两种极端现象并存的局面：一方面大量的新型毒品犯罪活动因为缺乏法律依据而不能定罪，另一方面有的地方又将贩卖非管制药品的行为作为贩卖毒品罪予以惩处”[③]。

自1990年以来，毒品概念的外延不断扩大，兜底式的概括表述也在不断精确完善，但仔细斟酌毒品概念的规定，其界定的内容还是存在着不容忽视的问题。

1. 列举的毒品类型不具代表性

《刑法》第357条中列举了“鸦片、海洛因、甲基苯丙胺（冰毒）、吗啡、大麻、可卡因”六种主要毒品，明确具体地指出了毒品的种类，更加直观地迎合了国民预测的可能性，但列举的方式存在着一定的缺陷。

1990年全国人大常委会通过的《关于禁毒的决定》中列举的主要毒品是“鸦片、海洛因、吗啡、大麻、可卡因”，1997年在制定新的刑法典时，将“冰毒”加入了列举种类中，使毒品定义的外延由五种增加到六种。

---

① 《刑法》第357条第1款。

② 李莉：《关于新型毒品犯罪立法完善的几点思考》，载《前沿》2010年第5期。

③ 李莉：《关于新型毒品犯罪立法完善的几点思考》，载《前沿》2010年第5期。

2014 年底，合成毒品滥用群体比例首次超过海洛因滥用群体比例；截至 2015 年底，全国滥用合成毒品人员 134 万名，占 57.1%；截至 2016 年底，滥用合成毒品人员 151.5 万名，占 60.5%；[①] 2014 年到 2016 年登记在册的滥用合成毒品的吸毒人员数和比例逐年增加。以冰毒、氯胺酮等为代表的新型毒品因为其制作周期短、制作方法简便、更新换代速度快，成为毒品市场的主要流通种类，且新型毒品大多为化学合成毒品，在合成新型毒品的过程中，只要分子式中个别结构发生变化就会出现多种类似的衍生物。近年来，社会上出现的新精神活性物质，就是犯罪分子为了规避法律明文规定的管制药品名单将毒品的分子结构稍作变化得到的毒品衍生物，该物质仍然具有成瘾性、毒害性等毒品具有的特征，由于其不在管制药品范围内，如何打击这类药品，在法律上还属于空白阶段。目前，《麻醉药品品种目录》《精神药品品种目录》《非药用类麻醉药品和精神药品列管办法》中管制的药品约 400 余种。但根据《2017 年世界毒品问题报告》记载，目前全球仅新精神活性物质就有 483 种。反观我国毒品定义中列举的六种毒品类型，其中五种为传统毒品，已经不具有典型性和代表性，不能代表社会上主要流通的毒品类型，无法适应毒品犯罪的新形势。立法的滞后性使得《刑法》第 357 条中列举的毒品种类总是滞后于毒品的发展趋势，但若是经常修改刑法条文既浪费立法成本，也有损于法律的威严性。因此，在刑法条文中规定毒品定义时，列举出几类主要毒品类型的界定方式值得商榷。

2. 抽象的概念界定不具准确性

“毒品”定义的抽象概念应当遵循刑法介入社会领域的一般准则，对“毒品”一般特征进行归纳总结，揭示国家管制毒品的必要性和正当性。我国将毒品分为麻醉药品和精神药品，突出“国家管制”，强调毒品的“成瘾性”特征。[②]

在医学上，毒品的“成瘾性”是指人的身体或者心理对药物产生依赖，当停止使用该药品，使用者就会发生戒断症状。长期吸食毒品会造成身体健康的严重损害，使公民劳动能力下降，家庭收入减少，国家经济发展也会受到相应的影响。同时，吸食毒品会使人的判断能力和控制能力降低，加之吸

---

① 《2014 年中国毒品形势报告》，载中国禁毒网，http：//www.nncc626.com/2015－06/24/c_127945747.htm，最后访问日期：2018 年 9 月 25 日。

② 《刑法》第 357 条。

食毒品需要大量资金，不少吸毒人员会因此走上违法犯罪的道路，严重影响社会管理秩序。然而，成瘾性并不是造成毒品吸食者身体健康损害的根本原因，香烟和酒精同样会给人带来一定的成瘾性，但法律并没有对此制定与毒品管制同样严厉程度的措施。根本原因还是在于，吸食毒品对身体健康造成的损害远大于吸烟和酗酒对人体造成的伤害。也就是说，毒品的毒害性才是造成吸食毒品者身体健康受到严重损害的根本原因。但刑法规定的毒品定义里没有体现出毒品毒害性这一特征。

毒品的成瘾性揭示了毒品自然属性的一面，属于毒品特征中不可忽视的因素，在毒品界定中出现该特征无可厚非，但对于概念中强调“国家管制”这一特点，却值得商榷。根据《麻醉药品和精神药品管理条例》规定，麻醉药品和精神药品均属于国家管制的范围，即“麻醉药品和精神药品”概念中已经含有国家管制的意思，定义中出现的“国家规定管制”有语义重复之嫌。

（二）毒品认定前置性规定的严重滞后

毒品认定的前置性规定是判断物质是否属于毒品的关键性依据，是确定行为罪与非罪的决定性因素，也是整个新型毒品犯罪司法认定制度最初的起点。没有完善的毒品认定前置性规定，后续毒品的数量认定甚至整个毒品犯罪定罪量刑制度的构建也就无从谈起。因此，如果将规制毒品犯罪的体系看作一栋大楼，那么毒品认定制度最重要的组成部分——毒品认定的前置性规定，就是这座大楼埋入地底的最不可忽视的那块基石。

毒品的性质和毒品的种类需要依据专门的毒品目录进行辨别，划定毒品范围的关键依据是各类管制药品的名单目录，其主要包括：国务院药品监督管理部门、国务院公安部门和国务院卫生主管部门依照《麻醉药品和精神药品管理条例》制定的《麻醉药品品种目录》《精神药品品种目录》，以及公安部、原国家卫生计生委、原国家食品药品监督管理总局依照《非药用类麻醉药品和精神药品列管办法》制定的《非药用类麻醉药品和精神药品管制品种增补目录》。

由于我国毒品目录在认定范围、毒品种类排序以及毒品分级等方面规定的滞后，导致了毒品认定的前置性规定不能有效地对新型毒品进行规制，发挥其应有的作用。

1. 列管目录反应迟缓

（1）新型毒品管制空缺

近年来，新型毒品因具有制作简便、迅速、更新换代快的特点，逐渐取代以大麻、海洛因为代表的传统毒品，成为毒品交易中的主要类型。新型毒品大多数是人工合成物质，不法分子可以根据新型毒品的化学结构生产出与其结构类似，具有相同或者更强麻醉、兴奋功能的新精神活性物质[①]。由于新精神活性物质虽与已经列入《麻醉药品品种目录》《精神药品品种目录》的毒品结构类似、作用相近，但因为不在管制目录中，基于“法无明文规定不为罪”的原则，刑法无法对生产、运输、销售、持有新精神活性物质的行为进行规制，导致在一段时间内某些地区新精神活性物质泛滥的现象。例如，2010 年 3 月，武汉市民警在某区一个出租屋内发现了大量的化学制剂、药品及实验室合成装置，毒品检测技术人员在现场勘验时找到 30 多种检材，经分析，检材中多种分子结构与管制药品酚美曲嗪（phenmetrazine）、卡西酮（cathinone）、乙色胺（etryptamine）、安眠酮（methaqualone）、甲基苯丙胺（methamphetamine）的化学结构非常相似，但由于没有被列入国家管制药品名单，因而无法对制造者进行有罪起诉。[②] 同样在 2012 年，武汉市公安局在对抓获的吸毒人员进行调查时发现，吸毒人群中流行着一种神秘物质，主要成分为对氟苯丙胺（C9H12FN），化学结构与苯丙胺非常相似。据吸毒人员回忆，服用该药物后会出现与麻古一样“使人兴奋，不知疲劳”的感觉。也就是说，对氟苯丙胺已经被当作冰毒的替代物在吸毒人群中泛滥，目前也未被列入管制精神药物名单，无法追究制毒团伙的法律责任。[③]

为了应对毒品犯罪出现的新挑战，避免打击新精神活性物质犯罪无法可依的尴尬局面，2015 年 10 月 1 日《非药用类麻醉药品和精神药品列管办法》颁布实施，一次性列管 116 种新精神活性物质；2017 年 3 月 1 日，卡芬太尼等 4 种芬太尼类物质列入管制；2017 年 7 月 1 日，将 U－47700 等 4 种物质列入管制，目前列管的新精神活性物质已经有 130 余种。以上公布的管制新精神活性物质的一系列法律法规都表明我国对于新精神活性物质相关犯罪已经受到国家的关注，并制定了相应的规定进行管制。然而，根据联合国《2017 年世界毒品问题报告》内容记载：2016 年，全球共检测到 739 种新精神活性物质，仅在 2015 年，全球市场上就有近 500 种新精神活性物质的踪迹，约 80 种核心新精神活性物质，新精神活性物质的新种类增长速度

---

① 按照上文对“新型毒品”范围的划分，新精神活性物质也属于本书讨论的对象。

② 王姝婷：《新型毒品种类与范围的司法认定》，载《武警学院学报》2017 年第 1 期。

③ 王姝婷：《新型毒品种类与范围的司法认定》，载《武警学院学报》2017 年第 1 期。

减慢，但仍在继续，其中具有兴奋剂特性的新精神活性物质数量增加显著。①

尽管将一种新的物质纳入管制目录中需要考虑成瘾性、毒害性、滥用性和社会接受程度等综合因素，但我国目前规制的新精神活性物质数量与世界上已发现的新精神活性物质数量相距甚远。1996 年制定的第一版《麻醉药品品种目录》《精神药品品种目录》中共列举了 237 种管制药品；2005 年，管制药品种类增加了 14 种新类型，共计 251 种；2007 年，管制药品种类增加了 4 种新类型，共计 255 种；2013 年，管制药品种类增加了 15 种新类型，共计 270 种；2015 年，《非药用类麻醉药品和精神药品列管办法》列管的 116 种和后续增加的若干管制药品，加上管制的麻醉药品和精神药品，有 400 余种。我国管制的 400 余种麻醉药品和精神药品，仅与联合国 2017 年《世界毒品问题报告》中记录的 2013 年至 2016 年全球已知新精神活性物质种类的数量相比，明显存在巨大差距，显然对于新精神活性物质的管理还存在不可忽视的规制空白。

（2）列管更新期限过长

在管制药品种类数量与实际还存在巨大差距的情况下，应当加快目录更新速度，尽快弥补管制的空缺，但《麻醉药品品种目录》《精神药品品种目录》的更新速度过于缓慢，无法满足打击新型毒品犯罪的现实需要。根据《麻醉药品和精神药品管理条例》的规定，麻醉药品和精神药品目录的制定和修改由国务院药品监督管理部门会同国务院公安部门、国务院卫生主管部门负责。在发现尚未列入管制目录中但具有毒品成瘾性、毒害性等特征，已经或者可能对社会造成严重危害的物质，由国务院药品监督管理部门、国务院公安部门和国务院卫生主管部门“及时将该药品和该物质列入目录”②。至于“及时”的具体时间和详细的操作流程，条例中并没有涉及。这也造成了实践中从 1996 年制定的第 1 版《麻醉药品品种目录》《精神药品品种目录》开始，2005 年更新第二版，2007 年更新第三版，到 2013 年更新至最新版本，17 年共计更新四版管制药品目录，中间间隔 9 年、2 年、6 年，平

① 《〈2017 年世界毒品问题报告〉：全球 2950 万人患有药物滥用障碍　阿片类药物最具危害》，载联合国新闻网，https：//news. un. org/zh/story/2017/06/277912，最后访问日期：2018 年 8 月 9 日。

② 《麻醉药品和精神药品管理条例》第 3 条第 3 款规定：“……国务院药品监督管理部门会同国务院公安部门、国务院卫生主管部门应当及时将该药品和该物质列入目录或者将该第二类精神药品调整为第一类精神药品。”

均4.25年更新一版。相较于域外国家和地区规定的毒品目录更新期限而言，更新速度迟缓了许多。如我国台湾地区的“毒品危害防制条例”第2条第3款就规定了毒品的分级和品项由“法务部”和“行政院卫生署”每三个月(0.25年)，组成审议委员会进行删减、增加，并由制定的行政部门进行公告。① 美国的《全面预防和控制滥用毒品法》规定美国的毒品目录在1970年10月27日后的头两年，是每年两次的更新，往后才是一年一次进行更新。② 同时，我国毒品目录对于全球毒品发展的新变化、新趋势反应迟缓，不能及时进行修订。如2004年被列入二类精神药品，2005年修改为一类精神药品的氯胺酮，常用作外科小手术的麻醉剂和全身麻醉的诱导剂使用，国外在20世纪60年代左右已经出现药物滥用的情形，我国部分地区在20世纪90年代也有氯胺酮滥用的报道，2001年全国出现氯胺酮滥用报道，但直到2004年才将其纳入管制的范围，2006年才规定出氯胺酮的具体量刑规则。③ 然而，之前因氯胺酮造成的民众身体健康的损害，社会公共秩序破坏的损失已经无法弥补，之后氯胺酮滥用快速增长的趋势得到一定程度的遏制，但其蔓延的势头仍没有停止。到2016年左右，氯胺酮在我国滥用较为严重，近年来滥用人数不断增长，目前已上升至第三位，仅次于冰毒和海洛因。④

---

① 我国台湾地区“毒品危害防制条例”第2条规定：“本条例所称毒品，指具有成瘾性、滥用性及对社会危害性之麻醉药品与其制品及影响精神物质与其制品。毒品依其成瘾性、滥用性及对社会危害性分为四级，其品项如下：一、第一级海洛因、吗啡、鸦片、古柯硷及其相类（如附表一）。二、第二级罂粟、古柯、大麻、安非他命、配西汀、潘他坐新及其相类制品（如附表二）。三、第三级西可巴比妥、异戊巴比妥、纳洛芬及其相类制品（如附表三）。四、第四级二丙烯基巴比妥、阿普坐他及其相类制品（如附表四）。前项毒品之分级及品项，由法务部会同行政院卫生署组成审议委员会，每三个月定期检讨，报由行政院公告调整、增减之，并送请立法院查照。医药及科学上需用之麻醉药品与其制品及影响精神物质与其制品之管理，另以法律定之”。我国台湾地区“毒品危害防制条例”，载北大法宝网，http://gfggi66f6a8ad06ba47d9scbucbuv560xb6w9u.fbch.oca.swupl.edu.cn/twd/50b236cc8844736ee3b2703571f8ed15bdfb.html?keyword=%E6%AF%92%E5%93%81%E5%8D%B1%E5%AE%B3%E9%98%B2%E6%B2%BB%E6%9D%A1%E4%BE%8B&way=listView，最后访问日期：2018年10月25日。

② 杨洁：《毒品目录与分级制度的比较研究》，昆明理工大学2013年硕士学位论文。

③ 林志标、林毅：《应当完善惩治新型毒品犯罪的司法解释》，载《人民检察》2009年第5期。

④ 叶晓颖、马岩、方文军、李静然：《〈关于审理毒品犯罪案件适用法律若干问题的解释〉的理解与适用》，载《人民司法（应用）》2016年第13期。

2. 列管种类排列混乱

（1）自然属性分类的局限性

列入国家管制的毒品在毒品目录中根据其自然属性分为麻醉药品和精神药品，这种分类方法是在对毒品性质、成瘾性、毒害性、滥用程度和社会危害程度只有一个基础认识，没有深入了解情况下的权宜之计。随着我国对毒品研究的不断深入以及对法律法规设置的不断完善，体现在法律条文中关于毒品的规定不应仅仅体现毒品的自然属性，还应当体现出毒品的法律属性，考虑毒品滥用性、民众接受程度和社会危害性等方面因素。《麻醉药品品种目录》和《非药用麻醉药品和精神药品列管办法》附录中对于列管的药品只是列举了中英文名称，并未说明依照何种规则排列以及性质说明，《精神药品品种目录》中对列管的精神药品分为两类，第一类精神药品“不得零售”，第二类精神药品“凭执业医师出具的处方，按规定剂量销售”但仍未对分类规则进行说明。① 据统计，国家明文规定的管制药品种类约有 400 余种，如果不按照一定的规则进行排列和分级，既不利于后续毒品犯罪定罪量刑规则的完善和禁毒法律法规体系的系统建立，也不利于民众对新型毒品的更深入认识和了解。将毒品分为麻醉药品和精神药品，除了仅体现出毒品的自然属性，在法律规制上并没有起到多大的积极作用。

（2）我国分级管理规定的“碎片化”

为解决列管的毒品种类排列混乱的问题，域外许多国家和地区采用了根据毒品的成瘾性、毒害性、滥用性、民众接受程度和社会危害性等性质特征将毒品分为不同的级别有序排列的制度，并对不同级别的毒品采用不同的管控政策并配置不同的处罚措施。

如美国 1970 年通过的《全方位毒品滥用预防和控制法案》（Comprehensive Drug Abuse Prevention and Control Act of 1970）按照毒品的成瘾性和是否具有医学价值将毒品分为五类，第一类是高度成瘾性且没有医学价值，第二类同样具有高度成瘾性，但在严格的限制条件下可以用于医学治疗，第三类

① 《麻醉药品和精神药品管理条例》第 30 条第 1 款规定：“麻醉药品和第一类精神药品不得零售。”第 32 条规定：“第二类精神药品零售企业应当凭执业医师出具的处方，按规定剂量销售第二类精神药品，并将处方保存 2 年备查；禁止超剂量或者无处方销售第二类精神药品；不得向未成年人销售第二类精神药品。”

到第五类成瘾性程度逐级降低，并具有医学价值，可用于临床治疗。[①] 同样位于北美洲的加拿大在 1996 年颁布的《受限制的药品和化学品》（Controlled Drugs and Substances Act 1996），依据社会危害性将毒品进行分级。位于毒品目录中的第一级的毒品，如鸦片、可卡因、冰毒等，具有严重的社会危害性，是加拿大政府严厉打击从重处罚的对象。以英国为代表的欧洲国家也采用了毒品分级的方式来制定毒品目录，1971 年英国《药物滥用法》（Misuse of Drugs Act）将毒品分为三类，第一类包含海洛因、鸦片、可卡因等硬性毒品，第二类、第三类包含大麻等软性毒品。深受毒品犯罪问题困扰的处于"金三角"地区的国家立法中也纷纷采用了毒品分级的方式对毒品的范围进行阐明，如泰国颁布的《麻醉品法案》（Narcotics Act）将毒品分为五个级别，位于第一级别中的毒品管控最为严格，实施相关的毒品犯罪刑罚处罚也最为严厉，但与其他国家不同的是，法案中第四类麻醉品实际上属于易制毒化学品，是生产第一类和第二类麻醉品的原料。[②]

我国澳门特别行政区和我国台湾地区也采用了毒品分级制度。我国澳门特别行政区 2009 年制定的《禁止不法生产、贩卖和吸食麻醉药品及精神药物》第 2 条和第 3 条规定了依据"药物潜在致命力，滥用后出现的症状的强烈程度，戒断所带来的危险性对其所产生的依赖程度"将麻醉药品和精神药物分类至表一到表四，并且又将表一和表二细分为 A、B、C 三个等级，并对每一个等级的麻醉药品及精神药物进行简单总结。我国台湾地区的"毒品危害防制条例"第 2 条规定了依据"毒品的成瘾性、滥用性和社会危害性"将毒品分为四级，并在附录后详细列举。[③] 我国香港特别行政区《危险药物条例》虽然在附录中没有对毒品进行分级，但对于不同毒品种类的同种毒品犯罪行为规定了不同的刑罚处罚，实际上也是毒品分级制度的体现。

我国现行的毒品列管目录没有体现出对列管的毒品进行分级管理的内容，但在其他法律和司法解释规定中，立法者对于毒品因其不同的成瘾性、毒害性、滥用性而体现出来的不同的社会危害性早有分类分级"区别对待"

---

① 刘建宏主编：《新禁毒全书（第六卷）：外国禁毒法律概览》，人民出版社 2015 年版，第 3 页。

② 刘建宏主编：《新禁毒全书（第六卷）：外国禁毒法律概览》，人民出版社 2015 年版，第 17 页。

③ 廖斌主编：《毒品违法犯罪防治研究》，中国政法大学出版社 2016 年版，第 385 页。

的规定。《刑法》第347条走私、贩卖、运输、制造毒品罪中，对鸦片、海洛因、冰毒制定了不同数量的量刑标准；第348条规定了非法持有鸦片200克，海洛因或冰毒10克构成非法持有毒品罪，因毒品的种类不同，构成犯罪的标准也不尽相同；[①] 还有最高人民法院于2016年公布的《关于审理毒品犯罪案件适用法律若干问题的解释》（以下简称《毒品犯罪解释》）对于可卡因、吗啡、氯胺酮等不同种类的毒品也规定了不同的量刑标准。同时，在2008年《全国部分法院审理毒品犯罪案件工作座谈会纪要》（以下简称《大连会议纪要》）的规定中要求混合型毒品做出成分鉴定，对于不含海洛因和甲基苯丙胺的混合型毒品按照“毒性较大”的毒品成分确定毒品的种类。[②]

从以上列举的法律规定和司法解释可以看出，立法者认识到了不同种类的毒品社会危害性不同，并意欲在法律和司法解释的规定中予以体现。然而，列举在《麻醉药品品种目录》《精神药品品种目录》《非药用类麻醉药品和精神药品列管办法》附录中的管制药品共计400余种，每一种毒品都需要与之相对应的量刑标准，而这些毒品量刑标准的规定呈现“碎片化”的特征散落于司法解释，最高人民法院、最高人民检察院批复和会议纪要等文件中，法律层级混乱，法律效力冲突，既不利于司法工作的开展，也不利于法律的权威与统一。同时，无论是司法解释中对毒品数量定罪量刑问题的补充规定，还是部门规章中将不同种类的毒品换算成同种毒品的规定，其本身“不具有法律强制力，它的存在并不能否定毒品分级制度存在的意义。即使在同一等级的毒品中，也需要不同毒品换算的相关数据，而毒品分级制

---

① 《刑法》第347条第2款规定：“走私、贩卖、运输、制造毒品，有下列情形之一的，处十五年有期徒刑、无期徒刑或者死刑，并处没收财产：（一）走私、贩卖、运输、制造鸦片一千克以上、海洛因或者甲基苯丙胺五十克以上或者其他毒品数量大的……”第347条第3款规定：“走私、贩卖、运输、制造鸦片二百克以上不满一千克、海洛因或者甲基苯丙胺十克以上不满五十克或者其他毒品数量较大的，处七年以上有期徒刑，并处罚金。”第347条第4款规定：“走私、贩卖、运输、制造鸦片不满二百克、海洛因或者甲基苯丙胺不满十克或者其他少量毒品的，处三年以下有期徒刑、拘役或者管制，并处罚金；情节严重的，处三年以上七年以下有期徒刑，并处罚金。”第348条规定：“非法持有鸦片一千克以上、海洛因或者甲基苯丙胺五十克以上或者其他毒品数量大的，处七年以上有期徒刑或者无期徒刑，并处罚金；非法持有鸦片二百克以上不满一千克、海洛因或者甲基苯丙胺十克以上不满五十克或者其他毒品数量较大的，处三年以下有期徒刑、拘役或者管制，并处罚金；情节严重的，处三年以上七年以下有期徒刑，并处罚金。”

② 最高人民法院《大连会议纪要》规定：“……不含海洛因、甲基苯丙胺的，应以其中毒性较大的毒品成分确定其毒品种类；如果毒性相当或者难以确定毒性大小的，以其中比例较大的毒品成分确定其毒品种类，并在量刑时综合考虑其他毒品成分、含量和全案所涉毒品数量……”

度的存在更是在法律上肯定了不同毒品的危害性不同。因此，不同毒品的危害性急需在法律上得到承认”①。

二、新型毒品犯罪数量认定的缺陷分析

毒品数量的认定在毒品犯罪的定罪量刑中具有极其重要的作用，是决定罪与非罪和罪轻罪重的关键性因素。对新型毒品犯罪数量认定的缺陷分析，是完善新型毒品犯罪司法认定，甚至说是完善新型毒品犯罪定罪量刑制度不可或缺的一部分。

（一）部分新型毒品数量认定标准缺失

对于毒品犯罪的定罪量刑，我国的司法实践中通常依据现行刑法和一系列的司法解释进行裁判，但相较于毒品犯罪中毒品种类繁多，新型毒品不断涌现出现新的类型的现实状况，现行法律条文却没有一个完善的数量标准规定。规定了毒品犯罪刑事责任和相对应的刑罚裁量的条文散见于不同立法主体、不同法律效力的各种规定之中，且属于《麻醉药品品种目录》《精神药品品种目录》《非药用类麻醉药品和精神药品列管办法》附录中的麻醉药品和精神药品共计 400 余种，而现有规则明确了量刑标准的毒品种类寥寥无几。

1. 刑法未进行具体标准的规定

以走私、贩卖、运输、制造毒品罪和非法持有毒品罪为例，现行刑法沿用了 1997 年刑法条文中的规定，明确量刑标准的只有鸦片、海洛因和甲基苯丙胺三种毒品类型，而对于未提及的毒品种类以“其他毒品”“其他少量毒品”“其他毒品数量较大”来代替，具体的类型和对应的量刑标准并未在刑法中予以规定。

以上问题出现的根本原因，主要还是 1997 年刑法在制定时，毒品犯罪的主要毒品类型还是以传统毒品为主，新类型的毒品在全国的毒品犯罪中所占比例较小，且新型毒品也只集中体现在甲基苯丙胺一种类型上。但随着全球毒品形势的变化，新类型毒品不断涌现，毒品犯罪的主要类型也从以海洛因为代表的传统毒品过渡到以甲基苯丙胺为代表的新型毒品，同时以规避国家法律管制为主要目标的新精神活性物质也逐渐“崭露头角”，现行刑法对

---

① 杨洁：《毒品目录与分级制度的比较研究》，昆明理工大学 2013 年硕士学位论文。

于“其他毒品”的留白规定已经不能适应打击毒品犯罪的目标。

2. 司法解释弥补式规定应对无力

由于刑法条文中没有对新型毒品犯罪规定具体的量刑标准，给司法工作者的实践工作带来了极大的阻碍和争议，最高人民法院从2006年开始，陆续出台了一系列规定新型毒品犯罪的量刑标准。

2006年最高人民法院《关于审理若干新型毒品案件定罪量刑的指导意见》规定了氯胺酮、美沙酮在内的10种新型毒品与海洛因的折算公式；2007年最高人民法院、最高人民检察院、公安部《办理毒品犯罪案件适用法律若干问题的意见》解释了《刑法》第347条第2款第1项、第348条规定的“其他毒品数量大”的具体含义，对走私、贩卖、运输、制造美沙酮、氯胺酮等9种新型毒品的犯罪行为规定了具体的量刑标准；2008年《大连会议纪要》规定可以按照《非法药物折算表》折算成海洛因数量确定量刑标准。①《非法药物折算表》中规定毒品折算公式的毒品类型包括阿片类50种、苯丙胺类57种、可卡因类2种、大麻类2种、其他兴奋剂3种、苯二氮卓类镇静安眠药30种、巴比妥10种、其他类镇静安眠药2种，共计156种非法药物。结合之前的司法解释，目前法律法规、会议文件以及指导意见中明确规定了具体量刑标准的毒品大约有180种，相较于400余种受国家管制的麻醉药品和精神药品，还有200多种毒品没有明确的量刑标准。此外，近几年更新换代速度极快的新精神活性物质频繁出现在毒品犯罪中，如果对于新型毒品犯罪的追诉标准和量刑规则仍然是法律严重落后于实践，“头痛医头，脚痛医脚”，实践中出现因追诉标准和量刑规则的缺失而导致某一类新型毒品泛滥，司法解释才对此进行弥补式的规定，那么对于毒品犯罪就始终会产生当司法工作者发现并刚刚规定了某一类新型毒品的追诉标准和量刑规则，毒品犯罪中又出现新的追诉标准和量刑规则缺失的毒品泛滥的现实窘境。对于新型毒品犯罪因缺失追诉标准和量刑规则，而导致司法工作者无法对此类犯罪进行定罪量刑的尴尬局面将会一直存在下去。

（二）忽略毒品纯度的数量认定缺乏合理性

涉案毒品的数量认定对于毒品犯罪行为的量刑具有重要的制约作用。毒

---

① 最高人民法院《大连会议纪要》规定：“对于刑法、司法解释等没有规定量刑数量标准的毒品，有条件折算为海洛因的，参照国家食品药品监督管理局制定的《非法药物折算表》，折算成海洛因的数量后适用刑罚。”

品的数量直接决定了罪与非罪、罪轻罪重的界限，包括我国在内的世界上大多数国家都是以毒品的数量作为毒品犯罪定罪量刑的基本依据。我国刑法规定的十余种毒品犯罪类型的刑罚裁量均离不开对毒品定量的分析。以海洛因为例，在走私、贩卖、制造、运输毒品罪中，“少量”“数量较大”“数量大”的海洛因对应不同量刑档次，10 克以下海洛因对应 3 年以下有期徒刑，情节严重 3 年至 7 年有期徒刑，10 克到 50 克海洛因对应 7 年以上有期徒刑，50 克以上海洛因对应 15 年有期徒刑、无期徒刑或死刑，涉案毒品数量越多，相对应的刑罚处罚就越严厉。在一定程度上，毒品的数量可以反映毒品的社会危害程度，毒品的数量越多，意味着毒品在社会上滥用的规模就越大，社会危害性就越严重，所应承担的刑事责任和刑罚处罚就越严厉。并且，毒品数量便于计算，结果直观，司法操作简便直接，为司法工作者所广泛接受。

但对于毒品数量是按照毒品纯度折算后的数量认定，还是忽略毒品的纯度直接按照查证属实的数量计算，法律规定一直呈现阶段性的改变和倾向。第一阶段，1997 年刑法出台以前，司法解释一般对毒品的数量按照纯度进行折算认定。1990 年全国人大常委会通过的《关于禁毒的决定》没有规定毒品数量的认定方法，但当时的理论界和实务界普遍认为需要对毒品进行定性和定量的分析，[①] 毒品的数量应当按照毒品纯度折算后进行认定。1991 年最高人民法院在《关于十二省、自治区法院审理毒品犯罪案件工作会议纪要》要求对死刑案件做到定性、定量鉴定，对其他毒品案件今后逐渐实行定性定量鉴定的指导精神[②]。1994 年 12 月，最高人民法院发布的《关于执

① 赵秉志、吴振兴主编：《刑法学通论》，高等教育出版社 1993 年版，第 737 页。

② 最高人民法院 1991 年 12 月发布的《关于十二省、自治区法院审理毒品犯罪案件工作会议纪要》（已废止）规定：“近年来，假毒品、掺假毒品的毒品犯罪案件越来越多，……因此，对毒品犯罪案件中查获的毒品进行鉴定，确定毒品的种类和含量，是办理毒品犯罪案件中的一个十分重要的问题。在目前条件下，对于拟判死刑的案件，应该对所查获的毒品进行定性定量鉴定。……以后要逐步做到，使毒品的鉴定结论如同其他刑事案件中的刑事技术鉴定一样，成为确定犯罪事实的一项必不可少的证据内容”。来源：北大法宝，https：//www.pkulaw.com/chl/95bf481288968627bdfb.html？keyword=%E5%85%B3%E4%BA%8E%E5%8D%81%E4%BA%8C%E7%9C%81%E3%80%81%E8%87%AA%E6%B2%BB%E5%8C%BA%E6%B3%95%E9%99%A2%E5%AE%A1%E7%90%86%E6%AF%92%E5%93%81%E7%8A%AF%E7%BD%AA%E6%A1%88%E4%BB%B6%E5%B7%A5%E4%BD%9C%E4%BC%9A%E8%AE%AE%E7%BA%AA%20%E8%A6%81&way=listView，最后访问日期：2019 年 1 月 24 日。

行〈全国人民代表大会常务委员会关于禁毒的决定〉的若干问题的解释》同样强调了死刑案件中定性定量的鉴定，并首次对含量低于 25% 的毒品数量按照折算为纯度 25% 的毒品数量进行认定。第二阶段，基于从严打击毒品犯罪的需要，1997 年《刑法》第 357 条第 2 款规定正式确定了毒品的数量按照“查证属实的数量计算，不以纯度折算”。[①] 第三阶段，随着新型毒品取代传统毒品成为毒品滥用的主要类型，实践中打击毒品犯罪出现了新的特点和问题，加之宽严相济刑事政策和刑罚轻缓化的提倡，[②] 毒品的纯度又重新受到重视，司法解释中开始出现对某些特定的毒品案件进行毒品纯度鉴定的规则。

从 1990 年全国人大常委会通过的《关于禁毒的决定》开始毒品定量定性鉴定，到 1997 年刑法规定的“不以纯度折算”，再到近几年逐渐扩大对毒品案件纯度鉴定的范围可以看出：在宽严相济刑事政策以及新型毒品成为管制焦点的现实背景下，毒品犯罪出现了新的问题，忽略纯度的数量认定标准已经不能满足打击毒品犯罪的需要了。

1. 不利于刑罚的正确适用

我国对毒品犯罪一贯采取从严打击的刑事政策，在严厉的刑事政策指导下，在刑事法律规范中设置了很多对于毒品犯罪从定罪到量刑重刑打击的规定。毒品数量“以查获数量计算”这项规定也是为了顺应严厉打击毒品犯罪的刑事政策的精神。但该规定忽略了关于毒品犯罪的刑法规定所要规制的真正对象是对人体健康造成危害的毒品成分以及毒品纯度对刑事责任判定的重要影响。因此，罪刑失衡的毒品数量认定标准给毒品犯罪的审判工作带来了不小的阻碍和新的问题。

一方面，以查证属实的毒品数量认定方法易造成同罪不同罚的尴尬局面。侦查机关一般采用毒品数量认定以“以查获的数量为准”，不考虑毒品纯度的高低，只对毒品成分进行定性分析，确定毒品类型，而不进行毒品的纯度检测。

以制造毒品罪为例，制造 100 克 10% 纯度的甲基苯丙胺的犯罪行为和制造 40 克 25% 纯度的甲基苯丙胺的犯罪行为中甲基苯丙胺的实际含量都为 10 克，但两者所应承担的刑罚却是“15 年以上有期徒刑、无期徒刑或死

---

① 《刑法》第 357 条第 2 款。

② 袁登明：《毒品纯度与毒品犯罪的定罪量刑》，载《中国检察官》2011 年第 15 期。

刑”与“7 年以上有期徒刑”的区别，明显不符合罪刑相适应原则的要求。在查获了相同数量同种类型的毒品时，所判处刑罚的轻重应该根据毒品的纯度进行裁量，毒品纯度越高，社会危害性越大，所应承担的刑事责任和刑罚处罚则越严厉，对纯度高的毒品犯罪判处较重的刑罚处罚，对纯度低的毒品犯罪判处较轻的刑罚处罚，这才符合罪刑相适应的基本原则。同样，如海洛因在非法持有毒品罪中，20 克 10% 含量的甲基苯丙胺，仅按照查获的数量认定，行为人非法持有甲基苯丙胺 20 克，构成非法持有毒品罪，如果按照毒品的纯度对甲基苯丙胺的数量进行折算，则行为人只持有甲基苯丙胺 2 克，不构成犯罪。刑法中关于毒品犯罪的规定是为了有效规制毒品的泛滥，针对的对象是列入《麻醉药品品种目录》《精神药品品种目录》《非药用类麻醉药品和精神药品列管办法》附录的管制药品，不是针对管制药品以外的其他物质，对于纯度低、其他物质占大部分比例的毒品而言，刑法对于该毒品犯罪惩罚的数量依据实际上是按照其他物质的数量进行裁判。

案件审判中，不考虑纯度的数量标准对同等数量的高纯度毒品犯罪和低纯度毒品犯罪将得到相同的刑罚处罚。同样数量但纯度高的毒品却可能受到较轻的刑罚处罚，甚至在一些毒品犯罪中，不构成犯罪，逃脱刑法的规制。对于毒品犯罪分子而言，同样数量的毒品，纯度越高利润越丰厚，犯罪成本越低，在此种情况下，社会上很可能会出现越来越多的高纯度毒品犯罪案件。从这些方面思考，这种裁量方式在一定程度上放纵了高纯度毒品犯罪。

另一方面，毒品的纯度与毒品犯罪刑事责任的判定密切相关，忽略毒品纯度的刑罚裁判有失偏颇。首先，毒品吸食者吸食的毒品纯度越高，更容易对所吸食的毒品产生生理和心理的依赖，形成瘾癖。当吸食者停止吸食该类毒品，轻者会出现头晕头痛、恶心呕吐、神经功能障碍，重者会产生意识不清、昏迷、死亡的后果。① 可以说，吸食的毒品纯度越高，吸食者身体健康遭受越严重的摧残，甚至会出现生命垂危的结果。高纯度的毒品严重损害了公民的身体健康，使公民的身体健康权受到侵犯。为了保护公民身体健康权，刑法自然要根据毒品对公民身体健康损害的程度来对不同纯度的毒品犯罪判决其应承担的刑事责任，裁量其所应承担的刑罚惩罚。其次，在高纯度的毒品对公民身体健康造成严重损害后，公民的劳动能力下降，判断控制能

---

① 韩卫、姚斌、付朋忍：《毒品依赖者成瘾行为及与社会支持的相关研究》，载《中国行为医学科学》2005 年第 1 期。

力降低，收入减少，为了继续吸食毒品，可能走上违法犯罪的道路，影响社会管理秩序。最后，高纯度的毒品制作过程更漫长，制作工艺更复杂，需要犯罪人对高纯度毒品犯罪的长期策划和精心筹谋，从一定程度上反映了犯罪人的主观恶性。一般而言，高纯度的毒品更接近毒品来源地，在整个毒品犯罪中处于上游的地位，能够获取高纯度毒品的犯罪人自然能够掌握更多的关于毒品犯罪的信息，在整个毒品交易流程中处于重要的一环，其造成的社会危害自然要大于处于毒品交易流程下游和末端的毒品犯罪人。

毒品的纯度是衡量同样数量毒品的成瘾性和毒害性大小的重要依据，而毒品的成瘾性和毒害性又与公民的身体健康密切相关。毒品纯度高，成瘾性和毒害性强，对公民身体健康的损害程度严重，造成的社会危害性大，所承担的刑事责任和刑罚处罚就更为严厉；毒品纯度低，成瘾性和毒害性弱，对公民身体健康的损害程度较轻，造成的社会危害性相对于高纯度毒品而言较小，所承担的刑事责任和刑罚处罚就相对轻缓。为了达到审判正义，遵守罪刑相适应的基本原则和要求，对于与社会危害程度有密切影响的毒品纯度应当成为量刑时的主要裁量依据，不仅要在大量掺假、成分复杂的新型毒品和可能判处死刑的案件中适用，其他毒品案件在量刑时也要充分考虑毒品纯度因素。

2. 不利于有效应对新的毒品生成态势

首先，新型毒品刑罚的裁量需要参考毒品的纯度。新型毒品种类繁多，且更新迅速，国家将某种新型毒品纳入管制药品的目录中，但法律规定和司法解释却未明确其入罪和量刑标准，也不具备条件按照《非法药物折算表》进行折算的，应由有关专业部门确定涉案毒品毒效的大小、有毒成分的多少、吸毒者对该毒品的依赖程度，综合考虑其致瘾癖性、戒断性、社会危害性等依法量刑。按照此规定，要考虑毒品的毒性、瘾癖性、戒断性等因素，不可能不对与毒品毒性直接相关的纯度进行检测。

其次，新型毒品纯度差异较大，不考虑毒品纯度的数量认定实际上是在放纵高纯度的毒品犯罪。对以海洛因、大麻为代表的传统毒品以查获的数量为准，不检测纯度，是因为传统毒品通常含量单一，不掺杂其他毒品类型，且纯度较高，数值通常处于一个稳定的范围。但近几年逐渐成为毒品犯罪的主要毒品类型的新型毒品却往往可能含有多种麻醉药品和精神药品，且各种管制药品的含量普遍偏低。以 2009 年至 2013 年湖南省某司法鉴定机构承办的 100 余起涉及毒品含量鉴定的案件为例，新型毒品纯度含量高低不一，如麻古中甲基苯丙胺含量低的只有0.5%、含量高的达到21.3%，并且麻古中除了含有甲基苯丙胺，还含有咖啡因等毒品成分；冰毒中甲基苯丙胺含量低的只有25.5%、含量高的达到86.5%。[①] 如果毒品数量认定标准不考虑同一种类的新型毒品纯度存在的巨大差异性，同样数量25.5%纯度的甲基苯丙胺与86.5%纯度的甲基苯丙胺在刑法上获得相同的毒品数量认定，判处相同的刑罚处罚，实际上就是在放纵高纯度毒品犯罪。

最后，新型毒品成分复杂，通常由多种毒品成分混合，不考虑毒品的纯度就无法查清毒品的具体成分，无法得到清楚的犯罪事实以及判处公正的刑罚处罚。如在我国被称为“摇头丸”的新型毒品，主要含有MDMA、MDA等苯丙胺类兴奋剂，同时为了增强毒品服食后的兴奋性和致幻性，还可能混杂甲基苯丙胺、氯胺酮、麻黄素、咖啡因、解热镇痛药等毒品和药物，成分复杂，各种药品含量高低不一，如不进行纯度的检测，既无法对其性质作出准确判断，也无法将各种成分的毒品折算成统一标准进行刑罚裁量。

（三）重犯罪数额情节轻非数额情节

我国现行刑事法律规范对毒品犯罪的评价标准可以概括为“具体数额+依附性非数额情节”，毒品犯罪的刑罚裁量依据以毒品的数额为主，兼顾考虑其他非数额情节。如在《刑法》第347条对走私、贩卖、运输、制造毒品罪的规定中，除了“处15年有期徒刑、无期徒刑或者死刑，并处没收财产”对应的量刑情节中包括了非数额情节的直接规定，其他的法定刑对应的处罚依据只有毒品数量的明文规定，少见非数额情节的直接具体规定。同样在《刑法》第348条对非法持有毒品罪的规定中，明确规定了不同的毒品数量范围对应的不同刑罚处罚幅度，但对非数额情节的规定，只有“情节严重”的概括规定。尽管在后续的司法解释中，对毒品犯罪的“情节较重”“情节严重”“情节特别严重”作出了具体的规定，但相较于直接明文规定在刑法条文中的数额情节，非数额情节明显不受重视，“受到排挤”。

“唯数量论”的裁量标准优点明显。一方面，数量标准明确具体，不同数额的毒品犯罪对应不同的刑种和刑期，简便直观，能够准确理解，任意解释空间小。另一方面，规定简便易操作，法官自由裁量的空间小，司法工作人员只需要根据法条找出毒品数量对应的刑罚处罚即可，又直接又简单。然

① 刘冬娴、伍玉功、贺江南：《毒品犯罪量刑中毒品纯度问题刍议》，载《湖北警官学院学报》2015年第11期。

而，经过综合衡量，“唯数量论”的裁量标准虽然简便易行，但实际上却存在着不少的弊端，具体体现在：

1. “唯数量论”量刑失衡

毒品犯罪数额过于单一，无法全面反映毒品犯罪的社会危害性。犯罪行为的社会危害性是指“行为对我国的社会主义关系实际造成的损害和可能造成的损害”[①]，具体到毒品犯罪中，无论是毒品犯罪行为对社会管理秩序的损害还是对公民的身体健康实际造成的损害和可能造成的损害，毒品的数量都不能全面反映其社会危害性。在毒品犯罪行为对社会管理秩序的损害中，毒品的数量只是体现了毒品在社会上流通、扩散的一个方面，毒品流转过的环节，经手的人数等因素都是对毒品的流通扩散性的反映，而毒品在社会上流通扩散的程度又只是毒品犯罪对社会管理秩序破坏程度的衡量标准之一。因此，就毒品犯罪对社会管理秩序的损害而言，毒品的数量只是衡量社会管理秩序的损害程度的衡量因素之一。就毒品对公众健康的损害而言，毒品的成瘾性和毒害性直接影响到毒品对公众身体健康的损害程度，而判断毒品成瘾性和毒害性的决定性因素包括毒品的种类、公民吸食或者注射毒品的频率和吸收的数量等因素。毒品的数量在毒品犯罪对公众身体健康的损害中也只是众多衡量因素中的一个，并不能完全反映毒品犯罪对公众身体健康权的损害程度。毒品犯罪的社会危害体现在对社会管理秩序和公众健康权益的损害，而衡量社会管理秩序和公众健康权益的因素包括毒品的数量、流通的范围、滥用的人数、毒品的毒害性、瘾癖性等多个方面，仅仅将毒品的数量作为毒品犯罪社会危害程度的中心标准，显然是以偏概全，不甚合理。

2. 固定不变的数额设置过于僵化

刑法中规定的毒品犯罪采用绝对确定的数量标准，在条文中设置了具体的、固定不变的毒品数量标准，[②] 毒品的数量设置严密，完全封闭，便于司法者严格司法，排除法官自由裁量范围过大而造成的肆意裁判的情况。但绝对确定的毒品犯罪数量标准，在新型毒品变化迅速的现实状况下，其固定的数量标准出现了一系列适应困难的问题。

第一，绝对的毒品数量标准难以适应新型毒品的变化形势。毒品数量是立法者在制定毒品犯罪法律法规时，根据当时的毒品犯罪形势并结合过去同

---

① 马克昌主编：《犯罪通论》，武汉大学出版社2015年版，第20页。

② 唐世月：《数额犯论》，法律出版社2004年版，第88页。

毒品犯罪作斗争的经验设置的具体的数额。但随着新型毒品取代传统毒品成为主要的管制毒品类型，针对传统毒品占主导地位、新型毒品刚刚兴起的立法背景下制定的毒品数量标准已经无法应对新型毒品犯罪出现的新特点和新问题，绝对的毒品数量标准的滞后性已经愈发明显。

第二，绝对的毒品数量标准易造成刑法稳定性原则与罪刑相适应原则之间的矛盾。[①] 由于绝对的毒品数量标准无法应对新型毒品犯罪出现的新特点和新问题，为了坚持罪刑相适应的原则，立法者需要对毒品数量标准进行修改。由于新型毒品属于人工合成毒品，制作周期短，种类变化快，为使毒品的数量标准能够准确反映毒品犯罪的社会危害性，立法者就需要经常对毒品的数量标准进行调整。长期频繁地改变法律的规定不利于维护法律的稳定和法律的权威。但在毒品数量绝对确定的前提下，如果不根据毒品的发展态势及时调整毒品数量，则法律的规定又会出现与现实脱节的情况，违背罪刑相适应原则的要求。在此意义上，刑法“极度的确定性反而有损确定性”。[②]

第三，绝对确定的毒品数量标准忽略了毒品犯罪区域的差异性。基于经济发展水平和地理位置等因素的影响，我国不同地区的毒品犯罪形势和毒品滥用形势大不相同。[③]《国家药物滥用监测年度报告（2016 年）》显示药物滥用者现居住地前 5 位的省份是广东（12.6%）、湖南（8.8%）、四川（8.0%）、云南（6.3%）、上海（6.2%）。新发生药物滥用人群地区分布东北地区新发生人群所占比例高达 40.4%，西北地区新发生人群所占比例最低，为 3.7%。[④] 基于打击犯罪的目的，如果设置更低门槛的毒品数量，则有扩大打击面、违背刑法谦抑性原则之嫌；如果设置更高门槛的毒品数量，则有放纵犯罪的可能。不同地区的毒品犯罪形式不同，则相应的毒品数量标准也应该根据毒品形式的变化而变化。

3. 非数额情节规定过于简单

毒品犯罪法律规定中对于非数额情节的规定过于简单，非数额情节的规定都是建立在数额标准确定的基础上，相较于数额标准的中心地位，非数额标准处于附属的位置。法律规定中的非数额情节过于简单，在走私、贩卖、

---

① 杜晓华：《我国受贿犯罪数额研究》，苏州大学 2005 年硕士学位论文。

② 张明楷：《刑法格言的展开》，法律出版社 2004 年版，第 4 页。

③ 张远煌：《犯罪学原理》（第二版），法律出版社 2008 年版，第 281 页。

④《国家药物滥用监测年度报告（2016 年）》，载国家药品监督管理局网，https：//www.nmpa.gov.cn/xxgk/fgwj/gzwj/gzwjyp/20170811104001233.html，最后访问日期：2018 年 12 月 7 日。

运输、制造毒品罪中，对于情节的规定，除了涉及未成年人的情节从重处罚，其他的非数额情节仅用“情节严重”概括。在非法持有毒品罪中，非数额情节也只有“情节严重”这一句表述，情节严重的具体认定标准，法律规定中并没有体现。在司法解释中，对于法律条文规定的毒品犯罪非数额情节进行了进一步规定，但是总览1997年以后关于毒品犯罪的司法解释，对于毒品数量标准的认定更加详细和丰富，相较之下，对于非数额情节的规定则显得内容单薄和欠缺实践操作性。这就使得本来在法律条文中就处于“弱势地位”的非数额情节更加薄弱和“边缘化”。

第二节 完善新型毒品犯罪司法认定的应有立场

一、完善新型毒品犯罪司法认定的基础理念指导

（一）贯彻刑法谦抑性理念

刑法的谦抑性是指“刑法应依据一定的规则控制处罚范围与处罚程度，即凡是适用其他法律足以抑止某种违法行为、足以保护合法权益时，就不要将其规定为犯罪；凡是适用较轻的制裁方法足以抑止某种犯罪行为、足以保护合法权益时，就不要规定较重的制裁方法”[①]。简单来讲，就是要严格控制刑法犯罪圈划定的范围和刑罚适用的程度，对于一个行为是否构成犯罪，要结合行为的性质、社会危害性等方面综合考虑，一个犯罪行为应当接受何种刑罚惩罚，应当根据其应承担的刑事责任、处罚的必要性、有效性和社会效果等方面综合考虑。各部门法都有其特定的规制主体，在特定的范围内“各司其职”，只有当部门法调控失效，无法再对失范现象进行控制时，才需要启动刑事程序。“刑罚该是国家为达其保护法益与维护法秩序的任务时的最后手段。能够不适用刑罚，而以其他手段亦能达到维护社会共同生活秩序及保护社会与个人法益的目的时，则务必放弃刑罚的手段。”[②] 刑法也具

① 张明楷：《论刑法的谦抑性》，载《法商研究（中南政法学院学报）》1995年第4期。
② 何荣功：《社会治理“过度刑法化”的法哲学批判》，载《中外法学》2015年第2期。

有一定的相对性和终局性，刑法并不是万能的，盲目扩大刑法的规制范围会使原本能够发挥作用的刑法效益预期降低，如果作为社会最后的防线都对失范行为管制无力，则社会将对该行为束手无策。同时，即便是获得了预期的刑法收益，相较于盲目扩大刑法规制范围所需要花费的巨大社会资源，也会变得不值一提。在研究毒品认定制度的完善时也应当坚持此原则，认识到刑法作用的局限性，注意掌握刑法介入的范围和程度。

在谦抑性原则的指导下，对新型毒品认定制度的完善应当要做到以下几点：第一，对毒品概念的界定要从毒品的基本特征入手，结合毒品的成瘾性、毒害性、滥用性等特征对毒品概念进行界定，如在考量毒品成瘾性特征时，不能将法律规范中的"成瘾性"的认定标准完全等同于医学标准上认定的"成瘾性"，其规范要素中的"成瘾性"范围应当小于医学标准。例如，在美国，大约90%的居民惯于饮用咖啡和其他含咖啡因产品，全美12岁及以上人群中，约有四分之一有吸烟的习惯，大约三分之二的成年人经常或偶尔饮酒，不过几乎没有立法将咖啡、烟草、酒精与毒品并列管制，[①] 因为对咖啡、烟草和酒精管制完全可以通过行政法规来控制其流通的市场，当其他部门法规可以进行有效规制时，就不需要动用刑法规定来进行评价。第二，在讨论管制药品的范围和确定毒品等级的时候，司法机关基于方便社会管理的角度出发，可能对管制药品范围的划定以及毒品等级的划定持严格态度，一般主张倾向扩大管制范围或者提高毒品等级的主张。但是，基于刑法的谦抑性原则和比例性原则，还需要考虑该立法活动对医学、药学、化工业等行业的影响。

刑法因其法律制裁手段可以剥夺公民的人身自由甚至生命，历来被认为是制裁手段最严厉的法律规定。通过刑法介入可以对从事毒品犯罪的犯罪分子以威慑，但是毒品犯罪有其独特的经济、文化、地理等生成原因，单单依靠严厉的刑罚处罚无法全面有效打击毒品犯罪。刑法的谦抑性要求用最小的刑法成本获得最大的社会效果，限制刑法投入比重，为其他部门法留下发挥作用的余地。具体到毒品认定的问题中，麻醉药品和精神药品种类认定标准、名单制定主体、毒品种类分级标准等问题均需要其他部门法律法规特别是行政法规的规定，单单依靠刑法规范无法进行有效规制。

---

① ［美］斯蒂芬·E. 巴坎：《犯罪学：社会学的理解》，秦晨等译，上海人民出版社2011年版，第506—507页。

（二）贯彻行刑有效衔接理念

行政法与刑法有效衔接不仅是指在行政案件处理过程中，对涉及刑事犯罪的案件，由行政执法程序转向为刑事司法程序的衔接①，还应当包括行政法和刑事法的立法和适用的衔接。罪刑法定原则要求立法者将犯罪构成的要件明确规定在刑法典中，且用语尽量简洁避免烦琐。为了适应今后复杂的社会生活，刑法的法律规定一般具有一定的抽象性和概括性，且规定的内容不可能将犯罪构成的每一个要素都进行细致具体的规定。② 特别是在涉及概念和专有名词时，由于行政法律法规已经对此类概念和名词作出了专门的解释，刑法没有必要再次进行重复规定。况且刑法只是管理社会秩序的法律规范之一，无法将社会生活中所有涉及法律规制的概念和术语都进行解释。如毒品犯罪中对于“毒品”的认定，刑法条文中并没有具体的解释。需要参照我国行政部门对毒品外延专门的毒品目录③来释明。

审判机关在根据刑事法律法规对毒品犯罪进行性质认定的时候，需要根据毒品目录的具体规定来确定涉案的物质是否属于毒品，是否需要依据毒品犯罪规定进行定罪量刑。可以说，行政法的某些规定是行政犯罪成立的决定因素。同时，基于刑法稳定性的要求，刑法典中的法条规定不可随意频繁更改，但刑法的功能要求刑法能够在第一时间对社会形势的变化作出反应，为了化解两者之间的矛盾，刑法需要通过行政法规的变动来改变其规制的范围和刑罚的轻重。

行政法规中对于毒品目录的范围和具体的内容就决定了行为是否构成毒品犯罪以及毒品犯罪圈的大小。目前，司法实践中出现的大量新型毒品犯罪行为管制空缺的问题，就是因为毒品认定的行政规定严重滞后，无法满足现在国家打击新型毒品犯罪的需要。因此，要达到法律规定能够对毒品犯罪进行有效规制的目的，首先就需要打击毒品犯罪的相关规定能够协调配合，跟

---

① 程绍燕：《行刑衔接廓清——行刑衔接的内涵与外延》，载《河北公安警察职业学院学报》2011 年第 2 期。

② 郑延谱：《论有限刑法的有所作为——和谐语境下刑法使命与局限性之协调》，载《政治与法律》2010 年第 2 期。

③ 我国毒品目录主要包括国务院药品监督管理部门会同国务院公安部门、国务院卫生主管部门制定的《麻醉药品品种目录》和《精神药品品种目录》，以及公安部会同原国家食品药品监督管理总局、原国家卫生计生委、国家禁毒办制定的《非药用类麻醉药品和精神药品列管办法》附录中非药用类麻醉药品和精神药品目录。

上毒品犯罪变化的趋势，行政法规中对于毒品目录以及分级管理的规定也要根据毒品滥用的现状作出快速的反应，为毒品犯罪定罪量刑司法活动打好基础，做好铺垫。

（三）贯彻类型化理念

类型化理念是根据一定的划分标准，将具有类似特征的研究对象划分为一类，并在划分的不同类型之间按照一定的强弱、影响力大小组成一个统一的类型体系。[①] 传统的概念思维用下定义的方式试图描述研究对象的所有特征，以达到外延上的周延与安定，为了涵盖所有的特征，使用的语言难免具有概括性和抽象性，“概念不可避免地陷入抽象化境地”。[②] 相较于概念思维，类型化理念相对更加开放，属于同一类型的研究对象特征可以不完全相同，在特殊情况下，可以缺乏个别要素，也并不至于影响类型的整体形象，[③] 更具有弹性和灵活性，更能够适应社会的发展与变化，从而更加迅速地进行应对。

类型化理念建立在概念思维理念的基础上，是从概念思维尽力描述的各种特征中找到研究对象关键的共同特征，对其进一步演绎和总结，是对抽象概念的进一步细分和归类。避免抽象概念过于笼统，无法明确指导规则的具体实行。同时，类型化理念也是对实践中各种具体的研究对象的归纳概括，贯彻类型化理念将分散无序的研究对象按照一定的共同特征分类，有助于进一步管理研究对象。

刑法对于毒品定义过于抽象，不具有实践操作性，且新型毒品变化迅速，概念思维无法及时应对司法中出现的新形势和新问题。采用类型化理念，有助于司法工作者对毒品的进一步认识，同时，新型毒品特征在很大程度上不同于传统毒品，概念思维“非此即彼”的界定方式不利于对新型毒品的快速识别。而类型化理念“抓大放小”的思维方式更有利于适应毒品千变万化的现实状况。

---

① 张斌峰、陈西茜：《试论类型化思维及其法律适用价值》，载《政法论丛》2017 年第 3 期。

② 杜宇：《再论刑法上之“类型化”思维——一种基于“方法论”的扩展性思考》，载《法制与社会发展》2005 年第 6 期。

③ 杜宇：《类型思维的兴起与刑法上之展开路径》，载《中山大学法律评论》2014 年第 3 期。

二、完善新型毒品犯罪司法认定的基本原则坚持

（一）坚持罪刑相适应原则

罪刑相适应原则的理论基础是报应主义和功利主义。[①] 报应主义主张刑罚的运用要使犯罪行为造成的社会侵害与刑罚的轻重程度完全等同，仅以行为人犯罪行为造成的侵害为衡量标准，不考虑犯罪人个人的因素，这也是衡量罪刑是否均衡的唯一尺度。功利主义主张刑罚的目的并不在于对犯罪行为进行报复，而是在于对犯罪行为进行预防，预防社会不稳定分子实施犯罪行为，预防已经犯罪的人再次犯罪，坚持罪刑相适应原则就是要找到预防犯罪的必要限度。现代罪刑相适应原则综合两种学说的观点，认为罪刑相适应原则就是“犯多大的罪，就应承担多大的刑事责任，法院也应判处其相应轻重的刑罚，做到重罪重罚，轻罪轻罚，罪刑相称，罚当其罪”[②] “刑罚的裁量需要结合行为人的犯罪行为对社会已然造成或者可能造成的危害结果和行为人主观恶性和再犯的可能性综合考虑，达到报应和预防的双重目的”[③]。也就是说，刑罚的裁量应当从行为和行为人两个角度出发，将行为人应当承担的刑事责任作为衡量刑罚轻重的唯一根据。刑事责任既包括了报应主义的内涵，对已然之罪进行惩罚，也包括了预防主义的内涵，对未然之罪进行预防。

罪刑相适应原则在立法中的体现就是根据轻重排列的犯罪阶梯建立起“一个相应的、由最强到最弱的刑罚阶梯”。[④] 不同轻重的刑罚根据不同程度的刑事责任决定，而不同程度的刑事责任则需要犯罪行为对社会造成的损害以及犯罪人的人身危险性两个方面多种情节的考察。在毒品犯罪中，为了能够准确衡量刑事责任的大小，立法者在制定毒品犯罪的量刑标准时，应当纠正以往毒品数量中心论的量刑模式，尽可能多地考虑毒品的各种犯罪情节，以期能够全面准确地进行刑事责任的大小判断，进而判处公正合理的刑罚惩罚。同时，刑法对毒品犯罪行为规制的根本原因是毒品的成瘾性和毒害性能够危害到公民身体健康，造成无法挽回的社会危害。也就是说，刑法规制的

---

① 刘明祥主编：《刑法的基础理论》，人民大学出版社2015年版，第135页。

② 高铭暄、马克昌主编：《刑法学》，北京大学出版社、高等教育出版社2017年版，第29页。

③ 李永升：《罪刑相适应原则的内涵解读》，载《甘肃社会科学》2005年第4期。

④ ［意］切萨雷·贝卡里亚：《论犯罪与刑罚》，黄风译，北京大学出版社2008版，第18页。

对象是查获的毒品中列入管制范围的麻醉药品和精神药品成分，而不是混杂在其中的其他物质。同样查获到的重量100克，海洛因实际含量1克的毒品与海洛因实际含量90克的毒品对公民身体健康造成的损害明显不同。因此，毒品的纯度是衡量毒品犯罪行为社会危害的重要参考，毒品的纯度越高，制毒工艺越复杂，说明毒品犯罪的行为人在整个毒品犯罪链条上处于较高的地位，主观恶性也就越大，这些因素在衡量行为人人身危险性时也是不容忽视的因素。

（二）坚持及时性原则

法律是由立法者根据立法时社会的实际情况并结合过去的立法经验制定的社会规范和准则。法律从制定的那一刻起便以文字的形式固定下来，而社会却在不断前进和发展。固定的法律制度在应对不断变化的社会状况时，对在立法时没有出现没有预料到的新问题和新争议，难免出现规制无力的情况，并且这种情况随着时间的推移和社会的发展会越来越明显。为了避免法律规制失去作用，缩小法律与现实的差距，立法者就需要及时对法律进行更新和修改，对法律条文中出现的与社会现实不符或无法应对社会问题的部分进行修改，以达到法律对社会的规制和指引功能。现行的毒品认定前置性规定就是由于没有关于法律法规修改的具体规定，导致毒品认定规则和毒品目录更新迟缓，造成认定范围和方式与毒品泛滥现实状况严重脱节的问题。为了使毒品认定的前置性规定能够满足国家对毒品滥用规制的实际需要，需要对毒品的认定规则，特别是明确毒品性质和范围的毒品目录按照毒品更新的相关规定及时进行更新。

及时性原则的实现需要对法律制度更新或修改的程序进行规定。成文法的滞后性与社会发展之间的矛盾并不是一两次法律条文的修改和更新就能够永久解决的问题。一次法律的更新只能够解决在一定时间内法律制度与社会发展的匹配问题，但社会永远在不断变化，法律制度如果要保持对社会的有效规制就需要不断地对法律进行更新与修改。为保证法律长期更新与修改的制度化和有序化，立法者需要明确法律更新的具体程序。更新程序包括法律法规修改的主体、修改的时间、修改的具体实施过程等方面，只有将进行法律修改的具体事宜明文规定下来，才能保证法律修改和更新的有序进行。具体到毒品认定前置性规定的更新上，就是要具体明确负责规定更新和修改的主体、更新的期限以及对规定进行修改的具体的操作步骤，以期让毒品的认定规则能够有效应对毒品的变化趋势。

当然，强调立法的及时性并不是要对法律“朝令夕改”，破坏法律的稳定性以及法律的权威性。法律对社会的指引和预测作用要求法律需要在一段较长的时间内保持稳定，不能经常处于变动的状态。但法律的稳定性要求并不是指法律一成不变，停滞不前。实际上，立法原理、价值判断、立法技术以及立法原则等在立法时不可避免地在不同的历史时期有着不同的内容和解读，遵循这些立法理念的立法者在立法时会将其运用到法律条款中。[①] 所以，法律规定也是在随着社会的发展而改变，但其改变的速度永远会或多或少地落后于社会的发展，总是不可避免地呈现出一定的滞后性。为了解决法律与现实脱节的问题，需要及时对滞后的法律规范进行修改，但基于对法律稳定性的维护，立法者应当先对法律修改的时期、方式、范围以及修改论证的过程加以明示，以防止法律的突然修改而给社会发展造成一定的动荡和混乱。

（三）坚持明确性原则

罪刑法定原则要求刑法规定具有明确性，即“规定犯罪的法律条文必须清楚明确，使人能够确切了解违法行为的内容，准确地确定犯罪行为与非犯罪行为的范围，以保障该规范没有明文规定的行为不会成为该规范适用的对象”。[②] 要求立法者在规定犯罪构成时避免使用含糊不清、模棱两可的词语，要用词清晰准确，让民众清楚知道某种犯罪行为的内涵，以及准确判断自己的行为不会构成犯罪，或者自己的行为构成犯罪应当承担的对应的刑事责任。法律条文的规定不能随意，执法者不能肆意理解与扩大法定职权范围，权责界限分明。刑法是制裁手段最严厉的法律，“在依法治国原则下，公民权利构成了国家权力的边界，对于国家权力而言，凡是法律没有明确规定的，均不可行使”[③]。如果法律规定的明确性不能够得到保障，则民众的行为因缺少预测和评估，容易陷入茫然无措的境地。如果犯罪构成不明确，就不具有预测可能性的功能，国民在行动前仍然不明白其行为是否构成犯罪，于是造成国民行动萎缩，因而限制了国民的自由。而且随着社会的复杂

---

① 陈金钊：《法律如何调整变化的社会——对“持法达变”思维模式的诠释》，载《清华法学》2018 年第 6 期。

② ［意］杜里奥·帕多瓦尼：《意大利刑法学原理（注评版）》，陈忠林译，中国人民大学出版社 2004 年版，第 28 页。

③ 姜涛：《当代刑事立法应当遵循明确性原则》，载《国家检察官学院学报》2018 年第 2 期。

化，法定犯日益增多，不明确的犯罪构成对国民预测可能性的侵害便越来越严重。[①]

具体到毒品概念界定时，界定内容应当明确清楚，使公民能够确切了解毒品的内涵和外延，准确界定毒品和非毒品物质，不因为毒品概念的模糊导致行为可预测性降低，而使公民的行为自由度限缩。特别是在医疗和化工行业，新型毒品大多属于人工合成物质，其生产原料常出现在化工产业中，如果不对管制的毒品清楚明确地列举出名称、化学式及其相关属性和性状的描述，则会严重影响化工行业的发展。同时，毒品大多数也属于受到严格限制的药品，如杜冷丁、吗啡，也是广泛用于临床的麻醉药剂。如果不对管制药品的界限、管制方法和程序作出明确的规定，则医生在临床治疗的过程中，会因为无法确定自己使用的药品以及使用管制药品的行为是否构成犯罪而踟蹰不前，贻误最佳治疗时间。因此，在界定毒品概念时，在毒品认定标准的基础上需要借助一定的专业知识，概括毒品的基本特征，总结出毒品的抽象概念。为使毒品概念更能使公民明确了解，还需要对毒品的外延完全列举，一一说明毒品的种类。

第三节　新型毒品犯罪司法认定的完善路径

在充分认识到现有制度存在的问题以及问题产生的原因的基础上，结合对完善新型毒品犯罪司法认定立场的大方向把握，本书认为，新型毒品犯罪司法认定的完善分为毒品性质认定的完善和数量标准认定的完善两个方面，并分别对这两个方面的完善提出具体的改进建议。

一、完善新型毒品犯罪性质认定的具体措施

完善新型毒品犯罪性质认定标准是完善新型毒品犯罪定罪量刑制度的前提条件和构建基础。对性质认定标准的完善，应当在充分认识到现有制度的缺陷和不足的基础上，有条不紊地提出针对性的意见和改进措施。

---

① 张明楷：《刑法学（上）》，法律出版社2016年版，第53页。

（一）明晰界定：准确表达“毒品”的法律定义

1. 域外规定的考察与评析

（1）域外规定的考察

“他山之石，可以攻玉。”欲达到完善我国毒品定义的目的，必然需要对域外国家和地区的毒品定义进行考察。① 域外国家和地区主要采用列举式或“列举 + 概括”两种方式对“毒品”的概念进行定义。

对毒品定义采用列举式的代表国家有美国、英国和加拿大。美国是毒品定义列举式的典型代表，1970 年颁布的《管制物质法案》（the Controlled Substances Act）②，首次完全列举了需要规制的毒品范围并且以成瘾性为基础，对毒品进行分类，“按照该法的规定，列于第一类的毒品（Schedule Ⅰ），具有高度的吸食成瘾性，却没有医疗方面的价值，包括海洛因、大麻和其他迷幻剂。列于第二类的毒品（Schedule Ⅱ）虽然也具有同样的吸食成瘾性，但是可以被用于医疗用途（须遵守严格的限制性条款）相对而言，处于后面三个分类的毒品（Schedule Ⅲ，Schedule Ⅳ，Schedule Ⅴ），吸食成瘾的可能性逐渐降低，并且具有潜在的医疗方面的价值，因而不必受限制性条款的约束”③。该法案奠定了美国毒品立法的基础，现行的美国联邦禁毒法律规定仍然是以此法案为基础对应当纳入刑法规制的毒品种类进行完全列举以明确毒品的范围。（见表 3）

表 3 《管制物质法案》毒品分类④

级别	毒品范围
第一级	具有高度的滥用性，在美国不具有医用价值，在医生监督下使用也缺乏安全性的物质，如海洛因、大麻、LSD 等
第二级	具有高度的滥用性，在严格的限制下可用于医学治疗，滥用可导致严重的精神依赖和生理依赖的物质，如吗啡、可卡因、甲基安非他命等

---

① 武清华、张小华：《我国毒品定义之重构》，载《云南警官学院学报》2012 年第 6 期。

② 该法案后来被囊括进《全方位毒品滥用预防和控制法案》（Comprehensive Drug Abuse Prevention and Control Act of 1970）之中的标题二（Title Ⅱ）。

③ 刘建宏主编：《新禁毒全书（第六卷）：外国禁毒法律概览》，人民出版社 2015 年版，第 4 页。

④ 李云鹏：《我国“毒品”定义之思考》，载《中国人民公安大学学报（社会科学版）》2012 年第 3 期。

续表

级别	毒品范围
第三级	比第一级毒品和第二级毒品滥用性低、在美国具有医学价值，滥用可导致中等程度身体依赖和高度精神依赖的物质，如安非他命、PCP 等
第四级	比第三级毒品的滥用性低、在美国具有医学价值，滥用可导致比第三级毒品更有限的精神依赖和身体依赖的物质，如巴比妥、三聚乙醛、氯酸盐水合物
第五级	比第四级毒品的滥用性低、在美国具有医学价值，滥用可导致比第四级毒品更有限的精神依赖和身体依赖的物质

英国现行的禁毒法规是以 1971 年颁布实施的《毒品滥用惩治法》为基础，其法案在条文中规定了“毒品”为法案附表中载明的药品，并根据毒品的危害性，将载明的毒品分为 A、B、C 三个等级，“A 级毒品被规定在第一部分中，且被分为麻醉药品和致幻剂两类，前者包括可卡因、海洛因、鸦片、吗啡，后者包括 MDMA、LSD；B 级毒品包括大麻、苯丙胺等；C 级毒品包括美芬丁胺、安眠酮、苯甲曲秦等”。[①] 在《毒品滥用惩治法》中，虽然法条为了防止犯罪分子对大麻的成分作出改变而逃避法律的打击，对大麻及其相关衍生物做出了界定，但其他种类的毒品仍是以列举为主。因此，英国对毒品的定义也是采用的列举方法。

加拿大现行的禁毒法规是以 1996 年颁布的《受限制的药品和化学品法》为基础，该法规明确举例毒品的种类，并根据毒品的社会危害性将其分为八大类，制定出目前加拿大仍在采用的毒品分类方法。[②]

域外采用“概括 + 列举”方式对毒品下定义的国家和地区与我国界定毒品的方式不同，域外国家或地区是完全列举毒品种类，并对纳入刑法调控的毒品种类作出抽象概括。我国台湾地区是该类型立法的代表性地区。我国台湾地区 1955 年颁布、2010 年修正的“毒品危害防制条例”第 2 条对毒品

① 李云鹏：《我国“毒品”定义之思考》，载《中国人民公安大学学报（社会科学版）》2012 年第 3 期。

② 刘建宏主编：《新禁毒全书（第六卷）：外国禁毒法律概览》，人民出版社 2015 年版，第 15—21 页。

概括界定从总结毒品的特征入手，定义为“具有成瘾性、滥用性及对社会危害性之麻醉药品与其制品及影响精神物质与其制品”[①]，并在该条文的第2款根据毒品“成瘾性”“滥用性”“社会危害性”将毒品分为四类，每一类包含的具体毒品种类均以附表的形式明确列出。同时，第3款规定了定时修正毒品四类附表的行政主体和监督主体，以便更好适应新型毒品更新换代迅速的现状。第4款规定了医药和科学上研究用药排除在毒品之列。规定在“毒品危害防制条例”中的毒品除了第一类毒品，如大麻、海洛因等不具有医用价值，其他级别的毒品其实也是可以用于医学治疗的药品，麻醉药品和精神药品与毒品的界限并不是完全泾渭分明，在一些领域中两者存在交叉的部分。如吗啡和杜冷丁虽然也在列明的毒品种类名单中，但也常作为医学治疗的药品使用，所以毒品中的大部分在实践中也存在用于医疗和科学研究的情况，在法条中将这种有特殊用途的药品予以排除更符合实际的需要。

（2）域外规定的评析

分析域外国家和地区对毒品定义的规定方式，发现采用列举方式界定毒品概念并未对毒品的定义作出一个总结性的概括来揭示毒品的内涵，而是通过对毒品种类的一一举例来明确毒品的外延，并根据毒品的发展情况增加或者改变毒品的名单目录，更具有直观性与明确性，在司法实践中不易因为对条文适用和理解而出现争议和分歧。然而，列举方式没有总结出纳入刑法打击范围的毒品的本质属性和规律，缺乏可预测性。同时，在现今新型毒品更新换代迅速，品种繁多的条件下，列举式定义的滞后性注定在规制新型毒品问题上打击不力，无法可依。

采用概括式界定毒品概念基于立法的正当性，注重强调毒品的本质属性、特征和向公民解释毒品纳入刑法规制的原因。[②] 定义的界定立足于从宏观上把握毒品的特征，对毒品的概念作出抽象定义，给刑法打击毒品犯罪留下足够的弹性和空间以应对不断增加和变化的新型毒品种类。在司法解释或者行政法规没有明确的情况下，只要该物质符合了毒品的抽象定义，根据法定的程序即可将其纳入毒品的名单中，不需要对毒品的定义进行修改，新的毒品类型自然涵盖在其规定的内涵中，能够较好地适应打击毒品犯罪，特别

---

① 我国台湾地区“毒品危害防制条例”第2条。

② 包涵：《论毒品的定义要素与授权列管原则》，载《北京联合大学学报（人文社会科学版）》2017年第3期。

是打击新型毒品犯罪的实践需要。但是大多数国家（地区）在具体要素的选择上缺乏明确解释，对医学标准的过度依赖导致法律定义本身在解释论上呈现出规范性的欠缺。① 如大多数国家在划定毒品范围时都需要考虑的毒品的“成瘾性”问题。从医学上讲，香烟和酒精也具有上瘾的特征，但烟酒的成瘾显然不能和刑法意义上的毒品“成瘾性”相提并论。同时，抽象的概念界定虽然给新的毒品类型产生留下余地，但正因为抽象定义的灵活性，在司法实践中容易出现理解和适用的争议与困难，最后毒品的界定也需要通过司法解释或者其他规定列出具体的毒品名单来指导司法工作人员的毒品认定工作。

2. 概念的重新界定

明确界定毒品的概念是打击毒品犯罪和完善禁毒法律法规的基本出发点和研究的理论基石。在完善毒品概念的时候：一方面，要注意从宏观角度总结毒品本质特征，揭示国家介入毒品管理的正当性，为迅速增加的新型毒品类型的规制留有余地，尽可能地减小因法律的滞后性而给司法实践带来的困境和阻碍。另一方面，也要注意毒品概念的周延性，完善毒品概念的外延，使毒品的认定更加清楚明了，以便于司法实践中更加简单快速地完成毒品的认定工作，节约司法资源，也让公民对毒品有一个更加明确和直观的认识。根据前文对域外法规的参考和分析，仅采用列举式或者概括式的界定方式或多或少都存在着一些无法避免的缺点，为了使毒品概念的内涵外延都尽量严谨明确，采用“完全列举＋抽象概括”的方式更为适宜。

“完全列举＋抽象概括”的方式具体体现在：法条中对“毒品”概念进行抽象概括，在毒品目录中进行完全列举，从条文中的内涵和毒品目录的外延对“毒品”进行一个周延明确的界定。

就定义的抽象概括而言，考虑到新型毒品更新换代迅速，管制药品层出不穷的现状，在对毒品定义进行抽象概括时，要注意从毒品的自然属性和法律属性两个方面进行考虑。毒品的自然属性包括毒品的成瘾性和毒害性，是界定毒品概念和范围的基础属性，具体是指重复使用某种药品，而对身体产生依赖，形成瘾癖并造成思维混乱，身体衰弱的麻醉药品和精神药品，这是国家管制毒品的根本原因。

---

① 靳澜涛：《论毒品定义要素的立法选择》，载《江南大学学报（人文社会科学版）》2017 年第 6 期。

毒品的法律属性，即毒品的违法性，可以从以下两个方面理解：一方面，基于对罪刑法定基本原则的坚守，同样具有毒品成瘾性和毒害性等自然属性的物质如果没有被相关的法律法规纳入管制药品的范畴，则不属于刑法意义上的“毒品”，对其实施的制造、运输、贩卖、持有的行为不能被认定为毒品犯罪。如属于国家一级精神药品的氯胺酮在2004年被列为管制药品之前一直作为外科手术的麻醉剂和麻醉诱导剂使用，因其具有较强的成瘾性，20世纪90年代开始在我国东南沿海地区泛滥。但此时氯胺酮未被列入管制药品名单，不具有毒品的违法性特征，与氯胺酮相关的制造、运输、贩卖、持有等行为由于不符合毒品犯罪的前提条件，因此不构成犯罪。同时，毒品与药品界限实质上并不明确，管制药品大多数具有医学治疗的作用。如美国将毒品种类分为五级，除了在第一级目录中的如海洛因、大麻等物质几乎不具有医学价值，不能用于临床医学的治疗外，另外四级毒品目录中的物质均可以在不同程度上用于医学治疗。在我国，杜冷丁和吗啡作用和机理相似，都属于国家管制的麻醉药品，但杜冷丁成瘾性和毒害性较小，医学治疗中经常将其用于急性剧烈性疼痛、术后镇痛和癌性止痛。也就是说，国家列入管制药品名单中的物质既可以帮助使用者恢复身体健康，也可以损害使用者的身体健康，同一种物质在不同的使用条件下既可以是药品，也可以是毒品。因此，国家为了防止出现管制药品被用于非医疗和科研用途以外的地方，制定了一系列针对麻醉药品和精神药品的法律法规。如禁毒法就限定了麻醉药品和精神药品仅在“医疗、教学、科研”三方面属于合法用途，管制麻醉药品药用原植物种植，“禁止走私或者非法买卖、运输、携带、持有未经灭活的毒品原植物种子或者幼苗”，对麻醉药品和精神药品的生产规定了特殊的许可制度和查验制度等，并规定了相应环节的责任主体，对麻醉药品和精神药品从种植到生产、运输、销售整个过程制定了严格的管制措施。同时，因为《禁毒法》第2条规定了麻醉药品和精神药品可以用于医疗、教学和科研，但在我国刑法中并没有此条例外规定，如果单从法条规定的规制范围看，禁毒法因为较之于刑法增加了一款例外规定，其规制的范围小于刑法规制的范围，这与刑法的谦抑性以及“社会最后一道防线”的功能定位不符。因此，在刑法条文中，对于毒品的界定，应当也增加此款出罪规定，严密毒品划定范围。

另一方面，毒品的违法性还包含着历史背景、社会容忍程度和药品的滥用程度等多种因素制约。[①] 如近几年经常出现在新闻报道中的“笑气”是否应该列入毒品管制问题，就是一个体现毒品违法性因素的典型的事例。一氧化二氮，俗称“笑气”，是一种无色有甜味气体，在一定条件下能支持燃烧（同氧气，因为“笑气”在高温下能分解成氮气和氧气），但在室温下稳定，有轻微麻醉作用，并能致人发笑。由于“笑气”能够使人产生轻松快乐的感觉，甚至能够产生幻觉，近年来，“笑气”成为毒品的替代品在KTV等娱乐场所悄然流行。并且有报道称“笑气”上瘾导致的各类疾病，目前医学尚未发现有效的治疗手段；严重者，甚至会导致死亡。“笑气”的危害虽然比不上其他毒品，但长期或大剂量滥用，会影响维生素 B_{12} 的吸收，造成恶性贫血，导致末梢神经及脊髓病变，出现手脚麻木等症状；还可能造成精神异常，如嗜睡、抑郁或精神错乱等，症状严重时甚至会危及生命。[②]“笑气”具有成瘾性与毒害性，无疑是符合毒品的自然属性的。但从违法性角度考虑，“笑气”则不应当被列入毒品的范围。具体理由有二：第一，虽然根据2016年的世界毒品调查报告显示，“笑气”已经成为全球第七大流行滥用药物[③]，但就国内范围而言，国家药品监督管理局历年关于药品滥用情况的报告中并没有对于“笑气”滥用情况的检测。虽然近几年的新闻中对于吸食过量“笑气”导致身体健康出现严重问题的报道屡见不鲜，但就全国范围的大数据而言，并没有“笑气”出现大规模滥用的情况发生。所以，就滥用程度而言，“笑气”还没有达到与毒品的滥用相当的程度。第二，“笑气”广泛用于社会生活的各个方面，社会容忍程度较高。由于“笑气”稳定的性质和麻醉的作用，在工业中作为助燃剂，在医学治疗中作为麻醉剂以及在食品加工业中作为密封剂得到了广泛的应用，影响着社会生活的方方面面。（见表4）

---

① 张洪成：《毒品犯罪刑事政策之反思与修正》，中国政法大学出版社2017年版，第10页。

② 《人民网评：别让奶油味的笑气继续危害孩子》，载人民网，http://opinion.people.com.cn/n1/2018/0107/c1003-29749798.html，最后访问日期：2018年8月6日。

③ 谢川豫、郑灵吉：《论“笑气”滥用问题的规制》，载《中国人民公安大学学报（社会科学版）》2018年第3期。

表 4 “笑气”用途①

领域	具体用途
食品	食品添加剂：奶油发泡
医疗	麻醉（牙科、助产等）
化学工业	助燃剂（电子、火箭加速系统）
电子工业	电子特气［新一代超高清（UHD）3DTFT－LCD 和 OLED 显示器］

如果不考虑“笑气”在社会生产生活中的普遍应用程度，草率地将“笑气”纳入毒品的管制范围，盲目扩大犯罪圈，将原本正常的“笑气”商业买卖行为、运输行为、使用行为作为犯罪行为处理，无疑会给工业生产、医学治疗带来极大的不便和动荡。因此，“笑气”并未被列入国家管制的麻醉药品和精神药品目录。2018 年 4 月宣判的“笑气”入刑第一案中，对于被告人殷某某“在未取得危险化学品经营许可证的情况下，在位于青田的出租房内，以转售牟利为目的，通过微信向上家购买危险化学品一氧化二氮”② 的行为，浙江省云和县人民法院认为被告人“违反国家规定，在未取得危险化学品经营许可证的情况下，非法经营一氧化二氮，扰乱市场秩序，情节严重判处”，将其定性为非法经营罪，而没有将其考虑为贩卖毒品罪，一是基于维护法律和公民对自己行为判断的稳定性而言，不将毒品种类明确规定不利于罪刑法定原则的坚持，也不利于司法工作的开展；二是从毒品的违法性角度而言，不同于吗啡和杜冷丁只能用于临床治疗，将其划入毒品的范围，可以在遵守严格管制规定的情况下用于医学治疗，对公民社会生活基本上不会产生大的影响。“笑气”广泛应用于社会生活多个方面，与“笑气”相关的行业在国民经济中占有一定的比重，如将“笑气”划入毒品范围，会对不少的行业产生重大的冲击，不利于国民经济的发展和社会秩序的稳定。

就毒品定义的完全列举而言，对毒品的种类进行完全列举可以在有关行

① 谢川豫、郑灵吉：《论“笑气”滥用问题的规制》，载《中国人民公安大学学报（社会科学版）》2018 年第 3 期。

② 《全国首例“笑气入刑”案宣判 被告获刑两年》，载今日头条，https：//www. toutiao. com/article/6541114721762804227/? upstream_ biz = doubao&source = m_ redirect，最后访问日期：2018 年 10 月 26 日。

政部门制定的毒品目录中进行明确。完全列举毒品的种类，需要制定毒品目录，并定时修改和更新社会上新出现的新型毒品类型，对毒品种类依据成瘾性、毒害性的不同程度作好分级管理，下文将对这一系列问题进行详细叙述。

综上，“毒品”法律定义的概括方式为“抽象概括＋完全列举”，抽象概括中界定毒品的内涵为“以成瘾性、毒害性和违法性为基本特征的麻醉药品和精神药品”并加入用于“医疗、教学、科研”的例外条例。毒品种类的完全列举通过毒品目录实现，并及时更新毒品目录，加强对毒品的分级管理。

（二）与时俱进：增强前置性规定对新型毒品的有效规制

1. 快速增补列管目录

犯罪分子为了逃避法律的规制，牟取暴利，不断生产和制造出尚未被列入管制范围的新型麻醉药品和精神药品。从2009年至今，世界范围内出现的管制范围外以新精神活性物质为代表的新型麻醉药品和精神药品种类快速增加，其数量与规模远远超过各国规定管制的药品范围。特别是在我国，《麻醉药品品种目录》《精神药品品种目录》仍停留在2013年修订的版本，《非药用类麻醉药品和精神药品列管办法》中附录的管制药品名单也停滞在2015年首次更新后，至今仍没有大的变动。管制目录更新的迟缓使得实践中打击毒品犯罪出现法律规制空白，无法可依，给司法工作带来了不少的争议和阻碍。为了适应毒品犯罪形势的变化特点，有效打击毒品犯罪，遏制毒品的进一步泛滥，增加列管内容、加快毒品目录更新速度势在必行。

（1）增加列管内容

新精神活性物质泛滥问题近年来越来越受到国家的重视，因其具有合成简便，制作周期短，同种管制药品的衍生物种类繁多，更新换代速度快等特点给实践中打击新精神活性物质违法犯罪活动带来了不小的阻碍。联合国毒品和犯罪问题办公室早在2009年就开始对新精神活性物质进行研究和关注，并在历年的世界毒品问题报告中进行专章介绍。我国管制药品目录更新的迟缓、管制的范围狭窄等问题在面对新精神活性物质泛滥时愈发凸显制度的空白和规制的无力。因此，在对管制药品目录进行完善时，对于新精神活性物质的管制应当是考虑的重点。新精神活性物质最大的特点就是结构千变万化，以同一种管制药品的化学结构式为基础可以衍生出多种结构类似且成瘾性、毒害性等属性与管制药品程度相当甚至高于管制药品的新类型，让监管部门防不胜防。如苯丙胺、冰毒等国家管制药品都属于苯乙胺类物质，具有精神活性和兴奋效果，其化学结构式中有 8 个可以替代的位置，可以产生 8 种新精神活性物质，每一种衍生物化学式再发生变化有可能产生另外的新的衍生物。例如 1974 年，美国化学家舒尔金通过对麦司卡林进行环上取代反应，合成出具有强烈致幻作用的衍生物“2C－B”（即 2，5－二甲氧基－4－溴苯乙胺，俗称“六角”）。[①] 在司法实践中，往往是列管了其中一个衍生物，犯罪分子们便纷纷将精力转向另一个尚未被列入管制范围的同类衍生物，继续大力进行生产制造，公安部门刚刚重点打击了一类新精神活性物质的犯罪活动，另一种新精神活性物质犯罪马上又开始出现。

为了走出新型毒品犯罪防不胜防的被动局面，进入积极打击犯罪的主动阶段，在更新管制药品目录时不能仅仅着眼于社会上出现的一种类型的新精神活性物质，对于跟其同源同类，具有毒品自然属性且被一定程度地泛滥使用，造成或者可能造成严重社会危害的同类新精神活性物质在列管的评估程序中应一并进行考虑和论证。特别是针对世界上已知的主要类型的新精神活性物质，联合国毒品与犯罪问题办公室在《2013 年新精神活性物质的挑战》中记录了几种主要类型的新精神活性物质，如合成大麻素、合成卡西酮类、氯胺酮、苯乙胺类物质、哌嗪类物质、植物源类物质、氨基茚、PCP 类物质和色胺。在对这几类物质进行列管评估时，国家禁毒办应当把各地禁毒办收集到的与其属于同种类型的新精神活性物质一起交由非药用类麻醉药品和精神药品专家委员会进行评估论证，对于与管制的药品具有相同成瘾性与毒害性且在很大程度上受到滥用，已经造成严重社会危害的新精神活性物质按照药用和非药品标准分别实施不同的管制办法。对于具有与管制的药品相同成瘾性与毒害性，有被滥用的趋势，造成严重社会危害性可能性较高的新精神活性物质实施特别的监管，一旦发现其大规模被滥用，造成严重社会危害，立即将其纳入管制药品范畴，不需要重复之前的论证过程。在管制药品目录更新，扩大管制范围时，既要注重对实践中已经出现的新精神活性物质研究分析，探索出相应的管制对策，也要从现有的被管制的和社会上已经出现的新类型毒品中找出犯罪分子制造策划药的规律和特点，预测下一个可能会被滥用的物质，化被动为主动，才能有效遏制毒品的蔓延，有力打击毒品犯罪。

---

① 肇恒伟、关纯兴主编：《禁毒学教程》，东北大学出版社 2009 年版，第 68—69 页。

（2）加快更新速度

新型毒品在快速地进行更新换代，打击新型毒品犯罪的相关规定也应当跟上毒品变化的速度，密切关注毒品的发展趋势。我国以往 17 年四版毒品目录的更新速度显然无法适应毒品发展的现状，加快毒品目录更新的速度，缩短更新的周期，势在必行。

目前《麻醉药品和精神药品管理条例》和《非药用类麻醉药品和精神药品列管办法》中对于毒品目录的更新期限均没有作明文规定，以至于我国毒品目录更新期限为 9 年、6 年、2 年，毫无规律可循。加快毒品目录更新速度，第一步需要完善的就是将毒品目录的更新期限明文规定在《麻醉药品和精神药品管理条例》和《非药用类麻醉药品和精神药品列管办法》中。至于更新期限的具体时间，可以参考域外国家和地区的更新期限以及我国毒品发展的具体情况进行确定。

同时，在将毒品目录更新的周期明确规定在条文中，并且确定了具体的周期更新时间后，还需要对更新程序进行明确的时间限制。《非药用类麻醉药品和精神药品列管办法》第 5 条至第 9 条规定了在国家禁毒办收集汇总了各级的检测信息后，对其中“需要对特定非药用类麻醉药品和精神药品进行列管的”提交专家委员会进行论证，专家委员会根据特定物质的成瘾性、毒害性、泛滥情况、走私情况等方面进行评估，要求的期限是 3 个月。在专家论证得出建议后，国务院公安部门、食品药品监督管理部门、卫生计生行政部门在 6 个月内将论证的物质纳入管制的范围，整个过程通常需要 9 个月。[①] 虽然较之于《麻醉药品和精神药品管理条例》中对列管具体程序、时间限制缺失的情况有了很大的进步，但相较于毒品发展的实际情况而言，规定的实现还应该进一步缩短。同时，《非药用类麻醉药品和精神药品列管办法》第 9 条第 2 款对紧急情况作出了规定，但“紧急情况”成立的条件，加快列管进程是否需要简化步骤，紧急情况下的时间限制具体标准，规定中并没有提及，此款规定还是属于一个大方向的模糊规定，建议在后续的规则制定中，将“紧急情况”下的列管程序进行具体的细化，简化程序，明确主体，缩短期限，达到有效“遏制危害发展蔓延”的目的。

2. 有序排列毒品目录中的毒品类型

毒品目录中的各类毒品需要按照一定的标准分级分层次进行排列，但目

① 《非药用类麻醉药品和精神药品列管办法》第 7 条和第 9 条。

前我国法律法规中对于毒品分级呈“碎片化”模式，分散于不同类型和不同层级的法律法规中。并且这些对于不同种类的毒品“区别对待”的规定也只是隐含着分级的精神却未真正明文规定具体的分类依据和具体的操作方法。因此，要解决毒品目录中不同毒品种类无序排列的混乱局面，当务之急是建立起完整系统的毒品分级制度。

我国尚未建立起真正的毒品分级制度，《麻醉药品品种目录》中麻醉药品未进行分类，只是简单的种类列举，《精神药品品种目录》中药品的两级分类仅是一个粗疏的划分，也没有对精神药品划分的标准和具体流程进行阐明和规定。系统的毒品分级制度不单需要在管制药品目录中对列入管制范围的麻醉药品和精神药品进行等级划分，还需要以等级划分完成的管制药品目录为基础，建立起毒品管制、毒品滥用预防、毒品犯罪打击的全方面禁毒体系。在构建毒品犯罪惩处体系时，以毒品等级划分为参照，针对行为对象为不同等级毒品的毒品犯罪行为配置不同大小的刑事责任和不同轻重的刑罚惩罚标准，建立起完整的“毒品等级、数量—刑事责任—刑事处罚”的对应关系。等级越高的毒品类型，其造成或可能造成的社会危害就越高，根据罪刑相适应原则的要求，犯罪嫌疑人自然就需要承担更重的刑事责任，被判处更加严厉的刑罚处罚。同时，毒品犯罪的法定刑依据毒品的等级来进行配置，更加具有规律性和系统性，按照毒品等级从低到高逐级进行考虑衡量，并将每个等级的法定刑幅度同前后等级的法定刑幅度进行比较，系统考虑整个毒品犯罪法定刑的设置，力求构建严密的刑罚惩处体系。

毒品分级制度对禁毒法律体系中的法律法规的制定都具有极其重要的作用，特别是在规制毒品犯罪方面，毒品犯罪成立的条件，刑罚的设置，法定刑的量刑标准的衡量都离不开对毒品危害等级的参考，可以说毒品分级制度是建立“以禁毒法为专门的禁毒法典，构成禁毒法律体系的基础，刑法和治安管理处罚法为惩治毒品违法犯罪行为的主线，以行政法规和地方性法规等单行禁毒专门法律法规、我国加入的禁毒国际公约为具体内容，以非禁毒专门法中涉及禁毒的法律规范为补充，形成互相配套的法律法规体系”① 的制度基础和研究的出发点。

毒品分级的具体标准可以参考美国《管制物质法案》和我国台湾地区“毒品危害防制条例”的规定，将毒品依据“滥用程度和医用价值”或者

---

① 金伟峰等：《禁毒法律制度研究》，浙江大学出版社 2009 年版，第 12 页。

"成瘾性、滥用性和对社会危害性"进行分级。同时，2004 年《非法药物折算表》中将阿片类和苯丙胺类药物按照"药物依赖性"和医用价值将其分为"药物依赖性强且医疗上不准使用""药物依赖性强，但医疗上广泛使用的品种"以及"药物依赖性相对较弱，且医疗上广泛使用的品种"三个等级。同一等级的药物与海洛因的换算比例大致相同，不同等级的药物与海洛因换算比例不同；成瘾程度越高，医用价值越低的药物换算比例越高，成瘾程度越低，医用价值越高的药物换算比例越低。我国毒品分级制度可以继续沿用《非法药物折算表》中的分类依据和理念，也可以参考已经公布的规定在刑法条文中或者司法解释甚至会议文件中，不同种类的毒品的量刑标准以及与其他毒品的折算标准对列入管制范围的麻醉药品和精神药品进行分级。

二、完善新型毒品犯罪数量认定的具体措施

（一）提高效率：系统规划新型毒品数量认定标准

进一步明确新型毒品追诉和量刑标准完善的关键在于如何保证在毒品犯罪刑罚裁量体系设置严密，罪责大小与刑罚轻重相适应的情况下，更有效率地制定清楚具体的毒品数量与对应法定刑的量刑规则。

现行法律规范和司法解释中对于毒品数量以及相对应的法定刑裁量的规定大致分为直接规定型和间接规定型两类。直接规定型就是在刑法条文或者司法解释中明确规定毒品数量的法定量刑幅度，如《刑法》第 347 条对走私、贩卖、运输、制造鸦片、海洛因、甲基苯丙胺三种毒品类型都分别规定了具体的毒品数量所应承担的具体的法定刑幅度。如 2007 年最高人民法院《办理毒品犯罪案件适用法律若干问题的意见》对走私、贩卖、运输、制造美沙酮、氯胺酮、三唑仑、安眠酮、氯氮卓、艾司唑仑、地西泮、溴西泮等 9 种新型毒品对应《刑法》第 347 条中"其他毒品数量大""其他毒品数量较大""其他少量毒品"的犯罪行为作出了具体的量刑标准。① 间接规定就是刑法条文或者司法解释中没有直接明确毒品数量对应的法定刑幅度，而是

---

① 《办理毒品犯罪案件适用法律若干问题的意见》第 3 条规定："（一）走私、贩卖、运输、制造、非法持有下列毒品，应当认定为刑法第三百四十七条第二款第（一）项、第三百四十八条规定的'其他毒品数量大'：1. 二亚甲基双氧安非他明（MDMA）等苯丙胺类毒品（甲基苯丙胺除外）100 克以上……"

规定了不同种类的毒品之间的换算公式，一种新型毒品首先通过换算公式换算成常见的毒品种类，然后根据常见毒品种类的量刑标准确定新型毒品的法定刑幅度。如 2008 年《大连会议纪要》对于没有具体的数量量刑标准的毒品，可以按照《非法药物折算表》折算成海洛因数量，再按照海洛因的数量量刑标准确定相对应的法定刑幅度。①

无论是对毒品数量量刑标准的直接规定还是间接折算，都是为了避免出现毒品犯罪规制中无法可依的尴尬局面。从 2006 年开始，最高人民法院陆续出台了一系列关于新型毒品追诉和量刑标准的规定，明确了部分新型毒品的追诉和量刑标准。但明确量刑规则的毒品种类与列管的毒品种类还相差甚远，远不能解决新型毒品犯罪量刑无法可依的实践困境。从司法效率和便于操作的角度进行考量，显然是毒品数量量刑标准的直接规定更加值得在实务界大力推广，但是最高人民法院和最高人民检察院在公布每一种新型毒品的量刑标准时都需要结合该类毒品的自然属性和社会属性对该类毒品犯罪所造成的社会危害程度进行评估从而确定具体的量刑标准。评估过程需要不同领域的专家以及不同行政部门共同参与，每一类新型毒品的量刑标准确定过程都需要一定的时间，对列入管制范围的毒品的所有类型都进行评估论证，所需要的时间和资源可想而知。同时，毒品市场上还在不断地出现新类型的毒品种类，如果要对每一种列入管制的毒品都明确量刑标准，那么最高人民检察院和最高人民法院不仅需要对过去已经列入管制范围但迟迟没有量刑标准的类型进行论证，还需要加快速度对新加入列管范围的新型毒品在列管评估的时候就要考虑其量刑标准确立问题。

为了有效应对新型毒品快速增加，尽力减小量刑标准与实际需要的空缺，今后的毒品数量量刑标准可以采取常见的毒品类型的数量量刑标准直接规定毒品数量与相应法定刑的模式，其他毒品类型可以采用毒品数量换算表的模式进行规范。建立毒品数量换算表最明显的优势在于司法实践中出现了新的毒品类型，只需要将该类型毒品的毒害性、成瘾性等性质与标准参照毒品进行对比，确定出两种毒品之间的换算比率，即可按照换算比率将新类型毒品换算成常见毒品类型从而确定新类型毒品犯罪行为的量刑标准。从出现

---

① 最高人民法院《大连会议纪要》："对于刑法、司法解释等没有规定量刑数量标准的毒品，有条件折算为海洛因的，参照国家食品药品监督管理局制定的《非法药物折算表》，折算成海洛因的数量后适用刑罚。"

新类型毒品到确定该毒品的量刑标准，远远少于将一种新类型的毒品规定出具体的量刑标准所需要的时间和程序。域外不少国家和地区针对毒品数量量刑标准空缺的问题也是采用了制定毒品数量换算表的方法，将不同种类的毒品换算成一个标准的参照毒品。例如，美国通过建立毒品换算数据库来解决多种类型的毒品数量量刑依据空缺且新类型毒品不断产生的问题。在该国的量刑指南中，将毒品犯罪划分为 38 个等级，并对海洛因、甲基苯丙胺等主要类型的毒品规定了详细的量刑规则，并且公布了以大麻为标准的不同类型的毒品换算表,[①] 以便于将没有规定具体数量与量刑标准的毒品换算成大麻的数量，从而根据大麻的量刑标准进行刑罚处罚。

不同类型的毒品进行换算首要解决的就是选择参照的标准毒品类型。参照的标准毒品应当是结合各国打击毒品犯罪的具体形势，选择在该区域最具有代表性的毒品类型。美国国内吸食大麻的行为在毒品吸食中最为普遍，加之现在美国国内许多行政州规定吸食大麻行为属于合法行为，大麻可以算是美国最为普遍的毒品类型。鉴于具体国情，美国的毒品数量换算以大麻为标准，规定了鸦片制剂类、致幻类、可卡因及兴奋剂、其他类毒品与大麻的换算数据，将所有的毒品类型进行统一，极大地简便了司法认定工作。在我国国内，根据近几年滥用毒品相关数据统计，2016 年海洛因滥用者在全部滥用人群中所占比例为 45%，冰毒占 47.90%，且海洛因滥用比例逐年降低，以冰毒为代表的新型毒品滥用比例逐年增加，考虑毒品的滥用现状和滥用趋势，毒品数量换算表应当选择冰毒为宜。但《非法药物折算表》参照的标准毒品是海洛因，所有在表上的毒品均按照一定的公式换算成海洛因的数量。《非法药物折算表》折算的药物包括阿片类 50 种，苯丙胺类 57 种，可卡因类 2 种，大麻类 2 种，其他兴奋剂 3 种，苯二氮卓类镇静安眠药 30 种，巴比妥 10 种，其他类镇静安眠药 2 种，共计 156 种非法药物，如果抛开《非法药物折算表》中 150 余种已经规定好标准的毒品类型，重新按照冰毒的标准计算，无疑是在进行重复无意义的劳动。但是，今后的毒品数量换算标准一律以海洛因为参照物也是不妥的。从近几年的《毒品形势报告》和《国家药物滥用监测年度报告》可以看出，以海洛因为代表的传统毒品滥用规模逐年减少，以甲基苯丙胺为代表的新型毒品滥用规模逐年增多，在新型

① 利子平：《我国毒品犯罪刑事立法的反思——以类型化思维为视角》，载《南昌大学学报（人文社会科学版）》2014 年第 5 期。

毒品占主要毒品滥用类型的现状和趋势下，选择逐年减少的传统毒品作为参照的标准毒品不能够适应今后的毒品发展趋势。因此，对于《非法药物折算表》中已经按照海洛因折算的毒品类型不再比照甲基苯丙胺重新计算，但今后出现的新类型的毒品换算标准一律以冰毒为参照标准。

（二）重构标准：建立以纯度为核心的数量认定标准

将毒品纯度引入毒品数量认定标准，不仅是对罪刑相适应原则的遵守，也是为了有效应对新的毒品生成态势。在现行刑事法律规范中已经逐步开始对毒品纯度因素进行考量，但仍然需要扩大要求纯度鉴定的案件范围以及对相关规定的具体细化等方面的完善。

1. 扩大纯度鉴定范围

根据司法实际情况逐步扩大应当作出毒品纯度鉴定的案件范围，在司法资源充足，条件成熟的情况下应当对所有的毒品案件均作出含量的鉴定。现行司法解释对“大量掺假”“成分复杂的新型毒品”“可能判处死刑”以及尚未明确规定数量标准的精神药品和麻醉药品的四类案件规定作出毒品纯度的鉴定，[①] 但其他毒品案件依然根据“查获数量”确定量刑标准。其实，司法解释对四类案件作出了特殊规定，也是考虑到这四类案件中毒品纯度可能与一般案件中毒品纯度相差较大，或者死刑案件应当全面谨慎考虑的原则，若按照一般案件的方式进行处理难免会出现量刑畸重，罪刑不相适应的情况，影响法院的公正判决。这也说明，最高人民法院已经认识到毒品纯度对于毒品犯罪案件量刑的影响，也在积极尝试将毒品纯度引入量刑标准中。2017年最高人民法院公布的司法解释就将毒品纯度问题规定在其中，对于检测出毒品纯度“明显偏低”的毒品犯罪，可以减少30%的基准刑，这也是司法的一大进步，值得肯定。但其规定的纯度鉴定的案件类型范围依然过窄，基于罪刑均衡、人权保护以及公平正义的要求，在理论上所有的毒品犯罪案件都应当进行毒品纯度的鉴定，不过对于在实践中一系列客观因素的考虑，可以制定新的司法解释逐步扩大应当进行毒品纯度鉴定的案件类型，如

---

① 最高人民法院《大连会议纪要》：“对可能判处被告人死刑的毒品犯罪案件，应当根据最高人民法院、最高人民检察院、公安部2007年12月颁布的《办理毒品犯罪案件适用法律若干问题的意见》，作出毒品含量鉴定；对涉案毒品可能大量掺假或者系成分复杂的新类型毒品的，亦应当作出毒品含量鉴定……对于国家管制的精神药品和麻醉药品，刑法、司法解释等尚未明确规定量刑数量标准，也不具备折算条件的，应由有关专业部门确定涉案毒品毒效的大小、有毒成分的多少、吸毒者对该毒品的依赖程度，综合考虑其致瘾癖性、戒断性、社会危害性等依法量刑。”

查获的毒品接近毒品犯罪的源头，其毒品纯度很可能远高于市场上一般毒品的纯度或者证据存疑等情况时，也应当对毒品的纯度进行检测。

2. 细化毒品纯度的相关规定

尽管现有的司法解释或者规范性文件中，规定了毒品纯度鉴定的要求，但其规定笼统，条文表述含义模糊，无法从其规定的内容中找到适用毒品纯度的具体操作方法。且关于毒品纯度的规定大多数出现在会议文件中，该规定的法律效力不明，法官在对案件进行审判时，由于参考的依据效力待定，无法对毒品的纯度问题作出明确的回应，容易导致司法裁判中出现忽略对毒品纯度的考量或者扩大毒品纯度适用的随意性问题，从而削弱法律对毒品纯度量刑考量的执行力。

司法解释关于毒品纯度的规定中多次涉及“大量掺假”“纯度极低”等用语，但“大量掺假”“纯度极低”的具体参考标准司法解释似乎并未给出说明。欲达到毒品纯度能够真正影响毒品数量认定的目的，司法解释需要对“大量掺假”“纯度极低”有一个具体的限定。

毒品中掺入其他不属于国家管制药品的物质，使真正的毒品的含量下降到一个具体的数值或者一个相对适宜的范围时，可以认定该物质大量掺假或者纯度极低。如在 1994 年最高人民法院《关于执行〈全国人民代表大会常务委员会关于禁毒的决定〉的若干问题的解释》中，对于海洛因的数量计算，在纯度超过 25% 时以查获的数量为准，在纯度不足 25% 时，需要将其折算成纯度为 25% 的海洛因数量作为量刑的标准。① 虽然该司法解释在 1997 年刑法公布之时自行废除，但其规定的内容却可以给现在明确关于毒品犯罪的司法解释一些参考和启发，对于“纯度极低”的规定可以给出一个具体数值。或者，最高人民法院可以根据各级法院历年统计的“大量掺假”和“毒品纯度明显偏低”的案件中，各级法院对于掺假后的毒品纯度和“明显偏低”的毒品纯度的理解和把握，根据收集到的数据计算出一个平均的数值或者确定一个合适的区间，具体的数值由各地区法院自行把握，内部自行规定。也可以在通过其他的证据表明该毒品可能存在大量掺假或者纯度过低

① 最高人民法院《关于执行〈全国人民代表大会常务委员会关于禁毒的决定〉的若干问题的解释》（已失效）规定：“对毒品犯罪案件中查获的毒品，应当鉴定，并作出鉴定结论。对被告人可能被判处死刑的案件，必须对查获的毒品做定性、定量鉴定。对毒品的鉴定结论有疑义的，应当补充鉴定或者重新鉴定。海洛因的含量在 25% 以上的，可视为《决定》和本解释中所指的海洛因。含量不够 25% 的，应当折合成含量为 25% 的海洛因计算数量。”

的情况下对毒品的纯度进行检测。

在对“纯度极低”的毒品有一个数值或者范围的具体限定以后，需要考虑对纯度极低的毒品进行刑罚裁量。由于毒品的纯度极低，毒品对公民身体健康的损害相对降低，基于对罪刑相适应原则的遵守，其对应的刑事责任和应受的刑罚惩罚也需要相对降低。具体的做法有两种：第一种是直接对纯度极低的毒品犯罪减轻刑罚处罚，如2021年最高人民法院、最高人民检察院印发的《关于常见犯罪的量刑指导意见（试行）》（以下简称《量刑指导意见》）规定中对于检测出毒品纯度“明显偏低”的毒品犯罪，可以减少30%的基准刑①。第二种是参考毒品数量换算表的原理，将纯度低于某个具体数值的毒品数量折算为最低标准含量的毒品数量，如将“纯度极低”的标准确定为25%，100克纯度10%的毒品折算成最低标准含量的毒品数量就为100克×10%÷25%=40克，即100克纯度10%的毒品应当看作40克纯度25%的毒品进行刑罚裁量。②

（三）综合衡量：构建数额情节与非数额情节并重的量刑体系

要改变毒品犯罪量刑中“唯数额论”的现状，就需要在整个刑罚裁量体系中淡化犯罪数额的中心地位，强调非数额情节在量刑中发挥的作用，建立“数额+情节”的二元弹性定罪量刑标准。③

1. 非数额情节地位的提高

相较于刑法对毒品犯罪数额情节的规定，非数额情节的内容过于简单和单一，且缺乏实践的可操作性，要改变毒品犯罪量刑中非数额情节的附属地位，就需要丰富毒品犯罪非数额情节的类型，并增强实践的可操作性。

一方面，丰富毒品犯罪非数额情节，需要完善法条中毒品犯罪的量刑规定，增加非数额情节的内容，在法律条文中明确规定非数额情节的具体类型，并增加兜底条款为今后应对毒品犯罪的新形势留有空间，以便于司法解释进行补充。增加的非数额情节在遵循总则关于刑事责任、刑罚处罚等规定以及分则中毒品犯罪特有的规定的前提下，体现犯罪行为造成的社会危害性和犯罪人的人身危险性。在毒品犯罪中，对非数额情节的规定主要有两类，

---

① 《量刑指导意见》第4条规定：“……（二十）走私、贩卖、运输、制造毒品罪……4. 有下列情节之一的，可以减少基准刑的30%以下……（2）毒品含量明显偏低的……”。

② 王姝婷：《新型毒品犯罪数量标准司法认定研究》，载《武警警官学院学报》2012年第9期。

③ 赵秉志：《完善贪污受贿犯罪定罪量刑标准的思考和建议》，载《刑法论丛》2015年第2期。

一类是直接非数额情节决定法定刑幅度，如《刑法》第 347 条对贩毒集团的首要分子、武装掩护、暴击抗捕和国际贩毒四种情节配置了走私、贩卖、运输、制造毒品罪的最高刑罚配置。[①] 另一类是非数额情节与数额情节的结合量刑，对符合非数额情节的毒品犯罪，其毒品数量按照一定比例认定。如 2016 年 4 月最高人民法院《毒品犯罪解释》在规定了走私、非法买卖制毒物品罪“情节较重”的数量标准后，又规定了七类非数额情节，在满足该七类非数额情节后，只要达到数量标准的 50%，即可构成《刑法》第 350 条中规定的“情节较重”。[②] 在毒品数量标准占主导地位以及非数额情节认定量刑标准的立法制度尚不成熟的司法实践状况下，可以先按照非数额情节结合一定比例的数额情节的模式来确定法定刑，今后再逐步由此模式转向完全独立的非数额情节决定法定刑幅度的模式。另一方面，在丰富了非数额情节的基础上，还需要细化具体类型以及增强实践的可操作性，使非数额情节能够真正适用于刑罚裁量中。抽象的非数额情节规定能够涵盖更多的具体类型，但过于抽象的规定不够明确，无法指导司法实践活动。因此，对于非数额量刑情节的规定，除了要丰富具体的类型，还需要结合司法实践，使非数额情节在司法审判中得到适用。

2. 犯罪数额的相对确定

绝对确定的数额标准过于僵化，难以适应新型毒品的变化形势，易造成刑法稳定性原则与罪刑相适应原则之间的矛盾，容易忽略了毒品犯罪区域的差异性。但如“数量较大”“数量巨大”“数量特别巨大”等高度概括的毒品数量标准又过于模糊，无法指导司法实践的工作，容易造成司法的肆意裁判。因此，对于毒品的数额应当设置一个相对确定的范围，既明确了“数量较大”“数量巨大”“数量特别巨大”等情节的范围，又为不同区域毒品犯罪的现实状况留有余地，保持一定的弹性范围。然后由各省在最高人民法

---

① 《刑法》第 347 条第 2 款第 1 项。

② 最高人民法院《毒品犯罪解释》第 7 条第 2 款规定：“违反国家规定，非法生产、买卖、运输制毒物品、走私制毒物品，达到前款规定的数量标准最低值的百分之五十，且具有下列情形之一的，应当认定为刑法第三百五十条第一款规定的“情节较重”：（一）曾因非法生产、买卖、运输制毒物品、走私制毒物品受过刑事处罚的；（二）二年内曾因非法生产、买卖、运输制毒物品、走私制毒物品受过行政处罚的；（三）一次组织五人以上或者多次非法生产、买卖、运输制毒物品、走私制毒物品，或者在多个地点非法生产制毒物品的；（四）利用、教唆未成年人非法生产、买卖、运输制毒物品、走私制毒物品的；（五）国家工作人员非法生产、买卖、运输制毒物品、走私制毒物品的；（六）严重影响群众正常生产、生活秩序的；（七）其他情节较重的情形。”

院制定的数额范围内根据辖区毒品犯罪的发展形势制定适合本辖区的具体毒品数量的数额。具体可以参考2013年最高人民法院、最高人民检察院《关于办理盗窃刑事案件适用法律若干问题的解释》的规定，对刑法条文中盗窃数额“较大”“巨大”“特别巨大”规定相对确定的数额范围，并授权各省级高级人民法院和高级人民检察院确定各法定刑量刑幅度对应的具体数额标准，并报最高人民法院、最高人民检察院批准。①

新型毒品犯罪司法认定的研究在理论和实践方面都具有重大的现实意义。无论是基于实践中打击新型毒品犯罪的现实需要，还是基于完善新型毒品犯罪理论体系的考虑，都亟待专家学者对其进行系统化钻研和细致分析。本书从新型毒品犯罪司法认定的基本问题出发，介绍了新型毒品的概念、分类和特征，分析了在现有的法律规定下，新型毒品性质认定和数量认定存在的缺陷与不足，论述了完善新型毒品司法认定的基础理论以及具体的改进措施。然而，本书对于新型毒品犯罪司法认定的缺陷仅是一个浅显的分析，具体改进措施也只是一个初步的构想与思路。缺陷存在的根本原因，更加全面深入、可行性更高的完善措施以及改进后的司法认定标准如何与新型毒品犯罪定罪量刑制度协调统一，达到有效衔接和高效运转的目的，还有待更加深入、专业的讨论和研究。

---

① 最高人民法院、最高人民检察院《关于办理盗窃刑事案件适用法律若干问题的解释》第1条第1款和第2款规定：“盗窃公私财物价值一千元至三千元以上、三万元至十万元以上、三十万元至五十万元以上的，应当分别认定为刑法第二百六十四条规定的‘数额较大’、‘数额巨大’、‘数额特别巨大’。各省、自治区、直辖市高级人民法院、人民检察院可以根据本地区经济发展状况，并考虑社会治安状况，在前款规定的数额幅度内，确定本地区执行的具体数额标准，报最高人民法院、最高人民检察院批准。”

第六章 毒品数量的司法认定与功能定位

“毒品，是魔鬼用来汲取人类灵魂的毒药，它已经成为当今人类的一大公害。”[①] 在刑事规制的主线上，1979 年 7 月 1 日通过的刑法明确规定了毒品犯罪的定罪量刑规则，[②] 自此以后，如何对毒品犯罪行为进行妥当的定罪、处罚一直是实务焦点和理论聚讼之所在：实践中，为填补定罪量刑依据不足所导致的规范缺口，相关刑法条文数次修改，司法解释、会议纪要等规范性文件也在不断补充；理论上，毒品犯罪侵害的法益为何，定罪量刑是否应当考虑纯度，运输毒品罪是否应当废除死刑等系列问题争议不断。总体来说，关于毒品犯罪的理论研究和实践操作正处在日臻完善的进程中。

从语义上来说，“功能”意为“事物或方法所发挥的有利的作用”，而“定位”意为“把事物放在适当的地位并做出某种评价”[③]。那么研究毒品数量在量刑中的功能定位问题便着重于毒品数量在毒品犯罪量刑这一场景之下所能发挥的积极作用。首先可以肯定的是，事物之间的联系是普遍存在的，毒品数量必定会对毒品犯罪的量刑产生一定积极作用。但是，这仅在实然层面回应了毒品数量功能定位问题，研究毒品数量在量刑中的功能定位更

---

① ［美］弗雷达·阿德勒、杰哈德·穆勒、威廉·拉斐尔：《遏制犯罪——当代美国的犯罪问题及犯罪学研究》，康斌等译，中国民主法制出版社 2006 年版，第 231 页。

② 1979 年《刑法》第 171 条规定：“制造、贩卖、运输鸦片、海洛因、吗啡或者其他毒品的，处五年以下有期徒刑或者拘役，可以并处罚金。一贯或者大量制造、贩卖、运输前款毒品的，处五年以上有期徒刑，可以并处没收财产。”

③ 中国社会科学院语言研究所词典编辑室：《现代汉语词典（第七版）》，商务印书馆 2016 年版，第 454 页、第 309 页。

应当关注的是，在应然层面上，毒品数量应当实现什么功能，以及如何实现这种功能。这样的追问也就意味着在此之前，刑事立法者、理论研究者早已设定了对于毒品数量的心理期待，绘制了应然图景，只是还需要研究者进行发掘、探查。本书认为，从相关立法文本、学说论述以及规范解读来看，毒品数量在毒品量刑中应当实现量化社会危害性、指引法定刑选择，以及为宣告刑裁量提供参考的功能。

第一节　毒品数量功能定位之实践偏误

虽然立法上的期待毒品数量能够为毒品犯罪的社会危害性提供量化标准，能够作为法定刑选择的指引中介，能够作为宣告刑裁量过程中有效参考，但无论从逻辑上审视还是从效果上评价，这些毒品数量所应当发挥功能的实现都力有未逮、偏差错误。一方面，承载这几大功能的相关规范是规范性的和文本化的，难免内容不够详细、不尽具体，甚至出现逻辑冲突的情况；另一方面，相关规范要求是原则性的、指导性的，导致其要么没有涵括司法实践中的所有情况，要么就难以超前应对未来可能有的新生样态，进而从实践导向的设计初衷中脱逸出来。

一、社会危害性量化性不足

（一）毒品数量对于社会危害性量化的可行性

通说认为，社会危害性是指行为对刑法所保护的社会关系造成或者可能造成这样或那样损害的特征，① 犯罪最本质的特征在于其严重的社会危害性。从作用上来说，社会危害性的大小不仅可以决定犯罪圈的大小，还可以决定对犯罪的法定刑配置，以及对犯罪的刑罚裁量等刑事立法、司法活动。首先，社会危害性具有量化可能性，这为毒品数量的社会危害性量化功能提供了前提条件。有学者认为，犯罪的社会危害性大小可以通过以下内容加以衡量：（1）行为侵犯的是什么样的社会关系；（2）行为的性质、方法、手

① 高铭暄、马克昌主编：《刑法学》，北京大学出版社、高等教育出版社2010年版，第49页。

段或其他有关情节；（3）行为是否造成严重后果、危害后果的大小或者是否可能造成危害后果；（4）行为人本身的情况；（5）行为人主观方面的情况；（6）情节是否严重、恶劣；（7）行为实施时的社会形势等。[①] 特别是其中的危害结果、危害行为等要素，完全可以通过数量、数额、行为次数等客观化指标进行数量化考察。其次，具体到毒品犯罪，毒品数量作为量化社会危害性的指标具有不可替代的优越性：其一，根据毒品数量确定社会危害性具有简明性。对社会危害性大小的衡量终究要回到定罪量刑问题上，如果采取通常的情节犯模式来对毒品犯罪行为的社会危害性加以衡定，将会造成毒品犯罪定罪量刑活动的混乱化和复杂化。因为对于集合了多种社会危害指向的毒品犯罪而言，如何确定其行为是否“情节严重”“情节特别严重”是一个需要充分发挥主观能动性的过程。若以行为所涉毒品数量来对社会危害性加以量化，那么行为的危害性为几何，只需称量毒品数量，这为毒品犯罪的定罪提供了明确的、简便的参考，还有利于掌握量刑的尺度。[②] 其二，根据毒品数量确定社会危害性具有区分性。再以前述的情节犯模式为例，行为是否“情节严重”“情节特别严重”不但难以认定，且难以区分，严重与特别严重之间的界分充满主观性。而在以毒品数量为衡量的视野下，毒品数量多少是一个客观尺度，无须过多发挥主观能动即可明晰。因此，其为毒品犯罪的司法，乃至立法活动都提供了明确的社会危害性衡量标准。综上，得益于毒品数量与毒品犯罪社会危害性之间天生的关联性、亲和性，毒品数量成为衡量毒品犯罪社会危害性的最优标准之一，也使得研究者和实务者对其赋予了较大的期望。

（二）毒品数量对社会危害性量化的具体展开

立法者对于毒品数量的量化功能实现的期待，可通过立法流变所折射出来的观念转变加以呈现。在 1979 年刑法之前，我国的禁毒刑法规范并无明确的定罪量刑规则，而是代之以“依法予以制裁”“必须禁止”“一律不准种植”等简单规定。例如，1963 年 5 月 26 日由中央颁布的《关于严禁鸦片、吗啡毒害的通知》即规定：“关于药用罂粟的种植，除由中央指定的某一单位专门负责、并按计划种植外，其他任何地区、任何单位或个人，一律

---

① 马克昌主编：《犯罪通论》，武汉大学出版社 1999 年版，第 20 页。

② 梅传强、徐艳：《毒品犯罪的刑罚适用问题思考——兼论毒品犯罪限制适用死刑》，载《甘肃政法学院学报》2006 年第 3 期。

不准种植罂粟。凡违法种植者，必须彻底铲除，依法惩处。”① 直到1979年刑法的颁布、施行，我国司法机关审理毒品犯罪案件才有了明确的定罪量刑依据。② 特别是在量刑方面，其规定：一贯或者大量制造、贩卖、运输前款毒品的，处5年以上有期徒刑，可以并处没收财产。可见，“大量”被作为法定的加重情节规定在了刑法之中，涉案毒品数量从此开始成为衡量毒品犯罪社会危害程度的标准之一。紧接着，1982年3月8日由全国人大常委会通过的《关于严惩严重破坏经济的罪犯的决定》对1979年刑法中关于毒品犯罪的法定刑规定作了如下补充：犯第1979年《刑法》第171条之贩毒罪，情节特别严重的，处10年以上有期徒刑、无期徒刑或者死刑，可以并处没收财产。由此，便将毒品犯罪的法定刑构造从两档调整为三档，并提升了严厉程度。

如果说1979年刑法使得毒品数量在社会危害性的量化参考中崭露头角，那么其后的刑事立法更是使其不断突出，进而占据主导的过程。1990年，全国人大常委会通过的《关于禁毒的决定》在整合1979年刑法和《关于严惩严重破坏经济的罪犯的决定》的基础上，规定了行为涉及不同鸦片、海洛因、其他毒品数量的法定刑幅度，③ 这不仅是我国禁毒刑法规范中第一次用毒品数量情节贯穿三档法定刑，并且还是第一次将毒品数量作为某档法定刑的唯一法定刑情节。及至1997年刑法的颁布，《关于禁毒的决定》中关于毒品犯罪法定量刑情节、量刑幅度的配置模式被基本保留下来，毒品数量标准主导毒品犯罪社会危害性评价，贯穿于基本构成和加重构成的立法模式

---

① 王永成主编：《打击毒品犯罪实用》，人民法院出版社1992年版，第70页。原文如此，该文件的制定机关确实只有语焉不详的“中央”一词。

② 1979年《刑法》第171条规定：“制造、贩卖、运输鸦片、海洛因、吗啡或者其他毒品的，处五年以下有期徒刑或者拘役，可以并处罚金。一贯或者大量制造、贩卖、运输前款毒品的，处五年以上有期徒刑，可以并处没收财产。”

③ 根据1990年全国人大常委会《关于禁毒的决定》的规定，走私、贩卖、运输、制造鸦片1千克以上、海洛因50克以上或者其他毒品数量大的，处15年有期徒刑、无期徒刑或者死刑，并处没收财产；鸦片200克以上不满1千克、海洛因10克以上不满50克或者其他毒品数量较大的，处7年以上有期徒刑，并处罚金；鸦片不满200克、海洛因不满10克或者其他少量毒品的，处7年以下有期徒刑、拘役或者管制，并处罚金。非法持有鸦片1千克以上、海洛因50克以上或者其他毒品数量大的，处7年以上有期徒刑或者无期徒刑，并处罚金；非法持有鸦片200克以上不满1千克、海洛因10克以上不满50克或者其他毒品数量较大的，处7年以下有期徒刑、拘役或者管制，可以并处罚金；非法持有鸦片不满200克、海洛因不满10克或者其他少量毒品的，依照第8条第1款的规定处罚。

得到刑法典的正式承认。此外，最高人民法院于 2008 年 8 月出台的《人民法院量刑指导意见（试行）》更是直接规定："毒品犯罪案件的社会危害性主要体现在毒品数量方面。"毒品数量在量化社会危害性上应然的重要意义可见一斑。

在理论界，也有不少学者赞同毒品数量对于社会危害性的量化可能性，并对此赋予了较大期望。例如，有学者从其可量化优势出发，认为毒品数量具有可计算性，毒品犯罪的危害性的大小很大程度上取决于毒品数量的多少。[①] 还有学者认为毒品数量方便计算和分割，有利于司法实践进行，世界各国刑法对于毒品犯罪的认定基本以毒品数量为依据，数量直接决定了罪与非罪，数量的多少还是量刑最直观标准。[②] 更有学者曾在没有正式解释的情况下，认为《关于严惩严重破坏经济的罪犯的决定》中所规定的"情节特别严重"应当理解为"制造、贩卖、运输毒品数量特别巨大"，进而试图将毒品数量情节作为贯穿毒品犯罪三档法定刑的主要线索之一。可见，如立法者不断努力地推动毒品数量主导社会危害性量化一样，也有不少学者利用学术讨论为其量化功能的合理性进行背书，只是这种背书是否合理，期待能否实现，仍有待讨论。

量刑是最没有理由排斥社会危害性介入的环节。刑罚的种类和幅度实际上是虚拟折算社会危害性大小后的结果体现，刑罚的轻重在一定程度上象征着社会危害性的大小，也彰显了主流价值观对反价值行为的谴责程度。[③] 要评价一种外在标准是否在这个虚拟折算过程中起到了充分的、恰当的作用，一是要考察其征表、量化社会危害性的全面程度、客观程度；二是要看其被确定作为量化标准之后，是否如实地、合比例地、合目的地实现了自身的量化功能。正如前文所述，在毒品犯罪量刑的过程中，毒品数量自始至终都担任了社会危害性量化的主要角色，但在本书看来，已堪重负的毒品数量不但过分压制了其他因素在毒品犯罪量刑中的作用发挥，导致社会危害性评价的偏颇化，而且就算是在已有的量化、评价体系中，其也没有精准、合理地实现其所被期待的量化功能。

---

① 马骊华：《毒品的种类、数量、含量与罪刑关系研究》，载《云南大学学报（法学版）》2002 年第 4 期。

② 司冰岩：《毒品犯罪疑难问题研究》，载《法律适用》2015 年第 12 期。

③ 孙建保：《刑法中的社会危害性理论研究》，上海人民出版社 2016 年版，第 195 页。

（三）社会危害性量化性不足的具体表现

1. 过分倚重数量，忽略其他量化因素

如何准确地考察社会危害性？从方法论上来说，一是要有全面的观点，即社会危害性是由多种因素决定的，衡量其大小，不能只看一种因素，而应该综合各种情况；二是要用历史的观点看待问题，即一个行为的社会危害性会随着社会条件的变化而变化；三是要透过现象抓本质，即排除不必要、不重要的因素，抓住本质内容。[①] 当下我国毒品犯罪的量刑就已过分权重毒品数量这一单一因素，而忽视了其他因素应当发挥的社会危害性量化功能，没有做到全面、客观评价。首先，从横截面观察，毒品数量多少不但是法定刑幅度选择时所考虑的决定性因素（甚至在“7 年以上有期徒刑，并处罚金”“3 年以下有期徒刑、拘役或者管制，并处罚金”这两个幅度中是唯一因素），也是确定量刑起点时的不二因素，毒品数量把控了量刑流程中的两大环节。其次，从纵截面观察，毒品数量因素横贯法定刑幅度选择、量刑起点确定、基准刑确定以及宣告刑确定这一量刑逻辑主线，这使得裁判者在没有其他情节左右的情况下，完全可能仅依据毒品数量在量刑这一单一因素“走完”量刑全流程。既然各种量刑情节、要素都要作为社会危害性与刑法之间的转换桥梁，才能实现社会危害性评价的全面性，那么偏颇有余而包容不足的毒品犯罪量刑体系，会使得最后的量刑结果出现罚不当罪，罪刑不均的情况，这在毒品犯罪中体现为重刑主义倾向的存在。

重刑率[②]是重刑主义倾向的直观体现。根据相关的数据显示，近年来，我国毒品犯罪案件的重刑率一直处于高位运行状态：根据最高人民法院研究室的法官介绍，2006 年、2008 年、2011 年，毒品犯罪判决结果的重刑率分别为 39.32%、32.68%、25.40%，而相应的全国刑事犯罪平均重刑率仅分别为 17.26%、15.77%、14.21%；[③] 最高人民法院统计的官方数据显示，2012 年至 2016 年，毒品犯罪案件判决结果的重刑率总体为 21.91%，具体到各年度，毒品案件重刑率也均高出同期全部案件重刑率十多个百分点；在

---

① 高铭暄、马克昌主编：《刑法学》，北京大学出版社、高等教育出版社 2010 年版，第 50 页。为了方便论述，本书对原文的三点内容进行了重新排序。

② 以下数据均将 5 年有期徒刑作为区分重刑与轻刑的界分点。

③ 佟季、闫平超：《2007 年至 2011 年全国法院审理毒品犯罪案件情况分析》，载《人民法院报》2012 年 6 月 27 日，第 6 版。

毒品犯罪案件多发的云南，重刑率异常突出，2012年至2016年的总体重刑率为71.08%，高出同期全部案件重刑率49.17个百分点；[①] 2018年发布的《司法大数据专题分析报告之毒品犯罪》显示，2017年全国法院判处5年以上有期徒刑、无期徒刑至死刑的毒品犯罪分子有21733人，重刑率为21.93%，高出同期全部刑事案件重刑率7.89个百分点。[②]

当然，毒品犯罪重刑化的局面是由从严惩处的刑事政策、严厉的法定刑设置、不以纯度折算的量刑规则等多因素叠加形成的，[③] 但毒品犯罪量刑的“唯数量论”是这些因素发挥作用的前提和条件。从本质上来看，毒品数量是一种反映毒品犯罪危害结果的征表因素。我国刑法历来就有结果本位的思维倾向，这在毒品犯罪中更为凸显，甚至可以说借助毒品数量这一桥梁走向了极端。刑法自诞生之初从过分看重危害行为、结果的古典学派时代出发，经历了过分强调行为人的实证学派时代，到达了行为和行为人并重的理性时代。[④] 但在对待毒品犯罪时，我国刑法依旧停滞于片面的古典主义学派立场，过分倚重涉案毒品数量。在毒品犯罪的量刑过程中，毒品数量大多作为促使刑量加重的积极因素而存在：要么满足相应数量即可上调一个刑度，要么超过一定数量即可增加刑罚量，只有在最后裁量宣告刑，毒品含量明显偏低时，才可以作为减少基准刑的考量因素[⑤]。换言之，毒品数量大多用于加刑，而非减刑。这样一来，“过分重视涉案毒品数量的刑法意义会压缩其他因素在刑事责任确定中发挥作用的空间，不利于贯彻宽严相济的刑事政策，会倒向重刑主义”。[⑥]

过分倚重毒品数量，忽略其他量化因素还易导致死刑的泛化。虽无官方公布的权威数据予以佐证，但毒品犯罪系我国适用死刑最多的犯罪之一已是

① 最高人民法院：《〈人民法院禁毒工作白皮书〉(2012—2017)》，载《人民法院报》2017年6月21日，第3版。

② 罗书臻、孙航：《最高人民法院发布毒品犯罪司法大数据》，载中国法院网，https://www.chinacourt.org/article/detail/2018/06/id/3371760.shtml，最后访问日期：2020年9月29日。

③ 胡云腾、方文军：《论毒品犯罪的惩治对策与措施》，载《中国青年社会科学》2018年第5期。

④ 李波：《行为人刑法转型与当代中国的选择》，载《政法论丛》2015年第4期。

⑤ 如《关于常见犯罪的量刑指导意见（试行）》规定，毒品含量明显偏低的，以及存在数量引诱情形的，可以减少基准刑的30%以下。

⑥ 齐文远、魏汉涛：《毒品犯罪治理的困境与出路》，载《河南大学学报（社会科学版）》2018年第1期。

学界不争的共识。有学者明确指出，尽管我国的禁毒法律体系可谓完善，但毒品犯罪案件的刑罚适用仍相当严厉，司法实践中有约1/3的死刑案件判决与毒品犯罪直接相关，① 每年因走私、贩卖、运输、制造毒品罪而被判处死刑的人员数量排在所有死刑案件罪名的前三位，仅次于故意杀人罪，② 死刑案件中《刑法》第347条成为适用最多的规定之一。③ 同样地，虽然毒品犯罪死刑泛化适用的现象与多因素相关，但毒品犯罪量刑的“唯数量论”仍在其中发挥了巨大作用。在司法实践中，涉案毒品的数量往往成为法官判处死刑的参考依据，法院系统内部也因此形成了一套死刑数量标准。例如，有学者根据调研、统计得出，走私、制造甲基苯丙胺、海洛因的死刑数量标准，湖北为200克以上，甘肃为100克以上，上海为400克以上，云南为500克以上，辽宁、广西、贵州为300克以上；④ 而在广东，走私、贩卖、制造甲基苯丙胺、海洛因1000克以上，运输1500克以上才可以判处死刑。⑤

毋庸置疑的是，设定毒品犯罪的死刑适用标准有助于案件裁判的规范化、明确化。但在刑法没有明确规定死刑适用限制措施的前提下，毒品犯罪死刑适用的数量标准极易机械化、教条化，毒品数量将成为压制其他衡量社会危害性情节作用发挥的障碍，导致死刑适用的泛化。对此，有学者指出，一般司法实践中只要不存在其他的法定从轻处罚情节，毒品数量往往就被当作量刑的主要标准甚至是唯一标准，一旦毒品犯罪行为的涉毒数量超过法院系统内部规定的死刑适用的数量标准，那么被告人就会被判处死刑，几乎不再考虑其他酌定量刑情节。⑥

2. 不以纯度折算，量化初衷未能实现

如果说刑罚裁量过分倚重毒品数量，是对其能否妥当发挥社会危害性量化功能的质疑，那是否以纯度折算就涉及毒品数量这一量化尺度能否得以贯彻的问题。量刑必须实体公正。实践中认为，量刑的实体公正是指人民法院

---

① 梅传强：《回顾与展望：我国禁毒立法之评析》，载《西南民族大学学报（人文社科版）》2008年第1期。

② 何荣功：《我国“重刑治毒”刑事政策之法社会学思考》，载《法商研究》2015年第5期。

③ 莫洪宪、薛文超：《“厉行禁毒”刑事政策下运输毒品罪的死刑废止》，载《广西大学学报（哲学社会科学版）》2016年第2期。

④ 魏汉涛：《毒品犯罪死缓的司法偏差与匡正——基于100份死缓判决书的分析》，载《现代法学》2018年第5期。

⑤ 任惠华：《毒品犯罪死刑适用问题的调查与思考》，载《甘肃政法学院学报》2015年第5期。

⑥ 彭之宇：《毒品犯罪量刑问题研究》，载《中国刑事法杂志》2014年第1期。

对犯罪人裁量、决定刑罚时要做到罚当其罪、罪刑相称、不偏不倚。这也是罪刑相适应原则在量刑活动中的具体要求，即量刑既要准确体现行为的社会危害性，又要体现行为人的人身危险性。[①] 那么，在毒品犯罪中，如何“不偏不倚”地进行社会危害性衡量，才能符合量刑实质公正、罪刑相适应原则的要求？显然，这既需要综合、全面地衡量情节体系，也需要在具体的衡量尺度内形成并保持其与社会危害性大小合乎位阶比例的对应关系。具言之，在毒品数量这一衡量尺度内，立法者设定刑法裁量的毒品数量标准应当是一个实质的标准，裁判者也要用“货真价实”的涉案毒品数量来与规范中的标准进行贴合，才是符合量刑实质公正，即罪刑适应的做法。

然而，《刑法》第357条第2款规定：“毒品的数量以查证属实的走私、贩卖、运输、制造、非法持有毒品的数量计算，不以纯度折算。”这导致了毒品数量从实质侧面贯彻社会危害性量化的进路遭遇阻隔，换言之，在这样的规范约束之下，毒品数量的社会危害量化功能并不健全、并不完整。有学者提出，毒品数量不以纯度折算的做法有以下优势：第一，有利于实践操作，节约司法成本；第二，更能体现罪刑法定原则和罪刑适应原则。[②] 但本书认为，不仅持该论者的前两点理由并不能构成毒品纯度鉴定制度展开的阻碍，而且毒品数量不以纯度折算的做法还将违背罪刑适应原则，损害罪、责、刑之间的一致性。例如，在两个案情相似的案件中，行为人甲贩卖纯度为80%的海洛因30克，行为人乙贩卖纯度为20%的海洛因40克。如果严格遵循《刑法》第357条第2款的规定，并在不考虑其他情节的情况下，行为人甲和乙都将面临“7年以上有期徒刑，并处罚金”的刑罚后果。即使进入了宣告刑裁量环节，按照《关于常见犯罪的量刑指导意见（试行）》规定，毒品含量明显偏低的，可以减少基准刑的30%以下，那么甲和乙最终所被判处的刑罚也可能相差无几。凭借最朴素的正义观念即可得知，这样的结果至少对行为人乙是不公正的，原因在于其所得到的刑量与其犯下的罪量之间并不相称。

罪刑适应不仅要求形式上的均衡，更需要实质上的均衡。具体到毒品数量，它需要通过纯度折算对相应数量毒品的客观危害性进行科学的、实质的衡量，而不是停留在表面的毒品数量上浅尝辄止，阻断毒品数量量化社会危

① 石经海：《量刑个别化的基本原理》，法律出版社2010年版，第94页。

② 郦毓贝主编：《毒品犯罪司法适用》，法律出版社2005年版，第11—12页。

害性功能的实质发挥。虽然被查处的涉案毒品就是行为人实际欲走私、贩卖、运输、制造、持有的毒品，但毒品纯度在不同时期的危害性也各不相同，同等数量情况下，高纯度的毒品明显比低纯度的危害性更大。①

3. 实质解读不一，量化根据把握混乱

在讨论了社会危害性的量化标准选择和量化初衷贯彻之后，不可回避的问题是，毒品数量需要量化的究竟是社会危害性当中的什么内容？虽然基于稳定性和精简性的考虑，刑法条文不会对此作出明确规定，但毒品数量量化的实质根据可以从其数量计算的过程中加以体现。如前所述，无论是直算法、折算法还是估算法，其目的都在于促使查证属实的毒品数量向法定刑幅度转化，只是三者之间的转换思路不完全一致。在这个“量—刑”（“量”指毒品数量，“刑”指毒品犯罪的法定刑）转化的过程中，一定有某种实质性的内容决定、影响了数量标准、折算标准的确定。因此，对此内容的研究和发掘既可以一窥毒品数量量化社会危害性时的功能指向，还能反过来检视这一指向的把握是否明确清晰。

通过对现行毒品数量计算规范进行解析可以发现，我国毒品数量计算中的实质依据并不统一，具体主要有以下几种情况：（1）参考毒品种类和成分因素；（2）参考“药物依赖性、医疗用途”因素；（3）综合考虑致瘾癖性、毒害性、纯度、滥用情况、受管制程度及犯罪形势、交易价格等因素。其一，以毒品种类和成分为实质依据。例如，《104 种非药用类麻醉药品和精神药品管制品种依赖性折算表》（以下简称《依赖性折算表》）不但以附表列举的方式明确了 104 种毒品物质与海洛因、甲基苯丙胺之间的数量折算标准，并且还在该附表的最后一栏，说明了 66 种物质与海洛因、甲基苯丙胺之间得出数量折算标准的“参照物质”。也就是说，该《依赖性折算表》中的折算标准是根据待计算毒品与“参照物质”（海洛因、甲基苯丙胺，或者该表中其他规定了折算标准的毒品）之间的成分相似性来确定的。② 并且，《依赖性折算表》尾部的注解对此作了说明，即“参照物质以文献或化学结构相似程度而确定”。其二，以“药物依赖性、医疗用途”为量化的实

---

① 彭景理、李亚博：《毒品数量的认定应当考虑纯度》，载《人民司法（应用）》2018 年第 25 期。

② 如据《依赖性折算表》可知，N－（2－甲氧基苄基）－2－（2，5－二甲氧基－4－溴苯基）乙胺与海洛因之间的折算比例为 1∶1，得出折算比例的参照物质为 2C－I；1－苯基－2－乙氨基－1－丁酮与甲基苯丙胺之间的折算比例为 1∶0.3，参考物质为 4－MMC。

质依据。例如，《非法药物折算表》就以药物依赖性大小和医疗使用范围大小为依据，确定了156种物质与海洛因之间的数量折算标准，这表明毒品之间的数量折算标准还可以依赖性和药用可能性为实质依据。其三，以致瘾癖性、毒害性、纯度、滥用情况、受管制程度及犯罪形势、交易价格等因素为实质依据。例如，根据《昆明会议纪要》的规定，在涉案新型毒品既无直接计算的条件，也无折算标准时，应当委托有关专业机构确定涉案毒品的致瘾癖性、毒害性、纯度等，综合考虑其滥用情况、受管制程度及犯罪形势、交易价格等因素，依法定罪量刑。

毒品数量作为社会危害性衡量的主要标准，事关毒品犯罪定罪量刑活动的公平与公正，即使与之相关规范层级不同、制定主体不同，但它们所把握的实质依据应当是整齐划一的，否则不管在此基础上建立多么精密的刑罚裁量规则，最终所得出的量刑结果都经不住仔细推敲。总的来说，当前把握不一的量化依据会造成以下弊端：第一，导致量刑结果不能准确反映犯罪的社会危害性，罪责之间不相称。社会危害性的准确量化以准确解读为前提，毒品数量又是刑罚裁量的主要参照，如果毒品数量的量化依据不能正确地反映毒品犯罪的社会危害，那么两者之间将会无法对接、“自说自话”。第二，导致毒品数量计算规范之间互相矛盾，毒品数量计算结果互相冲突。不同的规范按照不同的依据来确定毒品数量折算标准等内容，不仅会造成规范之间的逻辑不相统一，甚至还会造成同一种毒品物质在不同规范之中的折算标准不同，进而导致适用不同规范时，数量计算结果不同。例如，根据《毒品犯罪解释》的规定，如果犯罪行为涉及芬太尼，只需125克即可认定为“其他毒品数量大”，对应50克的海洛因。因此，两者之间的折算标准可被界定为1∶0.4；但《非法药物折算表》却将二者之间的折算标准规定为1∶40，即1克芬太尼可以折算为40克海洛因。可见，在某些特殊情形下，引用不同的数量计算规范将产生不同的计算结果。

二、法定刑选择指引性不明

根据罪刑适应原则，法定刑幅度的选择也应当以具体行为的社会危害性为根据，即危害大的行为应当对应更重的法定刑幅度，危害小的行为应当对应更轻的法定刑幅度，在此基础上，才能实现刑罚裁量与行为罪行之间的适应、均衡。如前所述，毒品数量具有量化社会危害性的功能，并被立法者和学者赋予较大期待。因此，在罪刑适应的实现历程之中，毒品数量能够充当危害性评价与法定刑选择之间的桥梁角色。事实上，《刑法》第347条和第348条也采取了该模式，沟通了毒品犯罪社会危害性与法定刑之间的内在联系：第347条和第348条中几档法定刑的选择过程和结果，都是依据涉案鸦片、海洛因、甲基苯丙胺的特定数量以及其他毒品“数量大”“数量较大”“少量”所决定的。这样，毒品的数量成为决定法定刑幅度选择的基本因素，此即为立法者期待实现的，实际上也确实运行的毒品数量的法定刑选择指引功能。为了方便论述，本书将毒品数量该功能的实现过程称为毒品数量计算，换言之，本书所说的毒品数量计算并不是将毒品数量予以加、减、乘、除的简单运算过程，而是一个包括了毒品数量运算，以及涉案毒品数量与法定刑相对应的量刑动态过程。最终结果不仅求某涉案毒品数量多少，也求根据该毒品数量对应出的法定刑幅度为何。①

在毒品数量向法定刑幅度转化的计算过程中，可能遇到三种情况：一是行为所涉及的毒品属于鸦片、海洛因、甲基苯丙胺等刑法已明确规定数量标准的情形；二是刑法没有明确规定行为所涉毒品的数量标准，而是由其他规范规定了其与有明确数量标准的毒品之间折算关系的情形；三是行为所涉毒品既无刑法规定的数量标准，又无其他规范规定的折算标准的情形。对此三种情况，我国毒品数量的计算模式分别采用“直接计算法”“估略计算法”“折合计算法”② （以下分别简称直算法、估算法、折算法）三种方法来实现毒品数量在法定刑选择中应有的指引功能。

（一）通过三种算法实现指引功能

1. 直算法

直算法的运行逻辑是通过刑法明文规定的数量标准，以实现毒品数量与法定刑幅度的直接对应。例如，依据《刑法》第347条第2款第1项规定，走私、贩卖、运输、制造海洛因50克以上即可直接对应“15年有期徒刑、无期徒刑或者死刑，并处没收财产”的法定刑幅度，此过程中无须其他计算步骤的介入。除刑法之外，为了增强直算法的适用性，强化毒品数量计算

① 梅传强、盛浩：《新精神活性物质数量计算的困境、症结与完善》，载《中国人民公安大学学报（社会科学版）》2020年第2期。

② 有学者将三者分别命名为“直接计算法”“估堆法”“折算法”，具体参见徐冉：《论毒品数量计算方式的完善——基于98例裁判的文本分析》，载《中国人民公安大学学报（社会科学版）》2018年第6期。

实践操作的明确性，司法解释也为海洛因、甲基苯丙胺、鸦片之外的 40 多种物质规定了数量标准，明确了“量—刑”之间的直接对应关系。最高人民法院 2016 年公布的《毒品犯罪解释》就对芬太尼、甲卡西酮、氯胺酮“数量较大”和“数量大”具体标准作出了明确规定，这在一定程度上拓展了直算法的适用范围，为审判实践提供了明确的依据，只是《毒品犯罪解释》所列的物质类型较少，还欠缺相当的完整性。（见图 2）

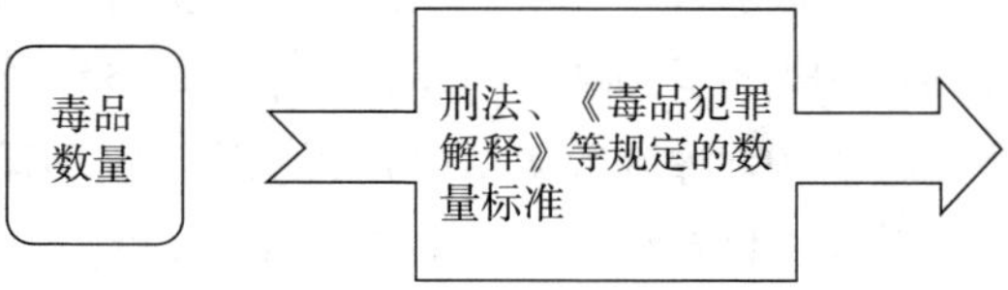

图 2　直算法原理示意

2. 估算法

估算法的运作机理是事先衡量涉案毒品是否符合刑法规范事先给定的评价标准，最后在综合考量的基础上来选择法定刑。例如，最高人民法院 2008 年发布的《大连会议纪要》中关于毒品数量计算问题的相关规定指出，对于国家管制的精神药品和麻醉药品，如果刑法、司法解释等没有明确规定量刑数量标准，也没有规定折算标准的，“应由有关专业部门确定涉案毒品毒效的大小、有毒成分的多少、吸毒者对该毒品的依赖程度，综合考虑其致瘾癖性、戒断性、社会危害性等依法量刑”。可见，其运行过程经历了一个从精确的毒品数量到模糊衡量的标准，再从模糊的衡量标准转向相对精确的法定刑的过程。应当说，在缺乏明确数量标准规定的情况下，估算法的适用为司法实践中解决涉新型毒品案件的审理难题带来了巨大的便利，为毒品数量指引功能的实现提供了有益补充。（见图 3）

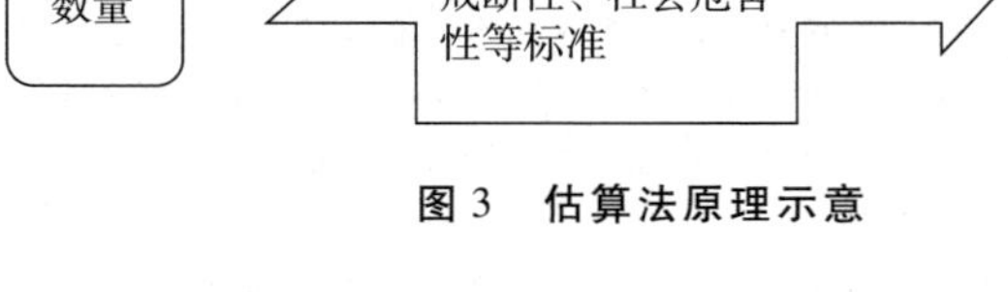

图 3　估算法原理示意

3. 折算法

折算法实现指引功能是通过毒品数量转化、换算过程实现的。首先，相关数量计算规范会为待计算毒品确定一个参照毒品以及待计算毒品和参照毒品之间的折算标准；其次，将待计算毒品的数量，依此折算标准换算为参照毒品数量；最后，根据参照毒品的数量标准选择法定刑。在实际操作当中，相关规范一般是将海洛因和甲基苯丙胺作为参照毒品，再依据二者与待计算毒品之间在成分等因素上的比较关系来确定折算标准。具体在规范上，《非法药物折算表》规定了104种毒品物质与海洛因之间的折算标准；《依赖性折算表》又对104种新型毒品与海洛因、甲基苯丙胺之间的折算标准作出了明确规定。司法实践当中，折算法又可以分为两个子项，一个是同一行为涉及多种毒品类型的复杂折算，一个是同一行为只涉及单种毒品类型的简单折算。[①] 对于复杂折算的情况，根据《武汉会议纪要》关于“毒品数量计算问题”的规定，“走私、贩卖、运输、制造、非法持有两种以上毒品的”，应当采取“先折算，后累加”的方法认定涉案毒品数量。[②] 2023年6月出台的《昆明会议纪要》也基本采取了《武汉会议纪要》的这一思路。[③]（见图4）

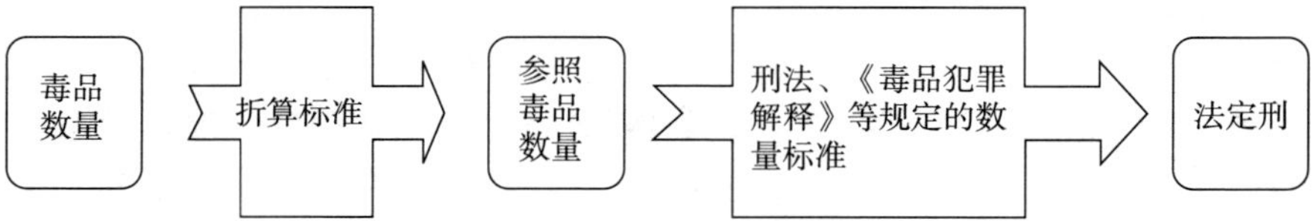

图4 折算法原理示意

① 前者如在一个贩卖毒品行为当中同时涉及哌乙酯和β-羟基硫代芬太尼物质，则要将二者的数量分别折算为甲基苯丙胺和海洛因的数量后综合认定涉案毒品数量；后者如在一个贩卖毒品行为当中只涉及β-羟基硫代芬太尼物质，那么就只需要将其按照规定比例折算为海洛因数量后量刑即可。

② 根据《武汉会议纪要》的规定，复杂折算应当分为两种情况予以解决：第一种，对于刑法、司法解释或者其他规范性文件明确规定了定罪量刑数量标准的毒品，应当按照该毒品与海洛因量刑数量标准的比例进行折算后累加；第二种，对于刑法、司法解释或者其他规范性文件没有明确规定定罪量刑数量标准，但《非法药物折算表》规定了海洛因的折算标准的毒品，可以按照《非法药物折算表》折算为海洛因后进行累加。

③ 根据《昆明会议纪要》的规定，走私、贩卖、运输、制造、非法持有两种以上毒品，刑法、司法解释明确规定了定罪量刑数量标准的，可以根据现有定罪量刑数量标准，将不同种类的毒品分别折算为海洛因的数量，以折算后累加的毒品总量作为定罪量刑的根据。

（二）三种方法分别使用的效果困境

在刑法以具体列举情节方式对应法定刑等级的犯罪中，犯罪数额、结果等情节往往起着标示法定刑幅度的作用，既然立法者针对这些情节规定了法定刑幅度等级，说明这些具体情节存在的程度差别往往是在相应法定刑内起调整刑罚轻重的关键因素。[①] 表面上，毒品犯罪法定刑幅度选择主要以毒品数量为依据，兼具明确性和便捷性，是实现法定刑选择指引功能的最优选择。但是，如何认定甲基苯丙胺、海洛因、鸦片之外的“其他毒品数量”是否达到“数量大”“数量较大”“少量”的标准，清理条文中所存在的“模糊地带”，就成了亟待解决的问题。因此，系列规范性文件对毒品数量计算方法作了细致规定，并且构建了“直算、估算、折算并存，折算为主”的毒品数量计算体系。本书认为，毒品的数量计算不仅仅是一个数量关系问题，其在本质上更是一个刑罚裁量的问题，应当遵循罪刑法定原则之明确性的要求。[②] 换言之，通过毒品数量计算所实现的法定刑选择指引应当是清晰明确，无矛盾、无空白的。但从司法实践来看，当下毒品数量指引功能的实现还存在诸多困境。具体而言，直算、估算、折算三种方法在分别使用和综合使用中的六种具体情形当中，相应存在成效不彰的效果困境或者衔接不足的协调困境。

首先，直算法标准滞后。直算法的精确、便捷是通过使单一毒品数量与法定刑相对应而实现的，因为直接对应式的规定省去了经验法则的运用步骤和标准选取的争议环节，有利于计算过程的简便和计算结果的统一。直算法之作用范围依靠数量标准来支撑，倘若能对所有毒品种类都能规定这样的逐一对应关系，那将不会存在如此众多的毒品数量计算难题。但问题是，《刑法》第 347 条所规定的法定刑只有三档，而列入管制的新精神活性物质[③]却

---

① 王利荣：《论量刑的合理性》，西南政法大学 2007 年博士学位论文。

② 李永升主编：《刑法总论》，法律出版社 2016 年版，第 34 页。

③ 理论界对第三代毒品与新精神活性物质的具体关系及范围存在较大争议。首先，第三代毒品和新精神活性物质是否概念等同有较大争议；其次，新精神活性物质能否视为法律意义上的毒品也存在争议，有观点认为新精神活性物质与毒品是并列关系，新精神活性物质不是法律意义上的毒品，也有观点认为新精神活性物质和毒品是交叉关系，被列入管制的新精神活性物质就是毒品。具体参见游彦、邓毅、赵敏：《第三代毒品——新精神活性物质（NPS）发展趋势评估、管制瓶颈与应对策略》，载《四川警察学院学报》2017 年第 1 期；王锐园：《探析新精神活性物质管控模式》，载《民主与法制时报》2018 年 9 月 13 日，第 6 版。为了论述的严密和顺畅，本书认为，第三代毒品又称实验毒品，是指相对于海洛因、大麻等第一代毒品（植物提取类毒品）以及冰毒、摇头丸等第二代毒品（化学合成类毒品）而言的，以新精神活性物质为主要内容的新式毒品的集合。

有不断增加，若广泛采取直算法的“量—刑”对应方式，则如何分别确定二者之间数量标准又将是一个艰巨任务。比起新精神活性物质种类的扩张速率，直算法数量标准的更新速率是极为滞后的。事实也证明，毒品犯罪发展所呈现的复杂性已经远超当初立法者的想象，新精神活性物质的不断涌现已经迫使立法者放弃了通过直算法计算毒品数量的最初设想，直算法的“量—刑”对应方式在法律规范稳定的前提要求下，只能做出僵化和滞后上的妥协，[①] 进而由折算法和估算法加以补充。

其次，估算法标准模糊。毋庸置疑，估算法是三种毒品数量计算方法中最为简便的，但也是最为粗糙的。估算法的实质核心在于，在涉及毒品种类及成分复杂的情况下，“综合考虑相关物质的致瘾癖性、戒断性、社会危害性等依法量刑”。总体来说，这是一种“估堆式”方法的体现。在毒品案件当中，数量的认定过程直接关系到法定刑裁量的动态过程。虽然量刑本质决定了量刑裁量权只能被规范，而不能被限制，其结论应当是综合量刑目标对各种硬性量化指标进行的价值选择，而不是由各种量化指标直接产出的自动产品。[②] 但是，过度依赖于经验和抽象判断的“估堆式”方法如果在毒品犯罪审判当中大量运用，易造成裁判结论的多样化（特别是在不同地区的不同法院）和裁判理由的说理不足。在第三代毒品不断涌现的新语境下，“瘾癖性、戒断性、社会危害性”等不确定标准已从尊重自由裁判和考虑情况复杂的有利因素，转变为损及司法统一和司法公正的不利因素，估算法标准的模糊性与多元性已经不再适应当下毒品案件形势的发展。

最后，折算法标准繁杂。把一定的折算标准作为标准和将一定的传统毒品作为参照，折算法的初衷在于同时解决新类型毒品数量计算当中的模糊性问题和滞后性问题。但其在解决问题的同时又有新的问题凸显出来：其一，折算标准规定的依据不甚明确。在确定某种新型毒品物质与甲基苯丙胺或者海洛因之间的折算标准时，其参照的依据是相关物质“瘾癖性、戒断性、社会危害性”等因素，还是相关物质成分因素？对此并没有统一的规范给予统一的答案。其二，在运用折算标准进行折算时，是否需要考虑纯度折算也不甚明了。即在遇到第三代毒品明显纯度较低时，其在折算为甲基苯丙胺

---

① 实际上对直算法有明确规定的现行规范只有刑法和《毒品犯罪解释》。

② 石经海：《刑法现代化下的“量刑”解构——量刑规范化的科学基础探究》，载《中国刑事法杂志》2010 年第 3 期。

或者海洛因的过程中，是否需要加入一个实际含量计算的过程？通过案例检索发现，实践做法与明文规定并不统一。[①] 其三，目前折算参照只有甲基苯丙胺和海洛因的状况并不科学，不断涌现的新精神活性物质成分十分复杂，要确定其与两种传统折算参照之间的折算标准实际上并无充分的科学依据。其四，折算法仍然有模糊性问题和滞后性问题，前者体现在不同规范文件在规定折算标准时会存在矛盾之处，后者体现在目前仍然有大量新精神活性物质折算标准处于空缺状态。[②]

在本书看来，造成上述困境的原因主要有两个：一是第三代毒品物质更新速率和法律规制速率之间的时差矛盾；二是第三代毒品列管模式缺陷。首先，物质更新速率和法律规制速率之间的时差矛盾。《2019 年中国毒品形势报告》指出，近年来，“新类型毒品增多，识别查处难……新精神活性物质作为第三代毒品，在国内迅速扩张，且花样不断翻新”[③]，违法犯罪者利用新精神活性物质结构多变与形式多样的特征来逃避法律制裁，使得在“成瘾性”等理化属性上与传统毒品相似的新精神活性物质，因为结构上的差异而成为列管和制裁的法律难题。[④] 即便是国家采取积极的态度快速列管新精神活性物质，也无法及时为其确定定罪量刑的数量标准，《麻醉药品品种目录》《精神药品品种目录》以及《非药用类麻醉药品和精神药品管制品种增补目录》等定义性规范，与《毒品犯罪解释》《依赖性折算表》《非法药物折算表》等计算性规范之间存在巨大的规制范围缺口。其次，第三代毒品列管模式缺陷所引发的后遗症。第三代毒品的法律管制是世界各国各地区所面临的重要课题。其要解决的问题是，在法律稳定性和毒品易变性之间寻

---

① 按照《依赖性折算表》的规定，N，N－二异丙基－5－甲氧基色胺与甲基苯丙胺之间的折算标准为 1∶1，也就是说，走私、贩卖、运输、制造该物质达到 10 克的，即可认定为“数量较大”，可处 7 年以上有期徒刑。但笔者通过检索部分案例发现，有些涉案毒品数量超过 10 克的案件最终量刑极低。通过判决文书在正文中列明了毒品含量可推知，相关判决结果可能是在折算纯度后得出的。具体参考：（2019）京 0108 刑初 1091 号判决书；（2019）京 0108 刑初 1076 号判决书；（2019）京 0108 刑初 1095 号判决书；（2019）京 0108 刑初 1041 号判决书等。但同时，《刑法》第 357 条规定“数量计算，不以纯度折算”。由此，文中所述的矛盾之处便显现出来了。

② 前者如在规定甲卡西酮的折算标准时，《非法药物折算表》规定 1 克甲卡西酮折算海洛因 1 克，而《毒品犯罪解释》规定 1 克甲卡西酮折算海洛因 0.25 克；而后者如纳入《精神药品品种目录》列管的 4－甲基甲卡西酮、依他喹酮等物质目前仍没有明确的折算标准。

③ 《2019 年中国毒品形势报告》，载中国禁毒网，http：//www.nncc 626.com/2020－06/24/c_1210675813.htm，最后访问日期：2020 年 10 月 3 日。

④ 包涵：《新精神活性物质管制的国际经验和中国路径》，载《公安学研究》2018 年第 3 期。

找平衡，进而划定第三代毒品的管控范围与制裁区间。综合来看，根据运行逻辑的不同，第三代毒品的法律管制模式大致可以分为五种：列举管制模式、特别立法模式、类似物管制模式、早期预警模式以及临时列管模式。① 我国主要采取的是列举管制模式，通过《麻醉药品和精神药品管理条例》和《非药用麻醉药品和精神药品列管办法》后附目录等形式对新精神活性物质加以法律管制。刑法需要稳定性，基于国民预测可能性保障的客观要求，第三代毒品的管制模式应当主要由列举管制作为主体。但是我国的列举管制目录却没有对其中的毒品物质进行细致地分类、分级，仅是简单堆砌和随意铺陈，缺乏分类、分级的"板块化"凝练，原本分散状态的新精神活性物质目录在数量计算环节仍处于分散状态，存在模式化阙如的缺陷。由于在定罪和量刑之间本应具备的模块化程序的缺乏，列管程序所面临的"时差矛盾"即被转嫁至数量计算程序之中，进而造成第三代毒品定罪量刑过程面临"按下葫芦浮起瓢"式的方法论困境。

（三）三种方法综合使用的协调困境

司法实践中，时常存在混合毒品案件，即一个毒品犯罪行为涉及多种毒品的情况，此时便需要多种方法的配合才能完成毒品数量计算。例如，甲涉嫌非法持有毒品，经查获，涉及乙酰芬太尼 10 克，丁酰芬太尼 4 克，在计算毒品数量时，按照《武汉会议纪要》《昆明会议纪要》"先折算，后累加"的方法，先将两者分别折算为海洛因 60 克、4 克，② 累加为海洛因 64 克，然后对应选择"7 年以上有期徒刑或者无期徒刑"的法定刑幅度。③ 在此例中，便同时使用了折算法和直算法两种数量计算方法，本书将这一组合

---

① 列举管制模式是通过附表列举的形式将未被纳入管制的新精神活性物质纳入管控之中，即采用明文规定的方式划定新精神活性物质的范围；特别立法模式是通过特别立法的形式，规定新精神活性物质的具体定义要素，然后通过定义要素辐射新精神活性物质的法律规制范围；类似物管制模式的思路是，通过立法在已列管物质与未列管物质之间确立一种相似性标准，如果某种物质符合该相似性标准，那就可以通过司法裁判的方式认定其为毒品；早期预警模式是对某种可能被滥用的物质进行评估，并用评估所得的危害性结果为立法管制提供参考；临时列管模式是通过简化程序设计，赋予相关主体更大的列管决定权，从而在程序上缩短列管时间。具体参见包涵：《新精神活性物质管制的国际经验和中国路径》，载《公安学研究》2018 年第 3 期。

② 根据《依赖性折算表》，乙酰芬太尼、丁酰芬太尼二者与海洛因的折算标准分别为 1∶6 和 1∶1.25。

③ 根据《刑法》第 348 条的规定，非法持有鸦片 1000 克以上、海洛因或者甲基苯丙胺 50 克以上或者其他毒品数量大的，处 7 年以上有期徒刑或者无期徒刑，并处罚金。

形式简称为“折算＋直算”。除此之外，实践中还将遇到“直算＋估算”以及“直算＋估算＋折算”两种模式，① 但在本书看来，这三种模式在实际运行中都存在协调性不强的问题，进而为毒品数量法定刑选择指引功能的发挥造成障碍。

首先，“直算＋估算”以及“直算＋估算＋折算”两种涉及估算法的组合模式在使用过程中会面临协调困境。在毒品数量计算上，直算法、折算法在实质上都是要求对毒品数量的计算必须达到一定的细致程度和精确水准，但估算法只是基于现实条件考虑而对毒品数量的模糊化处理。前者与后者之间始终存在难以调和的矛盾。第三代毒品数量繁多、品种日新月异，并且随着禁毒政策的大力推行，更多当前没有被纳入管制的新精神活性物质将被纳入管制目录，估算法将会被大量使用。这样一来，在特定的混合毒品犯罪案件当中“精确”与“模糊”的矛盾将会更加突出，造成价值追求上的不协调。此外，如果一个案件涉及“直算＋估算＋折算”三种方法的综合使用——尽管这种案件在实践中并不多见——那么计算步骤复杂也是一个需要面对的问题。例如，经过查明事实，甲同时贩卖1－（1－萘甲酰基）－4－戊氧基萘2克，氯胺酮10克，4－甲基甲卡西酮15克。在不考虑纯度的情况下，正确的做法是应当将20克1－（1－萘甲酰基）－4－戊氧基萘按照1∶23.6的比例折算为47.2克海洛因，将10克氯胺酮按照0.1∶1的比例折算为1克海洛因，在累加得到的48.2克海洛因的基础上再综合考虑15克4－甲基甲卡西酮的“瘾癖性、戒断性、社会危害性”等因素选择法定刑幅度。② 一方面，计算过程相当复杂，并且不同的计算步骤选择会导致不同的计算结果产生；另一方面，在裁判文书普遍不说明计算过程的情况下，如何充分展示裁判文书的说理性也将成为问题。

其次，“折算＋直算”的组合模式使用过程中也会面临协调上的困境。排除估算法的因素，根据《武汉会议纪要》的规定，一个毒品犯罪行为涉及多种毒品时，应当采用“先折算，后累加”的方法认定涉案毒品数量。

---

① 按理来说，通过排列组合，直算法、折算法、估算法三者可以组合为“折算＋直算”“直算＋估算”“直算＋估算＋折算”以及“折算＋估算”四种模式。但是，因为折算法的运作过程会根据折算标准得出海洛因或者甲基苯丙胺的具体数量，再直接换算为相应的法定刑，这其中必然会有直算法的使用。换言之，无论怎样组合毒品数量计算方法支架，都将运用到直算法。因此，实践中不会有“折算＋估算”模式的存在。

② 4－甲基甲卡西酮这种物质在目前的规范中没有明确的折算或者直算规定。

换言之，就是根据刑法、司法解释等规定的法定刑比例和折算标准将多种毒品折算为海洛因之后再进行数量上的累加计算。但是，这将存在以下几个方面的问题：第一，方法不协调。并不是所有新类型毒品物质的折算参照都是海洛因，例如，根据《依赖性折算表》所列明，3-甲氧基甲卡西酮的折算中介为甲基苯丙胺，其折算标准为1∶0.3。那么，在一个毒品犯罪行为当中同时涉及3-甲氧基甲卡西酮和其他毒品种类时，是否要将3-甲氧基甲卡西酮先折算为甲基苯丙胺之后，再折算为海洛因呢？对此，司法解释没有明确规定，由此会造成毒品数量计算在不同情况下方法不协调（因为如果行为只涉及3-甲氧基甲卡西酮时，直接按照比例折算为甲基苯丙胺量刑即可，没有前述争议）。[①] 第二，标准不协调。正如前文谈到折算法时所述，新精神活性物质在进行数量折算时，实践中常常考虑了纯度因素，由此会对法定刑幅度的选择造成影响，但在涉及多种毒品的数量计算时，该问题更会导致个案中的标准不协调。根据《刑法》第357条的规定，毒品犯罪中的毒品数量以查证属实的数量计算，不以纯度折算，如果数量折算过程当中考虑纯度问题，实际上就是变相违背了这一规定。那么实践中就会造成以下困境：一个行为同时涉及传统毒品和第三代毒品物质时，为何第三代毒品要折算纯度，而传统毒品却不折算纯度？由此，就造成了毒品数量计算在不同毒品类型下的标准不协调。

造成上述困境的原因主要有两个：一是数量计算实质依据不一致；二是相关数量计算规范混乱无序。其一，数量计算的实质依据不相一致。正如前面在论述“实质解读不一，量化根据把握混乱”时所提到的那样，几大数量计算规范在确定折算、直算以及估算的数量标准时，采取的实质依据并不统一，这导致折算法在确定折算标准和折算过程，以及估算法在选取估算因素时，总会面临方法论上的合理性诘问。其二，缺乏统一、自洽的数量计算规范。一方面，当前相关规范还缺乏统一性和明确性，需要一定的搜集和鉴别过程，明确程度不足。[②] 并且，由于制定主体和适用对象等方

---

① 值得注意的是，根据《刑法》第347条的规定，海洛因和甲基苯丙胺的量刑数量标准是相同的，姑且可以认为甲基苯丙胺和海洛因之间的折算标准为1∶1，但这并不意味着两种毒品之间是等同关系。也就是说，在前述的例子当中，甲基苯丙胺和海洛因之间的折算在理论上是一个不可忽略的过程。

② 事实上，作为第三代毒品数量计算主要规范依据的《依赖性折算表》《非法药物折算表》在网络上并无官方的平台可以查阅。

面的问题,[①] 理论界和司法实践中，对1－（2－噻吩基）－N－甲基－2－丙胺、2－甲基甲卡西酮等27种毒品的数量计算能否采用《依赖性折算表》存在较大争议[②]；另一方面，规范之间存在标准冲突，缺乏体系自洽性。例如根据《非法药物折算表》规定，甲卡西酮与海洛因之间的比例为1：1，但在涉及前述混合毒品数量计算，即“先折算，后累加”的情形中，通过分析各自量刑数量标准可知，《毒品犯罪解释》将甲卡西酮与海洛因之间的比例确定为4：1。[③] 换言之，在一些特定物质上，折算法单独使用，和“直算＋折算”两种情形下的数量计算结果不协调是由规范冲突造成的。[④] 应当说，两种情形中所涉物质相同，亦无其他情况发生，数量计算结果不该存在差别，此差别的存在正是来源于规范体系自洽性的缺乏。

三、宣告刑裁量参考性不强

从司法本质上评价，刑法分则条文系关于定罪基准及量刑基准的基础性规定。具体到量刑基准上说，立法层面刑法分则条文关于抽象个罪法定刑的规定，也只是为司法层面个罪的量刑过程固定了一个起始标准，至于在此起始标准之后如何量刑以及量什么刑，还需根据量刑情节和刑法总则的相关规定加以决定。[⑤] 换言之，刑罚的裁量并不是直接从法定刑到宣告刑的骤变，而是一个不断考量各种量刑事实情节，不断细化、完善的过程，实现从法定刑“幅度”到宣告刑“点”的转变。当然，这个过程中充满主观因素和可变因素，如果不对之加以规范和明确，极易因法官的肆意裁量造成最终量刑

---

① 根据《关于印发〈104种非药用类麻醉药品和精神药品管制品种依赖性折算表〉的通知》（禁毒办通〔2016〕38号）的规定，《依赖性折算表》的印发主体为国家禁毒委员会办公室，印发对象为各省、自治区、直辖市禁毒委员会办公室，新疆生产建设兵团禁毒委员会办公室。

② 陈柏新、潘缨：《新型毒品犯罪若干争议问题研究》，载《〈上海法学研究〉集刊》2019年第7卷。

③ 根据《毒品犯罪解释》的规定，贩卖、运输、制造、非法持有甲卡西酮200克以上为“其他毒品数量大”，40克以上不满200克为“其他毒品数量较大”，分别与贩卖、运输、制造、非法持有海洛因“50克以上”“10克以上，不满50克”相对应，以此可以得出二者之间的折算比例为4：1。

④ 除此之外，存在类似情况的物质还有二氢埃托啡等，相关论述参见彭景理：《混合毒品数量认定方式之完善——基于200份裁判文书的考察》，载《中国人民公安大学学报（社会科学版）》2019年第5期。

⑤ 石经海：《刑法现代化下的“量刑”解构——量刑规范化的科学基础探究》，载《中国刑事法杂志》2010年第3期。

结果的实质不公，突破大众的公平认知底线。因此，最高人民法院自2005年开始便寄希望于通过制定系列“量刑指导意见”以实现量刑活动的规范化。其基本内容之一就是将量刑活动划分为“确定量刑起点—确定量基准刑—确定宣告刑”三个阶段，规范量刑步骤。“量刑起点是量刑规范化的前提和基础，基准刑的确定是量刑活动的关键和核心步骤，宣告刑是量刑的最终结果”①，确定量刑起点和基准刑的最终目的是宣告刑厘定，他们可以被视为宣告刑裁量的参考。在量刑规范化的推进进程中，毒品犯罪一直都备受关注，相关规范数次改变，量刑方法不断革新，但不变的是毒品数量这一因素一直扮演着重要的角色，从中可以体现出立法者对毒品数量所赋予的宣告刑裁量参考功能的期待，具体可以从其对确定量刑起点和量刑基准两个阶段来进行观察。

法定刑侧重的是抽象情形下的、一般的行为的谴责性大小，而宣告刑则是依据具体案件特殊性和犯罪人的个性所判处的刑罚，关注的是具体行为的该当性以及其在刑事政策上的特殊性，两者是一般与具体、普遍与特殊、共性与个性的关系。② 在量刑规范化的语境下，法定刑到宣告刑的关系转化是通过量刑起点和基准刑得以实现的。本书在前面的论述中提及，量刑起点的确定、基准刑的确定及修正都是毒品数量的宣告刑裁量之参考功能的具体体现。一方面，在以毒品数量为主要参考依据的量刑体系中，只有依据明确、充分的宣告刑裁量过程才是量刑公开和量刑公正的真正体现；另一方面，只有将抽象的法律规范与具体的案情相结合，并形成量刑判决的动态过程（而非简单的、数量化的对号入座），才是量刑均衡的正确要求。③ 但本书认为，即使依照当下的规范性文件加以按部就班，最终也难以得出公正、均衡、逻辑自洽的刑罚裁量结果，毒品数量功能发挥的理想图景难以如期望中实现。

（一）量刑起点确定的参考功能

确定量刑起点是最终确定宣告刑的第一步，因此极具参考意义。关于毒品犯罪量刑起点的规定最早出现在最高人民法院2009年4月修订的《人民

① 李彦泽：《量刑起点、基准刑及宣告刑的确定依据》，载《人民检察》2018年第13期。
② 刘军：《罪刑之具体均衡：宣告刑的形成与影响因素》，载《法律方法》2015年第1期。
③ 石经海：《“量刑规范化”解读》，载《现代法学》2009年第3期。

法院量刑指导意见（试行）》中，[①] 其明确规定了4种数量标准下所对应的量刑起点。[②] 总体来看，其规定内容呈现出以下几个特征：首先，量刑起点与刑法中所规定的法定刑幅度之间并非完全对应。2009年修订的《人民法院量刑指导意见（试行）》将毒品所涉及的数量情况分为四种，并且分别对应15年、7年、3年、6个月有期徒刑，四个量刑起点。这虽与刑法规定的三档法定刑幅度实现阶梯对应（每一档法定刑都能找到一个具体的量刑起点），但在“3年以上7年以下有期徒刑，并处罚金”这一法定刑，作为构成要件要素的“情节严重”却与作为量刑起点确定要素的具体毒品数量无法对接。其次，量刑起点为确定的有期徒刑，而非可供斟酌的有期徒刑幅度，15年、7年、3年、6个月有期徒刑四个固定点意味着法官在确定量刑起点时没有选择的空间。再次，量刑起点从刑种上看较为单一，均为有期徒刑，且从时间上看，均为在该档法定刑中能选择的最低有期徒刑。最后，毒品种类较为详细，具体包括了海洛因、甲基苯丙胺、可卡因、吗啡、二亚甲基双氧安非他明等10种毒品以及“其他毒品”。

在此之后，最高人民法院分别于2010年9月、2013年12月出台了《人民法院量刑指导意见（试行）》《关于常见犯罪的量刑指导意见》，并又于2017年3月出台了修订后的《关于常见犯罪的量刑指导意见》（以下简

① 值得注意的是，2008年8月最高人民法院出台的《人民法院量刑指导意见（试行）》规定的量刑步骤是“基准刑—宣告刑”，并未“确定量刑起点”这一步骤。而2009年4月修订的《人民法院量刑指导意见（试行）》虽然也没有明确规定宣告刑的裁量需要事先确定量刑起点，但在关于毒品犯罪的条款中，明确规定了应先确定量刑起点，再确定基准刑，最后确定宣告刑。

② 根据《人民法院量刑指导意见（试行）》的规定，走私、贩卖、运输、制造毒品犯罪情节一般的，其量刑起点分别为：（1）走私、贩卖、运输、制造鸦片1千克，海洛因、甲基苯丙胺或者可卡因50克，吗啡或者二亚甲基双氧安非他明（MDMA）等苯丙胺类毒品（甲基苯丙胺除外）100克，氯胺酮或者美沙酮1千克，三唑仑或者安眠酮50千克，咖啡因200千克或者其他毒品数量达到数量大起点的，量刑起点为15年有期徒刑。（2）走私、贩卖、运输、制造鸦片200克，海洛因、甲基苯丙胺或者可卡因10克，吗啡或者二亚甲基双氧安非他明（MDMA）等苯丙胺类毒品（甲基苯丙胺除外）20克，氯胺酮或者美沙酮200克，三唑仑或者安眠酮10千克，咖啡因50千克或者其他毒品数量达到数量较大起点的，量刑起点为7年有期徒刑。（3）走私、贩卖、运输、制造鸦片140克，海洛因、甲基苯丙胺或者可卡因7克，吗啡或者二亚甲基双氧安非他明（MDMA）等苯丙胺类毒品（甲基苯丙胺除外）14克，氯胺酮或者美沙酮140克，三唑仑或者安眠酮7千克，咖啡因35千克或者其他数量相当毒品的，量刑起点为3年有期徒刑。（4）走私、贩卖、运输、制造鸦片40克，海洛因、甲基苯丙胺或者可卡因2克，吗啡或者二亚甲基双氧安非他明（MDMA）等苯丙胺类毒品（甲基苯丙胺除外）4克，氯胺酮或者美沙酮40克，三唑仑或者安眠酮2千克，咖啡因10千克或者其他数量相当毒品的，量刑起点为6个月有期徒刑。

称《量刑指导意见》)[①]；2021年，最高人民法院、最高人民检察院联合印发了《关于常见犯罪的量刑指导意见（试行)》，延续了2017年《关于常见犯罪的量刑指导意见》对毒品犯罪量刑起点确定方法的规定，还增补了毒品犯罪罚金数额与缓刑适用问题。由此，毒品犯罪量刑起点的确定方法被固定、延续下来。[②] 与2009年修订的《人民法院量刑指导意见（试行)》相比较，主要有以下变化：第一，更加注重量刑起点与法定刑幅度之间的对应关系。《量刑指导意见》指出，量刑的第一步应当是“根据基本犯罪构成事实在相应的法定刑确定量刑起点”。因此，《量刑指导意见》将“3年以上7年以下有期徒刑，并处罚金”这一法定刑确定量刑起点的参考因素从原有的毒品数量改为“情节严重”，即“情节严重的，可以在3年至4年有期徒刑确定量刑起点”。第二，量刑起点从确定的“点”转为可斟酌的“度”，具体为15年有期徒刑、7—8年有期徒刑、3年以下有期徒刑、拘役，以及3—4年有期徒刑。第三，刑种从单一走向多元，在“3年以下有期徒刑、拘役或者管制，并处罚金”的法定刑，量刑起点既可以是有期徒刑，也可以是拘役。第四，毒品种类由具体转变为笼统，仅包括鸦片、海洛因、甲基苯丙胺3种确切毒品以及“其他毒品”。此外，2017年，最高人民法院又公布了《关于常见犯罪的量刑指导意见（二）（试行)》（以下简称《量刑指导意见（二）（试行)》）对非法持有毒品罪的量刑起点确定方法做了明确规定，其模式大致与《量刑指导意见》相同。[③]

---

① 根据《量刑指导意见》的规定，构成走私、贩卖、运输、制造毒品罪的，可以根据下列不同情形确定量刑起点：(1) 走私、贩卖、运输、制造鸦片1千克，海洛因、甲基苯丙胺50克或者其他毒品数量达到数量大起点的，量刑起点为15年有期徒刑。依法应当判处无期徒刑以上刑罚的除外。(2) 走私、贩卖、运输、制造鸦片200克，海洛因、甲基苯丙胺10克或者其他毒品数量达到数量较大起点的，可以在7年至8年有期徒刑确定量刑起点。(3) 走私、贩卖、运输、制造鸦片不满200克，海洛因、甲基苯丙胺不满10克或者其他少量毒品的，可以在3年以下有期徒刑、拘役确定量刑起点，情节严重的，可以在3年至4年有期徒刑确定量刑起点。

② 虽然各版量刑指导意见在整体内容上发生了更迭，但关于毒品犯罪量刑起点的规定却没有发生变化，所以下文主要用2017年5月施行的《最高人民法院关于常见犯罪的量刑指导意见（二）(试行)》作为分析范本。

③ 《量刑指导意见（二）（试行)》规定，构成非法持有毒品罪的，可以根据下列不同情形确定量刑起点：(1) 非法持有鸦片1000克、海洛因或者甲基苯丙胺50克或者其他毒品数量大的，可以在7年至9年有期徒刑确定量刑起点。依法应当判处无期徒刑的除外。(2) 非法持有毒品情节严重的，可以在3年至4年有期徒刑确定量刑起点。(3) 非法持有鸦片200克、海洛因或者甲基苯丙胺10克或者其他毒品数量较大的，可以在1年以下有期徒刑、拘役确定量刑起点。

（二）基准刑确定中的参考功能

确定基准刑是规范化量刑程序中的过渡阶段，也是宣告刑裁量前的“最后”一道关口，其对能否公正确定宣告刑的意义不言而喻，并且在这一阶段中，毒品数量仍然扮演了极为重要的角色，进一步为宣告刑的裁量提供了参考依据。最早规定毒品犯罪基准刑确定方法的规范是2008年8月由最高人民法院发布的《人民法院量刑指导意见（试行）》①，其所规定的毒品犯罪基准刑总体上表现出精确性与模糊性并存的特征：一方面，其所规定的基准刑具有精确性。这体现在：（1）基准刑确定的衡量因素即毒品数量是确定的，即将毒品数量划分为四个确定的等级，每个等级对应具体的基准刑；（2）毒品数量所对应的基准刑是确定的，分别为15年、7年、3年、6个月至1年有期徒刑，如行为人贩卖的鸦片数量为200克时，对应的基准刑即为7年。另一方面，其所规定的基准刑又具有模糊性，因为毒品数量不是毒品犯罪法定刑幅度选择的唯一要素（例如，“3年以上7年以下有期徒刑，并处罚金”对应的要件要素为“情节严重”），因此《人民法院量刑指导意见（试行）》又规定，“有其他犯罪情节的，可以根据犯罪情节的严重程度在相应的法定刑确定基准刑”，进而为基准刑的确定带来模糊性。

2009年4月修订的《人民法院量刑指导意见（试行）》对毒品犯罪基

---

① 2008年8月出台的《人民法院量刑指导意见（试行）》规定，走私、贩卖、运输、制造毒品犯罪情节一般的，可以分别在下列相应的确定基准刑：（1）走私、贩卖、运输、制造鸦片1000克、海洛因或者甲基苯丙胺50克或者其他毒品数量达到数量大起点的，基准刑为15年有期徒刑。（2）走私、贩卖、运输、制造鸦片200克、海洛因或者甲基苯丙胺10克或者其他毒品数量达到数量较大起点的，基准刑为7年有期徒刑。（3）走私、贩卖、运输、制造鸦片140克、海洛因或者甲基苯丙胺7克或者其他数量相当毒品的，基准刑为3年有期徒刑。（4）走私、贩卖、运输、制造鸦片40克、海洛因或者甲基苯丙胺2克或者其他数量相当毒品的，基准刑为6个月至1年有期徒刑。

准刑的确定方法进行了一次较大的修改[①]，其最大的特征在于规定了毒品犯罪量刑基准确定的“比例浮动机制”，即基准刑的确定是在量刑起点的基础上，根据毒品数量的增加而同比例、同向浮动的。例如，甲制造鸦片数量300克，通过直算法可得，其所对应的法定刑幅度为“7年以上有期徒刑，并处罚金”，再根据《人民法院量刑指导意见（试行）》（2009年）的规定可知，其所对应的量刑起点为7年有期徒刑，确定其量刑基准的依据是“200克以上不满1千克的，每增加100克增加9个月刑期”。因此，初步可得该行为的基准刑为有期徒刑7年零9个月。可见，《人民法院量刑指导意见（试行）》（2009年）中有关基准刑确定的规定，将毒品数量的参考功能发挥到了极致。

自《人民法院量刑指导意见（试行）》（2009年）之后的《人民法院量刑指导意见（试行）》（2010年）《人民法院量刑指导意见（试行）》（2013年）《量刑指导意见》以及《量刑指导意见（二）（试行）》最终固定了毒品犯罪的基准刑的确定方法，只是数量因素在其中的作用逐渐模糊、逐渐变小。根据《人民法院量刑指导意见（试行）》（2013年）和《量刑指导意见》的规定，[②] 走私、贩卖、运输、制造毒品罪的基准刑需在根据毒品数量确定量刑起点的基础上增加刑罚量而得，总体呈现以下特点：第一，毒品数

① 2009年4月修订的《人民法院量刑指导意见（试行）》规定，走私、贩卖、运输、制造毒品数量超过或者少于上述各档次数量标准的，可按照下列标准相应地增加或者减少刑罚量确定基准刑：（1）海洛因、甲基苯丙胺或者可卡因10克以上不满50克的，每增加5克增加9个月刑期；7克以上不满10克的，每增加1克增加1年刑期；2克以上不满7克的，每增加1克增加6个月刑期；2克以下的，每减少1克减少3个月刑期。（2）吗啡或者二亚甲基双氧安非他明（MDMA）等苯丙胺类毒品（甲基苯丙胺除外）20克以上不满100克的，每增加10克增加9个月刑期；14克以上不满20克的，每增加2克增加1年刑期；4克以上不满14克的，每增加2克增加6个月刑期；4克以下的，每减少2克减少3个月刑期。（3）鸦片、氯胺酮或者美沙酮200克以上不满1千克的，每增加100克增加9个月刑期；140克以上不满200克的，每增加20克增加1年刑期；40克以上不满140克的，每增加20克增加6个月刑期；40克以下的，每减少20克减少3个月刑期。（4）三唑仑或者安眠酮10千克以上不满50千克的，每增加5千克增加9个月刑期；7千克以上不满10千克的，每增加1千克增加1年刑期；2千克以上不满7千克的，每增加1千克增加6个月刑期；2千克以下的，每减少1千克减少3个月刑期。（5）咖啡因50千克以上不满200千克的，每增加19千克增加9个月刑期；35千克以上不满50千克的，每增加5千克增加1年刑期；10千克以上不满35千克的，每增加5千克增加6个月刑期；10千克以下的，每减少5千克减少3个月刑期。

② 《人民法院量刑指导意见（试行）》（2013年）和《量刑指导意见》都规定，在量刑起点的基础上，可以根据毒品犯罪次数、人次、毒品数量等其他影响犯罪构成的犯罪事实增加刑罚量，确定基准刑。

量不是绝对的参考因素，除毒品数量之外，犯罪次数、人次等其他因素也能作为确定基准刑的参考；第二，基准刑的确定过程及结论具有模糊性，基准刑能参照哪些因素，每种因素的作用大小如何，都成了一个不甚明确的问题。此外，《量刑指导意见（二）（试行）》对于非法持有毒品罪的基准刑的确定则较为简单，并且同样模糊，它规定，“在量刑起点的基础上，可以根据毒品数量等其他影响犯罪构成的犯罪事实增加刑罚量，确定基准刑”。

当然，要实现对法定刑“幅度”的逐步限缩，并向宣告刑“点”的最终转变，还需要在基准刑的基础上进一步细化、调整，而直到这最后的宣告刑微调阶段，毒品数量仍然能够发挥重要的参考作用。在最高人民法院先后出台的5个“量刑指导意见”中，均规定如果毒品含量明显偏低或有数量引诱的，可以在已定的基准刑基础上作出刑罚量的减少，只是幅度、形式略有不同。例如，《人民法院量刑指导意见（试行）》（2008年）规定，“毒品含量明显偏低的，可以减少基准刑的40%以下；存在数量引诱情形的，可以减少基准刑的50%以下”。再如，《量刑指导意见》规定，毒品含量明显偏低的，以及存在数量引诱情形的，可减少基准刑的30%以下。

（三）量刑起点确定参考缺失

量刑起点的确定是量刑规范化的出发点，也是对法定刑幅度进行初步限定的环节。依照《量刑指导意见》的规定，量刑起点应当“根据基本犯罪构成事实在相应的法定刑幅度内确定”。暂不论“基本犯罪事实”这一界定是否准确，[①]《量刑指导意见》中所规定的内容既没有为量刑起点的确定提供完全的参考，也没有为量刑起点的进一步细化提供明确标准。首先，量刑起点的确定缺乏完全的参考。毒品犯罪的法定刑幅度选择虽然主要以涉案的毒品数量为依据，但并非绝对的“唯数量论”其他影响社会危害性大小的因素也兼有考虑。例如，《刑法》第347条规定，行为人被判处15年有期徒刑、无期徒刑或者死刑除了是涉案毒品数量大，还可能是走私、贩卖、运输、制造毒品集团的首要分子；武装掩护走私、贩卖、运输、制造毒品的；

---

① 有学者认为，在刑法理论中应该区分“基本犯罪构成事实”和“加重犯的事实”，而对于结果加重犯的量刑而言，就不是按照基本犯罪构成事实在相应的法定刑幅度内确定量刑起点；此外，在既遂犯与未遂犯并存时的量刑起点，也未必与基本犯罪构成事实有关。具体参见周光权：《量刑的实践及其未来走向》，载《中外法学》2020年第5期。本书为了论述方便，仍采用《量刑指导意见》的说法。

以暴力抗拒检查、拘留、逮捕，情节严重的；参与有组织的国际贩毒活动的。但与此相对，《量刑指导意见》并未对涉及这几种情形的量刑起点作出规定，而只是规定了“走私、贩卖、运输、制造鸦片1000克，海洛因、甲基苯丙胺50克或者其他毒品数量达到数量大起点的，量刑起点为15年有期徒刑”。《最高人民法院关于实施修订后的〈关于常见犯罪的量刑指导意见〉的通知》（法发〔2017〕7号）强调，各级法院在量刑过程中应当“依法确定量刑起点”。按此逻辑，如果行为人武装掩护贩卖甲基苯丙胺未达50克时，似乎只能在其他法定刑的幅度内确定量刑起点。显然，依次得出的刑罚结果既与《刑法》第347条的规定之间互相矛盾，也与行为自身的社会危害性之间不相均衡。换言之，在类似的情形下，《量刑指导意见》不能给量刑起点的确定提供参考。

此外，量刑起点的进一步细化缺乏明确标准。按理来说，从法定刑到宣告刑的裁量随着事实、依据不断填充而不断具体化的、细化的过程，其中必然有一个细分法定刑幅度形成若干“刑格”① 的阶段，对应到规范化的量刑步骤中，这个划分刑格的任务就需要量刑起点来承担。但通过《量刑指导意见》可知，毒品犯罪中的量刑起点只是直接缩小了法定刑幅度的范围大小，而非对其细化、补充，没有在此基础上形成刑格。例如，在刑法中，走私海洛因10克以上不满50克所对应的法定刑为7年以上有期徒刑，而在《量刑指导意见》中，其所对应的量刑起点为7年至8年有期徒刑，可见后者只是对前者作了数值范围上的缩小，谈不上有“格”划分。这样的状况可能会引发两个问题：第一，确定的毒品数量在对应法定刑幅度时对应的是一个更大的范围，而在确定量刑起点时是一个缩小的范围，两者依据的都是毒品数量，并无其他因素介入，刑罚幅度的突然缩小在逻辑上不通；第二，缺乏刑格划分，单纯的量刑幅度缩小会造成刑罚幅度的剩余，甚至是刑种的荒置，即使后面还有基准刑确定额调整步骤的补充，也难免会使得总体上的宣告刑的裁量结果形成“偏态分布”格局。实际上，我国各级法院裁判者的刑罚裁量活动除了需参考由最高人民法院制定的“量刑指导意见”，还需参照各地高级人民法院依照各地特殊情况所制定的“实施细则”。本书收集了《量刑指导意见》以及我国31个省、市、自治区高院所制定的“实

① 刑格是细分法定刑幅度所形成的处罚空间。具体参见王利荣：《论量刑的合理性》，西南政法大学2007年博士学位论文。

施细则”①，并且着重就最低档（3 年以下有期徒刑、拘役或者管制，并处罚金）的量刑起点进行了统计，其总体情况分布见表 5。

表 5　全国及各省、市、自治区毒品犯罪量刑起点统计

序号	区域	最低档的量刑起点	规范依据
1	全国	3 年以下有期徒刑、拘役	最高人民法院《关于实施修订后的〈常见犯罪的量刑指导意见〉的通知》（法发〔2017〕7 号）
2	北京	4 个月拘役至 1 年有期徒刑	《北京市高级人民法院〈关于常见犯罪的量刑指导意见〉实施细则》2014 年 7 月 1 日施行
3	天津	4 个月拘役至 1 年有期徒刑	《天津市高级人民法院〈关于常见犯罪的量刑指导意见〉实施细则》2014 年 5 月 1 日施行
4	河北	3 个月拘役至 1 年有期徒刑	《河北省高级人民法院〈关于常见犯罪的量刑指导意见〉实施细则》2014 年 7 月 1 日施行
5	山西	1 年以下有期徒刑、拘役	《山西省高级人民法院〈关于常见犯罪的量刑指导意见〉实施细则》2014 年 6 月 1 日施行
6	内蒙古	4 个月拘役至 6 个月有期徒刑	《内蒙古自治区高级人民法院〈人民法院量刑指导意见（试行）〉实施细则》2012 年 3 月 23 日施行
7	辽宁	拘役至有 1 年有期徒刑	《辽宁省高级人民法院〈关于常见犯罪的量刑指导意见〉实施细则（一）》（辽高法〔2017〕54 号）
8	吉林	4 个月拘役至 1 年有期徒刑	《吉林省高级人民法院〈关于常见犯罪的量刑指导意见〉实施细则》2014 年 7 月 1 日施行
9	黑龙江	3 年以下有期徒刑、拘役	《黑龙江省高级人民法院〈关于常见犯罪的量刑指导意见〉实施细则》2015 年 7 月 2 日施行
10	上海	4 个月拘役至 1 年有期徒刑	《上海市高级人民法院〈关于常见犯罪的量刑指导意见〉实施细则》［沪高法（审）〔2014〕2 号］

① 虽然有的“实施细则”是根据最高人民法院 2010 年出台的《人民法院量刑指导意见（试行）》，以及 2013 年出台的《最高人民法院关于常见犯罪的量刑指导意见》制定的（前者如云南，后者如四川），但对于毒品犯罪来说，两者与 2017 年制定的《量刑指导意见》并无区别，所以在本书的研究范围内，可以同等对待。

续表

序号	区域	最低档的量刑起点	规范依据
11	江苏	3个月拘役至9个月有期徒刑	《江苏省高级人民法院〈关于常见犯罪的量刑指导意见〉实施细则》(苏高法〔2017〕148号)
12	浙江	6个月至1年有期徒刑	《浙江省高级人民法院〈关于常见犯罪的量刑指导意见〉实施细则》(浙高法〔2017〕71号)
13	安徽	3个月拘役至1年有期徒刑	《安徽省高级人民法院〈关于常见犯罪的量刑指导意见〉实施细则》2017年5月4日施行
14	福建	3个月拘役至1年有期徒刑	《福建省高级人民法院〈关于常见犯罪的量刑指导意见〉实施细则》(闽高法〔2015〕260号)
15	江西	3个月拘役至3年有期徒刑	《江西省高级人民法院〈关于常见犯罪的量刑指导意见〉实施细则》2014年5月15日施行
16	山东	3个月拘役至9个月有期徒刑	《山东省高级人民法院〈关于常见犯罪的量刑指导意见〉实施细则》(鲁高法〔2017〕110号)
17	河南	4个月拘役至1年有期徒刑	《河南省高级人民法院〈关于常见犯罪的量刑指导意见〉实施细则》(豫高法〔2017〕272号)
18	湖北	4个月拘役至1年有期徒刑	《湖北省高级人民法院〈关于常见犯罪的量刑指导意见〉实施细则》2014年1月1日施行
19	湖南	1年有期徒刑以下	《湖南省高级人民法院关于贯彻〈最高人民法院关于常见犯罪的量刑指导意见〉的实施细则》(湘高法〔2014〕6号)
20	广东	3年以下有期徒刑、拘役	《广东省高级人民法院〈关于常见犯罪的量刑指导意见〉实施细则》(粤高法〔2017〕6号)
21	广西	4个月拘役至1年有期徒刑	《广西壮族自治区高级人民法院〈关于常见犯罪的量刑指导意见〉实施细则》(桂高法〔2017〕142号)
22	海南	1年至1年6个月有期徒刑	《海南法院关于常见罪名的量刑细则》2017年7月15日施行

续表

序号	区域	最低档的量刑起点	规范依据
23	重庆	有期徒刑6个月	《重庆市高级人民法院〈关于常见犯罪的量刑指导意见〉实施细则》(渝高法〔2017〕134号)
24	四川	4个月拘役至1年有期徒刑	《四川省高级人民法院〈关于常见犯罪的量刑指导意见〉实施细则》2014年7月1日施行
25	贵州	2年以下有期徒刑、拘役	《贵州省高级人民法院贯彻〈最高人民法院关于常见犯罪的量刑指导意见〉实施细则》(黔高法〔2014〕68号)
26	云南	1年至1年6个月有期徒刑	《云南省高级人民法院〈人民法院量刑指导意见(试行)〉实施细则》2010年10月1日施行
27	西藏	—	暂未查到相关文件
28	陕西	4个月拘役至1年有期徒刑	《陕西省高级人民法院〈关于常见犯罪的量刑指导意见〉实施细则》2014年6月1日实施
29	甘肃	6个月有期徒刑至3年有期徒刑	《甘肃省高级人民法院〈人民法院量刑指导意见(试行)〉实施细则》2011年10月4日施行
30	青海	4个月拘役至1年有期徒刑	《青海省高级人民法院〈关于常见犯罪的量刑指导意见〉实施细则》2014年8月1日施行
31	宁夏	6个月有期徒刑	《宁夏回族自治区高级人民法院〈人民法院量刑指导意见(试行)〉实施细则》2014年2月16日施行
32	新疆	6个月拘役至6个月有期徒刑	《新疆维吾尔自治区高级人民法院〈关于常见犯罪的量刑指导意见〉实施细则》2014年8月1日施行

对表格分析可知，我国30个省、市、自治区高级人民法院（除了西藏以外）的量刑实施细则中，29个的量刑起点都明确排除了管制的存在空间，只有湖南省高院的实施细则规定的“1年有期徒刑以下”还为管制留下了存在的余地（实际上，可以认为湖南省高院的做法是“违法”的）。可见，由于最高法制定的《量刑指导意见》将最低档的量刑起点限制在“3年以下有期徒刑、拘役”内，各地的实施细则只得“依葫芦画瓢”，在该范围内再

次限缩量刑起点的浮动区间，使得管制刑在毒品犯罪中可能处于虚置状态。其实，类似情况在其他法定刑幅度内亦可能存在，只是文中所举之例更为直观、突出。即使在实际量刑过程中，法官还可以“可以根据毒品犯罪次数、人次、毒品数量等其他影响犯罪构成的犯罪事实”调整量刑起点，形成基准刑，甚至还可以结合其他情节“增加基准刑的10%—30%”或者“减少基准刑的30%以下”调节基准刑，但是在这些情节当中，前两种情况都是增加刑罚量的积极要素，只有后一种是减少刑罚量的消极要素。这意味着，最终确定的刑罚极可能高于量刑起点，管制刑有被人为虚置的极大风险。

（四）基准刑确定情节数字化

刑法现代化进程表明，量刑应当是“刑之裁量”，而不能仅仅是“刑之量化”。“刑之量化”作为量刑事实根据的各种因素被事先数量化地确定下来，而使量刑成为一种“对号入座”的、一般化的机械过程；而“刑之裁量”即使在一定程度上表现为“刑之数量化”，但它更倾向于针对具体案件、具体情况对作为量刑事实根据的各种因素进行具体分析，使量刑过程体现为一个能动化、个别化的过程。[①] 因此，从科学基础上说，量刑规范化之“规范”不是约束、限制，不能诉诸数字比例关系的精确运用，而是采取定性与定量结合方法的基础上，规范量刑自由裁量权的行使。《量刑指导意见》对此也有认识，并规定法官在根据毒品数量确定了量刑起点的基础上，“可以根据毒品犯罪次数、人次、毒品数量等其他影响犯罪构成的犯罪事实增加刑罚量，确定基准刑”，这既考虑了多元量刑情节，也没有对毒品数量与刑罚量之间的数量关系作出限定。

然而，各地高院所制定的实施细则对此却是各有见解，有的依旧沿袭了“唯数量论”的惯性思维，将毒品数量作为确定基准刑最主要依据，并为毒品数量与刑罚量之间的等式关系作了精细而明确的限制。例如，据贵州省高院出台的《贵州省高级人民法院贯彻〈最高人民法院关于常见犯罪的量刑

① 石经海：《刑法现代化下的“量刑”解构——量刑规范化的科学基础探究》，载《中国刑事法杂志》2010年第3期。

指导意见〉实施细则》（黔高法〔2014〕68号）载明，[1] 毒品数量的“克”可与精确到“月”的刑期精确对应，并且通过“每增加×克，可以增加×月刑期”的模式使得毒品数量与基准刑刑罚量保持一定的比例关系。[2] 显而易见，类似的“实施细则”本质上是在无形之中将毒品数量与增加的刑罚量之间画上等号，并且还不是类似于法定刑幅度选择时的“等价对应”，而是进一步做到了更加精细化的“等量对应”。这种现象被学者们称为“量刑情节数字化”，即在刑罚裁量过程中，将表征行为社会危害性和行为人人身危险性的事实因素进行数字化赋值或转换，以算术意义上的语言符号、技术手段为媒介，对个案基准刑确定后从重、从轻或减轻处罚调整的一种抽象量化方法[3]。其存在于毒品犯罪中会形成以下弊端：首先，这种将量刑程式进行数量化、格式化的做法，终将使得毒品犯罪量刑丧失裁量的能动性与个别性，偏离量刑“刑之裁量”的理性所在和司法规律，进而退化为标准化的技术活动和机械过程；其次，由于类似的“实施细则”选取了更易操作的毒品数量情节作为数字化的对象，在看似统一了基准刑确定标准的同时，也

---

① 《贵州省高级人民法院贯彻〈最高人民法院关于常见犯罪的量刑指导意见〉实施细则》相关的具体规定为，在确定量刑起点的基础上，可以根据毒品犯罪次数、人次、毒品数量等其他影响犯罪构成的犯罪事实增加刑罚量，确定基准刑。有下列情形之一的，可以增加相应的刑罚量：（1）海洛因、甲基苯丙胺或者可卡因达到10克的，每增加1克，可以增加2个月刑期；达到7克的，每增加1克，可以增加1年刑期；未达到7克的，每增加0.2克，可以增加1个月刑期；（2）鸦片、氯胺酮或者美沙酮达到200克的，每增加10克，可以增加1个月刑期；达到140克的，每增加2克，可以增加1个月刑期；未达到140克的，每增加5克，可以增加1个月刑期；（3）吗啡或者二亚甲基双氧安非他明（MDMA）等苯丙胺类毒品（甲基苯丙胺除外）达到20克的，每增加1克，可以增加1个月刑期；（4）杜冷丁达到50克的，每增加5克，可以增加2个月刑期；（5）大麻油达到1000克的，每增加50克，可以增加1个月刑期；（6）大麻脂达到2000克的，每增加100克，可以增加1个月刑期；（7）大麻叶、大麻烟达到30千克的，每增加1500克，可以增加1个月刑期；（8）盐酸二氢埃托啡达到2毫克的，每增加0.1毫克，可以增加1个月刑期；（9）咖啡因、罂粟壳达到50千克的，每增加2千克，可以增加1个月刑期；（10）三唑仑或者安眠酮达到10千克的，每增加500克，可以增加1个月刑期；未达到10千克的，每增加300百克，可以增加1个月刑期；（11）氯氮卓、艾司唑仑、地西泮、溴西泮达到100千克的，每增加5千克，可以增加1个月刑期；未达到100千克的，每增加3千克，可以增加1个月刑期；（12）走私、贩卖、运输、制造上列之外的其他少量毒品的，可以根据毒品增加的数量适当增加刑期；（13）增加1次贩毒或者增加向1人贩毒的（已作为基本犯罪构成事实的除外），每增加1次或者增加1人，可以增加3个月至6个月刑期；（14）其他可以增加刑罚量的情形。

② 具有类似情形的还有《四川省高级人民法院〈关于常见犯罪的量刑指导意见〉实施细则》等。

③ 严海杰：《量刑情节数量化之困境与出路》，载《量刑研究》2019年第2期。

从另一个侧面屏蔽了《量刑指导意见》的多元化情节要求；最后，案件裁判者极易因此得出“以量致刑”的轻率结论，即使没有任何规范性文件要求他们仅凭毒品数量裁量刑罚，其最终也会在此思维惯性的影响下，仅依据毒品数量得出最终刑罚。总之，它不但压缩了法官的自由裁量空间，而且也忽视了其他能够作为量刑参考的社会危害性和人身危险性情节。

第二节　毒品数量功能定位之匡正立场

对毒品数量进行功能定位，以及毒品数量要实现这几大功能定位本身无可厚非。无论是对毒品犯罪的社会危害性赋值、为法定刑幅度选择提供指引，或者是为宣告刑的裁量提供数字化的指标参考，毒品数量自身都是最佳的选择，只是在图景展开时因为具体思路不清、规范解读不当、逻辑体系不严、实质把握不准等原因造成了一定偏误。因此，倘若在正确的立场下对毒品数量功能定位的展开实践加以匡正和纠偏，那么毒品犯罪的量刑活动将会在保持精细化的同时，还达到客观、公正的要求。本书认为，该匡正立场的建立，一要进一步思考毒品数量与社会危害性的对接机理；二要厘清罪刑适应在毒品数量上所提出的具体要求；三要厘清诸毒品数量规范之间的应然关系。

一、以法益侵害为实质依据

首先，要厘清的是毒品数量与社会危害性的对接机理问题，即明确毒品数量作为量化标准，对接的是社会危害性中的哪种内容。传统观点认为，犯罪行为的社会危害性一般取决于以下几个方面：一是取决于行为所侵犯的客体；二是取决于行为的手段、时间、后果和地点；三是取决于行为人的情况及其主观因素。[①] 之后，相关学者又结合法益理论对此加以补充，认为“社会危害性是一个主客观相统一的范畴，法益侵害仅仅是社会危害性的客观方面，因

---

① 高铭暄、马克昌主编：《刑法学》，北京大学出版社、高等教育出版社2010年版，第49—50页。

此，法益侵害是社会危害性的下位概念”，[①] 或者认为，法益侵害性和社会危害性虽然在本质上是相同概念，但社会危害性和法益侵害性在法理上存在着整体与部分的关系，[②] 社会危害性包括了法益侵害的内涵[③]。当然，也有学者持相反理解，认为社会危害性就是法益侵害性。例如，有学者认为应当从刑法角度对社会危害性概念予以规范的限定，并以利益作为其实体内容，社会危害性就是侵害刑法所保护的利益——法益。[④] 还有学者从实质的违法性理论出发，认为《刑法》第 13 条所说的社会危害性，就是指行为对法益的侵犯性。[⑤]

本书认为，社会危害性与法益侵害性的具体关系问题所涉内容甚多，甚至关系到刑法理论体系的外来借鉴和本土塑造。为避免研究主题偏离，本书不对相关内容深入研究。但是，有一点可以肯定，即行为的法益侵害程度确实能够反映其社会危害性。刑法分则中的特定数额、数量作为犯罪构成的罪量要素，反映了行为的法益侵害程度，[⑥] 具体到毒品犯罪，毒品数量则与毒品犯罪行为所侵害的法益程度密切相关，毒品数量的不同则意味着行为社会危害性程度的不同，这就是不同种类毒品在量刑中数量区别的实质所在。[⑦] 因此，毒品数量与社会危害性的对接机理实际上就是厘清其与毒品犯罪法益侵害之间的关系问题。

（一）毒品犯罪行为侵害法益的准确定位

“任何事情的发生都不是没有自觉意图，没有预期的目的的”[⑧]，法律领域也当如此。任何刑法规范的目的都以保护特定法益为己任，换言之，刑法的任务与目的是保护法益。[⑨] 我国学者对于毒品犯罪的法益解读，有“侵害

---

① 高铭暄：《论社会危害性概念的解释》，载《刑法论丛》2012 年第 3 卷。

② 赵秉志、陈志军：《社会危害性理论之当代中国命运》，载《法学家》2011 年第 6 期。

③ 侯刚、杜国伟：《社会危害性中法益侵害的刑法蕴意》，载《中国刑事法杂志》2010 年第 10 期。

④ 苏青：《我国刑法中社会危害性概念之界定》，载《中国刑事法杂志》2012 年第 7 期。

⑤ 张明楷：《刑法学（上）》，法律出版社 2016 年版，第 88 页。

⑥ 陈兴良：《作为犯罪构成要件的罪量要素——立足于中国刑法的探讨》，载《环球法律评论》2003 年第 3 期。

⑦ 高巍：《贩卖毒品罪研究》，中国人民公安大学出版社 2007 年版，第 111 页。

⑧ 中共中央马克思恩格斯列宁斯大林著作编译局编：《马克思恩格斯选集》，人民出版社 1995 年版，第 247 页。

⑨ 张明楷：《刑法目的论纲》，载《环球法律评论》2008 年第 1 期。

管制说”“危害健康说”以及“侵害管制与危害健康说”的争论。传统理论坚持“侵害管制说”，认为设立毒品犯罪的目的在于保护国家对毒品的管理制度。[①] 从实然层面看，这确实契合了毒品犯罪定位在刑法分则第六章“妨害社会管理秩序罪”中的现实情况。但正如有的学者所言，“管理制度”一词自身的模糊性和形式性并不能揭示毒品犯罪的法益侵害实质，采取如此形式化的法益定位会使得刑法陷入正当性危机。[②] 同时，“国家对毒品的管理制度”的法益定位还会导致实质解释、违法性评价等法益机能的丧失，所以“危害健康说”认为，应当将毒品犯罪的法益定位为公众健康。[③] “侵害管制与危害健康说”认为，前两种观点对于毒品犯罪侵害法益的理解有失狭隘，认为毒品犯罪所侵害的应当是多元法益，即“国家对毒品的管理制度和人民的生命健康”[④]。也有论者将这里的健康理解为权利，认为毒品犯罪侵害的法益是“国家对毒品的管理制度和公民的健康权利”。[⑤]

无论是“管理制度说”还是“公众健康说”，在运用逻辑上都有失偏颇。前者的困境除无法回应上述关于犯罪本质的追问之外，亦难以实现对不同毒品社会危害性的层级划分，因为不同毒品对于“管理制度”的侵害是同质的，难分大小。并且，固守一元的秩序法益论将使得刑法评价只注重毒品物理性质（即数量），而忽视了其化学性质（如成分、种类），极易滑向“唯数量论”的窠臼之中（因为按理来说，数量越大，对秩序的侵害程度就越重）。后者将法益定位为单一的“公众健康”又难以回答毒品犯罪当前在刑法中的体系定位问题。至于折中的“侵害管制与危害健康说”看似回避了前述诘问，但没有说明“管制”与“健康”二者之间究竟是何关系，将本为辩证的事物割裂对待。

本书认为，毒品犯罪所侵害的法益是人民的生命健康及社会管理秩序。这种界定既不是“侵害管制说”“危害健康说”必选其一的狭隘式结论，也不是仅为解决逻辑问题而两顾不得的折中式立场。首先，毒品犯罪的发生确实可以引发为筹集毒资而为的财产侵害行为、因情绪失控而为的暴力伤害行

---

① 高铭暄、马克昌：《刑法学》，北京大学出版社 2019 年版，第 591 页。
② 高巍：《贩卖毒品罪研究》，中国人民公安大学出版社 2007 年版，第 51—52 页。
③ 张明楷：《刑法学》，法制出版社 2016 年版，第 1140—1141 页。
④ 姚建龙主编：《禁毒刑法学》，中国人民公安大学出版社 2016 年版，第 74 页。
⑤ 朱建华主编：《刑法分论》，法律出版社 2011 年版，第 359 页。

为、因放纵欲望而致的萎靡萧条等社会混乱的结果,[①] 而非仅限于“毒品管理制度”的侵害。其次，毒品给滥用者的神经、心血管、呼吸、消化、免疫、生殖系统造成损毁，带来生理健康危害的同时，还会为其带来思维混乱、意志扭曲、精神颓废等心理健康危害,[②] 刑法无论如何也不能忽视毒品对不特定多数人健康可能造成的巨大威胁。当然，人民的生命健康和社会管理秩序之间存在辩证关系：一方面，人民的健康对于社会的稳定、安全具有不可或缺的作用，是稳定的社会管理秩序的前提和基础；另一方面，安全、稳定的社会环境又是人民健康生活的条件之一，稳定的社会管理秩序对人民的生命健康具有促进作用。可见，“人民健康”这一概念在毒品犯罪法益中既有公众性，也有基础性。[③] 因此，毒品犯罪法益中的“社会管理秩序”是建立在“人民的生命健康”基础上的。换言之，毒品犯罪的社会危害性直接来源于其侵害吸食者的生命健康权益，再通过吸食者吸毒后次生的违法、犯罪行为对社会管理秩序造成妨害，形成双重法益受损的结局。[④] 简单来说，毒品犯罪的法益应当解读为抽象的秩序法益，具象的健康法益以及真相的二元法益。

（二）数量并非衡量法益侵害的唯一因素

既然毒品犯罪所侵害的法益是人民的生命健康及社会管理秩序，那么作为征表法益侵害程度的毒品数量就应当以此为依据铺陈展开，发挥其在量刑过程中的应有作用。但是，“毒品数量的功能发挥以法益的实质依据”的推理逻辑不可倒置理解，即不能认为毒品数量就是法益侵害程度的唯一征表质素。事实上，不单是刑法分则规定的数额、数量等因素可以征表行为的法益侵害程度，行为自身类型、对象、发生场所、发生时间等内容的不同也可能导致法益侵害程度不同。[⑤] 具体到毒品犯罪，行为对人民的生命健康及社会管理秩序的侵害程度，至少可以通过以下几方面进行考量：（1）毒品的化学性质（种类）。不同种类的毒品对人体的损害程度不一样，应根据不同毒

① 胡金野、齐磊：《中国禁毒史（修订版）》，上海社会科学院出版社 2017 年版，第 33—35 页。

② 杨波、戴建海、张卓、赵辉：《毒品成瘾与心理康复》，中国政法大学出版社 2015 年版，第 7—8 页。

③ 高巍：《贩卖毒品罪研究》，中国人民公安大学出版社 2007 年版，第 62—63 页。

④ 梅传强、伍晋：《毒品犯罪死刑控制的教义学展开——基于 122 份二审死刑判决书的实证研究》，载《现代法学》2019 年第 5 期。

⑤ 张明楷：《加重构成与量刑规则的区分》，载《清华法学》2011 年第 1 期。

品种类的化学性质不同考察毒品犯罪的社会危害性。(2) 毒品的物理属性(毒品数量与含量的乘积)。这体现了毒量的大小，这是危害公众身体健康的物质条件之一。(3) 犯罪行为对毒品流转、散播所起的作用。毒品犯罪完整链条表现为从生产到贩卖的流转、散播过程，如果具体犯罪行为对这一过程的推动作用越大，其对人民的生命健康威胁就越大，例如，武装掩护走私、贩卖、运输、制造毒品就增加毒品流入市场、流入吸食者手中的可能性。(4) 犯罪行为对国家毒品管理秩序的危害程度。行为对毒品管理秩序的破坏作用越大，人民的生命健康就越容易遭到毒品的侵害，如暴力抗拒缉毒的行为在对毒品管理秩序造成严重侵害的同时，也意味着它能为人民的生命健康带来巨大威胁……①

因此，毒品数量只是反映犯罪行为法益侵害程度的因素之一，毒品数量多少只是从一个侧面有限地反映了涉毒行为对于人民生命健康威胁的可能性大小，以及可能造成的结果严重程度。即使在毒品物质本身内部，其对人民生命健康的危害性程度还与其化学性质，即毒品的种类有关，否则刑法就没有必要区分毒品种类，并且针对不同的种类规定不同的数量标准。这给我们带来的启示是，毒品数量虽具有社会危害性量化的功能，但其发挥应当受到法益侵害全面评价原则的限制。为防止毒品犯罪量刑过程中裁量情节的单一化，克制对于毒品数量功能的期待越位，有必要通过多元情节体系的建构来加以匡正。

(三) 法益侵害在毒品数量上的具体征表

这解决的是“实质解读不一，量化根据把握混乱”的问题。在把握了毒品犯罪侵害法益的前提下，还需进一步追问的是，毒品数量是如何与人民生命健康的危害性程度以及社会秩序危害程度相匹配的，这对完善毒品数量计算的实质依据以及毒品数量规范之间的衔接具有重要意义。正如上文所述，毒品数量多少从一个侧面反映了涉毒行为对于人民生命健康威胁的可能性大小，以及可能造成的结果严重程度。但这只是解读了毒品的物理属性与社会危害性间的内在联系，仍然没有完全解读毒品物质与人民身体健康之间的关系。犯罪行为所涉及的毒品数量更多，只是说明了该行为对人民身体健康损害的抽象危险更为紧迫（因为数量更多，进入“消费市场”的机会就

① 莫洪宪、陈金林:《论毒品犯罪死刑限制适用》，载《法学杂志》2010年第1期。

更大）。但抽象危险后果的程度是否更深，则需要从毒品物质的其他属性方面进行考察。事实上，毒品物质除了具有物理属性，还具有化学属性，不同类型的毒品在成分、毒性、依赖性等方面均有不同。例如，2017 年列入我国管制目录的 U－47700 的药效约是吗啡的 7.5 倍，卡芬太尼的药效为吗啡的 1 万倍，成人的致死量仅约为 2 毫克，[①] 而合成大麻素类控物质 CB－13 能给人造成的依赖性程度是海洛因的 23.6 倍。[②] 此外，即使是在成分上具有相似性的物质，也会在毒性特征上具有巨大差别。例如，第一代合成大麻素的代表 JWH－018 及 JWH－073 对人体的作用与天然大麻有效成分四氢大麻酚类似，而第二代合成大麻素的代表 JWH－122 和 MAM－2201 对人体的作用已高达四氢大麻酚的 15 倍和 100 倍。[③]

因此，除去其他影响法益侵害程度的因素，仅从毒品物质本身来看，量化毒品犯罪的社会危害性不仅要考虑毒品的物理属性，还要考虑毒品的化学属性，两者都是法益侵害程度的考量因素。那么，毒品化学属性中的哪些指标可以如物理属性中的数量一样，用来衡量毒品的社会危害性大小呢？首先，毫无争议的是，毒品能对人的身体健康造成巨大损伤，具有毒害性；其次，毒品物质对身体的毒害是通过使吸食者的身体机能和心理机能产生适应性改变，肌体和心灵在毒品作用下产生严重的身体和心理依赖性而长期持续的，相同毒害性的物质在成瘾性属性不同的情况下，对身体健康的毒害程度仍会不同；[④] 最后，毒品对于身体的危害评价除了程度、持续度，还有滥用可能性的问题，在物质之间毒害性、成瘾性相同的前提下，毒品物质滥用可能性越大，也就意味着其对身体的危害程度越大。简言之，本书赞同将的毒害性、成瘾性及滥用可能性三要素作为评价毒品物质社会危害性大小的化学属性因素，[⑤] 与毒品数量这一物理属性因素对应性配套。当然，毒害性、成瘾性及滥用可能性三者之间亦不是割裂、孤立的关系，毒品的毒害性是其最

---

① 李颖：《新精神活性物质，你好毒》，载《科报日报》2017 年 6 月 26 日，第 8 版。

② 李彬、张旻南、马立鹏、王劲：《新精神活性物质特征与管控》，载《中国安全防范技术与应用》，2020 年第 3 期。

③ 《关于新精神活性物质有关情况的报告》，载微信公众号禁毒圈，https：//mp. weixin. qq. com/s/v37hhPb0Q4TgO8ECAOa4qQ，最后访问日期：2020 年 10 月 9 日。

④ 金伟峰等：《中国禁毒法律制度研究》，上海社会科学院出版社 2016 年版，第 5 页。

⑤ 于浩洋：《第三代毒品蔓延背景下“毒品”的刑法认定问题研究》，西南政法大学 2020 年硕士学位论文。

终需要衡量的指标，只是毒品最终毒害作用的发挥受到成瘾性及滥用可能性两因素的左右。如果可以对三者量化，那么毒品物质最终毒害作用可以约等于毒害性、成瘾性及滥用可能性的乘积。

那么，毒品的毒害性、成瘾性及滥用可能性与数量之间是什么关系呢？本书认为，从涉案的毒品数量层面来看，前者与后者之间都是衡量犯罪行为社会危害性大小的积极因素（涉案毒品毒害性、成瘾性及滥用可能性越大，数量越大，社会危害性就越强）；从作为抽象的数量标准（确定折算比例的折算标准、指引法定刑幅度的数量标准、确定量刑起点的数量标准）的角度来看时，后者应当是前者的直观体现。具言之，在确定某种毒品物质与海洛因、甲基苯丙胺之间的折算标准，对接毒品犯罪几档法定刑幅度的数量标准，以及对应量刑起点的数量标准时，应当以该物质的毒害性、成瘾性及滥用可能性为实质依据，而成分相似性等内容只能作为参考的内容。以折算标准的确定为例，相关主管部门应当鉴别、比较出新型毒品物质与参照毒品（海洛因、甲基苯丙胺）之间在毒害性、成瘾性及滥用可能性上的比值，再根据此比值来确定二者之间的折算标准。例如，某种物质的“三性”特征综合衡量是海洛因的 20 倍，那么其与海洛因之间的折算标准即确定为1∶20。

二、以罪刑适应为定位考量

法定刑选择指引性不明、宣告刑裁量参考性不强的实践偏误，是在没有贯彻罪刑相适应原则，或者误解罪刑相适应原则的基础上形成的。对罪刑相适应原则的理解可分为“罪刑”和“相适应”两个层次，前者意为量刑建立在犯罪行为的社会危害性和犯罪人的人身危险性等事实之上；后者意为量刑过程所得出的结论与社会危害性、人身危险性间具有相称性。[①] 如前所述，毒品数量在量刑中的目的在于量化犯罪行为的法益侵害程度，那么罪刑相适应原则在这一领域的要求便是毒品数量作为刑罚与社会危害性之间的载体，既要紧扣法益侵害这一实质，还要与法益侵害之间保持相称性。具有代表性的学者认为，罪刑不相适应可表现为“刑罚体系的上、下限过高或过低，刑罚体系内部结构紊乱或者法定刑上、下限过高或过低，法定刑幅度较

① 李永升：《罪刑相适应原则的内涵解读》，载《甘肃社会科学》2005 年第 4 期。

大却未按犯罪情节的轻重划分不同的格”[①]。当下我国以数量为主线的毒品犯罪量刑体系既有内部结构的紊乱，又有刑罚“格”的缺失，根源在于罪刑相适应原则的对标偏离。因此，有必要再次阐释罪刑适应内在机理和外在要求，并结合毒品犯罪量刑这一话题展开毒品数量功能定位的纠偏立场。

（一）保持量刑与法益侵害性间的相称性

“刑当罪则威，不当罪则侮。”[②] “罪刑相适应原则要求罪与刑在比例上务必相称。”[③] 行为的法益侵害性和刑罚之间保持正向的比例关系，即相称性的体现。贝卡里亚 1764 年就在《论犯罪与刑罚》中提出了用“阶梯对应”的形式实现刑罚与犯罪的相称性，他主张构建“一个相应的、由最强到最弱的刑罚阶梯”，对应一个危害性从高到低顺序排列的犯罪阶梯，从而形成“一把衡量自由和暴政程度的潜在的共同标尺”，[④] 供裁判者在案件裁判中遵照执行。虽然社会实践的复杂性使得犯罪难以从整体上得到一个自然的排列梯度来与刑罚精确对应，[⑤] 但这并不能否定刑罚能和犯罪行为的社会危害性之间保持一定的同向比例关系。对于具体的个罪，尤其是以数额、数量为量刑依据的个罪来说，这种难以具体化描述的比例特征有了被直观表达的可能。具体来说，在这两种情形下，行为所应科处的刑罚与其社会危害性大小的适应关系不仅可以从涉案物品的数量、数额体现出来，还可以从刑法为抽象行为所设定的，体现违法性大小的数量标准、数额标准中加以呈现。简言之，在数额、数量为量刑依据的犯罪之中，不仅是刑罚裁量要保持与社会危害性之间的相称性，相关的数量、数额标准也要保持与社会危害性之间的相称性。

毒品犯罪所侵害的法益是人民的生命健康及社会管理秩序，其侵害程度大小可依据毒品的毒害性、成瘾性及滥用可能性与数量来评价。在司法层面，毒品数量是反映毒品犯罪行为社会危害性大小的一个重要标准，毒品数量大，则毒品犯罪的社会危害性大；毒品数量较小，则意味着毒品犯罪的社

① 邱兴隆：《罪刑相适应在刑法分则中的体现》，载《中州学刊》1985 年第 6 期。

② 出自《荀子·君子》。

③ 李永升：《罪刑相适应原则的内涵解读》，载《甘肃社会科学》2005 年第 4 期。

④ ［意］切萨雷·贝卡里亚：《论犯罪与刑罚》，黄风译，中国法制出版社 2002 年版，第 76 页。

⑤ 刘邦明：《罪刑相适应原则研究》，西南政法大学 2011 年博士学位论文。

会危害性相对较小。[①] 同样，在立法层面，如果一种毒品毒害性、成瘾性及滥用可能性更强，更能对人体的健康造成侵害，那么三档法定刑所对应其他毒品“数量大/较大/少”的门槛则应当更低；如果一种毒品毒害性、成瘾性及滥用可能性更弱，对人体的健康造成侵害的损害相对较小，那么三档法定刑所对应其他毒品“数量大/较大/少”的门槛则应当更高。为更“毒”的毒品设定更低的量刑门槛，使其更容易暴露在刑罚视野之内，方才是罪刑相适应的体现。同理，在毒品折算时，新型毒品与参照毒品之间的折算标准也应当与法益侵害程度保持比例上的相称性。毒品的毒害性、成瘾性及滥用可能性越强，其与折算参照（海洛因、甲基苯丙胺）之间的折算标准就应当越高（即1克新型毒品能折算为更多的海洛因或甲基苯丙胺）；毒品的毒害性、成瘾性及滥用可能性越弱，其与折算参照（海洛因、甲基苯丙胺）之间的折算标准就应当越低（即1克新型毒品能折算为更少的海洛因或甲基苯丙胺）。对于毒品数量计算而言，只有通过这一思路设定的数量标准，其计算结果才更符合罪刑相适应的要求。

（二）保证量刑与法益侵害性间的实质性

刑罚是一种对犯罪人的“伤害”，为了限制这种派生的“恶”，在分配刑罚时应当符合实质公平这一基本要求。[②] 刑罚与社会危害性之间的适应不仅仅是形式上的“量”的吻合，更是实质上的“质”的考察；否则，量刑过程将是一个不公正的过程。“毒品犯罪是危害人民健康的犯罪，它的危害性大小，在一定程度上取决于毒品数量的多少”[③]，但该论断是建立在不讨论毒品纯度问题前提之下的。缺乏纯度折算的量刑过程看似只“稀释”了涉案毒品的纯度，实际上却是“增加”了涉案毒品的数量，最终还“虚增”了个案的社会危害性量，最终导致刑罚对应的社会危害性“量”与行为实际的社会危害性“量”不一致。因此，《刑法》第357条“不以纯度折算”的规定，本质上是“薄此厚彼”的形式化思维，并非量刑过程对于社会危害性的实质性评价，最终使得等式两端的刑罚和社会危害两者之间并非实质

① 梅传强、胡江、赵亮编著：《走私、贩卖、运输、制造毒品罪立案追诉标准与司法认定实务》，中国人民公安大学出版社2010年版，第40页。

② 王利荣：《量刑说理机制》，中国人民公安大学出版社2012年版，第321页。

③ 梅传强、徐艳：《毒品犯罪的刑罚适用问题思考——兼论毒品犯罪限制适用死刑》，载《甘肃政法学院学报》2006年第3期。

等价关系。兹举一例，假定甲贩卖氯胺酮粉末（俗称“K 粉”）200 克，纯度为 70%，乙也贩卖氯胺酮粉末 200 克，但纯度却只有 20%。在不考虑其他影响因素的情况下，公众很难认可甲乙二人贩毒行为的社会危害性是一致的，因为这样很难符合公众心中关于“危害”一词的实质理解。

毒品纯度折算不仅有理论上的依据，也有事实上的依据。纯度不同的毒品物质会对人体造成不同程度的危害是基本的化学常识，超越这一常识的判断必然会引发质疑。事实上，在鸦片类毒品家族中，海洛因的毒性是吗啡的 4—8 倍，其原因之一便在于海洛因是通过在吗啡中加入醋酐酸、三氯甲烷等物质提纯而来。就算是在海洛因内部，也可以纯度为标准，将其分为一号、二号、三号、四号四个等级①，四种纯度的海洛因对人体健康可能造成的损害程度亦是大相径庭。同时，从某种程度上来说，纯度更高的毒品不仅能够增加其毒害性特征，还可以促进其滥用可能性的增大，这不单是因为吸食者希望获取高纯度毒品以得到更多刺激，“经营者”也需要获取高纯度毒品以提高利润，是否达到一定纯度，往往成为违法犯罪人员判断某种毒品“品质”优劣的主要标准。正是如此，20 世纪盘踞在“金三角”的坤沙集团才依靠将纯度只有 20% 左右的三号海洛因，提纯到纯度高达 99% 的四号海洛因的做法而赢得了良好“口碑”，打开了毒品“销路”，并最终控制了金三角 70% 的毒品市场。②

此外，本书在第二部分中提到，反对论者认为毒品数量不以纯度折算有利于实践操作，节约司法成本，符合当下刑事政策的基本要求。但在本书看来，这种说法不仅夸大了毒品纯度折算的负面效应，而且还忽视了公正与效

---

① 一号海洛因，为粗制吗啡的棕色结晶；二号海洛因，又称次海洛因，学名为二乙酰吗啡，是未经精制的质量较次的海洛因碱，不含咖啡因一类的添加剂，形呈砖状、浅灰色或深灰色，味道非常苦，有时闻起来有醋味；三号海洛因，又称“香港石”“红鸡”“白龙珠”“棕色糖”等，其所含的二乙酰吗啡为 25%—50% 不等，颜色呈棕色或深灰色，为颗粒状物质；四号海洛因，是一种经过多次精制后得到的纯度较高的海洛因盐酸盐，其二乙酰吗啡的含量高达 90%，是呈白色或透明的无味粉末，纯度下降后也会变成浅黄色或棕色的粉末，甚至是颗粒状。具体参见胡金野、齐磊：《中国禁毒史（修订版）》，上海社会科学院出版社 2017 年版，第 7 页。

② 赵世龙、戈叔亚：《解毒金三角：中国记者跨国采访手记》，经济日报出版社 2003 年版，第 68 页。坤沙甚至还创造了著名的海洛因品牌——“双狮地球牌”，招牌是纯度高达 100% 的海洛因。该品牌的海洛因用普通的油纸包裹，油纸上印有红色的图标，是两个狮子抱着地球，上面有“一帆风顺、纯净 100%”字样，并特别注明了“提防假冒”四个字。具体参见：《22 年前海洛因将军坤沙投降：他创造了双狮地球牌毒品》，载搜狐网，https：//www. sohu. com/a/216056415_ 464121，最后访问日期：2002 年 10 月 11 日。

率之间的辩证关系。首先，追求效率不能成为排除毒品纯度折算的合理依据。司法程序的设置本身就是建立在人类认知能力不完整的基础之上的，其目的之一更是在于最大限度地克服个体的认知能力不足，实现对于案件事实的更准确判断。[①] 为了打消人们对量刑的公正性质疑，案件事实应当精细到令人信服的程度，犯罪纯度鉴定环节不能被非理性地忽视。其次，司法公正和司法效率之间应当互补，[②] 如果仅为提高司法效率而省略程序，反而会损害程序的公正价值进而影响到刑法的正义性。在司法实践中，不以纯度折算的非理性裁量，一方面难以自圆其说，不能回应被告人和辩护人等对于毒品鉴定结论的合理质疑；另一方面又超出了国民的预测可能性。因为一般人无法想象，在毒品中掺杂的液体或异物等非毒品杂质会被视为毒品，被告人也因走私、贩卖、运输、制造、持有这些非毒品物质而被判处更重的刑罚。[③]

（三）罪刑适应并非数量与刑罚精确对应

正如前文论及的“宣告刑裁量参考性不强”所提出的那样，相关量刑规范为了追求裁量标准的统一化和明确化，对毒品犯罪的宣告刑裁量作出了细致规定，部分地方高院所制定的“实施细则”甚至还出现了过度精确化的情况。2017 年出台的《量刑指导意见》中指出，量刑应当做到“罪责刑相适应”，确保“罚当其罪”。[④] 但本书认为，罪刑适应并非数量与刑罚精确对应，在《量刑指导意见》预设的思维进路和部分“实施细则”所作的具体填充之下，“数学式”的毒品犯罪刑罚裁量模式很难实现罪刑相适应的目标，过于精细化、机械化的量刑情节设置反而会导致罪刑之间不相均衡的结果。

首先，价值评价的复杂性决定了“罪”之精确量化不能。虽然刑罚抑或是非刑罚处罚措施都具备一定的量化要素，如生命可用次数计量、财产刑有数额多少、自由刑有时间长短、赔偿经济损失也有数额大小等，但罪行大小，或者说社会危害性大小就不尽然，因为很难确切地衡量某人罪行有几分，或者社会危害性大小有几度。“这就决定了罪与刑在量上的相当也不是

① 孙笑侠：《程序的法理》，社会科学文献出版社 2017 年版，第 26 页。

② 钱弘道：《论司法效率》，载《中国法学》2002 年第 4 期。

③ 高巍：《贩卖毒品罪研究》，中国人民公安大学出版社 2007 年版，第 121 页。

④ 《量刑指导意见》规定，量刑既要考虑被告人所犯罪行的轻重，又要考虑被告人应负刑事责任的大小，做到罪责刑相适应，实现惩罚和预防犯罪的目的。量刑应当贯彻宽严相济刑事政策，做到该宽则宽，当严则严，宽严相济，罚当其罪，确保裁判法律效果和社会效果的统一。

绝对的量化，而只能是比例上的相称。”[①] 罪刑之间比例相称性只能是通过犯罪的等级化、类型化与刑格规定的合理化和科学化来实现的。相关《量刑指导意见》以及“实施细则”的症结在于，其主张的将精确毒品数量与具体到月的刑期一一对应的做法，实际上是将价值评判领域的社会危害性概念作为可数物品进行对待，这既不利于量刑规范化的深入推进，也不符合毒品犯罪现象的基本规律。正如有学者指出，虽然数量计算的确可以像韦伯所赞许的那样“为世界除魅”，但其前提是可计算性以及计算方法的科学性；否则，结果可能会是“除魅”不成反倒“生魅”。[②] 相关“实施细则”忽视客观规律而牵强附会的细化方案反而会引发理论者和实践者的更多质疑。

其次，毒品数量与刑罚精确对应将导致量刑活动的罪刑失衡。相关规范采取精确量化做法的根源在于对法官自由裁量的不信任感，并寄希望于通过量刑活动的格式化和统一化以实现对于自由裁量的制约。换言之，其设置初衷很大程度上是为了解决长期为人所诟病的“同案不同判”问题，即试图通过对毒品数量情节进行统一赋值、统一司法适用，确保不同法院、不同法官或合议庭对案件事实基本相同的被告人，作出的量刑结果基本均衡。[③] 然而，事实并非如此，虽然法官“只有在一个判决与另一个判决之间维持某种程度的平衡，他才能在一个犯罪者和另一个犯罪者之间做到公正”，但罪刑适应“不是为了获得判决的统一性，而是试图获得某种方法上的统一性”。[④] 也就是说，精确数量化的量刑情节设计事实上已从动态的方法统一转向了静态的结果统一，偏离了罪刑适应的内在要求。因为如果完全依照《量刑指导意见》以及相关“实施细则”的“数量赋值”开展量刑活动，那么其他可以反映行为社会危害性与行为人人身危险性的内容将会被选择性地忽视，毕竟“将量刑情节的大小积分与量刑幅度的轻重刻度按 1∶1 的标准相对应”[⑤] 的模式更能节省思考成本，法官完全可以不假思索地依照毒品数量机械量刑。这样一来，《量刑指导意见》原本所提倡的“定性分析为主，定量分析为辅”的量刑原则也将被抛诸脑后。

---

① 李永升：《罪刑相适应原则的内涵解读》，载《甘肃社会科学》2005 年第 4 期。

② 刘守芬、方泉：《罪刑均衡的立法实现》，载《法学评论》2004 年第 2 期。

③ 严海杰：《量刑情节数量化之困境与出路》，载《量刑研究》2019 年第 2 期。

④ ［英］P. C. 史密斯、B. 霍根：《英国刑法》，李贵连等译，法律出版社 2000 年版，第 8—9 页。

⑤ 赵廷光：《论量刑精确制导》，载《现代法学》2008 年第 4 期。

三、以法秩序统一为落脚点

毒品犯罪几乎是刑法分则中最为复杂的犯罪，其不但罪名体系庞大、条文内容繁杂，而且还牵连着一系列的立法解释、司法解释、会议纪要、规章文件等规范文本，它们都对毒品犯罪的定罪量刑活动起着至关重要的作用。例如，在毒品定义方面，刑法仅将毒品定义为“国家规定管制的其他能够使人形成瘾癖的麻醉药品和精神药品”，至于其具体外延如何，还需结合《麻醉药品品种目录》《精神药品品种目录》以及《非药用类麻醉药品和精神药品管制品种增补目录》等加以界别；再如，在毒品数量计算方面，《刑法》第347条和第348条仅规定了鸦片、海洛因、甲基苯丙胺三者的数量标准，即使加上《毒品犯罪解释》中的数量标准，也不过寥寥几十种而已，大量毒品物质的折算、估算标准还需根据《依赖性折算表》《非法药物折算表》以及《昆明会议纪要》等规范进行确定（本章将它们简称为“相关规范”）……随着禁毒实践的不断深入发展，毒品犯罪行为类型、物质种类也不断花样翻新，追求稳定性和预测可能性的刑法文本必然跟不上实践的步伐，大量的空缺只能由正式解释、会议纪要和规章文件加以填充。

因此，对于毒品犯罪规范问题的研讨不能局限于刑法分则中所涉条款，还应当将与“相关规范”贯通理解，只有这样，才能形成真正意义上的禁毒刑法体系。但是，由于制定权的分散、效力等级的差异以及实践依据的片面等因素的综合作用，毒品犯罪领域的法律规范的体系性、协调性往往被忽视，特别是在计算毒品数量时，难免存在规范内容是否有效、规范之间如何抉择等合理性质疑，进而影响到毒品数量法定刑指引功能的发挥。例如，虽然《依赖性折算表》列明了104种新型毒品物质的折算标准和折算参照，但至今没有任何正式规范性文件对其效力加以确认。即使是2015年出台的《武汉会议纪要》也只是肯定了《非法药物折算表》在毒品数量计算过程中的积极作用，而对其规范未加提及。再者，如前所述，2004年制定的《非法药物折算表》和2016年出台的《毒品犯罪解释》在涉及部分毒品数量计算的标准时，也出现了结论不一、互相矛盾的窘状，这为具体操作时的规范依据选择造成了一定困惑。上述困境的形成皆肇因于整体思维的缺乏，在完善过程中，应当以法秩序统一为基本立场展开规范层面的框架搭建，即应促使“不同的法领域之间不应作出相互矛盾、冲突的解释”[①]。本书认为，解读毒品犯罪的“相关规范”时，一要正确看待“相关规范”对刑法所发挥的正面作用，二要在制定、完善“相关规范”时，注意刑法内容、主张对其所具有的指导和纲领作用。

（一）“相关规范”应当作为量刑依据

首先要肯定的是，“相关规范”作为毒品犯罪量刑的依据来源。从行刑衔接的角度上讲，行政法对刑法存在一定的规范效应，其中之一便表现为行政法规对刑法适用时的解释作用。[②] 毒品犯罪中存在大量需要细化解释的逻辑空间，而刑法为了保证自身的稳定性和预测可能性，必然要将大量解释空间交给其他规范填充。以毒品数量计算为例，《刑法》第 347 条和第 348 条仅规定了涉案其他毒品达到“数量大/较大/少量”的标准时，即可选择相应的法定刑幅度，但何为其他毒品“数量大/较大/少量”则需由其他文本进行解释。虽然《依赖性折算表》的制定主体为国家禁毒委员会办公室，而不是最高法机关或司法机关，《昆明会议纪要》《毒品犯罪解释》等亦未确定其规范效力。但《依赖性折算表》的出台确系专为解决毒品数量计算中的折算标准缺乏问题。并且，其在制定时也得到了最高人民法院、最高人民检察院的认可。[③] 因此，效力确定仅是形式问题，在目前还不存在更加完备和更具效力的数量计算依据的情形下，应当认可以《依赖性折算表》为代表的系列规范性文件的量刑指导意义。

（二）“相关规范”应当以刑法为蓝本

更为重要的是，在以“相关规范”为抓手匡正毒品数量的功能定位时，还应考虑刑法对“相关规范”的指导作用。换言之，“相关规范”不但要用来解释刑法，而且要遵守刑法的立场和原则。具体而言：一方面，“相关规范”也需贯彻法益保护原则，既然毒品犯罪侵害的法益为人民的生命健康及社会管理秩序，那么“相关规范”规定的数量标准等就应以“毒害性、

① 王骏：《违法性判断必须一元吗？——以刑民实体关系为视角》，载《法学家》2013 年第 5 期。

② 张冬霞：《论行政法对刑法的规范效应》，载《中国人民公安大学学报（社会科学版）》2008 年第 2 期。

③ 《关于印发〈104 种非药用类麻醉药品和精神药品管制品种依赖性折算表〉的通知》（禁毒办通〔2016〕38 号）中明确，《依赖性折算表》是“经商最高人民法院、最高人民检察院、国家卫生和计划生育委员会、国家食品药品监督管理总局同意”制定的。

成瘾性及滥用可能性”这一具体内容为完善和修正的依据。另一方面，“相关规范”也需落实罪刑相适应的原则，既然罪刑适应要求保持量刑与法益侵害性之间的相称性、实质性以及摒弃绝对数量化的立场，那么“相关规范”设计数量标准、制定裁量规则就应注重数量标准与法益侵害之间的比例关系、考虑毒品数量的纯度折算，以及把握好毒品数量介入量刑活动的合理边界。

第三节 毒品数量功能定位之回归路径

在厘清了法益保护原则、罪刑相适应原则以及法秩序统一原则的基础之上，毒品数量的功能定位回归应当以此为完善立场逐步展开。但应当注意的是，回归路径的设计并非实践困境的反对解释，即实践中缺什么就对应补充，实践中什么不好就对应完善，而是要考虑措施的实操性以及层次性。在本书看来，实现毒品犯罪量刑过程和量刑结果的公平和公正，一是做到形式问题和实质问题并重，如在化解毒品数量计算规范之间冲突的同时，也要注重完善过程中的实质依据把握；二是做到修改“相关规范”与微调刑法文本并行，如在完善、修改毒品数量计算规范的同时，也要着眼于如何在刑法中构建毒品纯度鉴定制度；三是做到短期路径和长远完善并举，如在制定统一的、折算参照多元的折算表的同时，也需要考虑到毒品物质的分级列管，并以此为基础，实现毒品犯罪的分级处罚。

一、量刑参考情节合理设计

合理设计量刑参考情节，是为了解决数量情节在量刑中的占比过多、精度过大以及参考不足的问题，以优化毒品数量的三大功能定位。对此，可以从法定刑、量刑起点、基准刑三个阶段展开。具体而言，在法定刑选择层面，既要肯定数量情节的基础情节作用，又要引入其他情节予以补充，以修正过分依赖数量情节的问题；在量刑起点确定层面，既要将毒品数量作为主要参考依据，又要借助数量情节的“分段化”来实现法定刑的“刑格化”，以应对当前量刑起点确定参考缺失的问题；在基准刑确定层面，既要保证《量刑指导意见》对于毒品犯罪量刑的指导意义，又要摒弃借助数量情节数字化刑罚裁量的做法。

（一）法定刑情节多元化改良

数量情节作为毒品犯罪危害性大小的量化因素既是明确的，又是苍白无力的。涉案毒品数量仅是犯罪客观方面的要素之一，是征表犯罪社会危害性的因素之一，但绝不是决定性因素，更不是刑罚裁量的决定性因素。[①] 通过本书第一部分的梳理可知，在法定刑幅度选择的问题上，刑法也经历了从一个极端转向另一个极端，从而归于理性的“否定之否定”过程：在 1990 年全国人大常委会出台《关于禁毒的决定》以前，我国毒品犯罪的量刑情节被“一贯”“大量”“情节特别严重”等模糊性表述占据，造成了裁判者无所适从的非理性局面；而 1990 年全国人大常委会出台的《关于禁毒的决定》为了解决此难题，又采用了数量情节支配法定刑幅度选择的做法，将毒品犯罪的量刑推向了另一个极端；1997 年刑法为破除“重数量，轻情节”的困局，又在“7 年以下有期徒刑、拘役或者管制”的幅度内增加了“情节严重的，处 3 年以上 7 年以下有期徒刑”的规定，让“情节严重”重回毒品犯罪，使得刑法走上了理性的道路。自此之后，2016 年公布的《毒品犯罪解释》对“情节严重”进行重新解释时，更是将先前司法解释中残余的数量情节排除在外，[②] 即《刑法》第 347 条第 4 款中的情节严重应当是指除毒品数量之外的其他情节，不是单纯地用数量去解释数量。[③]

可见，立法者一直试图对法定刑裁量中“过分倚重数量，忽略其他量化因素”的偏误进行修正，只是修正的程度还不够彻底，在“7 年以上有期

---

① 齐文远、魏汉涛：《毒品犯罪治理的困境与出路》，载《河南大学学报（社会科学版）》2018 年第 1 期。

② 《最高人民法院关于审理毒品案件定罪量刑标准有关问题的解释》（法释〔2000〕13 号）第 3 条规定，具有下列情形之一的，可以认定为《刑法》第 347 条第 4 款规定的“情节严重”：（一）走私、贩卖、运输、制造鸦片 140 克以上不满 200 克、海洛因或者甲基苯丙胺 7 克以上不满 10 克或者其他数量相当毒品的……而《毒品犯罪解释》在规定何为“情节严重”时，将该数量情节予以删除。《毒品犯罪解释》第 4 条规定，走私、贩卖、运输、制造毒品，具有下列情形之一的，应当认定为《刑法》第 347 条第四款规定的“情节严重”：（一）向多人贩卖毒品或者多次走私、贩卖、运输、制造毒品的；（二）在戒毒场所、监管场所贩卖毒品的；（三）向在校学生贩卖毒品的；（四）组织、利用残疾人、严重疾病患者、怀孕或者正在哺乳自己婴儿的妇女走私、贩卖、运输、制造毒品的；（五）国家工作人员走私、贩卖、运输、制造毒品的；（六）其他情节严重的情形。

③ 叶晓颖、马岩、方文军、李静然：《〈关于审理毒品犯罪案件适用法律若干问题的解释〉的理解与适用》，载《人民司法（应用）》2016 年第 13 期。

徒刑，并处罚金”这一幅度内，毒品数量仍是法定刑选择的唯一标准，这不利于进一步地摆脱“唯数量论”的窠臼。本书认为，《毒品犯罪解释》为解决该问题提供了一个很好的思路：通过在法定刑幅度内安插“情节严重”以实现毒品犯罪法定刑情节多元化、妥适化。实际上，《刑法》第 347 条第 4 款可以解读为“数量情节”与“其他情节”的复合形式：该款的规定其实是一档法定刑（7 年以下有期徒刑、拘役或者管制，并处罚金）中的两种情节，而非两档法定刑，只有行为涉毒数量达到该款标准，并且符合《毒品犯罪解释》的“情节严重”情形时，行为人才可能面临该档法定刑幅度内的“3 年以上 7 年以下有期徒刑”的结果；如果行为并不符合《毒品犯罪解释》的“情节严重”情形，只是涉毒数量达到了该款标准，那行为人就只可能面临该档法定刑幅度内“3 年以下有期徒刑、拘役或者管制”的结果。简言之，该款要求的“情节严重”指的是达到相应数量的情节严重。[①] 这样一来，该档法定刑（7 年以下有期徒刑、拘役或者管制，并处罚金）既保留了数量情节的基础作用，保证了毒品数量的社会危害性量化功能，又避免了法定刑情节的“唯数量论”。

同理，对于《刑法》第 347 条第 3 款也可借鉴《毒品犯罪解释》的思路进行改良。首先，应当将该款规定的“7 年以上有期徒刑，并处罚金”划分为两个区间（本书假设为“7 年以上 10 年以下有期徒刑，并处罚金”和“10 年以上 15 年以下有期徒刑，并处罚金”两个区间，当然，如何科学划分还需多方材料进行综合论证）。其次，在内容上也需将该款更正为“数量情节”与“其他情节”的复合形式，即如果行为涉毒数量达到该款标准，并且“情节严重”情形时，行为人可能面临该档法定刑幅度内的“7 年以上 15 年以下有期徒刑”的结果；如果行为只是涉毒数量达到了该款标准，并不“情节严重”时，那其就只可能面临该档法定刑幅度内“7 年以上 10 年以下有期徒刑”的结果。如此改进，一是如上述可以保证毒品数量量化功能的全局贯穿；二是又能实现法定刑情节的多元构建；三是又改善了当前

---

① 有学者将这里的“情节严重”理解为法定刑的升格条件，具体参见高巍：《贩卖毒品罪研究》，中国人民公安大学出版社 2007 年版，第 247 页。但本书认为，这样的理解会造成诸多不妥：首先，如果“情节严重”是法定刑的升格条件，那“情节严重的，处 3 年以上 7 年以下有期徒刑，并处罚金”的表述为何不单列一款？其次，如果“情节严重的，处 3 年以上 7 年以下有期徒刑，并处罚金”是单独的法定刑幅度，为何《刑法》第 347 条内的其他 3 个法定刑幅度都以数量作为情节，这档却以“情节严重”作为情节？

第 347 条法定刑幅度分配极为不合理的情况（第二档法定刑从 7 年有期徒刑起至 15 年有期徒刑止，跨越了 8 年的有期徒刑）；四是能从一定程度上避免刑罚结果畸重现象。因为“情节严重”类似于一个“刑罚阀门”，它通过情节筛选将以往那些涉案毒品数量较大，但实际危害欠缺的行为排除在“7 年以上 10 年以下有期徒刑”之外。总而言之，修正后的第 347 条第 3 款可以表述为：走私、贩卖、运输、制造鸦片 200 克以上不满 1 千克、海洛因或者甲基苯丙胺 10 克以上不满 50 克或者其他毒品数量较大的，处 7 年以上 10 年以下有期徒刑，并处罚金；情节严重的，处 10 年以上 15 年以下有期徒刑，并处罚金。（见图 5）

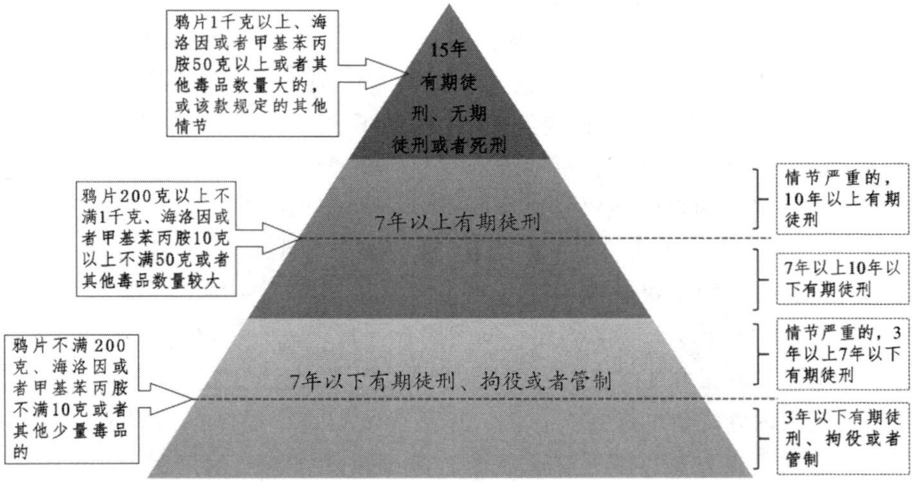

图 5　改良后的《刑法》第 347 条示意

（二）量刑起点的刑格化完善

由于僵化套用法定刑幅度确定时的数量标准，《量刑指导意见》针对毒品犯罪所规定的量刑起点确定方法只算“幅”的限缩，而非“格”的划分，最终极易造成法定刑部分幅度、刑种的荒置，甚至引发罪刑不相适应的重刑主义倾向。本书认为，确定量刑起点的意义无非在于细化法定刑幅度，为法官提供更加确切的参考，这不仅要求量刑起点对法定刑幅度实现严格的划分，也要求法定刑情节的进一步细致化。例如，《刑法》第 347 条第 3 款规定，涉案达到鸦片 200 克以上不满 1 千克时，对应“7 年以上有期徒刑，并处罚金”的法定刑幅度。那么《量刑指导意见》在确定量刑起点时，不但要将“7年以上有期徒刑”这个幅度分格为几个区间，还要将“鸦片200克以上不满1千克”这个数量阈分格为几个具体的度，并将划分出来的度和格一一对应起来。否则，立法者将很难清楚说明，为何“鸦片200克以上不满1千克”在刑法中对应的是“7年以上有期徒刑”这个大区间，而在《量刑指导意见》却对应了“7—8年有期徒刑”这个限缩后的小区间。[①] 并且，也只有这样才能全程保证量刑结果与社会危害性之间的均衡性，避免量刑结果的偏态分布。

因此，为了优化毒品数量在量刑起点确定过程中的参考功能，有必要将以往的限缩性思维转换为刑格化思维。再以前文所引的《刑法》第347条最低档为例，本书拟将“鸦片不满200克、海洛因或者甲基苯丙胺不满10克或者其他少量毒品”划分为“鸦片100—200克，海洛因、甲基苯丙胺5—10克或者其他毒品相应数量”“鸦片50—100克，海洛因、甲基苯丙胺2.5—5克或者其他毒品相应数量”“鸦片不满50克，海洛因、甲基苯丙胺不满2.5克或者其他毒品相应数量”三个格度，将“3年以下有期徒刑、拘役或者管制”的自由刑划分为“1—3年有期徒刑”“1年以下有期徒刑”“拘役或者管制”三个格度，并将两组内容依次高低对应。[②] 假设在一起案件中，行为人甲贩卖甲基苯丙胺4克，那么按照《刑法》第347条的规定当然地选择“3年以下有期徒刑、拘役或者管制”这一法定刑幅度，因该涉案甲基苯丙胺数量介于2.5—5克，顺次推之，那么法官就应在1年以下有期徒刑范围内确定量刑起点。首先，这能为量刑过程提供更为周全的指引，相比以往“可以在3年以下有期徒刑、拘役幅度内确定量刑起点”的做法更加精细化；其次，这能为量刑过程提供更为完整的指引，既然新的“量刑指导意见”规定涉案鸦片不满50克，海洛因、甲基苯丙胺不满2.5克或者其他毒品相应数量的，在拘役或者管制内确定量刑起点，那么各地制定“实施细则”时，也就没有将管制刑排除至量刑起点外的正当理由。（见图6）

---

① 《量刑指导意见》规定，走私、贩卖、运输、制造鸦片200克，海洛因、甲基苯丙胺10克或者其他毒品数量达到数量较大起点的，可以在7年至8年有期徒刑幅度内确定量刑起点。

② 当然，由于缺乏大数据统计的支持、专家学者的论证以及试点经验的支撑，本书对法定刑和数量情节所作的格度划分不甚科学，甚至可以说只是简单的数量比例拆分。但囿于条件不足和论述便捷，本书暂弃科学之方法和数据，作此划分。

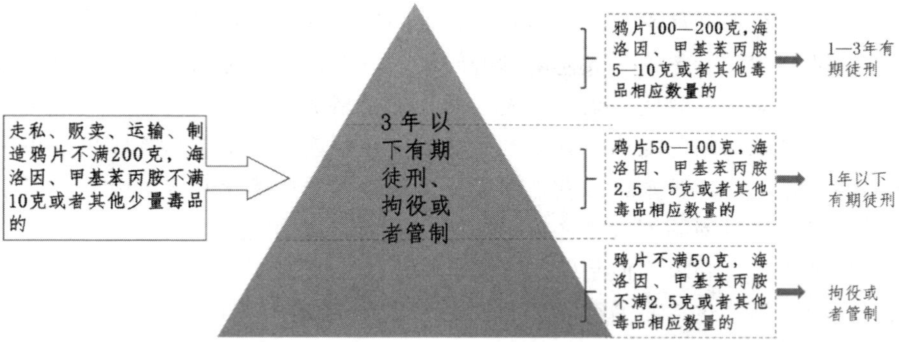

图 6　《刑法》第 347 条最低档量刑起点优化示意

此外，正如第二部分所指出的那样，现行的《量刑指导意见》还遗漏了《刑法》第 347 条第 1 款规定的非数量情节，应当做相应补充。本书认为，对于走私、贩卖、运输、制造毒品集团的首要分子，武装掩护走私、贩卖、运输、制造毒品的，以暴力抗拒检查、拘留、逮捕，情节严重的，参与有组织的国际贩毒活动的，也可将其量刑起点规定为 15 年有期徒刑，但依法应当判处无期徒刑以上刑罚的除外，如此以保持其与刑法内容的协调。

（三）基准刑裁量缓和化矫正

毒品数量是一个客观存在的范畴，而定罪量刑则是一个主观评价的范畴。刑法并不是越精确越好，过于精确的定罪量刑规范反而会因执拗于数量关系而褪去了善恶评价的本真。正如霍姆斯所言："法律显示了国家几个世纪以来发展的故事，它不能被视为仅仅是数学课本中的定律及推算方式。"毒品犯罪的目前态势已经发生变化，量刑公正的实现更应当实质化，即从以往纠结于数字关系的形式化阶段进化到紧扣毒品犯罪实质，对其更充分、更全面评价，进而进行定罪量刑活动的实质化阶段。对于毒品数量这一"硬指标"来说，只有限制其功能发挥的空间范围，才能与刑法学这一"软科学"相兼容，并形成公正合理的定罪量刑结果。从实然规范来看，虽然《量刑指导意见》只规定法官"在量刑起点的基础上，可以根据毒品犯罪次数、人次、毒品数量等其他影响犯罪构成的犯罪事实增加刑罚量，确定基准刑"。但由于"唯数量论"的惯性思维使然，各地在制作"实施细则"时，甚至将毒品数量与刑量之间的关系精确到了"克"与"月"的地步，严重制约了裁判者主观能动性的发挥，影响了量刑过程的全面性和实质性。

可见，在基准刑确定这一话题上，毒品数量的参考功能发挥与其说是如何完善的问题，毋宁说是如何限制的问题。本书认为，毒品数量标准与刑罚量之间的对应关系只能是幅度对应，而不能是精确对应，即只能用一个此数量到彼数量的区间与此刑量到彼刑量的幅度相接连，而不能用具体数量和具体的刑量相勾连；否则，二者之间极易出现畸形的精确化对等。因此，毒品数量在实现法定刑幅度选择之指引功能与量刑起点确定之参考功能时，才是真正达到了这一要求。但是，对于基准刑而言，其要实现的任务已经不再是刑罚幅度的细致化，而是继续调整在量刑起点确定中所形成的刑法“点”，在此阶段如果依然强调毒品数量的参考作用，就极易形成毒品数量与刑罚精确对应之困局，造成罪刑之间不相适应。

因此，本书主张去除毒品数量在基准刑确定中的参考功能，即不再将毒品数量作为基准刑确定时的依据。之所以这样选择，除了满足罪刑相适应的本质要求，还有以下考虑：其一，《量刑指导意见》已作规定，基准刑的确定是依据“其他影响犯罪构成的犯罪事实”，而毒品数量属于犯罪构成的事实，并非影响犯罪构成的事实，因此，以毒品数量为参考确定基准刑使得《量刑指导意见》有自相矛盾之嫌；其二，《量刑指导意见》主张“定性分析为主，定量分析为辅”的量刑原则，而毒品数量作为量化社会危害性的最主要因素，应归于定量分析，以毒品数量为参考确定基准刑使得毒品犯罪的量刑有违反自身的量刑原则之嫌；其三，这也是避免量刑“唯数量论”的选择，如果不在合理的阶段排除毒品数量的功能发挥，那么法官极易“一量到底”，完全忽视其他因素。综上所述，可以将《量刑指导意见》的相关规定修改为：在量刑起点的基础上，可以根据毒品犯罪次数、人次等其他影响犯罪构成的犯罪事实增加刑罚量，确定基准刑。

二、健全毒品纯度鉴定制度

毒品犯罪的社会危害性根基由毒品数量与毒品含量构成。如前所述，为保证量刑与法益侵害间的实质性，达成罪刑相适应原则的本质要求，进入定罪量刑视野的毒品数量就应当进行纯度折算。当然这只是立场式的宣示，并不能应对真实情况中的真实问题，如何构建恰当的毒品纯度鉴定制度才是解决“量化初衷”未能贯彻问题的最终归宿，而这至少又关乎两方面的问题：第一，毒品纯度鉴定应当处于定罪量刑过程中的哪个阶段？或者说毒品纯度因素应当在什么节点融入数量这一主线中，对社会危害性的评价发挥影响作用？第二，纯度鉴定制度在怎样的普及进路上展开？即从正式推行的层面上而言，对其应当作出怎样的阶段安排？

（一）毒品纯度鉴定的量刑步骤定位

虽然《刑法》第357条规定毒品数量计算不以纯度折算，但考察当前相关规范可知，毒品纯度多多少少也能影响量刑结果，毒品犯罪量刑并非完全不顾及毒品纯度问题。例如，《大连会议纪要》就曾对死刑适用增加条件限制，并规定毒品含量极低，掺假之后的数量才达到死刑数量标准的，或者足以证明存在大量掺假情形但因故不能鉴定的，可以不判处死刑立即执行。《武汉会议纪要》也曾规定，在毒品犯罪案件办理中，不论纯度高低，一般均应用查证属实的毒品数量确定案件适用的法定刑幅度，只有涉案毒品纯度明显低于同类毒品的正常纯度的，量刑时可作酌情考虑。《昆明会议纪要》进一步规定，涉案毒品纯度明显低于同类毒品的正常纯度的，量刑时可酌情考虑。《量刑指导意见》还对此“酌情考虑”作了详细解读：在确定基准刑的基础上，毒品含量明显偏低的，可减少基准刑的30%以下。可见，在量刑步骤定位上，目前相关规范将毒品纯度视为影响宣告刑裁量的选择性因素，这看似坚持了量刑的罪刑相适应原则，实则却不然：首先，罪刑相适应原则是刑法的基本原则，更是量刑的基本原则，这意味着无论是法定刑的选择、量刑起点的确定，还是基准刑的确定、宣告刑的确定都应严格遵从，任何步骤的空缺都是原则的违背；其次，将毒品纯度不足作为宣告刑裁量情节也难以纠正偏重化的量刑结果，因为在前阶段法官已经按照“虚增”的毒品数量作出了法定刑幅度选择、量刑起点确定以及基准刑确定，基准刑的30%以下调控幅度已是于事无补。

本书认为，毒品纯度不应被作为量刑最后阶段的调整因素看待，而应该一开始就被纳入量刑活动的考虑之中，即应将“毒品纯度鉴定规则”理解为法定刑规则，而非宣告刑规则。具体来说，真正的罪刑相适应要求应当在公安司法机关完成毒品查获工作之后，人民检察院向法院提起公诉之前，介入一个毒品纯度鉴定阶段，以将查获的毒品数量依照其纯度折算为实质上的毒品数量。这样一来，法官在进行数量计算时必须采取纯度折算后的毒品数量，罪刑相适应的实质要求始终贯彻于法官量刑权的行使过程中。当然，这不但要更改《昆明会议纪要》等相关规范性文件的内容表述，而且《刑法》第357条第2款也应该修改为：查证属实的走私、贩卖、运输、制造、非法持有的毒品，应当在折算纯度后再进行数量计算。

（二）纯度鉴定制度的三段普及进路

一个制度的铺展难免会面临必要性和经济性上的诘问，就纯度鉴定制度而言，前者表现为刑罚适用合理化的现实需要，后者表现为司法资源有限、实际复杂情况的客观制约。当下贸然提出一种全面覆盖、一步到位的主张，只是一种脱离实际情况和客观规律的理论假设，现阶段更加适合的方案是在现有基础上分阶段、分步骤地开展毒品纯度鉴定制度。事实上，最高人民法院与1994年12月出台的《关于执行〈全国人民代表大会常务委员会关于禁毒的决定〉的若干问题的解释》（法发〔1994〕30号）就曾对毒品纯度鉴定制度的构建展开了积极的探索，只是因为时代条件限制、从严打击毒品犯罪等原因没有得到如实贯彻。其规定，对于查获的涉案毒品，应当予以鉴定，海洛因的含量在25%以上的，可视为1990年《关于禁毒的决定》和解释中所指的海洛因；含量不够25%的，应当折合成含量为25%的海洛因计算数量。在本书看来，这种将固定纯度拟制为标准纯度一方面难以在毒品种类纷繁复杂的当下展开（因为该标准是个别化的），另一方面也并未从根本上解决“不以纯度折算”的合理性问题（因为类似于25%的标准仍与实际含量相去甚远）。因此，本书主张以法定刑幅度为推进坐标，构建三阶段的毒品数量鉴定制度，具体设计如下：

近期，对于可能判处15年有期徒刑、无期徒刑或者死刑的案件应当进行毒品纯度鉴定。从刑罚性质上来看，死刑是剥夺生命的刑罚，而15年有期徒刑和无期徒刑是长期剥夺人身自由的刑罚。相较于可能判处其他两档法定刑的被告人来说，不以纯度折算毒品数量会给可能判处15年有期徒刑、无期徒刑或者死刑的被告人造成更大的“权益减损”，只有在可能判处该档刑罚的案件中优先普及毒品纯度鉴定制度才能更充分地保障被告人的基本权利。同时，无论是从社会各界的重视程度，还是案件数量来说，可能判处15年有期徒刑、无期徒刑或者死刑的案件都具有优先推行的优势，在该类案件中推动毒品鉴定制度的改革。一是可以得到更多方面的支持，二是不会因巨大的案件操作量而引起司法成本的陡增。总之，近阶段即可着手准备整合相关司法资源，推动毒品纯度鉴定制度在《刑法》第347条第2款中的全面覆盖。

中期，对于可能判处7年以上有期徒刑的案件应当进行毒品纯度鉴定。这个阶段中的犯罪案件不仅包括了《刑法》第347条的走私、贩卖、运输、制造毒品罪，还包括了第348条的非法持有毒品罪。从刑罚的严厉程度上来看，7 年以上有期徒刑是介于 15 年有期徒刑、无期徒刑或者死刑与 3 年以下有期徒刑、拘役或者管制的中间地带，是全面覆盖 15 年有期徒刑、无期徒刑或者死刑档的鉴定制度后的下一阶段。事实上，在这个阶段推行毒品纯度鉴定制度也有一定的前期基础，最高人民法院、最高人民检察院、公安部于 2016 年出台的《办理毒品犯罪案件毒品提取、扣押、称量、取样和送检程序若干问题的规定》规定，公安机关查获的毒品系成分复杂的新类型毒品，且犯罪嫌疑人、被告人可能被判处 7 年以上有期徒刑的，应当委托鉴定机构对查获的毒品进行含量鉴定，只是该含量鉴定的对象为“成分复杂的新类型毒品”，且结果也不作为数量计算的依据，而只作为宣告刑裁量的参考。既然实践中已经普遍开展，那么扩大该阶段纯度鉴定的毒品种类范围以及修正鉴定结果的作用对象，并使之成为一种制度也未尝不可。因此，在第一阶段已经全面普及的前提下，可仔细结合 7 年以上有期徒刑幅度内毒品犯罪的实践情况，适时在该阶段全面推行毒品纯度鉴定制度。

远期，对于所有的案件应当进行毒品纯度鉴定。这包括走私、贩卖、运输、制造毒品罪，以及非法持有毒品罪中可能判处 3 年以下有期徒刑、拘役或者管制的情况。首先，这类案件的危害较小，刑罚较轻，改革紧迫度不高，将其放在第三阶段不会对毒品犯罪案件审判的公正性带来过多影响；其次，该类案件在司法实践中数量最多，案发最频，需要在一定条件基础形成后普及纯度鉴定制度才不至于造成司法资源负担。因此，将可能判处 3 年以下有期徒刑、拘役或者管制的案件置于普及进路的最后阶段具有一定合理性。

三、数量计算上的体系完善

要匡正毒品数量法定刑选择指引性不明的偏误现状，首先需从当前数量计算体系内部来进行完善，这是做到短期路径和长远完善并举的必然要求。如不触及实质问题，直算法标准滞后、估算法标准模糊、折算法标准繁杂，以及“直算”“估算”“折算”三种方法综合使用的协调困境是由规范矛盾、规范模糊以及规范滞后造成的，近期较为经济性的做法仍是在“直算、估算、折算并存，折算为主”的当前体系中进行完善。具体可以从制定统一规范、提高规范层级、完善折算关系等方面展开。

（一）完善相关规定，提高规范等级

作为毒品犯罪量刑的重要参考，相关规范在规定毒品数量的计算规则、

数量标准时，应当兼具明确性和权威性，以化解相关数量计算规范混乱无序这一问题，为法官的量刑活动提供清晰、唯一的依据参考。具体而言：首先，应当制定统一的数量计算规范。一方面，在折算法范畴内，需整合《非法药物折算表》和《依赖性折算表》所规定的相关内容为"毒品数量折算表"，化解折算法运用中的冲突困境，为司法机关提供明确的办案参考。甚至还需根据《毒品犯罪解释》所规定的法定刑对应关系，对《毒品数量折算表》的具体标准做进一步修改、完善，以改善"折算+直算"的组合模式使用过程中的协调困境。另一方面，即使《昆明会议纪要》对新精神活性物质数量计算的原则、步骤加以明确规定，但综合看来，并未形成对新型毒品物质数量计算的统一部署。基于此，可以考虑在前述"毒品数量折算表"中对其折算、估算的操作步骤，包括在同一行为涉及多种毒品时如何进行毒品数量计算的方法加以规定。其次，提高相关规范的效力等级。折算关系作为折算法的主体部分，对其加以规定的规范文件除了要达到统一协调的要求，还需要在效力上加以提升，以实现其明确性。因此，建议前述"毒品数量折算表"的制定主体应为最高人民法院、最高人民检察院、公安部、国家禁毒委员会办公室，这既可以保证《毒品数量折算表》在适用过程中具有司法权威性，又可以保证其在形成环节具有制定科学性，并且还由国家禁毒委员会相关专业成员部门保证该折算表的及时更新。

（二）增加折算参照，完善折算关系

就目前而言，《非法药物折算表》和《依赖性折算表》虽已规定了绝大多数新类型毒品的折算关系，但折算参照只有海洛因和甲基苯丙胺两种。这不但滞后了折算关系的确定过程（因为过少的折算基准会增加新精神活性物质和折算参照在成分、"毒性大小""致瘾癖性、戒断性、社会危害性"以及致瘾癖性、毒害性、纯度、滥用情况、受管制程度及犯罪形势、交易价格等方面的比较难度），而且弱化了折算标准确定时的科学程度，因为在毒品成分等方面，种类繁多的新精神活性物质，很难说与海洛因、甲基苯丙胺两种折算参照之间具有对应关系。例如，1-戊基吲哚-3-甲酸-8-喹啉酯属于大麻素类物质，很难说明其在成分上与海洛因有一定的相似关系，那么，折算标准的合理性何来便产生疑问。因此，可以考虑增加折算参照以解决该问题。应当说，要选取一种物质作为折算参照时应当考虑该物质是否具备以下两个条件：第一，该物质要与法定刑之间具有直接对应关系，即可通

过直算法得出相应法定刑，因为这样才能避免一次折算之后再次折算的情况；[①] 第二，该物质在同类物质中具有代表性，即该物质在相似性上应当与同类中的其他物质是最大的。目前，根据化学性质和成分上的不同，新精神活性物质可以被分为合成大麻素类、卡西酮类、氯胺酮类、苯乙胺类、哌嗪类、植物类、色胺类等种类。故而可以在符合以上条件的诸类物质中确立更多折算参照，[②] 以丰富毒品数量与法定刑之间的对应中介。当然，或许前述的诸类物质之中尚缺乏符合第一个条件的代表性物质存在。因此，增加折算参照的实现还需要直算法上的完善，即在更多具有代表性的物质数量和法定刑之间确定直接对应关系。

与此同时，折算关系的完善还需在实质上来进一步把握。新型毒品物质和折算参照之间的折算标准应当以二者间的社会危害性比值为实质依据，而相关物质成分类型只是确立折算标准时的表面依据。换言之，物质成分只是“人民的生命健康及社会管理秩序”这一实质内核的表现形式之一，只能作为折算标准确定的客观参考。虽然目前《非法药物折算表》的折算标准确定在一定程度上考虑了“药物依赖性、医疗用途”因素，但与综合考虑“毒害性、成瘾性及滥用可能性”的法益侵害具体征表相比，仍具片面性。并且，通过分析也可以发现，该表也未将“药物依赖性、医疗用途”这一折算依据贯彻到底，导致标准执行的偏差。[③] 为了紧扣法益侵害这一实质依据，本书认为，在形成统一的折算依据，增加折算参照的基础上，“毒品数量折算表”可以参照《非法药物折算表》的做法，将不同折算参照下的不同物质，依据“毒害性、成瘾性及滥用可能性”的标准，分为数个等级，且高等级物质的毒害性、瘾癖性、滥用可能性程度大于低等级的物质。同时，再为每种物质规定与其毒害性、瘾癖性、滥用性程度相适应的折算标准

① 要注意的是，符合这个条件的物质不止有甲基苯丙胺和海洛因两种物质，被《毒品犯罪解释》所确立了直接计算标准的诸物质也可被视为符合该条件。

② 实际上，《依赖性折算表》已有类似做法。例如，对于2，5－二甲氧基－4－氯苯乙胺这种物质，《依赖性折算表》在确定折算标准为1∶1，折算参照为海洛因的同时，还确立了其参考物质为2C－I，分类为苯乙胺，只是没有在增加折算参照这一步上迈得更远，但这至少可以证明，本书所述的增加折算参照，完善折算关系的设想是具有可行性的。

③ 例如，根据《非法药物折算表》的规定，在阿片类药物中阿芬太尼属于“药物依赖性强，但医疗上广泛使用的品种”，地索吗啡属于“药物依赖性很强且医疗上不准许使用的品种”。按理来说，前者与海洛因之间的折算标准应当低于后者，但实际上前者的折算标准为1∶15，后者的折算标准为1∶1。

（即高等级物质的折算标准高于低等级物质的折算标准，两者保持数量意义上的同向变动关系）。只有这样，才能在数量计算过程紧扣保护法益这一刑法的基本目的，避免实践操作中一些毒品危害较大，但量刑却较轻的矛盾现象发生。

四、构建毒品分级处罚制度

（一）分级处罚制度的总体设想

毒品数量计算最大的难题之一是如何在毒品种类不断翻新的背景下，解决鸦片、海洛因、甲基苯丙胺以及《毒品犯罪解释》规定的毒品物质之外的其他毒品物质的法定刑选择问题。毒品更新速率与法律规制速率之间的时差矛盾和列管模式的缺陷是目前毒品数量计算困境下的两大深层症结。但是，时差矛盾与列管缺陷相互间不但共生，亦能相克：虽然时差矛盾始终难以消除，但设计科学的毒品列管制度却能使其趋于缓和。在毒品列管模式以列举管制为主的基本模式下，想更好化解毒品数量计算困境，着力点在于如何将处于分散状态的单种毒品类别化、规整化，实现从单个毒品与法定刑之间的对应，向类别毒品与法定刑之间挂钩的转变。换言之，就是要在方法论上实现“量—刑”之间模糊对应（估算法）与中介对应（折算法），向直接对应（直算法）的转变。

对毒品进行分级列管，并且随之附加对应刑罚已开始成为世界毒品法律管制模式之潮流：例如，美国的《管制物质法案》（The Controlled Substances Act）依据毒品是否具有滥用可能性等因素，将毒品分为5级，并针对不同的毒品等级列明不同处罚。[①] 再如，泰国的《麻醉药品法案》（Narcotics Control Act）及其修正案也将毒品分为5个等级，并且实施分级处罚。[②] 又如，新加坡的《滥用毒品法令》（Misuse of Drugs Act）也依据一定的危害性标准将毒品分为A级、B级、C级3个等级，并且明确了不同行为

---

① 例如，行为涉及第四级毒品（Schedule IV）的法定刑为5年以下监禁，个人罚金25万美元，非个人罚金100万美元，外加1年以上监外监管；若有前科，则处10年以下监禁，个人罚金50美元，非个人罚金200万美元，外加2年以上监外监管。具体参见The Controlled Substances Act，Part B—Authority to Control；Standards and Schedules，§812. Schedules of controlled substances；§842. Prohibited acts B。

② 刘建宏主编：《外国禁毒法律概览》，人民出版社2015年版，第64页。

涉及不同等级的毒品时，应当选择的法定刑幅度，[①] 进而实现了法定刑上的“分级”。[②] 此外，我国台湾地区相关规范也将毒品分为4级列管，对涉及不同级别毒品的犯罪行为设置轻重程度不同的刑罚。[③]

参照这些做法，可以采取类似进路实行毒品犯罪的分级处罚，即综合考虑列管毒品的毒害性、瘾癖性及滥用可能性等因素，对毒品物质进行分级列管，并在此基础之上，对不同等级的毒品配置相应的法定刑。但要注意的是：首先，对于经验，既要有借又要有鉴，前述的几种做法仔细看来，只是对不同等级的毒品大致规定了对应刑罚，仍失之粗糙，不够精细，还需在此思路上进一步完善；其次，经验借鉴还需考虑本土性，目前刑法采取的是依据毒品数量选择法定刑的“量—刑”对应模式，在不大幅更改刑法文本的前提下，毒品分级仍应依靠毒品数量为中介，以实现与法定刑之间的关联，而非简单地使某一等级的毒品物质简单地与法定刑对应。因此，我国毒品犯罪处罚制度在实行分级列管的同时，还需为每个等级毒品物质制定《刑法》第347条所规定的“数量大/较大/小”的数量标准，从而实现量刑上的规范化与实质化。同时，如若相关行为涉及多种毒品，可以创新性地采取“同级累加，异级折合（低级毒品向高级毒品折合）”的方法予以计算。

（二）分级处罚制度的构建展开

规范上，为了保障分级处罚制度的顺利构建，最高人民法院、最高人民检察院、公安部、国家禁毒委员会办公室等部门应当协同制定统一的毒品目录，[④] 以明确毒品的具体范围。在此基础上，再以“公众健康以及社会管理

---

① Narcotics Control Act, First Schedule: Controlled Drugs; Second Schedule: Offences Punishable On Conviction.

② 例如，根据第二附表的规定，行为人未经允许制造A级物质的，将面临最高30年或终身监禁及15次鞭打，最短10年监禁及5次鞭打，而行为人未经允许制造C级物质的，最高20年监禁及15次鞭打，最少5年监禁及5次鞭打。具体参见盛浩：《刚性十足的新加坡毒品犯罪刑罚制度》，载《中国禁毒报》2020年7月31日，第7版。

③ 刘湘廉：《祖国大陆与我国台湾地区的毒品犯罪立法比较》，载《西南政法大学学报》2009年第3期。

④ 值得一提的是，依照是否具有药用价值，我国将实验室毒品分别列管于《麻醉药品和精神药品管理条例》以及《非药用麻醉药品和精神药品列管办法》所附的目录当中，并且依各自程序进行管制。而新精神活性物质法律管制的基本矛盾在于管制滞后性与更新快速性之间的冲突，分别管制的法律体系恰好屏蔽了这一基本矛盾，导致了法律规制上的协调不足，所以，整合为统一的毒品目录以协调管理确有必要。

秩序”的侵害程度为实质依据，以“毒害性、瘾癖性及滥用性”等为形式参考，由大到小，将列管物质分为一级、二级、三级、四级、五级 5 个等级，实现分级列管。然后再综合考量前述实质依据和形式参考，分别确定 5 级毒品对应的《刑法》第 347 条所规定的“数量大/较大/小”的具体标准，实现分级处罚。假使按照前述分级列管的构想，如表 6 所示，首先，可以将相应物质分为五个等级，其中第一个等级包括 A_1、A_2……若干物质，第二个等级包括 B_1、B_2……若干物质，依此类推。其次，根据 5 级物质在毒害性、瘾癖性及滥用可能性等因素上的不同表现确定“数量大/较大/小”的具体标准，例如走私、贩卖、运输、制造一级物质未达到 a′克时为“少量”；达到 a′克，而未达 a″克时为“数量较大”；超过 a″克时为“数量大”。其余二级、三级、四级、五级毒品的具体数量标准也是依此类推（当然，如果以法益侵害为实质依据，那么必然得出 $a' < b' < c' < d' < e'$，$a'' < b'' < c'' < d'' < e''$）。

表 6　毒品分级目录例表

一级	二级	三级	四级	五级
A_1	B_1	C_1	D_1	E_1
A_2	B_2	C_2	D_2	E_2
…	…	…	…	…

第一，在行为涉及单一毒品时，直接根据毒品所在等级的数量标准选择法定刑。例如，行为人走私、贩卖、运输、制造毒品 A_1 达到 x（$a' < x < a''$）克时，即为行为人走私、贩卖、运输、制造一级毒品数量较大，推及《刑法》第 347 条第 3 款的规定，则应当选择“7 年以上有期徒刑，并处罚金”法定刑幅度。

第二，在行为涉及混合毒品时，采取“同级累加，异级折合”的方法予以计算。如果行为人走私、贩卖、运输、制造毒品 A_1 有 y 克，毒品 A_2 有 z 克，因为 A_1 和 A_2 在毒品目录中属于同一级别，则应当将 A_1 的数量 y 克和 A_2 的数量 z 克予以累加（和为 $y+z$），再将 $y+z$ 与 a′、a″进行大小衡量，最后在“数量大/较大/小”的对应法定刑中加以选择。但是，如果行为人走私、贩卖、运输、制造毒品 A_1 有 h 克，毒品 B_1 达到 w 克，因为 A_1 和 B_1 在毒品目录中不属于同一级别，所以应当采取“异级折合”的计算方式，即将低级别毒品按照数量比例关系折算为高级别毒品，再合并数量，按照高级别毒品

"数量大/较大/小"的标准选择法定刑，具体操作如下：先将 h 克毒品 B_1 折和为相应数量的毒品 A_1，总共 $w\frac{b'}{a'}$ 克，再将毒品 B_1 的数量和毒品 A_1 的数量进行求和（和为 $w\frac{b'}{a'}+h$），又将 $w\frac{b'}{a'}+h$ 与 a′、a″进行大小衡量，最后在"数量大/较大/小"的对应法定刑中加以选择。（见图 7）

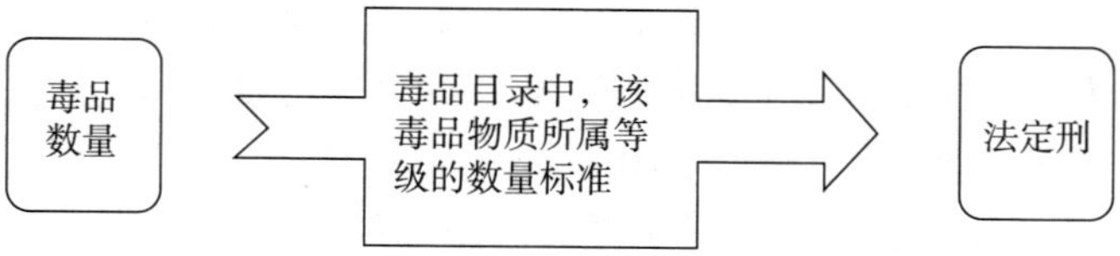

图 7　分级处罚制度原理示意

（三）分级处罚制度的效果检验

首先，以分级对应克服直算法的滞后性。传统直算法需要最终确定某种具体毒品数量和法定刑之间的对应关系，而新类型毒品（特别是新精神活性物质）更新速度快、数量多，在确定数量标准时过程烦琐。所以，在列管和量刑之间存在固有时差。分级处罚制度的积极意义在于通过毒品分级，变毒品与法定刑幅度的单一对应为等级对应，从而避免大量烦琐过程，进而改善数量标准规定上的滞后性缺陷。例如，A_1 物质因为其"毒害性、瘾癖性及滥用可能性"因素评价达到最高水平，而被纳入一级毒品之中，那么在规范形成阶段，只需将 A_1 物质纳入一级目录之中即知该物质数量未达到 a_1 克时为"少量"；达到 a′克，而未达 a″克时为"数量较大"；超过 a″克时为"数量大"，在列管的同时实现了量刑规则的明确，而不用单独考虑各种因素为 A_1 物质确定新的数量标准。

其次，以直接对应克服折算法的繁杂性。折算法的计算结果是通过折算目录、折算参照、折算标准等一系列组成因素实现的，其运作体系不但复杂，而且凌乱。分级处罚制度的构建不但将数量繁多的新精神活性物质归化为"级"，还以"级"和"量"为中介，实现毒品数量与法定刑的直接对接。由此，新类型毒品的数量计算过程不但省略了由此种毒品数量到彼种毒品数量，再由彼种毒品数量向法定刑幅度选择的转化过程，并且还规避了由此转化过程中而出现的折算参照少、折算依据不明等延伸性问题。

再次，以整齐划一化解综合的协调困境。毒品数量计算中的协调困境在某种意义上说，是由三种计算方法共存的事实造成的。三种方法运作体系、过程、依据等方面的不同就会造成结果、过程等内容上的不协调。毋庸置疑，无论采取何种列管模式，新型毒品更新速率和法律规制速率之间的时差矛盾永远无法根除，那么估算法就必然具有存在空间。但是，分级处罚制度的构建会使折算法的运用空间被大幅度压缩，以简化毒品数量计算方法的体系繁杂。例如，在涉及混合毒品的场景下，"三法并存"格局要求采用"先折算，后累加"的方法认定涉案毒品数量，进而遭遇方法不协调等难题。而通过分级处罚制度中"同级累加，异级折合"方法的使用，可避免折算法和直算法同时使用时的方法失调问题。

最后，以可行方法替代难以实操的修法主张。有学者从当前毒品数量计算方法的问题出发，提出了"同类折算、跨类并罚"的完善方案。其方案展开大致如下：先将《非法药物折算表》所列毒品分为6大类型，并在每类毒品之中确立一个折算参照，以及该类毒品中其他毒品与该参照之间的折算标准。若涉案毒品属于同一类，则将所有毒品数量折算为该基准毒品数量后，累加数量选择法定刑；若涉案毒品不属一类，那么先将各类毒品数量折算为各类参照毒品数量并且选择刑罚后，再将各自的刑罚采取限制加重的方式确定最终的刑罚。当然，其在配套措施上还需要将《刑法》第347条、第348条中的"其他数量大/较大/小"等内容删除，以确定前述基准毒品的量刑数量标准，并且还需在立法、学理上确立"同罪内并罚"的规则①。虽然这亦是"分类"思维在毒品数量计算领域的运用，但这也会引来实操性有无的疑问：首先，"同类折算、跨类并罚"的主张不但要重塑相关列管目录和折算规则，还需对刑法条文作出改动，工作量过大；其次，要在立法或学理上确立"同罪内并罚"的规则亦是巨大挑战。反观分级处罚制度，只需改变毒品数量与"数量大/较大/小"的对应方式，无须设立新的刑罚规则，是一种更具实操性的做法。

"刑法的进步意味着刑罚逐步做到非感情用事，做到冷静和理性化。"②理性也有形式和实质之分，前者注重手段和程序的可计算性，后者则注重目

---

① 徐冉：《论毒品数量计算方式的完善——基于98例裁判的文本分析》，载《中国人民公安大学学报（社会科学版）》2018年第6期。

② ［德］古斯塔夫·拉德布鲁赫：《法律智慧警句集》，舒国滢译，中国法制出版社2001年版，第39页。

的和后果的价值正当性。[①] 本书所论述的毒品数量的功能定位问题，充其量只是借助于预设框架下的形式逻辑推理，而在一定程度上增强了毒品犯罪刑罚的稳定性、逻辑性、客观性，但在此之外的实质理性问题，即刑罚“实践在体现维护、确认或协调价值中谋求刑法的目的性”[②] 问题，但囿于篇幅和话题的限制而难以触及。事实上，毒品犯罪的刑罚并不总是实质理性的。例如，其总是面临着刑种分配是否合理，刑度施加是否适当的诘问（前者如有学者从刑法总则规定的死刑适用标准、毒品犯罪治理形势以及社会公众认同感等角度出发，主张运输毒品罪应当废止死刑；[③] 后者如有学者从毒品犯罪的产生原因、刑罚的惩治效果等角度出发，提出了毒品犯罪刑罚轻缓化的构想[④]）。甚至来说，毒品的犯罪刑罚是否理性，还关系到刑罚资源和其他社会治理资源之间的占比、分配关系问题。[⑤] 因此，如何完善毒品犯罪的刑罚制度体系不仅需要形式上的、体系内的努力，还需要跳出形式、体系内部层面，做一番更具前瞻性和根源性的思考；否则，禁毒刑法理论将很难实现更高层次的自我超越。理性对待毒品，审慎运用刑罚，这不仅是刑法的境界体现，也是提升国家毒品问题治理体系和治理能力的内在要求，如何在该要求上进一步做实、做深，仍是需要思考的问题。

① ［德］马克斯·韦伯：《经济与社会》（下卷），林荣远译，商务印书馆1997年版，第15—16页；钟瑞栋：《论〈侵权责任法〉的形式理性和实质理性》，载《比较法研究》2011年第6期。

② 马荣春：《形式理性还是实质理性：刑法解释论争的一次深入研究》，载《东方法学》2015年第2期。

③ 赵秉志、张伟珂：《论运输毒品罪死刑废止的可行性》，载《河北法学》2020年第11期。

④ 李世清：《毒品犯罪刑罚问题研究》，中国检察出版社2011年版，第117—122页。

⑤ 盛浩：《毒品问题治理的全民参与模式研究——以“凉山经验”为范本》，载《四川警察学院学报》2020年第2期。

第七章
网络贩毒共同犯罪的认定现状与破解路径

近年来，我国互联网普及率逐步提高，网民数量急剧攀升。截至2022年6月，我国网民规模为10.51亿人，互联网普及率达74.4%，其中手机网民规模10.47亿，占比高达99.6%。[①] 网络的急速发展和广泛应用，给社会生产和人们生活带来极大变革，正在不断持续深刻改变着传统的物理空间社会，并逐渐形成了与物理空间社会相对应的网络空间社会。随着网络空间和物理空间“双层社会”模式的形成，众多犯罪由物理空间走向网络空间，实现了“网络化”转型，网络化特征日益明显，贩卖毒品犯罪也不例外——不管是单个个体进行的贩卖毒品犯罪，抑或贩卖毒品的共同犯罪，都与网络发生了密切的联系，都在利用网络的跨时空性和便捷性实现犯罪的迭代升级。本书以利用网络实施的贩卖毒品罪为研究对象，重点研究网络贩毒共同犯罪的司法认定问题。所谓利用网络，是指行为人在任一环节以网络为工具实施贩卖毒品的行为，如通过网络进行贩毒意思联络、信息发布、毒资支付等。从历年《中国毒品形势报告》和对某市A区的实地调研来看，网络贩毒共同犯罪在司法实践中占有较大比重，并且总体呈现上升趋势。

然而，在司法实践中我们可以看到，一方面，网络贩毒共同犯罪的绝对数量和所占比重不断增加，给社会带来的危害不断增大；另一方面，传统的刑法理论在应对这一新型犯罪模式时捉襟见肘，以及与之相伴而生的是公

---

① 《第50次中国互联网络发展状况统计报告》，载中国互联网络信息中心，http://www.cnnic.cn/NMediaFile/2022/0926/MAIN1664183425619U2MS433V3V.pdf，最后访问日期：2022年10月26日。

安、司法机关对该类犯罪的侦查、起诉、审判的力不从心。可以说，网络贩毒共同犯罪既增加了打击贩卖毒品共同犯罪的难度，也给传统共犯理论带来了冲击和挑战。基于司法实践妥善处理案件的现实需求和理论研究关注不够的驱动，“网络贩毒共同犯罪司法认定问题研究”这一论题应运而生。

第一节 网络贩毒共同犯罪司法认定样态

网络贩毒共同犯罪不是孤立的现象，它和其他任何现象一样，总是和其他事物相互依托、相互联系而存在。因此，为更好分析其实践样态，下面采取“整体观察”和“定点解剖”相结合的方式，分别从历年毒品形势报告这个“整体”、某市 A 区司法实践这个“局部”这两个不同的视角，通过“毒品犯罪—网络毒品犯罪—网络贩毒犯罪—网络贩毒共同犯罪”的递进逻辑，依托“网络毒品”“网络贩毒”这两个参照物，来呈现网络贩毒共同犯罪在不同视角下的实践样态和主要特点。

一、网络毒品共同犯罪的实践样态

（一）历年毒品形势报告分析

自 2015 年 6 月 24 日起，国家禁毒委员会办公室已连续 8 年发布毒品形势分析报告。纵观 8 年报告，均没有任何关于网络贩毒共同犯罪的直接描述，但透过报告的字里行间，尤其是透过毒品犯罪呈现的两大“明显”特点（以下简称“两明”）可以看出，随着“毒品犯罪—网络毒品犯罪—网络贩毒犯罪”的快速演进，网络贩毒共同犯罪这一“暗含”特点（以下简称“一暗”）逐渐清晰地展现出来。

1. 网络毒品犯罪已成毒品犯罪的新常态

从每年的毒品形势分析报告可以清晰看出，利用互联网新技术、新模式、新业态的毒品犯罪活动明显增多，线上线下交织，网络毒品犯罪已成毒品犯罪的新常态，这是新形势下毒品犯罪的第一个“明显”特点。2014 年报告指出，涉毒违法犯罪向互联网虚拟空间延伸，互联网涉毒违法犯罪活动更为突出，已发展为传播制毒技术、贩卖制毒原料和毒品等全链条涉毒活动。[①] 2015 年报告指出，当年全国破获互联网涉毒案件 1.5 万起，抓获违法犯罪嫌疑人 3.6 万名。[②] 2016 年报告指出，当年网络扫毒行动共抓获涉毒犯罪嫌疑人 2.1 万名，缴获毒品 10.8 吨、易制毒化学品 52 吨。[③] 2017 年报告指出，吸贩毒人员通过暗网交易毒品越来越多，交易量以每年 50% 的增速递增。[④] 2018 年报告指出，当年开展的集中打击网络涉毒百日行动，共抓获涉毒犯罪嫌疑人 2062 名，缴获毒品 247 千克。[⑤] 2019 年报告指出，当年共破获网络涉毒案件 6957 起、抓获犯罪嫌疑人 1.2 万名，缴获毒品 2.9 吨。[⑥] 2020 年报告指出，疫情形势下，互联网虚拟平台、论坛、群组等成为涉毒活动聚集地。[⑦] 2021 年最新报告指出，当年破获的网络贩毒案件和抓获的犯罪嫌疑人分别占全国总数的 9.2%、10.4%。[⑧] 由此可见，尽管我国政府近年来每年都采取了专项战役、专项行动、百日行动等一系列果断措施重点整治、专项整治，但网络毒品犯罪仍然像雨后春笋般不断蔓延，目前已发展成为毒品犯罪的一种常态。

2. 网络贩卖毒品已成网络毒品犯罪主角

这是网络背景下毒品犯罪的第二个“明显”特点。2014 年报告预测，互联网将成为不法分子发布涉毒信息、联络毒品交易和传播制毒工艺的重要平台，毒品犯罪已形成“网络联系、银行打款、物流销售”的新贩毒模式，网络贩毒形势将更加严峻。[⑨] 2015 年报告指出，利用网络贩毒问题突出，当

---

① 《2014 年中国毒品形势报告》，载中国禁毒网，http://www.nncc626.com/2015-06/24/c_127945747.htm，最后访问日期：2022 年 6 月 23 日。

② 《2015 年中国毒品形势报告》，载中国禁毒网，http://www.nncc626.com/2016-02/18/c_128731173.htm，最后访问日期：2022 年 6 月 23 日。

③ 《2016 年中国毒品形势报告》，载中国禁毒网，http://www.nncc626.com/2017-03/27/c_129519255.htm，最后访问日期：2022 年 6 月 23 日。

④ 《2017 年中国毒品形势报告》，载《中国禁毒报》2018 年 6 月 26 日，第 2 版。

⑤ 《2018 年中国毒品形势报告》，载中国禁毒网，http://www.nncc626.com/2019-06/17/c_1210161797.htm，最后访问日期：2022 年 6 月 23 日。

⑥ 《2019 年中国毒品形势报告》，载《人民公安报》2020 年 6 月 25 日，第 2 版。

⑦ 《2020 年中国毒品形势报告》，载《中国禁毒报》2021 年 7 月 23 日，第 3 版。

⑧ 《2021 年中国毒品形势报告》，载《中国禁毒报》2022 年 6 月 28 日，第 3 版。

⑨ 《2014 年中国毒品形势报告》，载中国禁毒网，http://www.nncc626.com/2015-06/24/c_127945747.htm，最后访问日期：2022 年 6 月 23 日。

年通过深入开展网络扫毒专项行动，推动了缉毒执法战果创历史新高。[①] 2016 年报告指出，境内外不法分子利用互联网进行贩毒活动急剧增多，通过网上发布、订购、销售毒品和制毒原料，通过物流、寄递、国际邮件等渠道走私贩运，利用网络交易平台支付，加速了贩毒活动扩散蔓延。[②] 2017 年报告指出，互联网成为贩毒人员勾连交易的平台，不法分子通过互联网交易"两头不见人"，贩毒活动在互联网上更加隐蔽。[③] 2018 年报告描述，"互联网 + 物流"已成为贩毒活动主要方式，贩毒分子收取毒资后将存有毒品的快递柜位置和取件密码通过手机发送给吸毒人员"取货"，一些不法分子甚至通过登录暗网进行贩毒。[④] 2019 年报告强调，贩毒人员利用网络虚拟身份勾连、线上交易毒品，采用微信、手机银行等网络支付方式付款，通过寄递渠道运送毒品的网络贩毒新模式已成常态。[⑤] 2020 年报告再次强调，"互联网 + 物流寄递"贩毒活动增多，物流寄递渠道贩毒案件持续上升，"大宗走物流、小宗走寄递"特点明显。[⑥] 2021 年报告表明，毒品市场继续向线上延伸，勾连交易由大众聊天工具向小众社交工具、二手交易平台、游戏平台甚至暗网发展，毒资流转由网上银行转账向虚拟货币和游戏币扩展。[⑦] 从官方连续 8 年权威发布的毒品形势报告分析来看，报告每年均对网络贩毒问题进行了专门描述和强调，而且贩毒方式每年都呈现许多崭新特点，其犯罪手段越来越新颖隐蔽，节奏变化越来越快，智能化程度越来越高。这充分说明网络贩毒已发展成为当今毒品犯罪最突出的表现形式，其活动猖獗程度和危害严重程度越来越引人关注。

3. 网络贩毒共同犯罪数量增多已成必然

这是毒品犯罪"暗含"的一个显著特点。虽然 8 年的毒品形势报告没有详解网络贩毒案件中共同犯罪的数量或比例，也没有专门描述网络贩毒共

---

① 《2015 年中国毒品形势报告》，载中国禁毒网，http://www.nncc626.com/2016-02/18/c_128731173.htm，最后访问日期：2022 年 6 月 23 日。

② 《2016 年中国毒品形势报告》，载中国禁毒网，http://www.nncc626.com/2017-03/27/c_129519255.htm，最后访问日期：2022 年 6 月 23 日。

③ 《2017 年中国毒品形势报告》，载《中国禁毒报》2018 年 6 月 26 日，第 2 版。

④ 《2018 年中国毒品形势报告》，载中国禁毒网 2019 年 6 月 17 日，http://www.nncc626.com/2019-06/17/c_1210161797.htm，最后访问日期：2022 年 6 月 23 日。

⑤ 《2019 年中国毒品形势报告》，载《人民公安报》2020 年 6 月 25 日，第 2 版。

⑥ 《2020 年中国毒品形势报告》，载《中国禁毒报》2021 年 7 月 23 日，第 3 版。

⑦ 《2021 年中国毒品形势报告》，载《中国禁毒报》2022 年 6 月 28 日，第 3 版。

同犯罪的现状、特点和严重程度，但透过上述“毒品犯罪—网络毒品犯罪—网络贩毒犯罪”的发展变化，可以看出，8 年报告每年均不同程度、不同形式描述毒品犯罪分子利用网络贩卖毒品，有的利用网络发布销售毒品信息，有的利用网络招募贩毒“马仔”，有的利用网络甚至暗网虚拟身份进行犯意勾连，有的利用“互联网 + 物流寄递”非接触方式交割毒品，有的采用微信、手机银行、网上银行、虚拟货币、游戏币、Q 币、比特币等方式在线支付毒资，有的网络毒品交易跨地、跨省甚至跨国。这些描述无不透露出，在网络背景下，贩卖毒品的行为在很多情况下并不能由单一贩毒者完成，而是需要借助网络发布涉毒信息、利用网络进行犯意勾连、借助物流寄递交割毒品、使用网络在线支付毒资等，而这里的每一个环节必然都要增加人员，在环节增加、人员增加的情况下，意味着贩毒行为的完成必然需要多人共同参与，无论是具有共同意思联络的共同正犯，还是只具有单向意思联络的片面共犯，抑或利用他人犯罪的间接正犯等，都是在共同犯罪理论下的叙事展开的。因此，贩卖毒品犯罪与网络社会的勾合，带来的必然是网络贩毒共同犯罪的急剧增加。

（二）实地调研数据梳理分析

为了更为直观再现网络贩毒共同犯罪的实践样态，本书在靠近毒品犯罪最为活跃的云南周边，抽取了多个毒品犯罪相对活跃的区县开展调研，并从中随机选择了某市 A 区开展深度实证调研，通过座谈交流、问卷调查、数据分析、定点解剖等发现，上述历年中国毒品形势分析报告呈现的“两明”“一暗”三大显著特点在司法实践中得到了全面印证：

1. 网络毒品犯罪占比逐年攀升

从某市 A 区 2019 年至 2021 年办理的毒品类案件样本分析来看，该地检察机关三年共受理案件 828 件 996 人，其中利用网络实施犯罪 522 件 573 人，占比高达 63.04%。分段统计分析显示，利用网络实施毒品犯罪的比例呈现逐年攀升的明显趋势：2019 年、2020 年、2021 年分别占比 57.49%、61.37%、73.04%。在这 522 件网络毒品犯罪案件中，其利用网络的具体情形包括通过网络联系并且采取网络支付方式进行、仅通过网络联系、仅通过网络支付三种情形，其中占比分别为 66.67%、19.35%、13.98%。从运用网络进行犯意联络的情况来看，其占比总数高达 86.02%。（见图 8）

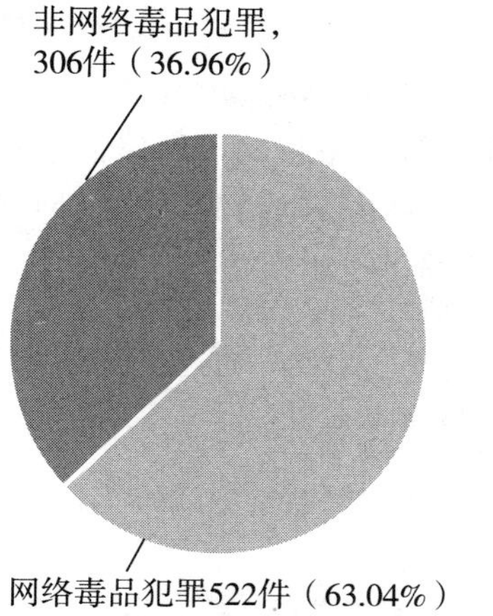

（a）2019—2021年网络毒品犯罪比例

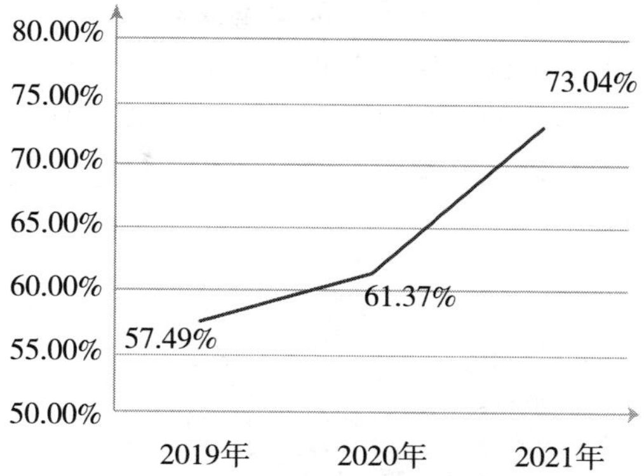

（b）2019—2021年网络毒品犯罪比例趋势

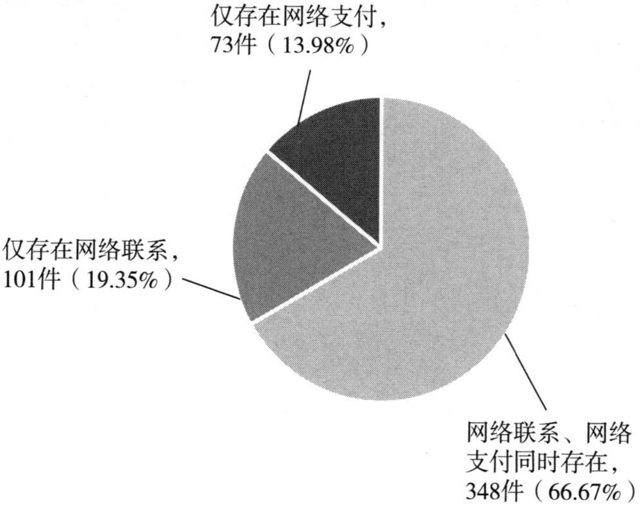

（c）网络毒品犯罪案件利用网络具体情形

图 8　某市 A 区 2019—2021 年网络毒品犯罪趋势

2. 网络贩卖毒品犯罪占比突出

在 522 件网络毒品犯罪案件中，涉走私、贩卖、运输、制造毒品罪 513 件，占比 98.28%；涉非法持有毒品 4 件，占 0.76%；涉容留他人吸毒罪 5

件，仅占0.96%。在513件涉网络走私、贩卖、运输、制造毒品罪案件的四种情形中，涉网络贩卖毒品高达511件（其中包括既有贩卖情形又具有运输情形的3件，占0.58%），占比99.61%，涉网络运输、网络制造毒品情形各1件，共占0.39%。这说明，所有522件网络毒品犯罪中，网络贩卖毒品占绝对多数，在整个522件网络毒品犯罪中占比高达97.89%。（见图9）

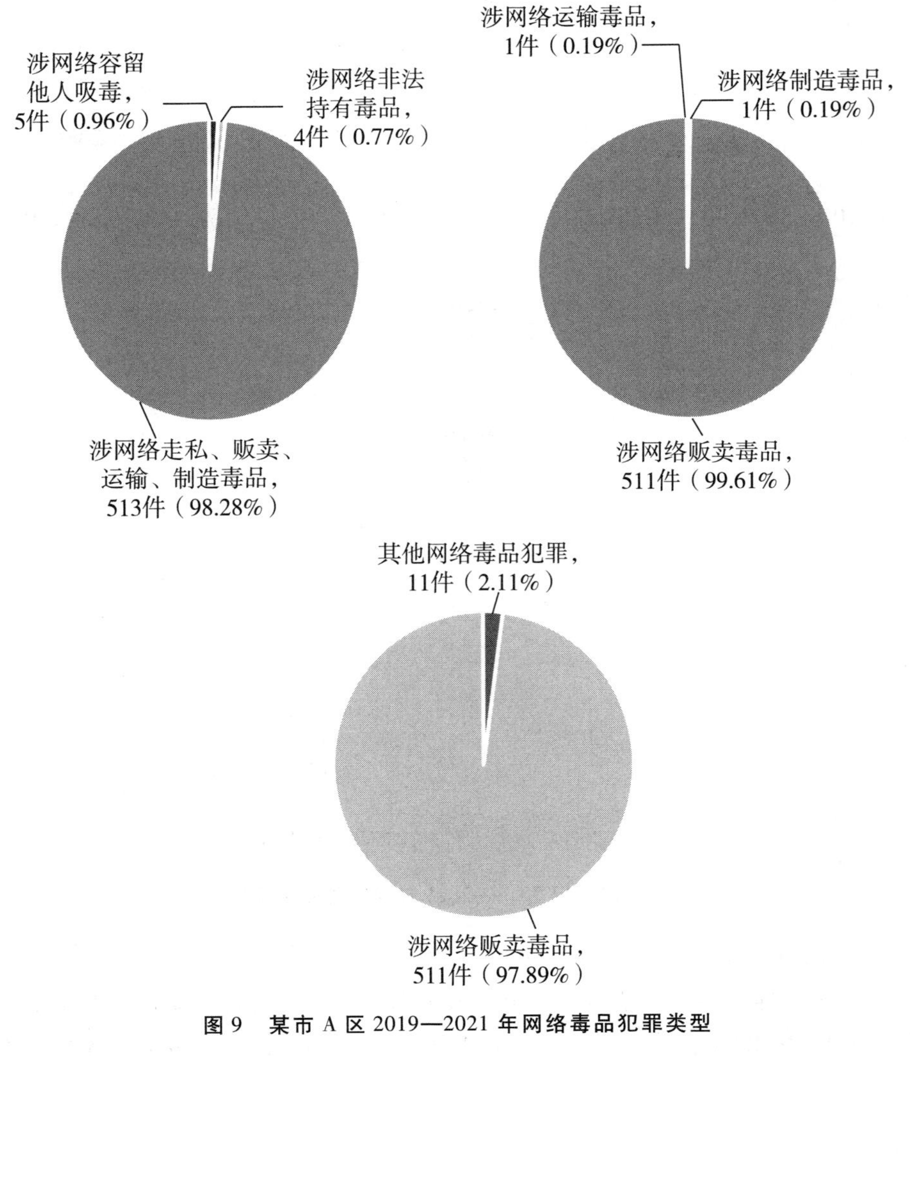

图9　某市A区2019—2021年网络毒品犯罪类型

3. 网络贩毒共同犯罪比重较大

该地检察机关三年共办理毒品类共同犯罪案件 130 件，占比 15. 7%。其中，在利用网络实施毒品犯罪案件中，共同犯罪案件 122 件，占该区三年网络毒品案件总件数的 23. 37%；在未利用网络实施毒品犯罪的 306 起案件中，共同犯罪案件 8 件，仅占比 2. 61%。两者比较，网络毒品共同犯罪率较非网络毒品共同犯罪率高出 20. 76 个百分点。从共同犯罪的分布看，网络毒品共同犯罪占整个毒品共同犯罪总数的 93. 85%，其中网络贩卖毒品共同犯罪多达 121 件，占网络毒品共同犯罪总数的 99. 18%。（见图 10）

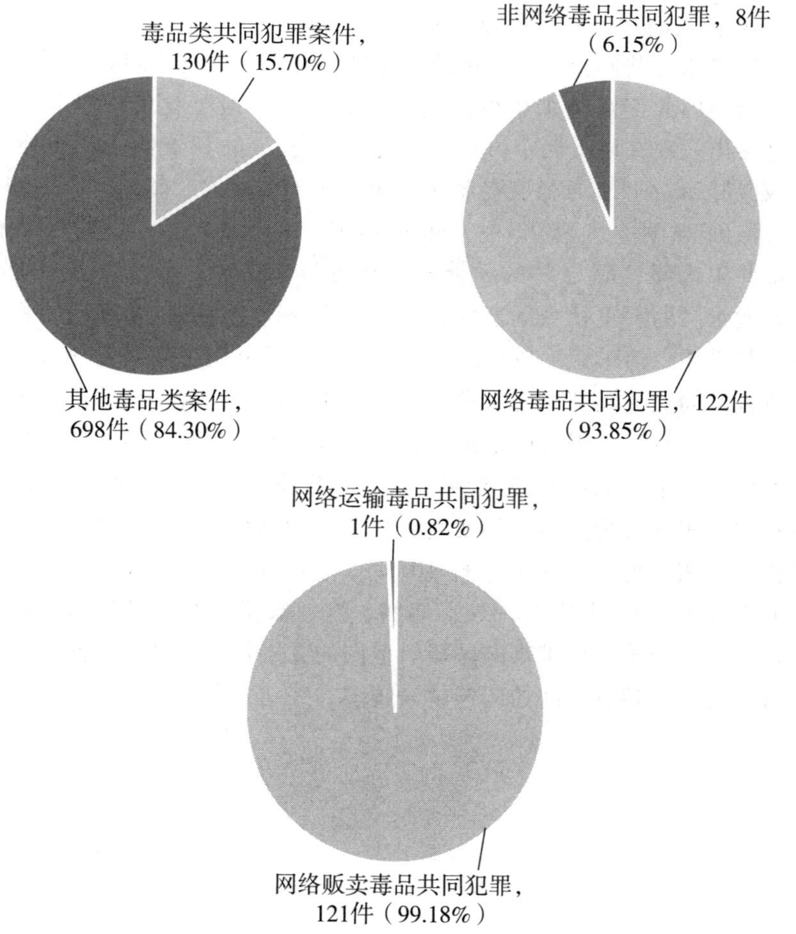

图 10　某市 A 区 2019—2021 年毒品共同犯罪类型

二、网络贩毒共同犯罪的主要特点

为更好探寻网络贩毒共同犯罪在司法实践中呈现的实践样态，下面从主客观的视角，来分析其呈现的主要特点。

（一）主观故意的特点

与传统物理空间共同犯罪相比，网络贩毒共同犯罪共犯之间由于网络的介入，其共犯之间共同主观方面呈现出更为鲜明的特点，主要表现为以下几点：

1. 共犯之间意思联络更加“隐蔽”

在网络贩毒共同犯罪中，传统共犯理论要求的共犯之间意思联络清清楚楚、明明白白的交流越来越少，代之以更加“隐蔽”化的犯意联络成为常态。这突出表现在以下两个方面：一是“暗语”的频繁使用和更换（见表7）。仅某市A区目前毒品交易就至少出现了121种的“暗语”，其中冰毒43种，海洛因23种、大麻22种、麻古13种、K粉10种、摇头丸10种。网络贩毒共犯之间“暗语”的频繁使用和更新、更换，充分说明共同行为主体对贩卖毒品的严重社会危害性及应受刑法处罚性的共同主观明知程度，充分说明其希望、追求贩卖成功的强烈愿望。二是共犯之间互为熟人的占比很高。熟人之间交流默契程度非常高，其交流的网络语言、肢体语言彼此之间都非常熟悉，有时只需在网上进行某个特定的习惯暗示，有时甚至什么都不需要即可心照不宣完成犯意联络形成实质共同意志。据某市A区调查，网络贩毒共同犯罪行为主体之间彼此存在熟人的案件占比高达100%，其中所有共犯之间相互均系熟人的案件107件，占比87.7%，部分同案犯之间为熟人的案件15件，占比12.3%。当然，这一数据表明的只是局部地区办案的实践样态，随着网络带来的区域、范围的无限拓展，共犯之间彼此互不熟悉的情况或许会随着空间的延伸越来越多。

表 7 暗语对照

毒品名称	暗语种类	暗语名称
冰毒	43 种	一板，一 A，红酒，道友，豆子，一手，水，牙签，专科，钻石，一飞，一件，龙珠，籽籽，子子，颗，红的，老缅，猪肉，豆豆，一筒，一条，轮胎，一只货，吹壶壶，马，大料，珍珠米，马儿，植物肉，小红，绿的，一袋，冰，肥肉，肉，红，嘎嘎，红茶，象牙棒，一笔，瘦肉，冰糖
海洛因	23 种	白的，一手，白，一块，半手，菜，开天窗，小海，包子，海白菜，开裆，小白，四号，一对，白粉，本科，灰面，白酒，海螺姑娘，粉笔头，粉，仔，白妹
大麻	22 种	草，叶儿粑，菠萝快车，黑寡妇，Weed，农夫，飞行员，品，坠机，飞行，高科，AK49，狼药，飞叶子，叶子，AK47，机长，女童，大猩猩，trip，燃料，飞
麻古	13 种	兵马俑，马儿，马，小麻，轮胎，麻姑，籽籽，葱，糖果，果子，麻果，小马，溜麻
K 粉	10 种	下面，嗨药，箛，恺他命，仔，可他命，K 他命，K 仔，K，裤子
摇头丸	10 种	甩头丸，亚当，疯药，蓝精灵，E 仔，快乐丸，狂喜，忘我，衣服，迪士高

2. 行为主体主观犯意更加“顽固”

这不仅表现在行为主体前科占比大，而且其善于掩饰、毁灭证据、帮助同案犯逃避打击，给司法机关依法惩治贩卖毒品共同犯罪带来巨大挑战。三年间，该院共办理有前科的网络贩毒共同犯罪 125 人，占比 44.64%，其中，再犯、累犯 99 人，占前科总数的 79.20%。这表明，网络贩毒共同犯罪不仅前科占比高，而且再犯、累犯多，充分说明其主观恶性更加顽固，查处和改造的难度也更大。(见图 11)

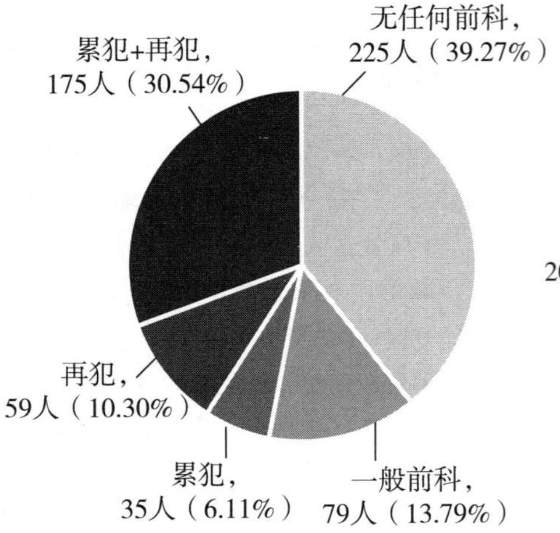

（a）网络毒品犯罪

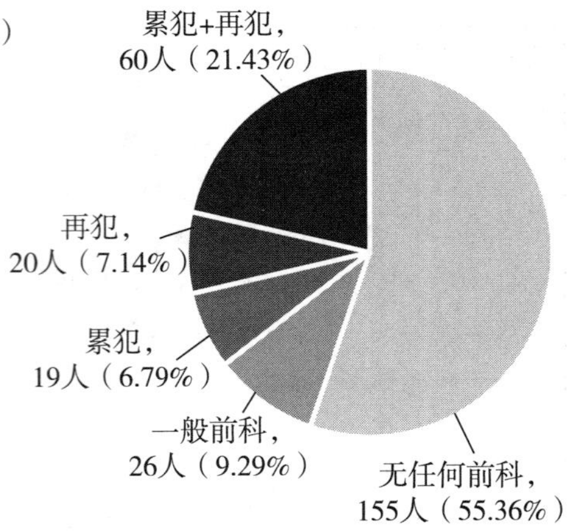

（b）网络贩毒共同犯罪

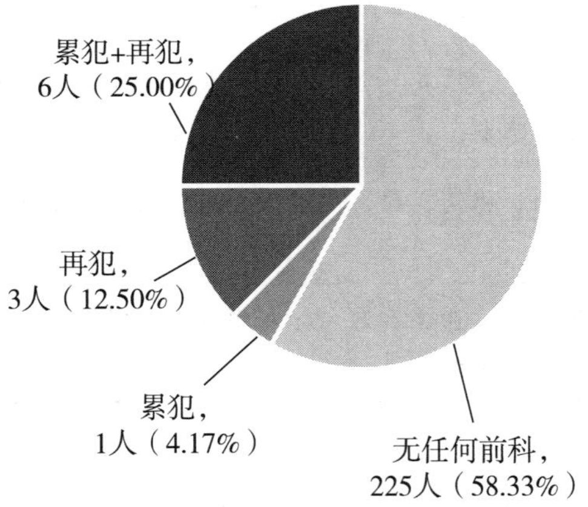

（c）非网络贩毒共同犯罪

图 11　某市 A 区 2019—2021 年网络毒品犯罪人前科情况

数据显示，网络贩毒共同犯罪 44.64% 的前科占比虽高于非网络贩毒共同犯罪 41.67%，但明显低于网络毒品犯罪 60.73% 的前科占比。为了解其原因，笔者专门与一线公安、司法人员交流，办案人员大多认为，这恰恰佐证了网络贩毒共同犯罪嫌疑人更狡猾、更顽固、主观恶性更大。相较于其他毒品犯罪，网络贩毒共同犯罪嫌疑人的文化程度更高，[①] 他们也更善于掩饰自己：在实施贩毒过程中，他们往往会更有意识规避留下客观证据，如详细的微信聊天记录、与毒品相关的较为清晰的语言表述等，多喜欢采用隐语、“暗语”、模糊语、语音通话等方式进行意思联络，并时常对其进行更替，使侦查人员无法有效掌握其与同案犯进行意思联络的证据，导致实际的共同犯罪行为只能按照个人犯罪处理，从而降低了共同犯罪人员认定的比例。因此，前科占比相对较少并不意味着其前科实际占比较少，往往是因为其手段更加隐蔽而未被成功查处。他们之所以如此，首先是为了自己逃避打击，在万不得已的情况下，则是为了包庇同案犯。如前所述，由于网络贩毒共同犯罪行为主体之间往往熟人居多，同案犯之间有的是亲人，如配偶、父子、恋人等，有的是朋友，有的是同学，有的是邻里乡亲，有的是自己的雇主或供货商，这些犯罪嫌疑人或出于“保护”亲人，或出于“义气”，或出于维护自己同雇主的关系，或为了日后出狱重新从事贩毒活动留下后路，于是想方设法包庇同案犯，这也从另外一个侧面说明网络贩毒共同犯罪行为人主观恶性之深、查处打击之难。

3. 负隅顽抗拒不认罪更加“对抗”

三年间，该院办理的网络贩毒共同犯罪，认罪 240 人，占比 85.71%，不认罪 40 人，占比 14.29%。单从数据看，其认罪的比例仅略低于同期该院所有案件认罪认罚适用率 88.01%，但公安机关查获的毒品犯罪案件大多是“零包”贩毒，因犯罪嫌疑人多为现场抓获，辩解空间较小，刑期较短，故认罪认罚率较高。而其中“大宗”网络贩毒共同犯罪不认罪的比例则明显高出很多，同期该院办理 50 克以上的“大宗”贩毒共同犯罪 18 件 50 人，不认罪 18 人，占比 36%，高出同期网络贩毒共同犯罪不认罪率 21.71 个百分点。从 2019 年、2020 年、2021 年不认罪率分别占 12.50%、30.00%、37.04% 的走势看，呈现明显的逐年上升趋势，这充分说明“大宗”网络贩毒共同犯罪行为人强烈的畏罪心理和对抗心理。（见图 12）

---

① 某市 A 区检察院的数据显示，该院三年间共办理网络毒品犯罪的犯罪嫌疑人大专以上文化 25 人，其中网络贩毒共同犯罪 21 人，占比高达 84%；本科以上文化 7 人，其中网络贩毒共同犯罪 5 人，占比 71.43%；硕士研究生 1 人，为网络贩毒共同犯罪，占比 100%。而同期办理的非网络贩毒共同犯罪的犯罪嫌疑人中没有一人是大专以上文化，这充分说明网络贩毒共同犯罪的犯罪嫌疑人拥有较高学历的现象相对明显。

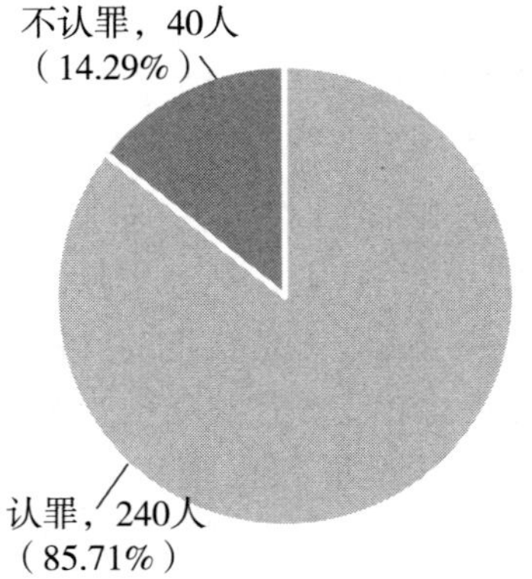

（a）网络贩毒共同犯罪

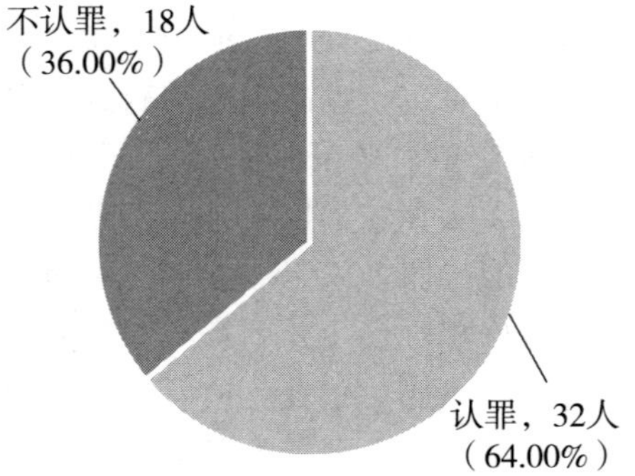

（b）网络贩毒共同犯罪（大宗毒品贩卖）

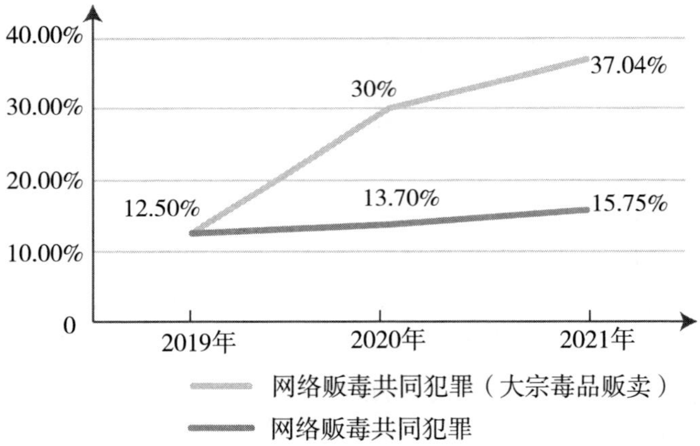

（c）不认罪比率趋势

图12 某市A区2019—2021年网络毒品共同犯罪人认罪率

（二）客观行为的特点

“链条交易”成为共同犯罪重要形式、非接触式交易成为贩毒交付全新模式、“规避打击”成为贩毒分子惯用伎俩，这是网络贩毒共同犯罪众多行为特点中最为突出的三大显著特点，集中反映了网络贩毒共同犯罪客观行为特点的主要方面。

1.“链条交易”成为共同犯罪重要形式

根据其外在表现形式，网络贩毒共同犯罪可以分为三种模式，即“传统”模式贩毒共同犯罪、“传统+链条”模式贩毒共同犯罪、“链条”模式贩毒共同犯罪（以下分别简称为“传统”模式、“传统＋链条”模式、“链条”模式）。所谓“传统”模式，是指贩卖毒品共同行为人在主观故意和客观行为方面呈现出的样态完全以传统刑法理论描绘的典型、规范形式出现；而所谓“链条”模式，则是因分工、安排或者供求关系而形成的贩卖毒品“一条龙”架构形式。[①] 该院办理“传统”模式案件 53 件，占比 43.8%，“传统＋链条”模式案件 23 件，占比 19.01%，“链条”模式案件 45 件，占比 37.19%。由此可见，相较于非网络贩毒共同犯罪，“链条”模式案件仅占比 25%，网络贩毒共同犯罪“链条”模式共同犯罪案件明显高出许多，单“链条”模式案件占比即达 37.19%，如果加上同时存在“传统＋链条”模式的案件，累计占比总数达到 56.2%。毫无疑问，“链条交易”已经成为网络贩毒共同犯罪的重要形式。（见图 13）

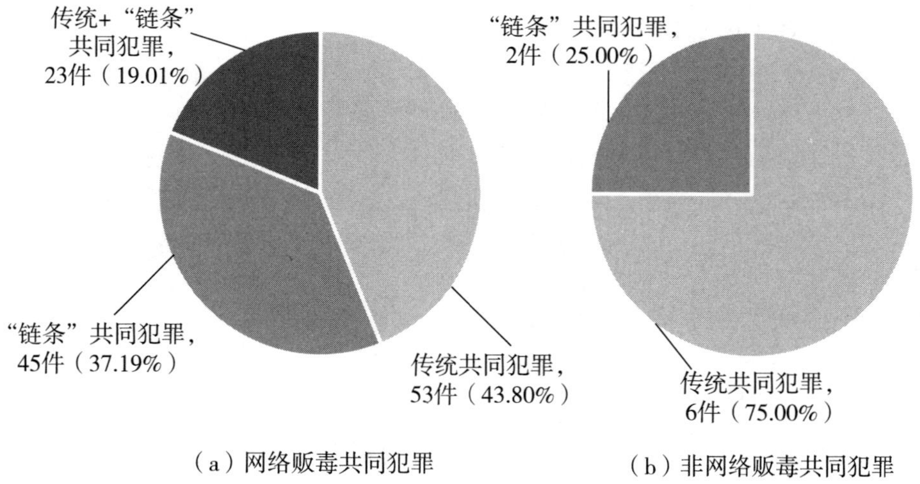

图 13　某市 A 区 2019—2021 年链条型毒品共同犯罪率

2. 非接触式交易成为毒品交付全新模式

随着寄递物流方便、快捷的特点逐渐被网络贩毒所利用，买卖双方逐渐改变传统当面交易毒品的模式，非接触式交易逐年增多，逐渐发展成为贩毒交易的崭新形式。如通过“丢包”“埋雷”“美团跑腿”“闪送”等方式进

① 由于下文将专门对贩卖毒品共同犯罪“传统”模式、“传统＋链条”模式、“链条”模式的表现形式、内涵外延、演变历程和样态区分等进行论述，为避免重复，在此不予赘述。

行毒品交易，整个毒品交易行为买卖双方均不见面，寄取行为隐蔽化的特点更为明显。目前，该院办理的非接触式交易案件 81 件，占网络毒品犯罪总数的 15.52%。(见图 14)

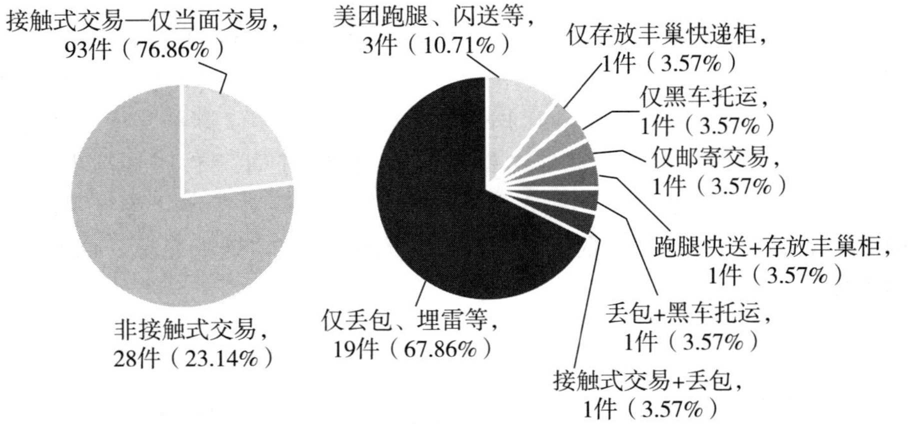

（a）网络贩毒共同犯罪

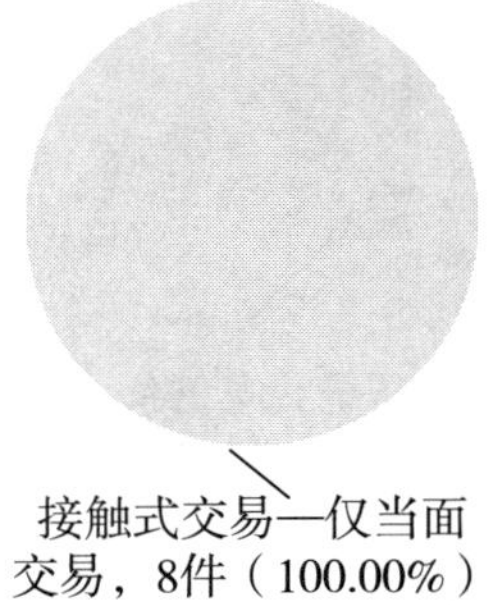

（b）非网络贩毒共同犯罪

图 14 某市 A 区 2019—2021 年毒品共同犯罪行为类型

从网络贩毒共同犯罪案件看，非接触式交易 28 件，占比 23.14%，其中交易方式为丢包、埋雷等 19 件，占比 67.86%，美团跑腿、闪送等 3 件，占比 10.71%，通过存放丰巢快递柜自取、黑车托运等其他方式 6 件，占比 21.43%。而 8 件非网络贩毒共同犯罪案件全部为接触式交易，没有非接触式交易的情况。由此可见，从非接触式交易在网络贩毒共同犯罪、网络毒品犯罪、非网络贩毒共同犯罪分别占比"23.14%、15.52%、0"的比较看，非接触式交易在网络贩毒共同犯罪中的占比远高于其在网络毒品犯罪、非网络贩毒共同犯罪中的占比，非接触式交易已成为网络贩毒共同犯罪毒品交付的全新模式。

3. “规避打击”成为贩毒分子惯用伎俩

网络贩毒共同犯罪行为主体为逃避打击，相较于其他毒品犯罪，其反侦查意识表现得更为强烈，手段更为复杂多样，智能化程度越来越高。这主要表现在：有的同时使用多部手机、注册多个聊天软件账号，一旦觉察情况可疑，便立即更换手机号码，注销微信、QQ 等账号，即使被抓获，公安机关也难以从其手机中提取到与犯罪相关的电子数据；有的犯罪嫌疑人在通话时使用呼叫转移功能，致使公安机关无法确定手机号码的实际使用人；有的犯罪嫌疑人熟知公安机关对于手机通话可以采取技侦手段进行监控，但对“微信语音通话”难以准确监控，因此在实际联络过程中，共犯之间多采用“微信语音通话”，导致公安机关监控难、取证难；有的犯罪嫌疑人使用智能化软件能力越来越强，如境外聊天软件，具有聊天、留言等辅助功能的抖音、快手、Wifi 万能钥匙等软件，有的甚至还会使用具有“阅后即焚”功能的蝙蝠 App 等软件对有关毒品交易聊天记录、转账记录等电子数据予以即时删除，甚至彻底删除且难以被恢复；有的犯罪嫌疑人为了逃避公安机关侦查，运送毒品一改过去由重点毒源地直接寄递到消费地的模式，转变为以接力的方式辗转分销，在运输方式上选择“大宗走物流、小宗走寄递”，有的甚至实行“大宗毒品交专业团队组织运输，小量毒品并未严格执行实名制要求的寄递公司代送”；有的充分运用网络方便快捷的特点，通过网络收取下家求购信息，然后联系上家求购毒品，之后直接将上家的毒品放置位置以图片等方式流转给下家，即买即卖，既加速了毒品流转，又降低了自身被查处的可能，如果犯罪嫌疑人同时拥有多个非本人实名制手机号码或多个非实名制账户，公安机关很难准确锁定犯罪嫌疑人，贩毒分子极易逃脱处罚。

三、网络贩毒共同犯罪司法认定难题

根据我国《刑法》第 25 条规定，所谓网络贩毒共同犯罪，是指二人以上利用网络共同实施贩卖毒品犯罪行为的总称。我国传统的共同犯罪理论认为，成立共同犯罪必须具备三个条件：主体上，必须是两个以上达到刑事责任年龄、具有刑事责任能力的自然人或单位；客观上，二人以上具有共同的犯罪行为，各人的行为都指向同一犯罪，相互联系、相互配合；主观上，二人以上的行为人具有共同的犯罪故意。[①] 根据传统的共同犯罪理论进行逻辑推演，可得出成立贩卖毒品共犯，要求贩卖毒品共犯之间主观上必须具有实施贩卖毒品犯罪的共同故意，客观上必须实施了贩卖毒品的共同行为。[②] 传统的共同犯罪理论，在对是否成立共同犯罪的认定上，采取的是不区分不法和责任的混合认定，不区分正犯、共同正犯与狭义的共犯的整体认定，仅考察行为人是否实施了共同的犯罪行为，不分别考察行为人的行为与危害后果之间的因果关系的抽象认定。这些对是否成立共同犯罪的认定方法，滋生了有责任能力者和无责任能力者共同实施不法行为时能否认定为共同犯罪存在争论，在司法实践中难以判定行为人是否具有"共同的"犯罪行为，不能准确地认定共犯的范围以及既遂的范围等问题。[③]

传统的共同犯罪理论关于成立共同犯罪的条件的要求，以及关于是否成立共同犯罪的认定路径，导致了在共犯本质上采取"犯罪共同说"或"部分犯罪共同说"，在共同故意和共同行为上都采取了较为严苛的限制；不承认片面共犯理论，或者至少可以说极大压缩了片面共犯理论的适用空间；对承继共犯成立的要求也较为严格——虽然基本上形成了"承继共犯肯定说"与"承继共犯部分肯定说"（"中间说"）等较为共识的观点，[④] 但在承继的时间范围、承继的行为性质、承继的责任范围等方面依然存在着较多的争议。[⑤] 对何为"共同犯罪"的理解也存在不合理之处，认为"共同犯罪"是指"共同的犯罪"或者"相同的犯罪"，客观上实施相同的行为、主观上具有相同的故意、结果上触犯了相同的罪名。这些理论上的缺陷，导致对共同犯罪的认定和处理存在重重困难，特别是寄生于网络空间的贩卖毒品共犯之间在共同故意的表现形式上呈现明显的隐蔽、弱化趋势，[⑥] 共同行为也呈现网络化、片段化、链条化等特点。传统的共同犯罪理论的缺陷，在适用于网络贩毒共同犯罪这一新型犯罪模式时被呈几何式放大，这给准确认定网络

---

① 高铭暄、马克昌主编：《刑法学》，北京大学出版社、高等教育出版社 2022 年版，第 162—164 页。

② 梅传强、张嘉艺：《论毒品犯罪的共犯认定思路》，载《西南政法大学学报》2019 年第 3 期。

③ 张明楷：《刑法学》（上），法律出版社 2021 年版，第 494—495 页。

④ 马荣春：《承继共犯的成立：肯定说的新生》，载《东方法学》2015 年第 5 期。

⑤ 张明楷：《刑法学》（上），法律出版社 2021 年版，第 584—589 页。

⑥ 缑开心：《网络共同犯罪中意思联络的重构》，载《湖北经济学院学报（人文社会科学版）》2022 年第 2 期。

贩毒共同犯罪造成了现实困扰，在主客观两个方面常常出现认定难、判定难。

（一）主观上共同意志方面的认定难题

按照我国《刑法》第14条规定，共同犯罪故意是犯罪故意的一种特殊形态，由共同认识因素与共同意志因素组成。[①] 共同认识因素是指各行为人均认识到自己并不是单独在实施犯罪，而是在与他人一起共同实施；共同意志因素则包括行为人不但要认识到自身的行为难以独立完成犯罪行为，需要与他人配合，而且经过自由意志选择，决意与其他人共同实施犯罪行为。[②] 因此，要认定成立贩卖毒品犯罪的共犯，行为人必须既要对贩卖对象、贩卖行为有共同认识，也要有积极追求成功实现贩卖毒品结果的共同意志。

但司法实践中，由于“网络、贩卖毒品、共同犯罪”三要素的叠加碰撞，致使网络贩毒共同犯罪在共同认识和共同意志方面，都相继出现不同程度的认定难题。由于共同认识方面的难题在司法实践中，集中反映在共同明知对象、共同明知程度、共同明知范围等方面的争议，这些问题更多的是理解和认识上产生的认识分歧，尚不足以对共同犯罪刑法理论适用产生影响，因此这里不做过多探讨。本书探讨的重点是，由于网络共同贩毒行为人意思联络的客观弱化，给网络贩毒共同犯罪的共同意志、共同故意带来的认定难题。

众所周知，犯罪故意的意志因素是指行为人主动选择犯罪行为，并努力促使自己的行为向期待方向发展的心理过程。按照理论界目前通说的观点，共犯之间要形成共同意志，一般应经过意思联络，之后形成共犯合意，最后形成共同犯罪的共同意志。如果不同行为人之间没有共同意志，就没有共同故意，即使他们手拉手、肩并肩一起贩毒，也不构成贩卖毒品犯罪的共犯。[③] 一般来说，意思联络应当具有明确的传达性，其达成一般需要经历“发出—传递—接收—反馈—合意”等阶段。[④] 意思联络没有明确发出，自然无法形成共犯合意，共同意志当然无法成立。意思联络是共同犯罪的基

① 贾宇、王东明：《论共同故意中的认识因素》，载《中国法学》2009年第6期。

② 中华人民共和国最高人民法院刑事审判庭第一庭、第二庭编：《刑事审判参考》（2005年第6集），法律出版社2006年版，第47—51页。

③ 梅传强、张嘉艺：《论毒品犯罪的共犯认定思路》，载《西南政法大学学报》2019年第3期。

④ 缑开心：《网络共同犯罪中意思联络的重构》，载《湖北经济学院学报》2022年第2期。

础，共犯合意是必经过程，共同意志是决定性要素。没有意思联络，就没有共犯合意，也就没有共同意志。意思联络必须是明确的、双向的、全面的，模糊的、单向的、片面的联络，不能形成明确的共犯合意，也就无所谓共同犯罪明确的共同意志。但在网络贩毒共同犯罪中，由于互联网的即时性、交互性等特点，使网络贩毒共同犯罪行为人之间的意思联络形式、路径发生了实质性变化，其已不表现为“传统、典型、规范、统一”意义的意思联络，[①] 行为人之间的意思联络明显减弱，已经达不到传统共同犯罪中意思联络的清晰程度，[②] 其意思联络客观表现为模糊性、单向性、片面性，且这一趋势越来越明显和突出。这种意思联络方式的深刻变化，不仅给司法实践网络贩毒共同意志、共同故意、共同犯罪的认定带来了现实的冲击和困惑，也使网络贩毒共犯之间意思联络的认定与传统共同犯罪刑法理论发生了现实冲突，与公安司法人员长期适用传统刑法共同犯罪理论养成的习惯定式发生了现实冲突。

1. 意思联络“模糊性与明确性”的认定冲突

众所周知，毒品对人们的身心健康危害极大，且我国经历了鸦片战争的惨痛教训。所以，国家对毒品犯罪的打击一直以来都是采取从严的方针。毒品犯罪分子为了逃避打击，总是千方百计模糊相互之间的意思联络，网络的便捷和熟人的熟悉恰恰符合其需求，给毒品共同犯罪插上了“隐形的翅膀”。犯意联络已经很少表现为传统使用明确的语言文字的意思联络模式，共犯之间完全不需要面对面联络共谋，便可达成共犯合意；共犯之间隐蔽化、含蓄化、默契化的意思联络成为常态，行为人之间事实上没有留下任何形式的客观证据，其意思联络无法通过传统的物证、书证来认定，意思联络的“易判性”明显降低，“模糊性”明显增加，从而使共犯之间的意思交流变得更加隐秘、不确定。这与传统刑法理论对意思联络的“具体性、明确性、明示性”的要求完全背道而驰，客观上的“模糊性”与要求上的“具体性、明确性、明示性”成为公安司法人员在认定网络贩毒共同意志时无法逾越的天堑。

如前所述，网络贩毒共同犯罪行为人之间往往是熟人，相互之间人员默

---

① 涂龙科：《网络时代经济刑法变革的系统阐释》，载《法学评论》2019年第6期。

② 米铁男：《共犯理论在计算机网络犯罪中的困境及其解决方案》，载《暨南学报（哲学社会科学版）》2013年第10期。

契、对象默契、犯意默契、行为默契成为常态。当共犯之间都是熟人，相互之间无论是单纯购买毒品自己吸食，还是代购获利、以贩养吸的加价转卖、扣薪获利等，大部分人员之间彼此都有一个概括的认知。在贩卖毒品过程中，毒品犯罪人员之间事实上已形成了共犯关系（一般为帮助犯），下家与上家之间往往也有共同犯意的形成，下家对上家构成“帮卖”的帮助犯。具体体现为帮助介绍生意、联系维护客户、开拓客源等，而上家给下家的好处可能是直接经济利益如现金，或者免费提供吸食的毒品，或者低价购买毒品等。但在执法办案中，公安机关对该情形往往并不关注，检察机关在办理该类案件时往往也不需要关注是否存在该类情形。只要能够认定贩卖事实，上述情形是否能够认定，对个案的处理不会带来罪与非罪的实质影响。而犯罪嫌疑人、被告人出于趋利避害的心理，往往也会回避这个问题。因此，该类案件大部分都因为缺乏客观证据而无法按照传统共同犯罪理论明确进行认定和处理。

2. 意思联络“单向性与双向性”的认定冲突

所谓意思联络单向性，是指一方提议，不确定的另一方接受提议。[①] 在网络贩毒共同犯罪中，单向性意思联络同样十分普遍。比如，在以主犯为中心的“链条”模式犯罪中，主犯发出指令，不特定的共犯接受指令；上家提出意向，不特定的下家接受意向；等等。又如，特定的行为人利用网络提出方案或计划，众多不特定的行为人自愿参加，一起共同贩卖毒品；特定的行为人提出的方案或计划，相当于“发出要约”，众多不特定的行为人接受，相当于“接受要约”，“一对多”之间没有意思联络的双向互动，而是单向联系，因此属于单向意思联络。上述情形中的意思联络单向性，与传统刑法共同犯罪理论对犯意联络的“双向性”要求也完全不同。这些现象引发的理论上的争议，同样也会波及司法实践，反映在司法办案中，实务部门办案人员往往不得不因为这些意思联络不符合传统刑法理论“双向性”要求，而将事实上共同贩卖毒品的行为降格为个人贩卖毒品处理甚至无罪处理。

3. 意思联络“片面性与全面性”的认定冲突

所谓意思联络片面性，是指共同行为人的一方有与他人实施共同贩毒犯

---

① 皮勇：《论网络“聚众”性犯罪及其刑事立法》，载《人民检察》2004年第2期。

罪的意思，但没有明确告知他人，而只是以自己的行为帮助他人。① 在网络贩卖毒品共同犯罪中，片面性意思联络十分普遍。比如，行为人在实施贩卖毒品过程中，无法独立完成，需要他人帮助，但又不向他人明示，他人心领神会提供帮助，共同实现了贩卖毒品任务的完成，行为人却认为他人不知情。又如，网络服务商基于提高点击率等特殊需要，在自己域名范围内发布违法信息，其他不知名的信息发布者在网络服务商不知情的情形下，对该网络服务商发布的违法信息进行传播。再如，在以主犯为中心的"链条"模式犯罪中，各共犯只单独和主犯或者主犯委托的人保持一定程度的联络，各共犯之间往往没有联络，甚至不知道其他共犯的存在。上述情形中的意思联络片面性，决定了行为人相互之间意思联络的不完整性、不全面性，这与传统刑法共同犯罪理论对犯意联络的"全面性"要求相去甚远，同样会在司法实践中，对公安司法人员认定网络贩毒共同意志产生诸多争议。

由此可见，在网络贩毒共同犯罪中，意思联络和共同意志已经很少表现为传统使用明确的语言文字的犯意联络模式，模糊的、片面的、单向的意思联络比比皆是，有时熟人之间甚至可以通过彼此的熟悉和默契来完成贩卖毒品的实质交易，没有任何语言形式的犯意交流。随着信息网络的发展，智能手机的普及，毒品暗网平台更为发达，共犯之间进行共谋的方式也在快速发生变化：微信语音通话运用越来越多，"暗语"更新频率越来越快，共犯之间彼此通过熟悉的语言进行意思联络，或者通过暗示，甚至彼此心照不宣的方式达成共识或者合意，即使偶尔有含蓄的语言或者文字进行留痕的犯意交流，也会适时删除聊天记录和转账记录，甚至运用具有阅后即焚等功能的软件。虽然上述现象实质上也是属于默契的意思联络，客观上也能形成实质的共同意志，但由于其没有留下任何可以证明其存在的客观证据，如果犯罪嫌疑人被抓获后又拒不配合、拒不认罪，公安司法机关应如何判断其是否具有共同意志，实践中难度越来越大。

（二）客观上共同行为方面的认定难题

所谓共同行为，是指各行为人在共同故意支配下，围绕共同的犯罪对象，为实现共同犯罪目的而实施的行为，这些行为都和危害结果具有因果关

---

① 刘守芬、丁鹏：《网络共同犯罪之我见》，载《法律科学（西北政法学院学报）》2005 年第 5 期。

系，是完成统一犯罪活动的组成部分。[①] 无论是“犯罪共同说”[②] 或是“行为共同说”[③]，共同行为都是构成共同犯罪的核心要素。随着形形色色的贩毒人员走进网络，贩卖毒品“犯罪场所网络化、犯意联络网络化、信息发布网络化、运送形式网络化、支付方式网络化”的趋势越来越明显。[④] 相伴网络而生的——人货分离的非接触式贩毒成为贩毒交易的全新模式，网上传播和网下流转相互交织，“互联网 + 第三方平台支付 + 物流邮递”逐渐成为毒品交易的常见方式，这和仅发生在物理空间的传统贩毒模式相比发生了巨大变异，有的贩毒行为经常出现时间和空间上的分离，有的贩毒行为与典型的传统贩卖毒品行为差异较大，共同行为的证据难以收集、性质难以认定的情况在司法实践中频繁发生。

1. 行为时空节点的判定困惑

由于网络行为的超时空性和共同贩毒的成链条性，各贩毒行为人的行为前后相继，各管一段，共同行为在时空上大幅分散：时间上跨昼夜、跨时区甚至跨年月，空间上跨地、跨省甚至跨国，时空间断性和跨越性均非常明显，共同行为不同步、不同时、不同地成为常态，贩毒行为模式更为复杂多样，并衍生出暗网交易等新型犯罪模式，线上线下交织，要么“神龙见首不见尾”，要么“两头不见人”。贩毒活动借助互联网呈现更大的隐蔽性，有的甚至开辟开通国际快递形成跨国贩毒集团境内外走私的“双向渠道”。[⑤] 这和传统物理空间贩卖毒品的时空同一性形成鲜明对比。这些时空非同一性的“网络化、链条化”共同贩毒行为，不仅增加了隐蔽性，也加大了公安司法机关查办、认定和处理案件的难度。

如蒋某、张某、杨某贩卖毒品案。[⑥] 该案是一起互联网全球化特征与实时交互性特征、境内贩毒与境外贩毒联系十分紧密的典型案例。该案中，蒋某、张某本想以贩卖为目的从境外购入毒品，但由于毒资不够，就派遣自愿

---

① 王爱立主编：《中华人民共和国刑法释义》，法律出版社 2021 年版，第 46 页。

② 陈兴良：《走向共犯的刑法教义学——一个学术史的考察》，载陈兴良主编：《刑事法评论》(第 25 卷)，北京大学出版社 2009 年版，第 452 页。

③ 郭研、贾宇：《行为共同理论之提倡》，载《国家检察官学院学报》2016 年第 2 期。

④ 胡江：《毒品犯罪网络化的刑事治理》，载《西南政法大学学报》2020 年第 5 期。

⑤ 郑自飞：《运用互联网思维治理网络化毒品犯罪》，载《检察日报》2021 年 6 月 11 日，第 3 版。

⑥ 《重庆法院发布毒品犯罪典型案例》，载重庆市高级人民法院微信公众号，https://mp.weixin.qq.com/s/qzerC6Xkp9u_pOj9Do5lGA，最后访问日期：2022 年 10 月 12 日。

到境外做人质的杨某对本次毒品交易进行担保，从而实现后续毒品从境外走私到境内的目的。杨某受张某安排到境外充当人质后，多次通过微信与张某联系，并根据毒品交易进展情况，实时接收张某的指示，沟通撤离的时间、毒品交易的方式，等等。本案中，杨某本身并未实施典型的传统贩卖毒品行为，而是采取特殊的人质担保行为在境外促成了贩卖毒品任务的完成，其行为方式具有明显的时空间断性和跨越性，单独判断其行为，难以认定其是贩卖毒品的实行行为，只有与蒋某、张某的行为一并认定时，司法机关才能明确分析出杨某对本案贩卖毒品实行行为提供的帮助，但即使如此，杨某的行为应如何准确定罪量刑在司法实践中仍然存在争议。

2. 行为关联程度的判定困惑

由于贩毒是国家严厉打击的对象，贩毒分子为了规避打击，不仅共犯之间在主观意思联络方面比较隐蔽，而且各行为人的行为也非常分散，有的贩毒犯罪头目甚至在幕后组织、策划、指挥和联络各层级涉毒犯罪分子，打造了“制、贩、销”一条龙服务的涉毒网络交流系统，[①] 其中每一层级、每个阶段的人员仅实施其中部分行为，链条化、片段化特征十分明显，即部分行为人通过网络实施犯罪行为，部分行为人在线下实施关联行为，在这种“链条式”网络贩卖毒品共同犯罪中，其行为被分割成多段，多人陆续参与其中。多个共同行为人相互间有的有意思联络，有的没有意思联络，有的先加入，有的后加入，有的甚至是主要贩毒行为基本完成时加入，相互间的行为有时缺乏意思联络的纽带。一些看似中立但实则是网络贩毒有机组成部分的网络技术服务、寄递等行为，如果不结合特定环境和相关网络犯罪行为联系起来看，不结合共犯间的意思联络联系起来看，其和一般的正当网络行为并无二致，只有把各行为人的行为作为整体来看，才符合共同犯罪的具体构成要件，但“互联网 + 第三方平台支付 + 物流邮递”等非接触模式的应运而生，使各行为人之间的行为同贩卖毒品结果的关联程度不同，作用大小不同，导致司法机关在实践中判定共同行为时往往更容易产生认识争议。如刘某、熊某、陈某等 7 人贩卖毒品、洗钱案。[②] 该案中，犯罪嫌疑人出于贩卖

---

① 王爱芝、李晴：《大数据时代网络涉毒犯罪的侦查困境及应对策略》，载《云南警官学院学报》2022 年第 1 期。

② 《重庆法院发布毒品犯罪典型案例》，载重庆市高级人民法院微信公众号，https://mp.weixin.qq.com/s/qzerC6Xkp9u_pOj9Do5lGA，最后访问日期：2022 年 10 月 12 日。

目的购入毒品之后并未直接持有，而是由不同的行为人将这些毒品放置在多个隐蔽地点，等待在互联网上联系上购毒者且通过支付宝口令红包的方式收取毒资之后，再经由社交软件告知购毒者毒品放置地，购毒者自行前往拿取毒品。本案人货分离、线上线下交织的贩卖毒品行为十分复杂，陈某负责将毒品放置在不同的地区，刘某负责在互联网上联系“买家”，熊某负责发送放毒品位置的照片，陈某负责通过支付宝收取毒资，其余四名被告人均为实现贩卖毒品的结果发挥了辅助作用。这些贩毒行为分成若干片段，具有时间和空间上的分离，尤其是四名在贩卖毒品犯罪中起次要或辅助作用的被告人，由于其地位作用不同，参与环节不同，相互间意思联络程度不同，加入时间先后也不同，在认定其行为性质和定罪量刑时就产生了认识分歧。

3. 行为责任承担的判定困惑

由于前述行为人参与共同贩毒行为的时间差异、作用大小不同，尤其是主要贩毒行为基本完成时加入，仅仅是利用前行为的效果和影响力实施了后行为，前后两个行为既有联系又有所区别，后加入的行为人在实践中应该如何确定其责任承担的范围往往也容易引发争议。在司法实践中，有的认为即使是部分行为也应该整体承担责任；对前行为全部承担责任；有的认为前行为基本完成，后加入的人不承担前行为责任；有的则认为仅承担前行为的部分责任。比如，贩毒者利用他人的微信、支付宝账户等收取毒资进行犯罪所得中转是常见的洗钱方式，贩毒者与账户提供者在实施贩毒前一般有关于洗钱的通谋。自洗钱行为入罪之前，如果两者事前有通谋，则以贩卖毒品罪的共犯论处，均不另认定洗钱罪；自洗钱行为入罪之后，贩毒者参与了贩毒的共谋，且是洗钱罪的正犯，以贩卖毒品罪、洗钱罪数罪并罚当无疑问；但对仅是账户提供者而言，是否应对贩卖行为负责，其行为应定“一罪”还是“两罪”，在司法实践中则存有明显的争议。

第二节　网络贩毒共同犯罪认定难的原因

无论物理空间还是网络空间，贩卖毒品共同犯罪均有“传统”模式、“传统 + 链条”模式、“链条”模式三种表现形式，其内涵外延、演变历程和样态区分都具有一定的相似性，但在网络空间下，这三种模式在意思联络、行为方式上较物理空间表现得更加复杂多样，更加难以把握和认定。由于“传统+链条”模式实质上是“传统”模式与“链条”模式的结合，所以，三种模式又可以归纳为“传统”与“链条”两种模式。如前所述，“传统”模式是指贩卖毒品共同行为人在主观故意和客观行为上呈现出的样态完全以传统刑法理论描绘的典型、规范形式出现。因此，“传统”模式完全符合传统共同犯罪刑法理论关于意思联络和行为方式的标准和要求，理论界和实务中均没有障碍，这里不作过多讨论。要真正厘清网络贩毒共同犯罪司法认定适用难的真正原因，应当重点厘清“链条”模式贩卖毒品共同犯罪的演变历程，并在此基础上，寻找网络贩毒共同犯罪共同意志认定难、共同行为判定难的真正原因，从而为下一步解决理论和实践中的问题奠定基础。

一、“链条”模式演变历程

（一）厘清“链条”模式的内涵外延

如前所述，所谓“链条”模式，就是因分工、安排或者供求关系而形成的贩卖毒品“一条龙”架构形式。“链条”模式又可分为三种形式：因主犯分工而形成的“链条”架构（以下简称“链条式分工型”）、因主犯安排而形成的“链条”架构（以下简称“链条式组织型”）、因供求关系而自然形成的“链条”架构（以下简称“链条式贩卖型”）。其中，“链条式分工型”“链条式组织型”架构呈现样态，实质上是从“传统”模式中演化而来的一种贩卖毒品共同犯罪新的表现形式，又称“人为因素”形成的“链条”模式。而“链条式贩卖型”则是行为人因贩卖毒品的需要自然形成的“一条龙”上、中、下家链条模式，这是一种最为典型的“链条”模式，又称纯“链条”模式，其运用网络的情况除体现在意思联络、收取毒资等方面外，往往还会体现在获利状况、丢包埋雷等方面。其一次毒品交易往往涉及多个环节的上、中、下家，其中部分上家仅体现出网络联系、在中间截留部分毒资作为差价，不具体出面参与交易，具体行为主要体现为：接受下家求购—收取毒资—联系上家—截留部分毒资作为好处费后将其余部分转账支付给上家—接收上家放置毒品位置的信息—将毒品位置信息转发给下家（购毒人）—下家（购毒人）自行前往获取毒品。由此可见，“链条”模式是极其重要的贩卖毒品共同犯罪模式。

（二）厘清“链条”模式的演绎进化

众所周知，在最初的传统贩毒共同犯罪中，行为人之间往往是“有福同享，有难同当”，遇事一起商量、一起行动，共同故意、共同行为非常明显，认定一般没有争议。随着时间的推移和贩毒次数的增多，共同行为人之间开始意识到这种方式效率低、风险大，共犯中的骨干分子便提出分工各管一段，这就有了“链条式分工型”。这种模式对贩毒行为人最大的“好处”就是提高了每个环节的“专业化”水平，并由此提高了贩毒的效率。再往后，随着国家打击力度的持续加大，共同贩毒行为人认为知道“内情”的人太多、“风险”太大，便着手建立更严密的组织，这就有了“链条式组织型”，即“链条”中的行为人应该干什么、只能干什么，完全由主犯或者主犯安排的人确定，“链条”中的行为人不得随意更改。这种模式对贩毒行为人最大的“好处”就是主犯加强了对“贩毒团队”的绝对控制，其人员之间的交流和分工由原来的不分彼此随意交流演变为主犯或者主犯指定的人员与共犯之间“一对一”单线联系、单线交流，共犯之间一般是独立行动、不相往来，甚至彼此互不认识。在这两种模式中，主犯的地位和作用特别突出，相当于使整个链条有了“灵魂”，对整个链条的有序运转发挥着至关重要的作用，尤其在“链条式组织型”中，这种作用展现得更为充分。这也是“链条式分工型”“链条式组织型”与“链条式贩卖型”的最大区别。在利益的追求上，“链条式分工型”“链条式组织型”共同贩毒首先追求的是实现整个犯罪团伙利益的最大化，其次才是实现团伙成员利益的最大化；而“链条式贩卖型”则相反，链条中的每个行为人首先追求的是自己利益的最大化，其次才是上下家或其他贩毒人员利益的最大化。“链条式分工型”和“链条式组织型”，实质上是传统共同贩毒模式在内部管理上的一种演变和进化，它充分发挥了传统贩毒模式和链条贩毒模式各自的优势，主犯在其中发挥着特别突出的作用，其本质上还是属于传统共同贩毒类型，只不过其有效运用了“链条”贩毒模式在对抗侦查上的一些“优势”而已。所以，司法实践中，对于“链条式分工型”和“链条式组织型”的处理，一般适用传统共同犯罪理论争议不大。但在“链条式贩卖型”中，各行为人往往是自己基于吸食毒品、代购毒品、贩卖毒品等多种需要，而与上家、下家自然形成的“一条龙”链条，对于这种模式，由于其没有前两种模式明显的主犯在这个“链条”中穿针引线，行为人行为的单向性、隐蔽性特征更加明显，链条上各行为人的行为呈现出更加明显的网络化、片段化特征，这些行为人的行为在链条中处于什么样的地位和作用差异很大。

（三）厘清“链条”模式的样态区分

如上所述，由于“链条式分工型”“链条式组织型”本质上还是属于传统共同贩毒类型，因此，要厘清“链条”模式的样态区分，主要还是要分清“链条式贩卖型”模式共同犯罪与“传统”模式共同犯罪的样态差异和本质区别。实践中，一般从五个方面把握：一是从行为人的主观犯意来看，前者共谋的形成相对随意，多表现为“下家告知—上家知晓”层面，有时甚至是彼此“心照不宣”；后者共谋的形成多经过了各行为人的共同商量、共同策划，共谋被摆在“明面上”。二是从行为人的客观行为来看，前者各行为人的行为相对独立，上下家之间多是各自行为、互不干预、互不关心；后者表现为各行为人之间分工协作、相互配合、共同完成。三是从行为人的人身关系来看，前者各行为人之间的人身关系相对较为生疏，多不清楚对方的真实身份，甚至从未谋过面，或者仅通过网络方式联系；后者各行为人之间人身关系较为密切，多为熟人，通常采取面对面的联系方式。四是从行为人的利益分配来看，前者各行为人之间利益关联不大，多未约定分赃甚至无须分赃，行为人的获利体现在各自行为阶段；后者各行为人之间利益相关，多对分赃事宜有明确约定，且分赃多在事后。五是从主从犯的认定来看，基于各行为人之间的关系，前者一般难以区分主从犯，后者一般可明确区分主从犯。

厘清了“链条”模式的不同发展历程和实践样态，尤其是厘清了其演变过程和作用发挥，这对接下来梳理司法实践面临的司法难题形成的原因至关重要。深究起来，其难题出现的原因虽然是复杂多样的，但其中最重要的因素就是共犯之间“网络共同故意弱化、网络共同行为分散”。

二、网络共同故意弱化

网络贩毒共同故意之所以认定难，其中既有网络带来的客观因素影响，也有人为故意规避制造的主观原因。客观原因和主观原因的耦合交叉，导致了网络贩毒共同犯罪中的意思联络在实践中的显著弱化。

（一）意思联络环节简化

这主要是从行为人“个体层面”角度而言的。在“传统模式”的共同犯罪中，共犯之间共同商量、共同行动，彼此之间互动频繁，每一名共犯均对贩卖毒品有相对明确的共同认识、共同意志。但在“链条”模式中，由于每一名共犯都分布在“链条”的各个点上，共犯对外进行意思联络的环节明显减少：在“链条式分工型”中，以前各共犯对筹集毒品、寻找买家、招募帮手、运送毒品、收取钱款等每一个环节都很关心，分工后，这些共犯关注的环节由全部关心转变为更多关心自己这个环节的事情，对其他环节的事情关注的主动性明显减弱；在“链条式组织型”中，主犯对每一名共犯都严格要求做好自己“分内”的事，不属于自己分内的事一律不准过问，各个环节的事都严格对外保密，在这种模式下，各共犯对其他环节的事情由前一种模式的“不愿关心”变为“不能关注”“禁止关注”。在“链条式贩卖型”中，“链条”上的每一个行为人都是因供求关系而形成的上下家，彼此联络也基本局限于单独和上家、下家联络，联络的环节始终比较少。由此可见，无论是因分工、安排而人为建立的“链条模式”，还是因供求关系而自然形成的“链条模式”，实质上使每一个行为人对外进行意思联络的环节都明显简化。在网络背景下，信息传递能够即时地从一个终端到另一个终端，不同终端之间可以自由而便捷地进行数据交换，[①] 这使得共同犯罪行为人之间意思联络环节进一步大幅简化。

（二）意思联络人员减少

随着前述意思联络环节的明显简化，每一个行为人对外进行犯意联络的人员也明显减少：在“链条式分工型”中，以前共犯之间对团伙中每一名成员都很关心，分工后，共犯之间关注的人员由“全部关注”转变为“仅关注”个别与自己联系比较紧密的人员，对其他人员的关注积极性、主动性明显减弱；在“链条式组织型”中，由于主犯对每一名共犯都禁止与其他环节的人员私自接触，各环节的人员既没有关注其他环节事务的积极性、主动性，也不能去关心其他环节的事务，甚至各环节的人员都不知道其他环节的人员是谁；在“链条式贩卖型”中，“链条”上的每一个行为人彼此联络的对象往往仅局限于自己的上下家，其可供联络的人员本身就不多。由此可见，“链条模式”的建立，使每一个行为人对外进行意思联络的人员明显减少。很多情况下，都是“单个个体对单个个体”的“一对一上下家”关系，对于自己联系的唯一上家和唯一下家之外的人员则并不知情。特别是网

① 吕翰岳：《互联网共同犯罪中的意思联络》，载《法学评论》2017年第2期。

络工具的介入，在这个“虚拟”的世界里，行为人可能并不知道上下家的真实身份，有的甚至是利用自动程序发布指令，这更加减少了链条式上各人员之间的意思联络。

（三）单向意思联络增多

在网络贩毒共同犯罪中，意思联络主要是指行为人之间就毒品数量、价格、交接方式等毒品交易的实质内容进行商量从而达成合意的过程。但在“链条模式”中，共犯之间“双向联络”减少，“单向联络”“片面联络”“默契联络”“模糊联络”却显著增多。即网络贩毒共同犯罪中，行为人之间的意思联络由双向的“相互交流”转变成了更多的单向的“单方利用”。[①]

一是“链条式分工型”中单向联络开始出现。在该模式中，共犯之间总体是双向互动“双向联络”，这既包括主犯与共犯之间的双向互动，主犯与共犯之间有明确的共同明知和共同故意；也包括共犯之间的双向互动，共犯之间也有明确的共同明知和共同故意，其在司法实践中基本不存在明显争议。但由于分工的不同，主犯和共犯之间、共犯和共犯之间的联系也有所区别，即主犯与共犯之间、共犯与共犯之间的主观明知和犯意联络总体是双向的，但有时也有为逃避侦查而实施单向联络的情况存在。

二是“链条式组织型”中单向联络频繁出现。在该模式中，主犯在团伙中居于绝对领导地位，其他成员都必须服从于他的领导和安排，其共同主观明知、共同主观故意分别体现在主犯和每一个共犯之间。共犯之间一般没有直接的共同主观明知、共同主观故意，只有主犯清楚共犯之间形成了清晰的“一条龙”链条，每一个共犯是什么任务、需要发挥什么作用。在这个链条中，主犯拥有绝对的权威，在整个共同犯罪中居于绝对的领导地位；每一个共犯对“链条”的构架并不完全清楚，他只知道自己干什么，不知道其他人干什么，甚至不知道其他人是谁，也不知道自己和其他人形成了什么样的贩卖模式等。所以，主犯和共犯之间的联系是单向的，共犯在自己所处的环节按照主犯的要求开展工作。但每一个共犯都通过自己的途径和方法，知道主犯是贩卖毒品的，自己和主犯有往来，也是基于贩毒的需要走在一起的。因此，每一个共犯都分别和主犯有共同的主观明知、共同的主观故意，只是在实际联络中表现可能是双向的，也可能是单向的。这种双向或单向取

① 马荣春：《论新型犯罪对刑法理论的影响：以网络犯罪为中心》，载《学术界》2022年第4期。

决于主犯对共犯接受指令的要求或者共犯对主犯指令接受的方式：如果主犯要求共犯接受指令必须明确回复，共犯实际上也明确回复了，或者虽然主犯没有明确要求，共犯也明确回复了，则主犯和共犯之间的意思联络是双向互动的，双方之间的犯意联络非常清晰，认定没有争议；但如果主犯没有要求，共犯事实上也没有回复，或者主犯虽然有要求需要明确回复，但共犯实际上却没有回复，则主犯和共犯之间的意思联络是单向的，这时主犯和共犯之间的意思联络应该如何认定，在实践中就容易产生认识分歧。在网络背景下，网络贩毒共同犯罪链条式“一条龙”上中下家还有一种发起方式，即主犯为了实施犯罪，根据“链条式”贩毒的需要，采取类似招聘的方式，对联系货源、联系卖家、负责寄递、传递信息、负责收钱的人员根据成员素质、工作方式分别提出要求。这些要求实际上就是贩卖毒品的具体要求，包括犯罪的目标、路径、方法、时间、计划等信息。然后在网上专门建立聊天群组，或者直接将上述信息置于网页上，有贩毒意向的人看见后，就有可能加入贩毒。此时，意思联络表现为以主犯贩毒计划为起点、以参与的实行犯为纽带发散的结构特征；[①] 犯罪合意可能仅存在于主犯和每一个共犯之间，这时犯意的传递也表现为明显的单向性特征，常常会出现意思沟通不完整的情况，这无疑会增加共同故意认定的难度。在网络贩卖毒品犯罪中，共犯之间大多借助 QQ 等网络聊天工具进行犯意沟通，这难免使得意思联络的有效性、准确性方面大打折扣，从而导致意思联络的概括性、模糊性，[②] 其认定同样会在实践中产生和前述因安排而形成的“链条式组织型”模式类似的认定争议。

三是“链条式贩卖型”中主要呈现为单向联络。在“链条式贩卖型”模式中，各行为人实际上没有严格意义上的主犯和共犯之分，只是因为各自不同的“买卖需要”客观上形成了链条式“一条龙”的上中下家。在这种“链条”中，每一个人都单独和自己的上家、下家联系，每一个人都可能是居中之人，都有可能有自己的上家和下家，每一个人的意思联络都呈现明显的单向性特征。在这种情形下，居中之人能否和上家、下家形成共同犯罪，关键取决于双方之间是否有合意。实质上，每一个人都独立和自己的上家、

---

① 白海娟：《论共同犯罪理论的网络异化》，载《广西警察学院学报》2018 年第 4 期。

② 张阳、刚婉：《论网络共同犯罪的认定——一起假淘宝网诈骗案引发的思考》，载《云南大学学报（法学版）》2014 年第 5 期。

下家分别形成买卖关系，如果下家给上家明示了自己购买毒品的目的就是贩卖，则双方可能就一笔毒品贩卖事实形成贩卖毒品的共同合意、共同意志、共同故意；如果下家没有向上家明示，则上家难以知道下家是以贩卖为目的。实际上，买毒之人一般不会对上家明示自己买的目的就是贩卖，这时候就需要用其他方式来证明双方是否形成共同合意、共同意志，其证明难度无疑较大。如果再往上下延伸，即与上上家和下下家的关系，同样只存在概念意义上的知道，彼此之间往往并无联络，甚至彼此之间并不认识，这时候他们之间是否存在贩卖毒品的共同主观明知、共同主观故意就更难以证明。由此可见，在这种模式中，彼此间的意思联络更多呈现一种单向性特点。

上述分析表明，单向性犯意联络在链条式贩毒共同犯罪中占有很大比重，尤其在“链条式组织型”“链条式贩卖型”中，单向意思联络逐渐成为一种常态，已经发展成为公安司法机关在查处网络贩毒共同犯罪时必须面对的现实突出问题。

（四）意思联络隐蔽性强

毒品犯罪的高收益、高风险，使毒品犯罪分子特别注重意思联络的隐蔽性，而且越来越“内行”，这突出表现在以下几个方面：

一是犯意表达“更加含蓄”。为达到意思联络秘密、毒品交易秘密，也便于更好确认交易对方是否“同道中人”，毒品犯罪分子发明了各种隐语、“暗语”，有的还使用其他符号以形成一定程度的沟通。① 共犯之间、交易双方在意思联络或毒品交易中往往不会直接说出毒品种类、交易方式等，而是通过“暗语”来沟通联络。并且随着严打毒品犯罪的深入推进，“暗语”逐渐被警方掌握，为了躲避警方的监管和惩治，犯罪嫌疑人对“暗语”的更新、更换也越来越频繁，有的“暗语”使用时间极短，或者同一种毒品同时出现几个不同的“暗语”。

二是熟人交流“更加默契”。网络贩毒共同犯罪行为主体之间彼此是熟人的情况占比非常高，部分共犯之间甚至知根知底。特别是利用网络进行犯意联络的共犯，通常具有多次共同实施犯罪的默契，并不需要犯意提起者将贩毒的所有细节全部传达给共犯。有的毒贩之间彼此之间心照不宣，什么都无须表述，直接告知交易时间、地点或发送交易位置，即完成意思联络；有

① 吕翰岳：《互联网共同犯罪中的意思联络》，载《法学评论》2017年第2期。

的毒贩之间则自创只有他们自己才知道含义的独特语言进行意思联络，由于这些独特语言不同于司法实践中被大家所熟知的毒品“暗语”，在行为人不主动对相关语言含义作出明确解释的情况下，司法人员一般很难直接推定其与共同贩卖毒品犯罪相关，司法机关据此也很难认定他们具有共同故意，司法实践中对这些案件被迫作出证据不足不批准逮捕或者不起诉决定或者宣告无罪，从而导致不能精准打击犯罪。

三是犯意封锁“更加严密”。为逃避打击，网络贩毒共同行为主体往往具有强烈的反侦查意识，尤其特别注意对意思联络、共同意图进行严密封锁。有的贩毒分子身份虚假、账号匿名，甚至 IP 地址也是假的；有的使用多个非实名制手机号码，注册多个聊天软件账号；有的通话使用呼叫转移功能，或者使用“微信语音通话”，或者运用境外聊天软件，或者运用具有聊天、留言等辅助功能的软件；有的犯罪嫌疑人甚至还会使用具有“阅后即焚”功能的软件对有关毒品交易的聊天记录等予以即时删除，甚至彻底删除且难以被恢复；有的网络贩毒共犯行为人之间单线联系，人员分散于不同地方。更有甚者，有的网络涉毒犯罪分子还打造专门的涉毒网络交流系统，外人要加入其中，必须进行严格的内部审核。①

四是犯意辩解“更加多样”。一些贩毒者从传统的先购进毒品再分销的方式，转变为先与购毒者谈妥交易价格甚至先收取毒资，再从上家购入毒品用于交付。被抓获后，他们有的辩解是因自己吸毒而购买；有的辩解除了自己吸食还赠送朋友吸食；有的则辩称是因朋友之谊，帮助吸毒人员“代购”毒品，自己并未从中牟利，从而使“代购毒品”成为其掩饰其共同贩毒最好的托词。

五是犯意证明“更加艰难”。大宗网络毒品犯罪中的“零口供”情况日益剧增，即便抓获犯罪嫌疑人的同时一并查获了其随身携带的手机、电脑等物品，但其到案后多对司法机关持对抗态度，拒不交代使用密码或者故意供述错误密码，致使司法机关囿于技术无法获取相应密码，进而导致案件无法破解。

上述“五个更加”，毫无疑问大大增加了网络贩毒共犯之间意思联络的隐蔽性，相应也大大增加了共犯之间共同意志、共同故意的认定难度。

---

① 王爱芝、李晴：《大数据时代网络涉毒犯罪的侦查困境及应对策略》，载《云南警官学院学报》2022 年第 1 期。

综上所述，在“链条”模式的意思联络上，联络的环节越简化、参与的人员越少，意思联络的单向性、片面性特点越明显。这种片面性、单向性的特点，实质上就是通过人为故意简化意思联络的环节、减少意思联络的人员的方式，进一步从客观上模糊共犯之间的共犯合意、共同意志，进而降低犯罪嫌疑人被查处的可能性，从而极大增加司法机关打击的难度；如果这种单向性特征再和“网络、熟人”这两大要素意思联络的隐蔽性结合起来，“链条”的功能无疑会呈现“井喷式”增长，作用更为强大。实际上，网络贩毒共同犯罪行为人正是综合运用了“网络、链条、熟人”这三大要素各自的优势，进一步弱化、模糊了共犯之间共同意志的外在表现。这种运作模式不仅有助于网络贩毒共同犯罪行为人更加隐蔽地规避打击，而且给公安司法机关查处犯罪带来了巨大挑战。因此，有针对性地研究解决意思联络单向性、片面性、模糊性的问题，不但非常必要而且非常迫切。

三、网络共同行为分散

网络社会突破了人类文明史上交往的时空限制，使得现实社会的时空被高度压缩。网络世界中只有“线上”与“线下”的差别，人们并不关注你在现实中所处的位置。[①] 这些特征给网络犯罪的滋生与发展提供了便利的土壤，进而使网络贩毒共同犯罪在行为方式上呈现出许多和传统贩毒共同犯罪完全不一样的崭新行为特征。

（一）共同行为环节繁杂

与前述“从行为人‘个体层面’角度而言”意思联络环节减少相比，从链条“整体架构”角度而言，共同行为的环节则明显增多。链条的环节越多，分工才可能越细，专业化程度才可能越强，前述每一个行为个体在意思联络参与环节越少，意思联络越隐蔽的价值取向才更有可能实现。在“链条式分工型”中，由于这种模式处于“传统模式”向前发展演变后的第一阶段，某种程度也是“传统模式”发展的初级阶段，其外在表现还大量留有“传统模式”的痕迹，分工还比较粗放，管理还比较松散，但因为网络的便利，分工越来越细的总体趋势仍然十分明显，毒品交易往往也分为多个环节，共犯之间各管一段、各负其责。在“链条式组织型”中，这是

① 巫汉祥：《寻找另类空间——网络与生存》，厦门大学出版社2000年版，第7页。

“传统模式”向前发展演变后的第二阶段，某种程度也是“传统模式”发展的高级阶段。其外在表现为主犯的控制性特征十分明显，主犯让分散的交易环节环环相扣，形成完整锁链，从而使个人主导复杂毒品交易成为可能。主犯为了加强控制，分工细、链条长的特征十分明显，每一次毒品交易的完成往往都分为联系、收购、运输、中转、收钱、交付等多个环节。在“链条式贩卖型”中，由于其没有主犯对整个链条进行组织指挥，但因为自然形成的供求关系，这个链条的环节也越来越多。众所周知，网络行为不仅仅是指通过网络实施一定行为，还包括线下的与网络行为具有一定关联性的上下游行为。就网络贩毒而言，其行为表现既包括行为人直接通过网络实施贩毒活动，也包括为网络贩毒提供服务帮助、转移、洗白毒资等上下游关联行为。在上游阶段，有专门的人员为网络贩毒实施提供前端技术保障；在实施阶段，有专门的人员提供网络管理与维护服务，通过在一些网站、直播平台发布暗含涉毒信息或植入非法链接诱使网民参与涉毒违法犯罪行为；在下游阶段，有的提供线下快递或者跑腿业务邮递毒品，有的协助洗钱；等等。[①]而直接实施网络贩毒只是其中一环。在这种链条中，贩毒人员往往不需要预先囤积待售毒品，只需在他人求购后，临时联系毒品上家进购毒品，再加价转卖。在此过程中，可能在短时间内形成多次毒品交易，呈现出“一条龙”的贩卖毒品链条。

（二）共同行为人员增多

环节增多，意味着参与人员必然增多。有的环节甚至同时有许多人员参与，比如组织毒品、联系卖家、交割毒品等环节。这说明，分工越细，环节越多，参与贩毒的人员必然越多，其贩毒的“专业”化程度越高、“效率”也越高。有时正是因为参与人员增多，相应地，其与外界接触面也越广，由贩毒引发其他次生犯罪的概率也相应增大。

如 B、C、D、E、F、G、H、M、N、O、P 等人共同贩卖毒品、抢劫案。购毒人 A 联系 B 帮忙购买毒品，B 介绍 C 与 A 联系商谈购买毒品，其间 B 多次与 C 就交易价格、交易方式继续联系，并将 C 的位置信息发给 A，促成二人见面。随后 C 又通过微信联系 D，并经 D 联系到毒品卖家 E，由 E 准备毒品并组织毒品交易。某日晚，被告人 E 与 F、G、H 在房间准备毒品

---

① 吴丹、龚志平：《大数据背景下网络赌博犯罪特点及侦查对策》，载《辽宁警察学院学报》2022 年第 1 期。

时，被告人M、N到达房间内。M提议此次贩毒后可以将毒品抢回来。E认为不好，当即表示反对。但F赞同M的计划，遂私下与M、N共谋在毒品交易完成后再将毒品抢回。随后N又邀约O、P。次日凌晨，E、C、D、G在房间与购毒人A、X面谈，商定采取“钱货分离”方式交易毒品。随后A、C、D驾车与F、H见面后交接毒品。购毒人A跟随D进入H驾驶的越野车，在车上F将毒品交给A。E、G在房间内收取X支付的购毒款22.2万元。D通过微信告知E毒品已被对方验收，E遂告知买家已收毒资。毒品交易完成后，A从越野车下车准备返回自驾车时，被告人M、N、O、P驾车行至A身旁，采取锁喉等暴力手段从A手里抢走毒品。①

由于该案系大宗毒品交易，被告人为顺利完成交易，采取细致分工形成了明显的链条。该案先后参与人数多达11人，其中，C负责联系卖家，D负责联系买家，买卖双方采取“钱货分离”方式交易毒品，F、H负责向买家交付毒品，E、G作为毒品卖家同步收取毒资。贩毒结束后还发生了抢劫犯罪，后面参与进来的人员利用贩卖毒品形成的便利条件成功实施抢劫行为。

（三）共同行为复杂多样

在链条式贩毒共同犯罪中，共同行为人往往是多个行为、多种性质的行为交织。这种复合型共同行为的特点复杂而鲜明：一是行为的链条性。从案件中可以清晰地看出其呈现的“一条龙”链条式特征，这种明显的链条式行为模式为上下游之间行为认定争议滋生了土壤。二是需求的多样性。链条越长，人越多，每个成员的个体需求多样性不断显现出来。三是个体的差异性。参与的人越多，个体想法也越多，由需求多样性引发的行为差异性越明显。四是行为的非同时、同地性。因链条上下游的区别，各行为之间形成了明显的时间差、地域差，行为的非同时性、非同地性成为常态。五是认定的复杂性。行为的链条性、需求的多样性、个体的差异性和行为的非同时、同地性，导致整个链条行为错综复杂，如果再结合犯意联络的单向性、片面性、模糊性、隐蔽性，其行为性质认定就更加复杂。尤其是前环节实施的犯罪行为，新加入链条的行为人利用其形成的便利条件实施新的犯罪，前后两

---

① 重庆市第一中级人民法院（2021）渝01刑初83号刑事判决书；《市一中法院发布毒品犯罪审判十大典型案例》之典型案例2，载重庆市第一中级人民法院微信公众号，https://mp.weixin.qq.com/s/AB1VPJBSRhmfb2f_K1TV0w，最后访问日期：2022年10月14日。

个环节的行为人如何认定其行为性质，这种认定争议在网络贩卖毒品共同犯罪中层出不穷。

比如，链条中居间获利人的行为性质及主从犯地位认定问题。司法实践中，存在一种纯粹的居间获利的贩卖毒品共犯，其不接收、转手交易毒品，但掌握稳定的毒品来源。当毒品买家联系其求购毒品时，便会依照买家的需要，联系毒品上家筹备毒品，并要求毒品上家直接以“丢包埋雷”的方式将毒品放置于隐秘处，通过微信等方式拍照发送毒品位置，指示买家获取，自身居间赚取差价。实践中，对于这种毒品交易模式存在明显争议：有的认为应以一次毒品交易认定，交易的居间人与毒品的提供者构成贩毒的共犯；有的认为应以两次毒品交易认定，毒品上家与居间人之间、居间人与买家之间分别存在一次毒品交易，居间人指示毒品上家放置毒品的行为系“指示交付”性质。

又如，贩毒人员往往会制造无偿代购的假象来逃避打击。因是否牟利是毒品代购行为能否定罪的关键，贩毒人员总是煞费苦心地制造没有牟利的假象。司法实践中，犯罪嫌疑人常常使用非自身实名制的微信、支付宝账户等接收毒资，由于贩毒人员彼此熟悉，熟人之间本来存在日常资金往来，而这些日常的资金往来正好印证没有获利空间，而网络聊天记录、转账记录等往往也正好可以印证没有获利空间，从而导致案件无法认定。在某市 A 区因证据不足不批准逮捕的 24 件涉网络毒品犯罪案件中，因系代购或者无法排除代购合理怀疑，且无充分证据证实犯罪嫌疑人有牟利行为，导致认定贩卖毒品犯罪成立的证据不足的案件多达 14 件，占比高达 58.33%。其中熟人之间的案件占比达到 70% 以上，该类案件均是由代购人员自行寻找上家购买毒品，其和上家之间是否存在合作关系、是否存在依附关系，在上家往往无法查获的情况下，一般难以认定。根据实践经验，这些人员往往能从上家直接获利（如获取好处费），或间接获利（如免费吸食毒品、低价购买高质毒品等），只是在司法实践中难以达到查处条件无法认定。

（四）共同行为超越时空

网络空间无限延展，突破了民族、国家的界限，人类社会的思维、生活、生产已经超越传统时空的制约与束缚，形成了新的时空观。[①] 网络犯罪

① 蒋晓龙：《我国网络社会法治化建设探析》，载《中国浦东干部学院学报》2015 年第 1 期。

的这种“超时空性”，瞬间使时间和空间这一对在传统犯罪中占绝对重要地位的要素几乎不受限制，犯罪行为实施地与犯罪结果发生地不仅可以是分离的，甚至空间跨度可远达万里之遥。[①] 在这种状况下，网络贩毒共同犯罪主体之间完全可以不在同一个城市，甚至彼此互不相识。[②] 这不仅大大增加了及时侦破犯罪、抓获全体共犯的难度，同时也给准确认定共同犯罪提出了新的挑战。[③] 从法律适用方面看，传统的共同犯罪多表现为时间上的同时性，地域上的同一性。与之对应的传统的共同犯罪理论也有这方面的倾向，如传统的共同犯罪理论认为，成立共同犯罪，必须是二人以上达到刑事责任年龄、具有刑事责任能力的人或者单位，有共同的犯罪行为，具有共同犯罪故意。[④] 我们看到的共同犯罪的案件，也基本是时空同一性的案件。可以说，传统的共同犯罪理论和共同犯罪司法实践的时空同一性，在面对网络社会背景下的共同犯罪的跨地域性、跨时间性时，难免会出现难以有效应对的情况。从侦查的角度看，行为人遍布全国各地，甚至世界各地，有的使用的网络服务器经常在境外，有的使用的电话号码、微信号等用于联系的软件都是非实名制，或者是虚拟的。这与同一时空条件下的证据收集和事实认定相比，显然前者的难度要远远大于后者。也就是说，在网络情形下，其超时空性使贩卖毒品共同行为不在同一时空条件下进行，这给抓获共同行为人、获取共同行为证据等带来极大困难。

综上所述，网络贩毒共同行为人行为的环节越多、人员越多，链条性特征越显著，每个环节、每个人员的作用相对越弱。这种链条性的特点，实质上就是通过增加环节、增加人员的方式，进一步从客观上削弱每一个环节、每一个人员的作用，即使某个环节、某个人员暴露，由于他们在整个贩卖毒品共同犯罪中只发挥了局部作用，掌握部分信息，他们的暴露起到的往往是预警作用，而不会对整个犯罪团伙立即产生致命影响，从而减小了犯罪团伙一次性被“一锅端”的可能性，这凸显了主犯对整个链条的掌控得到显著增强，极大增大了司法机关打击的难度。如果这种链条性特征再和“网络”的超时空性、“非接触交易”的隐蔽性有机结合起来，链条的功能同样会呈

① 张彦、马立：《论网络犯罪及其社会控制》，载《江苏社会科学》2001 年第 5 期。

② 张明楷：《论帮助信息网络犯罪活动罪》，载《政治与法律》2016 年第 2 期。

③ 刘夏：《双层社会背景下刑法思维之转型》，载《时代法学》2016 年第 4 期。

④ 高铭暄、马克昌主编：《刑法学》，北京大学出版社、高等教育出版社 2022 年版，第 162—164 页。

几何式增长，作用无疑会更为强大。实际上，网络贩毒共同犯罪行为人同样是综合运用了“网络、链条、非接触交易”这三大要素各自的优势，共同成功使贩毒团伙的共同行为进一步呈现更大范围的网络化、片段化特点，进一步使共同行为在时空上大幅分散，时间上跨昼夜、跨时区甚至跨年月，空间上跨地、跨省甚至跨国，毫无疑问会给网络贩毒共同犯罪的查处带来更大挑战。

第三节　网络贩毒共犯认定难的破解路径

理论是源于实践又指导实践的，实践的变动必然带动理论的发展。网络背景下贩卖毒品共同犯罪认定难题的出现，也必然牵动对建立在物理空间基础上的传统共同犯罪理论进行修正、完善。综合分析网络贩毒共同犯罪面临的两大难题及其原因，其中暴露出的问题总体可以归为业务能力、协调联动和理论支撑三方面。在业务能力方面，主要是面对网络贩毒带来的新情况新问题，实践中应对的办法有限，不能完全适应打击犯罪的需要，这突出表现为犯意联络证据、共同行为证据以及共同行为和共犯之间的关联证据在司法实践中均不同程度存在“难发现、难破解、难固定、难转化”的问题，要解决这些具体实务问题，除了公安司法人员结合自身办案实际，努力通过提高自身能力和借智借力以外，别无他法。在协调联动方面，主要是公安机关需要强化同技术应用、运营监管等相关部门的联动协作，尤其是要紧紧依靠各级党委坚强领导、依靠基层组织协调配合。在理论支撑方面，则主要表现为面对传统刑法理论和司法实践的现实冲突，理论界的研究尚需进一步完善，司法人员对理论前沿的理解和适用能力需进一步提升。这类需要提供理论支撑的问题又可归纳为两方面：意思联络明显弱化导致的共同故意难以认定的问题、客观行为明显分散导致共同行为难以判定的问题。这两个具体问题，既是打击网络贩毒共同犯罪司法实践面临的核心问题，也是当前最迫切需要解决的重大问题，必须充分发挥实务界和理论界两个方面的积极性，才可望得到有效解决。对前述理论层面的支撑问题，本书认为可通过以下途径解决。

一、弱化意思联络传统属性，采用片面共犯理论

毒品犯罪的“高收益、高风险”，注定了贩毒分子为规避打击而人为弱化意思联络的现象成为常态，这是不以人们意志为转移的客观存在。因此，顺应网络贩毒形势变化的新特点、新常态，相应弱化传统共同犯罪刑法理论关于意思联络的“明确、双向、全面”等传统属性，将片面共犯理论引用到打击网络贩毒共同犯罪的司法实践中，已成适应现实需要的必然选择。

所谓片面共犯，是指行为人单方面有与他人共同实施犯罪行为的故意，并与之共同实施犯罪行为而他人不知情的情况。[①] 我国刑法理论通说对片面共犯一直持谨慎态度，仅部分学者承认片面教唆犯和片面帮助犯的存在，[②] 而片面正犯的支持者更是寥寥无几。片面共犯的反对意见大多为以下几点：（1）刑法明文规定，共同犯罪是指二人以上共同故意犯罪，共同故意要求各行为人之间有双向的意思联络并形成相同的故意内容。但在所谓片面共犯的场合，各行为人的故意和行为都是单方面的，而不是行为人相互之间的共同故意和相互利用对方的行为，与刑法规定的共同犯罪的概念明显不符。（2）片面的共同犯罪本身就是一个自相矛盾的概念，共同犯罪只有两个以上的人共犯某罪才能成立，而片面的共同犯罪中实际上只有一方成立共犯，另一方是单独犯，这就意味着只有一人也可以成立共同犯罪，承认“一人的共同犯罪”是不可思议的。（3）如果承认所谓片面的共同犯罪，对这种共犯人的处罚不但在法律上将无所适从、出现混乱，而且还可能导致处罚结果违背罪责刑相适应的量刑原则。（4）所谓片面的共同犯罪，实际上是利用他人的实行行为，以实现自己的犯罪意图，应认定其独立构成犯罪。[③]

有学者指出：“纯粹从词语的含义而言，共同故意就应当是属于共同犯罪人‘大家的’或‘彼此都具有的’故意，而不是某个人单方面单独具有的故意。”[④] 实际上，《刑法》第 25 条第 1 款对共同犯罪的描述为“二人以

---

① 马克昌：《共同犯罪理论中若干争议问题》，载《华中科技大学学报（社会科学版）》2004 年第 1 期，第 16 页。

② 郑泽善：《片面共犯部分否定说证成》，载《政治与法律》2013 年第 9 期；张小虎：《应当构建犯意偏差之片面帮助犯的理论范畴》，载《当代法学》2018 年第 6 期；高铭暄，马克昌主编：《刑法学》，北京大学出版社、高等教育出版社 2022 年版，第 165 页。

③ 刘明祥：《单一正犯视角下的片面共犯问题》，载《清华法学》2020 年第 5 期。

④ 刘明祥：《单一正犯视角下的片面共犯问题》，载《清华法学》2020 年第 5 期。

上共同故意犯罪”，其中的“共同”所指向的应当是客观上的“符合构成要件的实行行为”，[①] 而非主观上的“故意”。因此，共同故意应当是“共同实施符合构成要件的实行行为的故意”。而在“故意”方面，并非必须是“大家的”或“彼此都具有的”。有学者认为，将“共同故意犯罪”理解（或修改）为“共同去故意犯罪”改变了原意，属于近似立法论的范畴，且与条文表述存在差异。[②] 但若按照通说观点，则条文更宜表述为“二人以上以共同的故意犯罪”，此时，“共同”所指向的便只能是“故意”而非“行为”。而若没有这个“以”字，两种理解在语义上其实都没有问题，但本书采用的基于“行为共同说”的解释似乎更能解决司法实践中的问题。至于有学者提出的“按这种解释方法，该款中的‘共同过失犯罪’也同样变成了‘共同地过失地犯罪’，而‘共同’修饰的是‘犯罪’并不是‘过失’，即体现的是‘共同地犯罪’，那么，‘共同过失犯罪’就变成了共同犯罪，这无疑是与该款的结论相反”这一论点，[③]《刑法》第 25 条第 2 款的表述是“二人以上共同过失犯罪，不以共同犯罪论处”，此处所表达的意思更像是二人以上共同过失犯罪是“共同犯罪”，只是“不以共同犯罪论处”而已。在刑法总则中，明文规定不是犯罪的情形仅有第 13 条规定“但是情节显著轻微危害不大的，不认为是犯罪”，而在刑法分则中，并无“不认为是犯罪”的表述，仅有第 449 条关于军人缓刑的规定中有“不以犯罪论处”的表述。可以认为“不认为是……”和“不以……论处”是两种不同的概念，前者是否认，后者是承认但不照此处理。

同样，意思联络也并非如一些学者所主张的必然是两个（及以上）主体之间的双向、互动行为。诚然，“联络”的本质是复数行为人之间传递信息的行为，其核心在于传递信息，并未对传递次数和方向作出要求。根据信息论提出者克劳德·香农的定义，信息是事物运动状态或存在方式的不确定性的描述，[④] 而获取信息能够降低乃至消除不确定性。这也就意味着，当一次信息传递行为中的信息足以消除不确定性时，自然没有必要进行二次传递。这一情况在网络贩毒犯罪中是极为常见的现象。例如，甲在暗网发布自

---

① 周光权：《刑法总论》，中国人民大学出版社 2021 年版，第 334 页。

② 李强：《片面共犯肯定论的语义解释根据》，载《法律科学（西北政法大学学报）》2016 年第 2 期。

③ 刘明祥：《单一正犯视角下的片面共犯问题》，载《清华法学》2020 年第 5 期。

④ 赵蓉、叶茵编著：《信息论基础》，北京邮电大学出版社 2011 年版，第 2 页。

己编写的密码本（暗语对照本，含毒品、毒贩、数额、交易方式、地点等信息的暗语），与甲互不相识的 A、B、C 在另外两方均不知情的情况下，从暗网中获得了该密码本。B 想贩卖毒品，但找不到买家；C 想购买毒品，但找不到卖家。A 和 B 是熟人，A 知道 B 贩毒的想法，为了帮 B 贩毒，创建了两个基于虚假身份的社交软件账号，冒充 B 给 C 发消息，又冒充 C 给 B 发消息，让 B、C 取得联系并成功交易毒品，但 B、C 对 A 的上述行为毫不知情。而由于整个过程全部使用了甲编纂的密码本，A 与 B、C 的联系均通过密码实现一次性完成，无须来回传递信息。显然，A 事实上发挥了联络 B、C 乃至主导毒品交易的作用，但若否定单向意思联络的存在，则 A 不能与 B 构成贩卖毒品罪的共同犯罪，甚至可能不会受到任何处罚。而 A 也并非利用 B 来实现自己贩卖毒品的目的，以间接正犯论处也不合理。因此，在共同犯罪中，承认单向意思联络是必要的。

肯定片面教唆犯理由在于，从教唆犯的本质上看，是使没有犯罪意图的人产生犯罪意图，就被教唆人而言，只要使原本没有犯罪意图的人，主观上产生犯罪意图就已足够，并不要求意识到教唆者是在教唆自己犯罪。[①] 而肯定片面帮助犯的理由则在于，帮助犯并不是为了实现自己的犯罪，而是为了帮助他人；在提供物理或者心理帮助时，只要对正犯的实行行为有所认识，并单方面具有帮助的意思，即使正犯对此没有认识，帮助犯与正犯没有意思联络，该帮助行为也可以达到使正犯实行行为容易实施的效果，可以成立帮助犯。[②] 肯定片面正犯的理由在于，如果说共同犯罪的本质在于利用他人的行为来实现自己的犯罪的，那么，就不仅仅有自己利用他人犯罪的情形；相反地，他人利用自己犯罪的情形也是可能存在的。因此，只要说片面参与者的参与对该犯罪的实行来说必不可少的话，那么，将这种参与行为评价为（片面）共同正犯，也没有太大问题。[③] 一些学者认为："共同正犯的归责原则是'交互'归责……在片面正犯的条件下，不知情的一方不可能对单纯有正犯意思者的行为负责，无法适用部分行为全部责任的处罚原则。"[④] 然而，既然是片面共犯，当然仅对知情的一方适用共同犯罪的处罚原则，对不

---

① 郑泽善：《片面共犯部分否定说证成》，载《政治与法律》2013 年第 9 期。

② 周光权：《刑法总论》，中国人民大学出版社 2021 年版，第 370 页。

③ 黎宏：《刑法学总论》，法律出版社 2016 年版，第 280 页。

④ 周光权：《刑法总论》，中国人民大学出版社 2021 年版。第 348—349 页。

知情的一方不适用共同犯罪的处罚原则。①

在网络共同贩毒案件中，由于网络大大拓展了毒品交易的空间宽度和时间广度，部分犯罪参与者仅负责完成贩卖毒品中的一个片段行为，共犯之间的意思联络并不明确和具体。尤其在多个寄递、运送环节的案件中，共犯之间犯意交流往往也不全面，有的犯罪嫌疑人为逃避打击，故意隐蔽、弱化犯意交流，甚至单向意思联络的现象比比皆是。有的共犯彼此之间非常熟悉，往往处于一种“心照不宣”的状态，双方凭借默契进行意思联络，甚至双方有时确实没有进行意思联络，如果行为人拒不认罪，侦查机关往往难以收集到共犯之间意思联络的主客观证据。从网络贩毒的整个过程看，各个共犯的行为都是链条中不可或缺的环节，如要拆分，对共犯行为认定存在明显障碍。我国传统共同犯罪刑法理论是物理空间下的产物，它已经难以有效适应网络快速变化带来的现实需要。因此，主动适应网络贩毒共同犯罪的新变化，正视其意思联络的“模糊性、单向性、片面性”的客观现实，弱化意思联络传统属性，进一步丰富和完善片面共犯理论，并使之介入网络贩毒共同犯罪的认定，则可以将零散的贩毒行为统一为有机的共同贩毒整体，进而依据各个共犯在其中的地位、作用量刑，实现罚当其罪，从而使网络贩毒共同意志、共同故意认定难的问题得以有效解决。

（一）片面共犯理论介入的合理性

1. 有利于防止刑讯逼供

网络贩毒共犯意思联络的单向性与片面性，既有相同之处，也有区别之分。两者的相同点表现在两个方面：一是一方知情，另一方不一定知情；二是双方没有进行明确的双向意思联络。两者的不同点表现为：意思联络单向性的其中一方有意思联络的明确意向，但另一方没有明确回应；而意思联络片面性其中一方没有意思联络的明确意向，另一方当然也没有明确回应。无论其中一方是否有意思联络的明确意向，对方没有明确回应并不意味着对方必然不知情、实际不知情，更不意味着对方必然没有故意、实际没有故意。也就是说，无论是意思联络单向性还是意思联络片面性，对方是否知情往往依赖于行为人自己的认知程度，这更多表现为行为人的供述和辩解。在这种情形下，如果按照传统共同犯罪刑法理论，意思联络必须具有明确性、双向

① 张明楷：《刑法学》（上），法律出版社 2021 年版，第 598 页。

性、全面性，这就增大了诱发刑讯逼供的潜在风险，公安机关由于客观证据缺乏，更多依靠主观认罪，为了寻找“明确、双向、全面”的意思联络证据，就可能从突破犯罪嫌疑人口供着手收集固定证据，如果行为人认罪的口供突破了，则按照共同犯罪论处；如果行为人的口供没有突破，就不构成共同犯罪。这就有可能诱发有的办案人员为了获得意思联络的主观证据而刑讯逼供，从而形成事实上的“坦白从宽、牢底坐穿，抗拒从严、回家过年”的恶性循环。由此产生的可怕后果是，假如追求突破口供，则有刑讯逼供的潜在风险；假如不追求口供，则有放纵犯罪的潜在可能。这充分说明，传统共同犯罪刑法理论在认定网络贩毒共同犯罪时出现了明显的“水土不服”。如果正视网络贩毒共同犯罪意思联络事实上的“模糊性、单向性、片面性”，弱化共同犯罪意思联络的明确性、双向性、全面性等传统属性，办案人员就会减小对贩毒行为人口供的关注度和依赖性，而是把精力更多集中用于寻找客观证据上，用在研究行为人本身的行为方式、行为结果、行为违法性及其相互之间的因果关系。因此，片面共犯理论的介入，对于防止刑讯逼供，有效保障人权，维护司法机关执法公信力和执法形象具有重要的现实意义。

2. 有利于准确认定犯罪

片面共犯理论的介入，降低了对意思联络、共同意志的不合理要求，从而促使办案人员回归理性平和，更加注重全面、客观地审视共同故意、共同行为以及两者之间的因果关系。

首先，在主观故意方面，片面共犯理论的介入，不是彻底否定意思联络、共同意志在共同犯罪中的作用，而是接受网络贩毒共同犯罪在意思联络上客观弱化的事实，还原事物的本来面目，意思联络实际上是什么程度，就认可到什么程度，而不能人为过度追求其客观本来并不具有的明确、双向、全面性。准确把握网络贩毒共同犯罪中的意思联络、共同意志，就要求公安司法人员在司法实践中按照客观实际相应对等弱化共同犯罪的意思联络、共同意志。同时把关注的重点放在贩毒行为个人对贩毒结果的主观追求上，如果个人没有贩卖毒品的主观故意，则不但不构成共同犯罪，也不构成个人犯罪。因此，行为人个人对贩毒结果的主观故意追求是基础，然后才是对更高层次共同意志、共同故意的追求。

其次，在客观行为方面，片面共犯的采纳和运用，能够引导理论研究和司法办案中，更加关注对参与其中的行为人行为的研究和查明，而不是过度关注主观方面的意义和价值。通过对客观行为的研究和查明，构建客观事实，再在客观事实或者说客观构成要件的基础上，去判定主观事实和主观构成要件。使得理论研究和犯罪的查明，遵循从客观到主观的逻辑和路径。[①]如果行为人的行为无助于实现贩毒结果，或者不能和其他人的行为形成有机整体，则既不可能构成共同犯罪，也不可能构成片面共犯。由此，行为人的行为必须在客观上是实现共同贩毒结果不可或缺的组成部分，或者至少是行为人的行为对整个网络贩毒共同犯罪的完成起到了刑法评价意义上的帮助作用，没有其中任何一个行为人的行为，贩毒结果就不可能实现，所有行为人的行为和其他人的行为相互形成有机统一的整体。

最后，在客观行为和共同意志的因果关系上，由于行为人的人为对抗和故意弱化、隐蔽，使犯意联络在客观上表现为证据缺失，此时有必要通过关联证据来证明其共同意志、共同故意。比如，行为人之间关系的密切程度，行为人的行为在共同犯罪中的地位和作用，行为人的行为习惯是否符合常规，行为人是否有毒品犯罪相关前科，行为人是否经常吸毒、是否经常接触涉毒之人，行为人的家庭状况、职业状况、经济来源是否正常，等等。

由此可见，片面共犯理论的介入，不但顺应网络贩毒共同犯罪的客观实际，有针对性地解决了传统共犯理论无法认定的问题，防止贩毒行为人通过人为弱化意思联络、隐蔽意思联络等方式而逃避打击目标的实现。而且，这对于贯彻罪刑相适应原则、准确认定犯罪、客观公正追究行为人的刑事责任、维护司法权威同样具有积极的现实意义。

3. 有利于提高诉讼效率

片面共犯理论的介入，有利于公安司法人员在执法办案过程中摆脱意思联络“明确、双向、全面”等传统属性的束缚，更加尊重网络贩毒共同犯罪因“行为人故意弱化意思联络，导致意思联络客观证据缺失”的客观实际，实事求是收集、审查、运用证据，查办和处理网络贩毒共同犯罪，防止在不同诉讼环节因标准不同形成争议，导致案件久拖不决，从而大幅提高诉讼效率，节约司法资源。在侦查环节，侦查人员尊重案件事实和客观规律，不再机械地执着于获取犯意联络的“明确、双向、全面”的证据，而是把

---

① 周光权：《刑法客观主义与防止错案》，载《东北师大学报（哲学社会科学版）》2017年第3期。

侦查的重点放在查清个人对自身行为的主观明知、主观故意上，放在查清个人行为的目标取向上、指向上。在审查批捕、审查起诉环节，检察人员认可网络贩毒共同犯罪中“模糊性、单向性、片面性”的意思联络成立共同犯罪的处理方式，不再完全按照“明确、双向、全面”的要求审查网络贩毒共同犯罪的意思联络、共同意志、共同故意，或者以此为由反复退回补充侦查，或者存疑不捕、存疑不诉。在审判环节，审判人员不再因控辩双方意思联络“明确、双向、全面”与否的争议而犹豫不决、久审不决。在执行环节，贩毒行为人将放弃逃脱打击的幻想而接受刑罚的处罚，减少了监狱管理部门的工作量。

（二）片面共犯理论介入的可行性

一直以来，《刑法》第 25 条第 1 款的规定和传统刑法主流理论，都是网络空间意思联络“模糊性、单向性、片面性”构成共同犯罪无法逾越的障碍。要实现将片面共犯视为共同犯罪，就必须突破传统刑法主流理论关于共同犯罪意思联络的观点，允许“模糊性、单向性、片面性”的意思联络成立“片面正犯”“片面帮助犯”“片面教唆犯”。面对前述现实冲突和争议，运用传统刑法理论显然无法解决实践中面临的具体问题，必须寻找新的路径和方法，目前刑法理论界见仁见智，都在积极探讨如何破解这一难题。有学者认为，不应苛求根据传统共犯理论通过双向证明才认可其存在意思联络，因为网络中达成的共同犯意在具体内容、认识程度、分工选择上显得十分模糊和不稳定，如果在这种情况下仍坚持意思联络认定的“双向性”标准，在网络空间几乎不可能。① 有学者认为，若要肯定片面共同犯罪，必须将共同行为的“意思联络”弱化为“单向意思联络”。② 有学者主张意思联络可以是单向的、模糊的、不确定的，只要行为人之间基于一定程度的意思交流，客观上形成了一定的组织形式，即可按共同犯罪处理。③ 有学者认为，共同犯罪是指数人共同实施了行为，而不是共同实施特定犯罪，④ 因此，不要求行为人必须具有共同实施犯罪的“意思联络”，只要其实施行为具有“意思联络”，即可成立共同犯罪；共同犯罪的因果关系包括物理的因

① 阴建峰、梁田：《互联网涉毒犯罪司法适用问题探析》，载《刑法论丛》2020 年第 1 期。

② 黎宏：《刑法学总论》，法律出版社 2016 年版，第 268 页。

③ 皮勇：《论网络“聚众”性犯罪及其刑事立法》，载《人民检察》2004 年第 2 期。

④ 冯卫国、王东海：《教唆犯从属性说的中国式展开》，载《法治研究》2012 年第 4 期。

果关系和心理的因果关系，如果肯定共同犯罪的物理因果性，则片面共犯可以共同或通过他人引起法益侵害，也可以与侵害结果之间具有物理因果性，所以应该肯定片面共犯成立共同犯罪。① 有学者认为，我国当前刑法理论中通说的“双向意思联络”要件，不论是从“共同故意”的字面上，还是从刑法规范体系上，都难以找到此种限制：从字面上看，共同故意是与他人共同实施犯罪的主观故意，当然既可以是双向的，也可以是单向的，既可以是全面的，也可以是片面的。② 有学者认为，如果承认片面共犯是共同犯罪的特殊类型，那么意思联络的单向性成立共同犯罪也就不应成为问题。③

分析研究上述观点，不难看出，相当多的学者与实务人员都倾向于在一定程度上承认意思联络的“模糊性、单向性、片面性”，肯定片面共犯成立共同犯罪。由此可见，将片面共犯视为共同犯罪，具有现实可行性。

1. 司法实践上具有可行性

从实践看，虽然因一方不知情而难以与对方的行为及其结果形成心理性因果关系，但完全可能在双方之间存在客观的物理因果性。况且，该种情形下，也并非两者之间事实上没有意思联络，或者说不知情的一方没有与对方共同对危害后果形成心理上的因果关系。因为，单向的意思联络也是意思联络的一种，并且具有单方利用意思联络的一方与不知情的一方都对危害结果的发生具有心理上的因果关系。所以，一味强调成立共同犯罪、各行为人之间必须存在相互的意思联络，必然会导致处罚漏洞。④ 事实上，客观存在的处罚漏洞，已经使网络空间的片面帮助、教唆行为成为危害网络秩序的巨大祸患。不能以静止的眼光裹足不前地抱守物理空间下的共犯理论，无视网络空间带来的新特点、新变化，人为造成应受刑法处罚的行为人逍遥法外。

2. 刑法解释上具有可行性

从刑法解释的角度看，刑法制度应当而且能够向社会环境和社会变迁开

---

① 张明楷：《刑法学》（上），法律出版社 2021 年版，第 598 页；张明楷：《张明楷刑法学讲义》，新星出版社 2021 年版，第 255 页。

② 顾永景：《片面共犯性质及其意义》，载《政法学刊》2010 年第 4 期。

③ 刘守芬、丁鹏：《网络共同犯罪之我见》，载《法律科学（西北政法学院学报）》2005 年第 5 期。

④ 陈洪兵：《“二人以上共同故意犯罪”的再解释——全面检讨关于共同犯罪成立条件之通说》，载《当代法学》2015 年第 4 期。

放，从生活事实中发现刑法规定的真实含义。因此，可以通过司法解释和刑法理论解释的方式重新解释《刑法》第25条第1款的规定，扩大共同犯罪的成立范围。即《刑法》第25条将共同犯罪定义为“二人以上共同故意犯罪”，这里的共同犯罪不是指“二人以上共同故意在犯罪”，而是指“二人以上共同在故意犯罪”。① 只要在故意犯罪的范畴内，正犯与帮助犯、教唆犯之间没有意思联络，也不影响行为的“共同性”，从而使片面共犯得以成立。② 从帮助犯、教唆犯明知自己在帮助正犯实施犯罪行为的角度看，帮助犯、教唆犯是通过自己单向的意思联络与正犯之间产生了意思联络，只不过这种意思联络是单向而非双向的。在此情形下，认定片面共犯和正犯之间构成共同犯罪，是有解释论依据的。对此，有观点也已经提出，网络犯罪的社会现实倒逼我们接受片面共犯这一理论命题，因为传统共同犯罪的“意思联络”是建立在物理空间中“面对面手拉手”交流方式的基础上的，而网络空间的交流却是松散型和匿名性的，③ 这导致犯罪的实行者和技术的提供者等人与人之间并不能相互了解犯罪内容。所以，应当改变传统的“意思联络”的认定路径而采用“单方利用”的认定标准，用“片面共犯”理论应对网络社会的新型犯罪。④

3. 刑事立法上具有可行性

从立法看，完全可以积极回应现实需求，直面网络社会共同犯罪特别是网络贩毒共同犯罪认定难题的现状，采取积极主义立法观，通过立法将片面共犯纳入刑法规定，使其从理论研究上的承认向立法上的采纳进行转变，防止贩卖毒品犯罪这一传统犯罪产生新的侵害，⑤ 实现片面共犯的法定化。《刑法》第29条第2款规定，如果被教唆的人没有犯被教唆的罪，对于教唆犯，可以从轻或者减轻处罚。可见，在片面教唆的情况下，即使正犯没有实施被教唆的罪，不构成犯罪的，教唆者依然应当追究刑事责任，只不过可从宽处罚。这说明，我国共犯的构成并不必然以正犯的成立为前提。当然，

---

① 张明楷：《刑法学》（上），法律出版社2021年版，第496页。

② 涂龙科：《网络时代经济刑法变革的系统阐释》，载《法学评论》2019年第6期。

③ 郑智航：《网络社会法律治理与技术治理的二元共治》，载《中国法学》2018年第2期。

④ 高艳东、连斌主编：《从技术到规则：数字文明的法治进路》，浙江大学出版社2021年版，第177页。

⑤ 传统法益在网络社会背景下受到新的侵害，可以并且应当通过立法的方式进行保护，参见张明楷：《网络时代的刑事立法》，载《法律科学（西北政法大学学报）》2017年第3期。

对《刑法》第29条第2款如何解释，理论界出现了长时间的激烈争论，至今尚未形成统一的观点。① 尽管如此，当面对网络贩毒共同犯罪意思联络的新情况时，仍有必要正视现实生活中网络贩毒共同犯罪意思联络客观弱化的实际，适时择机从立法上予以相应跟进应对；否则，刑法的报应功能和预防功能就会受到损害。

（三）片面共犯理论介入的操作性

1. 操作程序：反向推理论证

在司法实践中，传统共犯理论往往是从“双向意思联络—共同故意—共同行为—共同结果”来论证共同犯罪是否成立，但在片面共犯理论中，可以结合片面共犯的实际反向推理，从“共同结果—共同行为—共同犯意—单向或片面意思联络”来论证共同犯罪是否成立，还要结合共犯之间有单向或片面意思联络一方对对方情况熟悉和了解的程度进行综合分析。具体从以下几点判断：

一是看贩卖毒品的交易结果是否发生，如果没有，则不构成共同犯罪；如果发生了成功交易毒品的客观结果，可以进入下一环节。

二是看贩卖结果是否双方或多方共同行为所为，双方或多方的行为对危害结果的发生是否具有刑法上的因果关系，如果不是，则不构成共同犯罪；如果是，就可以进入下一环节。

三是看双方或多方各自是否都有追求贩毒成功的主观意志，如果不是，则不构成共同犯罪；如果是，就可以进入下一环节。

四是看双方或多方是否可能有意思联络，如完全不可能有意思联络，则不构成共同犯罪。如果有双向互动的意思联络，则完全符合传统共犯理论，构成共同犯罪。如果是单向或片面意思联络，即一方贩卖毒品，但故意向对方隐瞒，以为对方不知道，单纯要求对方做一些有助于实现贩毒的帮助行为，但对方通过平时双方之间的相处和了解，知道对方是在贩毒，而自己也愿意通过自己的行为帮助对方实现贩毒目标，则可以适用片面共犯理论，按

① 伍柳村先生最早对该问题进行了论述，参见伍柳村：《试论教唆犯的二重性》，载《法学研究》1982年第1期。之后，学者们围绕着该条款的解释，以及教唆犯的性质，展开了深入的、长时间的讨论，参见何庆仁：《我国〈刑法〉第29条第2款的合宪性解释》，载《政治与法律》2021年第8期；刘明祥：《论我国刑法不采取共犯从属性说及利弊》，载《中国法学》2015年第2期；周光权：《“被教唆的人没有犯被教唆的罪”之理解——兼与刘明祥教授商榷》，载《法学研究》2013年第4期。相关的论述较多，在此不再列举、赘述。

照共同贩卖毒品犯罪处理。在这种情形下，完成贩卖毒品的客观结果既是双方的共同目的，每一方都希望通过自己的行为实现结果。实际上也是双方共同行为完成的，双方任何一方的行为都是缺一不可的，双方的目的和共同行为的结果是有客观的物理因果性的，否则贩卖毒品的客观结果就无法实现。其中，和传统共同犯罪理论唯一的区别是，双方之间没有形成清晰的双向联络，而是只有其中一方存在单向的或片面的意思追求，而这种单向或片面的意思追求并未被对方认识到。

2. 分寸把握：注重有机结合

从实践把握看，必须注重灵活性和原则性的有机结合，防止随意性。所谓灵活性，就是意思联络单向性或者片面性可以适用于网络共同犯罪；所谓原则性，就是意思联络单向性或者片面性仅适用于网络共同犯罪，而且在适用过程中还必须从严控制、从严把握，并注重和传统刑法理论的有机衔接。换言之，要考虑其意思联络、共同意志、共同故意，但又不能完全按照传统刑法理论来把握共犯之间的意思联络、共同意志和共同故意。也就是说，在网络贩毒共同犯罪中，把握的不是一种严格意义上的意思联络、共同意志和共同故意，而是一种相对弱化的意思联络、共同意志和共同故意，注重的是在此基础上对共犯行为的综合研判。这就要求司法工作者在执法办案过程中，尤其要注意把握好以下几点：

一是看行为人接到的犯意由谁发出，从中把握行为人和发出犯意之人关系密切的程度。如果发出犯意之人本身就是贩毒之人，甚至是再犯、累犯、惯犯，行为人和发出犯意之人彼此平时关系本身又比较密切，则说明其相互间存在共同意思联络的可能性相对较大；反之，则可能性相对较小。

二是看行为人的行为在共同犯罪中的地位和作用。如果行为人的行为在共同犯罪中参与环节多，任务非常重要，则说明其相互间存在共同意思联络的可能性相对较大；反之，则可能性相对较小。

三是看行为人与共犯之间的行为习惯是否符合常理。比如，其行为是否诡秘、是否常用暗语或者隐语、是否经常语音通话，是否有多部手机或者多个号码，是否经常用别人的电话通话，是否经常使用呼叫转移；等等，如果这些情况经常出现，甚至频率较高，则说明其相互间共同意思联络的可能性相对较大；反之，则可能性相对较小。

四是看行为人本身是否有前科，尤其是有无与毒品相关的前科。如果有前科，而且是与毒品相关的前科，甚至是再犯、累犯、惯犯，则说明其相互间共同意思联络的可能性相对较大；反之，则可能性相对较小。

五是看行为人是否吸毒、是否接触涉毒之人。如果行为人本身吸毒，而且经常接触涉毒之人，则说明其相互间意思联络的可能性相对较大；反之，则可能性相对较小。

六是看行为人家庭状况、职业状况、经济来源是否正常，是否存在涉毒品犯罪的诱发因素等，如果存在，则说明其相互间意思联络的可能性相对较大；反之，则可能性相对较小。

通过上述多方面的把握，找到其与贩卖毒品意思联络的潜在可能性，结合已经发生的贩卖毒品行为结果，推定其相互之间是否可能存在贩毒的共同主观明知、共同主观意志，是否彼此形成了事实上或者默契或者心领神会的共同意志、共同故意，等等。即使上述情形从证据的因果关系上不能直接证明共犯之间明确、双向、全面的意思联络、共同意志、共同故意，也可通过对这些情形的了解、研究、综合研判，使侦查人员、法官、检察官对多个嫌疑人、被告人之间是否具有意思联络、共同意志、共同故意作出判断，形成内心确信。这对准确适用法律，做到罚当其罪，具有非常重要的积极作用。

（四）片面共犯在实践中的表现形式

从查办网络贩毒共同犯罪的司法实践看，片面共犯可以分为三种形式，即“片面帮助犯”“片面正犯”和“片面教唆犯”。

所谓“片面帮助犯”，是指在贩卖毒品正犯没有进行双向意思联络的情形下，行为人对促成毒品交易积极发挥辅助性帮助作用，如运送正犯前往交易地点，或为正犯交易遮挡望风，或为正犯提供联络工具、交易账户等行为。可以看出，即使双方没有进行犯意联络，但实施辅助行为的片面帮助犯在犯罪中的作用实则与普通共犯中的帮助犯基本一致，在量刑情节上亦应以从犯认定。

所谓“片面正犯”，是指在毒品贩卖者间没有进行双向意思联络的情形下，行为人帮助其实施联系交易、交付毒品、收取毒资等正犯行为，对促成毒品交易具有直接作用力、影响力。片面共犯与传统共犯的区别主要是共犯在心理因果性上的完整与否。传统共犯中，要求犯意是双向交流，每个共犯都知道他人与自己在共同实施犯罪行为，具有物理或心理上的支撑和助力；片面共犯中，部分共犯不知道存在其他人和自己共同实施犯罪行为，仅有片面共犯认识到与他人一同实施犯罪行为。对不知晓实情的共犯，其心理上没有共同犯罪引起的犯意强化和心理支撑；但对知晓实情的片面共犯而言，其足以获得共同犯罪的心理支持，以“部分行为、整体责任”对片面正犯定罪量刑符合共犯原理。

所谓“片面教唆犯”，是指在被教唆者不知存在教唆行为的情形下，行为人通过言语刺激等方式，引起被教唆者的犯意，从而实施贩卖毒品犯罪。片面教唆犯以潜移默化的方式引起被教唆者的犯意，让被教唆者在不自知的情形下成为他人帮凶。应当说，片面教唆犯的社会危害性甚至可能高于普通教唆犯。所以，刑法对教唆未成年人犯罪的从重规定亦应适用于片面教唆犯，以符合罪责刑相适应原则。然而，片面教唆犯在司法实践中比较罕见。事实上，受教唆犯罪的行为人不知自己受到他人教唆而犯罪的概率较小，即使存在，侦查人员也难以收集片面教唆犯单向犯意交流的证据，成案获判的概率不大。

二、承认共同行为非同时同地性，扩张承继共犯范围

所谓承继共犯，又称事中共犯，是指在前行为人实施部分行为后，后行为人基于意思联络参与进来，单独或者共同完成犯罪的情形。① 成立承继共同犯罪，在时空条件上是先行为人的行为已经开始但尚未终了，在主观条件上是相关的行为人具有共同实施犯罪的故意，在客观条件上是相关行为人的实行行为具有“共同性”。② 可以分为两种类型：一是先行行为还没有产生相应的结果或状态，后行为人完全承接了前行为人的实行行为，即“单线延长式行进”；二是先行行为还没有产生相应的结果或状态，后行为人与先行为人共同继续实施实行行为，即“双线缠绕式行进”。③ 前已述及，网络贩毒共同犯罪的超时空性，导致了在该类犯罪行为和犯罪类型中承继的共同犯罪大量存在。正是因为网络贩毒行为的超时空性、成链条性等特征，所以网络背景下各个共犯行为人的分工更细致，行为的链条性、阶段性、分散性更明显、专业性更强。如通过暗网贩毒，网络技术提供者不负责毒品交易，只负责为隐蔽毒品交易、虚拟支付提供网络平台；贩毒行为人如通过网络寄递渠道贩毒，则往往是毒品投寄者、运送者、接收者前后相继，各管一段，

---

① 陈洪兵：《以因果共犯论检视承继共犯的中国问题》，载《湖南大学学报（社会科学版）》2020 年第 6 期。

② 刘宪权、张娅娅：《承继共犯的刑事责任探讨》，载《政治与法律》2010 年第 2 期。

③ 马荣春：《承继共犯的成立：肯定说的新生》，载《东方法学》2015 年第 5 期。

这时共犯之间的行为往往不同步、不同时、不同地，时空间断性和跨越性非常明显。该种情形下，应该如何评价共犯之间的行为，或者说应当如何认定时空上前后链条性相继而不存在重合交叉但段段相接共同完成整个贩卖毒品行为的行为人的行为，在司法实践中往往存在争议。这就需要结合链条式贩毒的片段化、单向性特征进行综合判断，整体评价各个阶段的行为，以行为人的行为是否进入实质阶段来判定网络贩毒行为是否共同完成。也就是说，传统的承继共犯理论在应对新型的网络贩毒共同犯罪的时候，难免出现南橘北枳的不适之症。因此，需要对传统的承继共犯理论进行成立时空节点方面的“扩张”和责任承担方面的“修正”，以使其能够较好适应查处网络贩毒共同犯罪发展的现状。

（一）扩张承继共犯的价值取向论证

1. 网络社会背景的现实需要

刑法是反映社会发展变化的晴雨表，无论是刑事立法还是刑法解释，抑或刑法理论的发展，都会随着社会环境的变化和社会生活的变迁而不断发展变化。从刑法理论以及刑事立法的发展脉络来看，建立在社会契约论和自然法理论思想基础之上的前期旧派，是在反对封建刑法的干涉性、恣意性、身份性、残酷性过程中形成的；而新派则是在欧洲大陆特别是德国社会经济变化、犯罪学的发达的社会背景下，针对前期旧派无法解决的刑法问题而诞生的；后期旧派虽然与新派展开争论，但是其在19世纪40年代普鲁士国家主义背景下黑格尔学派的影响下已经与前期旧派具有了很大不同。及至当代刑法理论中，结果无价值论和行为无价值论之间的争论。[①] 这些变革都是对时代和社会的反应。同样地，我国刑事立法和刑法理论的发展，也与时代的脉搏一起跳动——从中华传统刑律文化到清末的巨变，从清末修律到陕甘宁边区刑法、再到1979年刑法和1997年刑法，从借鉴苏联的四要件理论到对四要件进行改造再到引介大陆法系的阶层理论——都与大政方针、社会现实需求、犯罪态势的变化等密切相关，醉驾入刑、侵犯公民个人信息罪设立等等，都是时代的产物。[②]

网络社会的到来，对传统的物理空间社会造成了极大冲击，也改变并将

---

① 张明楷：《刑法学》（上），法律出版社2021年版，第6—10页。

② 时延安、王熠珏：《中国刑法的现代化与理论建构——对四十年的历史回顾与反思》，载《中国刑事法杂志》2018年第3期。

继续深刻改变着人与人、人与自然的关系。同时，网络的发展，也带来很多全新的法律问题，对传统的刑法理论的适应性提出严峻挑战，而其“对刑法的真正挑战在于：如何将传统刑法理论适用于新型网络犯罪”。① 毕竟，互联网时代开辟出的网络空间，极大地改变了物理世界的时空关系和社会关系，不但可能使刑法学发展出新理论，也可能修正传统的理论学说；② 而且，这些对刑法理论的影响是全方位的，既包括对国内刑法理论的影响，也包括对域外、国外的刑法理论的影响。

众所周知，承继共犯源于德日刑法理论，晚近时代我国才将其引入刑法领域进行研究。③ 对于该理论，需要正视两个方面的问题：一是关于引进和本土化的问题。引进先进理论对实践问题进行解决，是一条科学的道路，共同的文明成果应当吸纳借鉴。但是，我们又不能照抄照搬，在以世界性为指引学习借鉴外国刑法理论的时候，更要以民族性为本位，结合我国实际，“对外国刑法理论加以改造与变通，使之适用于我国”④。二是关于理论的生成背景与其适应性的问题。毫无疑问，承继共犯理论是在传统的物理空间社会条件下产生的，主要用于解决的是传统物理空间条件下，先行为人实施了一部分构成要件该当行为之后，后行为人认识到该事实并参与之后的构成要件该当行为的，对于后行为人应当如何追究其罪责的问题。⑤ 随着网络社会的到来，原有的产生于物理空间的刑法理论需要更新或者完善——承继共犯理论也不例外。前已述及，在网络贩毒共同犯罪中，共同行为的分散性、成链条性等，给传统的承继共犯理论也带来挑战，严格依据传统的承继共犯理论已经难以有效解决网络贩毒共同犯罪的链条性问题。对其进行进一步的发展完善，已经成为亟待解决的问题。

2. 解释理论角度的可行分析

刑法条文的真实含义只能在生活事实中被发现，社会的变迁也必然导致法条含义的变迁。刑法解释者也要因应不断变化的社会生活，对刑法条文作

---

① 刘艳红：《刑法理论因应时代发展需处理好五种关系》，载《东方法学》2020年第2期。

② 刘艳红：《网络犯罪的刑法解释空间向度研究》，载《中国法学》2019年第6期。

③ 任海涛：《承继帮助犯研究》，载《中国刑事法杂志》2008年第2期。

④ 张明楷：《中国刑法学的发展方向》，载《中国社会科学评价》2022年第2期。

⑤ ［日］桥爪隆：《论承继的共犯》，王昭武译，载《法律科学（西北政法大学学报）》2018年第2期。

出适应当下的社会需要、适应保护法益和保障人权需要的解释。[①] 对产生于物理空间条件下的承继共犯理论进行解释，也必须与时俱进，使其符合网络社会背景下的现实需要，这是自不待言的。

前已述及，网络贩毒共同犯罪已经具有了许多与传统的物理空间的贩卖毒品共同犯罪截然不同的特点。如借助网络工具进行贩毒联系，借助网站平台等进行贩毒信息发布，利用虚拟的地址、人名、身份等进行联络交流；贩卖的链条越来越长，常常借助快递、物流等进行毒品转运，甚至故意设置诸多的转运环节，利用不知情者增加毒品转运的次数，隔断贩卖毒品过程具有故意行为的行为人之间主观上和客观上的接续性；甚至会介入人工智能、机器人等进行毒品的转运、交接等，切断作为犯罪主体的行为人之间的接触和意思联络。然而，传统的承继共犯理论又认为，成立承继的共同犯罪在主观上先后的行为人之间需要具有共同实行犯罪的意思，甚至有观点指出先行为人和后行为人之间要相互认识到他们之间是一起实行犯罪行为的；[②] 在成立的客观行为上，先行为人的行为与后行为人之间的行为具有无缝对接的接续性；在成立的因果关系上，先行为人的行为和后行为人的行为共同引起了危害结果的发生。但是，在网络空间背景下，行为人之间的意思联络不再像物理空间中那样明确；先行为人与后行为人之间的实行行为也常常被中断；先后相继的行为人之间与危害结果之间的因果关系也被冲淡。

对此，刑法理论研究提出了具体的应对措施，对相关的理论学说进行了与时俱进的更新完善。在犯意联络方面，不再强调意思联络的明确性、双向性或者全面性，而是承认片面共犯[③]；网络贩毒共同犯罪的不同环节人员之间往往互不相识，或者即使认识，相互之间由于前述各种原因往往也没有明确的意思联络，事实上也并不要求各共同犯罪人之间相互认识相互联络，即共同犯罪的一方并不需要另一方姓甚名谁，以帮助犯和正犯为例，前者并不需要后者的具体信息，“只要知道正犯在实施符合构成要件的不法行为即可”[④]。在客观行为方面，网络社会背景下的中立行为、第三方平台的行为，甚至是人工智能或者机器人的行为被行为人广泛利用，贩毒行为被肢解成多

---

① 张明楷：《刑法学》（上），法律出版社 2021 年版，第 34 页。

② 钊作俊、王燕玲：《承继共同正犯：意义、类别与学说对立》，载《法律科学（西北政法学院学报）》2008 年第 2 期。

③ 关于片面共犯，文章中已有较为详细的论述，在此不再赘述。

④ 张明楷：《网络时代的刑事立法》，载《法律科学（西北政法大学学报）》2017 年第13 期。

个行为段，成链条状链接在一起，该种情形下不能再苛求先后行为人之间形成紧密或者说物理上的行为的接替关系；承继共犯研究者以抢劫罪为例指出，对于先后的行为人而言，即使后参与的行为人并没有亲自实施暴力行为，在另一个共同行为人引起的压制对方反抗的状态下，完全可以从价值、规范的意义上视为先行为人和后行为人共同实施了抢劫行为[①]。在因果关系方面，刑法理论指出，在承继共犯中，应当缓和共犯因果性的内容，即不是要求行为人与所有构成要件事实之间均存在刑法上的因果关系，[②] 而是只要行为人的行为与构成要件结果之间存在刑法上的因果关系即可；特别是对于共犯人而言，不能苛责地要求其与单独犯的要求一样与所有的构成要件该当事实之间都存在刑法上的因果关系，而是只要共犯人以正犯的构成要件该当行为为媒介，对于危害结果的发生具有刑法上的因果关系即可。[③] 以上关于犯意联络、客观行为、因果关系的论述，完全可以应用于对承继共犯相关问题的解决上，即对承继共犯进行“扩张”，使其能够有效解决网络贩毒共同犯罪中共同行为方面面临的难题。

（二）扩张承继共犯的具体内容阐释

关于承继共犯成立的时空节点，或者说承继共犯在前行为人实施犯罪行为的何种时空条件下加入其中，才能认定为后行为人的行为成立承继共犯？——这里讨论的问题是针对“即成犯”而言，对于“状态犯”“持续犯”，在这个问题上则不存在争议。对“即成犯”这种情况，理论上存在不同的观点。一种观点认为，应当采取“实质性终了”的理论。所谓“实质性终了”，指的是犯罪结果得到了保障。德国的主流观点认为，只要后行为人在前行为人的行为尚未实质性终了前参与进来，就可以称为承继的共犯。[④] 以盗窃罪为例，前行为人将围墙内的财物盗窃至围墙外之后，将财物藏匿在附近，按照盗窃罪既遂的标准“控制说”来看，前行为人的行为已经犯罪既遂。之后，前行为人要求后行为人将藏匿的财物取走后，前行为人确保了自己的犯罪所得、彻底实现了非法占有目的，才能认定为“实质性

---

① 郑泽善：《论承继共犯》，载《法治研究》2014 年第 5 期。

② 刘润泽：《论中途加入型共犯人的刑事责任——基于结果二分说的分析》，载《河南财经政法大学学报》2021 年第 6 期。

③ ［日］桥爪隆：《论承继的共犯》，王昭武译，载《法律科学》2018 年第 2 期。

④ 于冲、赵小涵：《电信网络诈骗帮助取款行为刑事责任评价》，载《常州大学学报（社会科学版）》2021 年第 5 期。

终了”。该种情形下，后行为人的行为依然成立承继共犯，构成前行为人盗窃罪的帮助犯。另一种观点认为，应当采取“犯罪既遂”理论，即后行为人只有在前行为人的犯罪既遂之前介入前行为人的犯罪过程的，才符合成立承继共犯的时空条件。“实质性终了”说存在“实质性终了”这一概念本身不明确、人身权利犯罪和财产权利犯罪观点不协调、“正犯者的认识和意志”不明确、具有浓厚的主观主义色彩等弊端，因此，应当采取“犯罪既遂说”的观点。[①] 以前述的前行为人将财物盗窃至围墙外并藏匿于附近的案例为例，后行为人只有在前行为人将财物盗窃至围墙外这一时空节点前，参与到前行为人的盗窃行为中的，才符合成立承继共犯的时空条件。刑法理论的多数观点认为，应当采取“犯罪既遂说”观点。[②]

但是，可以看到，前述的关于承继共犯成立的时空节点问题的讨论，均是以传统的物理空间条件为前提背景进行叙事展开的。将前述观点直接运用到网络贩毒共同犯罪过程中会出现难以解决的网络贩毒共同犯罪的“超时空性”“链条性”等难题，会缩小对部分行为人的打击范围，使部分行为人逍遥法外而得不到应有的惩罚。因此，应当对形成于传统的物理空间状态下的承继共犯理论进行适度“扩张”，以使其能够适应网络社会背景下打击贩毒不法分子的需要。

1. 承继时空范围上的“扩张”

形成于传统物理空间的承继共犯理论，要求承继共犯的成立在时空条件上需要满足先行为人的行为已经开始但还没有终了。对于承继共犯成立的时空节点界限，虽然在理论上存在“犯罪既遂说”与“实质性终了说”的争论，但实质都要求后者的介入必须在前者的犯罪行为存续期间。如此的条件要求，对于传统的物理空间的犯罪而言，并不存在认定上的难题。但对于网络贩毒行为而言，其超时空性的特征，使得传统理论对时空条件的要求不能将所有犯罪参与人纳入刑罚惩处的视野。为应对网络贩毒行为的超时空性，需要对传统的承继共犯的时空范围进行适度扩张：

一方面，在承继的时间上，应当把先后行为的时间对接性拉长，不必要求先行为人刚刚实施了一部分行为后行为人就加入与前行为人形成时间上的

---

① 张明楷：《刑法学》（上），法律出版社 2021 年版，第 584—585 页。

② 郑泽善：《论承继共犯》，载《法治研究》2014 年第 5 期；张明楷：《刑法学》（上），法律出版社 2021 年版，第 584—585 页。

无缝对接，而是应当承认先行为人和后行为人之间时间上的长时间间隔性。只要后行为人承继到前行为人的犯罪行为中时，前行为人的犯罪行为尚未完成，或者说前行为人的犯罪行为尚未达到既遂状态，而不论前后两个行为之间间隔的时间有多久，都应当认为符合承继共犯的时间条件。例如，A、B将贩卖毒品的信息交给C在网络上进行发布，C在收到信息后并没有及时发布，而是在较长的一段时间之后发布了贩卖毒品的信息，该种情形下A、B的行为和C之间在实践中存在较长时间的空当，甚至出现A、B一直没有等到C发布贩毒消息而忘记了尚有这样的事情存在的情况，但并不影响C与A、B形成承继的共犯。

另一方面，在承继的空间上，应当将行为的空间性扩大，不必要求后行为人承继先行为人的犯罪行为时与先行为人处于同一物理空间，而是应当承认先行为人和后行为人实施犯罪行为时可以“跨越万里”。比如，贩毒者甲在西南某省将毒品包装好后交给不知情的快递人员，经过层层转移邮递后毒品到了中部某省，中间的承接人乙接到毒品后将毒品进行分包后，将其中部分毒品通过邮寄方式寄给在东北某省的丙，丙接到毒品后得知甲在贩卖毒品，但依然将毒品转交给买家，完成最终的毒品交易，该种情形下，丙和甲的行为在空间上相隔甚远，但依然应当认定丙与甲成立承继的共犯。也就是说，在网络共同贩毒的情形下，不管先行为人和后行为人在时间上是否存在空当、在空间上是否存在隔离，只要是两者接续完成了贩毒行为，都应当承认承继共犯的成立，按照承继共犯对两者进行处罚。

这里需要说明的是，上述案例中关于承继共犯时间和空间角度的“扩张”，是从“注意规定”的角度对理论研究和司法实践的“提醒”，并不是从“法律拟制”的角度将不符合承继共犯情况的事实拟制成承继共犯，并不是在实质的层面对不符合时空条件的承继共犯的无限扩张，目的在于提示而非修正。从这个角度而言，将上述情形的案例作为“提醒”而提示相关人员要从扩张的角度对时空的间隔性进行扩张性考量，也未尝不可。

2. 承继行为关联上的“扩张”

传统的承继共犯理论认为，先行为人和后行为人在实施犯罪行为时，两者在主观上应当具有共同故意，在客观行为上应当共同实施犯罪行为或者两者的行为之间形成一种没有中断的接续。但是，网络贩毒共同犯罪中，网络的匿名化、贩毒行为的链条化、犯意联络的单向性和接续性等，导致了贩毒行为被分割成多段，多人接续参与其中。此时，应当对传统的承继共犯的主观故意和客观行为进行适度“扩张”。

首先，在承继行为的意思联络方面，先行为人和后行为人之间会出现多人进行连接，甚至有的中间连接人可能是被蒙蔽而不成立犯罪的人，此时不可避免地出现最后实施实行行为的人只与其上家具有共同贩卖毒品的意思联络，与其上家的上家以及实施犯罪行为源头的人并没有联系，甚至都不知道其上家之外的人的存在。此时，依然应当认定先行为人与后行为人成立承继共犯，当然其成立是借助于中间人的层层连接，不能因为两者之间没有直接的意思联络和共同犯罪故意而否认承继共犯的成立。

其次，在承继行为的客观实施方面，先行为人的行为和后行为人的行为之间，可能被无数的环节切断。比如，行为人 A 将贩毒信息交给 B 在网络平台上发布，购毒者看到信息后联系 B 购买毒品，A 则安排人员骗过快递人员进行跨省寄递，毒品到达目的地后 C、D、E、F 四人采取将毒品放置在某一地后再告知下一个人去拿毒品，最终交到购毒人手里。此时 A 与 F 的行为之间并不存在直接的连接性，但是不能因此而否认承继共犯的成立。也就是说，在网络贩毒共同犯罪的情况下，先行为人的行为和后行为人的行为之间可能并不存在直接的关联度，两个行为之间可能存在无数个被分割成段的行为，甚至夹杂着不构成犯罪的行为，但是不能因此而否认两者之间共同完成贩毒行为的事实。

（三）扩张承继共犯的责任承担范围

关于承继共犯的责任承担，理论上存在不同观点。全面肯定说认为，后行为人也应全面承担与前行为人同样的责任，即后行为人应对前行为人的行为及其结果承担责任。[①] 限制肯定说认为，后行为人对前行为引起的状态或者效果存在认识并积极加以利用的，对前行为人的行为也应承担责任。[②] 全面否定说认为，后行为人的参与和前行为人已经造成的损害之间没有因果关系，其能够支配的只能是其参与之后的犯罪事实。[③] 上述观点看似具有各自的合理性，实质上均有自己明显的缺陷。因此，可以考虑吸收上述几种学说

① 陈洪兵：《以因果共犯论检视承继共犯的中国问题》，载《湖南大学学报（社会科学版）》2020 年第 6 期。

② ［日］佐伯仁志：《刑法总论的思之道·乐之道》，于佳佳译，中国政法大学出版社 2017 年版，第 323 页。

③ 周光权：《刑法总论》，中国人民大学出版社 2021 年版，第 349—350 页。

的合理因素。在司法实践中，按照主客观相统一原则，实事求是认定后行为人的行为性质和触犯的罪名，并综合考虑其利用前行为带来的客观便利和后行为本身的社会危害性，按照实际行为性质和触犯的罪名认定处罚。如果后行为人的加入共同完成了前行为人触犯的罪名，则和前行为人一起共同适用该罪名据实处罚；如果前行为实质已经完成，其利用的仅是前行为的客观效果和实际影响，则按照后行为人行为的性质认定处罚，但其利用前行为的效果和影响的行为应作为一个从重情节，在处罚时予以体现。这实质上是一种完善后的新型限制肯定说（以下简称“新说”）。

1. 三种学说均有各自明显的缺陷

全面肯定说认为，后行为人应与前行为人共同对前行为及其结果承担责任。这种说法貌似有一定合理性，但实质上明显不符合主客观相统一原则、不符合罪责自负原则，当然也不符合因果共犯论原理。限制肯定说认为，后行为人虽然不承继前行为已经造成的各种危害结果，但如果认识并积极利用了前行为所引起的状态或者效果的，则在该限度内成立共犯。该说将利用前行为形成的状态或者效果等同于引起了该状态或者效果，同样不符合主客观相统一原则和罪责自负原则，不符合因果共犯论原理。全面否定说则认为，后行为人仅对参与之后的行为和结果负责，而不对前行为人已经引起的结果或者状态、效果承担刑事责任。该说简单按照法律构成和原理来分析和解决问题，看似符合主客观相统一原则、罪责自负原则，也与因果共犯论相契合，但其中最大的问题在于，割裂了前后两个行为的联系，否认了前行为形成的状态或者效果对后行为实施创造的条件，实际上也是否认了其中一定程度的因果关系和实事求是原则，因而该说也有明显的缺陷。

2. “新说”符合主客观相统一的原则

首先，前行为是前行为人行为导致的结果，理应由前行为人单独承担责任，这既符合主客观相统一原则、罪责自负原则，也符合因果共犯论原理。其次，后行为人应对自己的全部行为负责，这既包括其实施的犯罪行为，也包括其利用前行为形成的状态或者效果对后行为实施创造的客观条件，两方面共同作用的结果，才客观上导致了后犯罪行为较同类犯罪更为顺利、便捷地实施。最后，前行为人实施的行为在实践中可能既包含前行为，也包含后行为，也可能只实施了前行为，后行为人只是实施了后面的行为，但利用了前行为形成的状态或者效果对后行为实施创造的客观条件，前后两个行为人的行为必须坚持实事求是、客观公正、联系起来辩证看待，前行为人在其行为已经实施完毕，即将摘取“胜利果实”的情况下，仍然大方让后行为人介入进来，并让后行为人利用前行为形成的状态或者效果实施后行为，必然有前行为人的考量和担心，要么前行为人和后行为人系熟人，甚至是好友，要么不是熟人但担心后行为人因其看到前行为人的犯罪行为，而泄密、告发、举报故意给后行为人的封口费、好处费。如果前后两个行为是独立的犯罪行为，可以独立认定其罪名，则前行为人应对两个行为负责，如果构成两个不同的罪名，则数罪并罚，如果构成同种罪名，则合并处罚；后行为人和前行为人共同对后行为负责，与前行为人构成共同犯罪，按照后罪名定罪处罚，但要考虑前行为为后行为人带来的好处和便利条件，在对后行为人定罪量刑时应根据获利的具体情况从重处罚。如果前后两个行为不构成两个独立的罪名，而是同一个罪名内的两个不同环节的具体行为，则前行为人构成犯罪，后行为人只对其参与的行为承担责任，如追缴非法所得，相关部门按照他的实际行为危害性给予相应的处理。

3. “新说”有利于解决实践中的问题

在链条式网络贩毒共同犯罪中，由于各共犯参与的时间段和犯意交流的内容不同，共犯行为分散往往呈现片段化特征。后续不同行为人在不同时间段加入进来后应该如何处理，在实践中往往容易引发争议。如果适用承继共犯“新说”，则可依据其主观认识和客观行为，对后行为人承继的时间、范围、效果，并结合其参与进来后的行为结果综合分析研判，实事求是定罪量刑。以前述 B、C、D、E、F、G、H、M、N、O、P 等人共同贩卖毒品、抢劫案为例。该案中，被告人 F 在 E 与 A 达成毒品交易后才加入贩卖毒品犯罪，并实施了指挥交付毒品、收取毒资等贩卖毒品的正犯行为。所以 F 的行为应认定为承继共同正犯，对其加入贩卖毒品犯罪后的整体贩毒行为负责。在被告人 E、F、G、H 等人准备毒品过程中，被告人 M、N 到达准备毒品的房间，见状提出利用此次毒品交易抢回毒品获利，M、N 等人主观上虽没有直接参与贩卖毒品的共谋和实行行为，不应对贩卖毒品行为承担责任，但 M、N 清楚知道 E、F、G、H 等人在贩卖毒品，而且在其准备毒品时明确提出交易完成后抢回来，其主观恶性显然比单独的抢劫犯罪更大，此时 M、N 对 E 等人贩卖毒品的行为承继的是贩卖毒品行为完成后的影响和效果。因此，M、N 利用前行为形成的贩卖毒品结果实施抢劫，应作为一个情节综合考虑。所以，对 M、N 以抢劫罪认定并从重处罚具有合理性和可行性。如果抢劫完成之后，M、N 又将抢来的毒品拿去贩卖，交易过程中，M、N 又安排被告人甲到毒品大买家乙处充当人质，以博取买家乙的信任。甲在贩卖毒品的整体行为中，没有实施联系交易、交付毒品、收取毒资等正犯行为，而是以充当人质这一帮助行为，促成贩卖毒品行为的顺利完成。毫无疑问，甲的行为对犯罪后果具有一定影响力、作用力，但在共同犯罪中仅起到辅助性、补充性作用，因此，甲的行为以贩卖毒品的承继帮助犯（从犯）认定是适宜的。如果M、N在和毒品买家乙交割毒品过程中，被丙发现，M、N担心丙泄密甚至告发，故分给丙一部分毒资，或者和丙一道把毒资存入丙提供的银行账户。如果丙仅仅是分得了一部分毒资，则丙获得的毒资应当追缴，并相应受到其他适格处罚或道德谴责；如果丙提供银行账户和M、N一道把毒资存入银行，其存入银行的行为构成洗钱罪，丙和M、N共同对洗钱行为负责，构成共同犯罪。M、N独立完成了贩卖毒品的行为，又和丙共同完成了洗钱行为，应当以贩卖毒品罪和洗钱罪数罪并罚；丙明知存入银行的钱是M、N贩卖毒品的收益，却仍然和M、N一道将毒资存入自己提供的银行账户，构成洗钱罪的共犯，从重处罚。

4. “新说”有利于平衡各方利益诉求

第一，从依法维护国家法律权威来看，如果明知前行为是犯罪行为而积极利用其结果产生的影响和客观效果实施新的违法甚至犯罪行为，公安、司法机关对后行为人没有任何态度而放任自流不受到相应的法律追究，必然有损法律权威和司法形象。第二，从后行为人的行为性质来看，后行为人利用前行为形成的状态或者效果实施的行为，无论其是独立一般行为，还是构成违法乃至犯罪行为，都是有社会危害性的行为，都应当受到相应的处罚，这种处罚可以根据其在案件中作用发挥的大小，有的受到刑罚处罚，有的受到治安处罚，有的被追缴违法所得，有的受到纪律处分，有的受到道德谴责等。第三，从保护相应的合法权益来看，任何犯罪行为都会不同程度地侵害不同群体的合法权益，依法对这类行为作出适格的处理，既有助于抚慰特定的受害人，也有助于使不特定的人群免受类似侵害。第四，从维护社会大众普遍认可的道德观来看，无论是贩卖毒品犯罪的实行犯，还是帮助犯、教唆犯，都是应当受到道德良知谴责的行为，这对营造良好的社会风气至关重要。

三、更新共同犯罪基本理念，优化共犯认定方法

（一）更新共同犯罪基本理念的时代背景

前已述及，目前奉为圭臬的刑事立法和刑法理论，均产生于传统的物理

空间社会，是基于非网络化社会背景和生活事实而进行的立法和理论建构。当然，也并不是主张推翻现有的刑事立法来制定网络社会的刑事立法，或者抛弃现有的刑法理论而构建网络社会的一套体系，而是说传统的刑事立法和刑法理论，应当与时俱进进行迭代升级，以适应不断变化的社会生活需要。

1. 传统共同犯罪理念的弊端透视

一方面，传统的共同犯罪理论诞生于物理空间社会，对网络社会背景下共同犯罪形式的变化并没有十分充足的关注，甚至有些“裹足不前”的滞后性，以至于在应对网络贩毒共同犯罪时“心有余力不足”。特别是在网络空间条件下，贩毒分子极力运用网络的超时空性、虚拟性等特点，在千方百计将犯罪成果扩大化的同时，也在极力避免被公安、司法机关查处。传统的共同犯罪理论，在应对“人与人”物理性联系并实施贩卖毒品犯罪时，无疑具有较大的适应性。在主观意思联络方面，能够根据“坐在一起”相互协商而确定意思联络的有无；在客观行为方面，能够依据肉眼可见的物理性的相互帮助完成贩卖毒品的行为，认定行为人的行为与危害结果之间的因果性。然而，贩毒分子充分借助网络手段后，这一切都在悄无声息或轰轰烈烈地发生变化，意思联络由较为“明显”转为越来越隐蔽，多方向多节点或者至少是双向的意思联络逐渐走向单向化；共同行为也突破时空限制，由集中完成贩卖毒品行为走向链条化、分散化。面对这些新情况，传统的共同犯罪理论对主观意思联络和客观不法行为的解释力，均难言能够胜任。另一方面，传统的共同犯罪理论源于苏联的刑法理论，具有较为鲜明的时代烙印，并且夹杂着一些政治因素的考量和意识形态的因素。当然，不可否认，源于苏联的刑法理论包括共同犯罪理论，对有效打击犯罪的司法实践和理论研究不断向前发展发挥了不可磨灭的作用，在我国早期的法治建设中功不可没。但是，这一传统的理论在面对不断发展的社会变革和日趋复杂的共同犯罪时，却不断暴露出自身的缺陷，整体性认定共同犯罪、不区分不法与责任、不分别考察行为与结果之间的因果性等弊端，[①] 导致其应对或者说适应复杂化的共同犯罪特别是网络背景下的共同犯罪的能力不断受到挑战。

2. 网络社会共犯理念的时代新生

社会的发展进步不断刷新人们的生产生活方式，犯罪的手段和形式也随着社会的发展而不断演进。在网络社会背景下，贩卖毒品共同犯罪的主观意

① 张明楷：《刑法学》（上），法律出版社 2021 年版，第 494 页。

思联络和客观行为方式都在经历着历史性的变革。以解决社会现实问题为目标的刑法理论，也需要因应时代的变动而进化升级，对现实社会的难题给出令人比较满意的答案。贩卖毒品共同犯罪的网络化发展，带来的犯意联络环节简化、犯意联络人员减少、犯意联络隐蔽性增强等一系列主观难题，以及共同行为环节繁杂、共同人员增多、共同行为复杂多样等客观难题，成为推动共同犯罪理论不断增强适应性的“双核动力”，催生着共同犯罪的理念与时代同频共振，不断进行更新。与其说更新共同犯罪的理念以解决网络贩毒共同犯罪认定的主观意思联络和客观行为认定难题，毋宁说是网络社会时代到来所发生的新情况新问题呼唤着共同犯罪理念的更新，以理论更新适应时代发展需要以解决社会现实提出的时代之问。

（二）优化共同犯罪认定方法的具体内容

前述论及，网络贩毒共同犯罪的出现，使得传统的共同犯罪理论在对其进行规制时出现了诸多的不适应症。对此，本书提出采取片面共犯论以解决主观认定难题、扩张承继共犯论以解决客观行为认定难题的思路，然而在此给人的印象是这两个角度的破解路径，并不能全部解决前述的所有问题。对此，可以进一步对共同犯罪的理念和认定方法进行优化，以较为完善地解决司法实践中面临的难题。

1. “共同犯罪”的文义新解

关于共同犯罪的概念，或者说对“共同犯罪”的理解，传统刑法理论认为这里的“犯罪”的词性是一个名词性质的词语。这里的“共同”是修饰“犯罪”这一名词的形容词，进而认为“共同犯罪”就是指“共同的犯罪”或者“相同的犯罪”。如此理解“共同犯罪”这一用语，当然的逻辑结论就是认为刑法规定的共同犯罪的成立，要求二人以上达到刑事责任年龄、具有刑事责任能力，二人以上客观上实施相同的行为、主观上具有相同的故意、结果上触犯了相同的罪名。[①] 这种理解，导致对共同犯罪的认定标准非常高，当然，在一定程度上也与物理空间的共同犯罪相适应，但是毫无疑问对网络背景下的贩卖毒品共同犯罪的认定却带来了极大困难，使得一些网络贩毒共同犯罪不能被认定为共同犯罪而无法定罪，或者不能将全部责任归责到行为人头上而实现罚当其罪。

---

① 高铭暄、马克昌主编：《刑法学》，北京大学出版社、高等教育出版社 2022 年版，第 162—164 页。

面对网络社会的复杂性现实对传统共同犯罪理论解释力的瓦解，有必要及时更新对传统理论的解读。对于“共同犯罪”这一用语来说，完全可以对其进行另辟蹊径的诠释，将“犯罪”一词的词性认定为动词，将“共同”一词的词性认定为副词，进而将“共同犯罪”一词解读为二人以上“共同在犯罪”。[①] 如此，便可以认定“共同犯罪”是二人以上一起去制造违法事实，并不要求二人以上的主体客观行为相同、主观故意相同、触犯的罪名相同。以此为逻辑起点，或者说作为论证的前提，可以看到共同犯罪的成立可以是二人以上实施不同的客观行为、具有不同的主观故意、触犯不同的刑法罪名，从而有利于在网络社会背景下对贩卖毒品共同犯罪进行规制。

2. 意思联络的采纳运用

针对主观意思联络的难题，采取片面共犯论能够较好地进行解决，特别是能够较为完美地解决意思联络的单向性问题，当然也在一定程度上有利于解决共同认识对象不一致、程度不统一、范围不相同，以及模糊性、单向性等问题。但是，如果侧重于从形式的角度进行考量，难免给人的感觉是片面共犯理论的采纳运用只是“片面性”地解决了意思联络的单向性问题，而其对于共同认识因素的认识对象不一致、程度不统一、范围不相同以及模糊性、单向性等问题并不能“一揽子”予以解决。对此，在对“共同犯罪”这一术语进行重新解读的基础上，可以发现，共同犯罪的成立并不需要二人以上的行为主体具有“共同的故意”，只需考察该二人以上的主体是否具有意思联络即可——当然，对共同犯罪的判断是先进行违法阶层的判断，看二人以上的主体是否一起制造了违法事实。如果行为人甲和乙一起制造了违法事实，且主观上具有意思联络，就应当将危害结果归责于甲乙二人。也就是说，在共同犯罪成立的主观构成要件方面，就不必再纠结于二人以上的行为主体的认识对象是否一致、认识程度是否统一、认识的范围是否相同以及认识的清晰与否等问题，只需查明或者说在刑法理论上只需要行为主体之间具有意思联络、具有共同参与的意识，就具备了认定行为人之间构成共同犯罪的主观要件；也不必纠结于这种意思联络是单向的还是双向的，抑或多对一或一对多的问题，因为网络社会背景下的意思联络很多时候是“线性的串

① 张明楷：《刑法学》（上），法律出版社2021年版，第496页。

联”,[①]“只要明确各犯罪分子之间的意思联络的真实性、有效性”即可;[②]并且，对意思联络有无的判断也应当有别于传统物理空间的意思联络要求和认定，完全可以通过“针对共同性的未必故意”和“通过符号语言的意思联络”对意思联络进行进一步的缓和化处理。[③] 需要进一步说明的是，这里的意思联络也就是参与意识，是指行为人意识到自己在参与他人的违法事实，意思联络即参与意识而不等于犯罪故意，两者是不容混淆的不同的概念。传统共同犯罪理论之所以认为成立共同犯罪要求具有相同的犯罪故意，是因为将参与意识和犯罪故意进行了混淆。可见，要求二人以上的行为主体认识上的一致性或者相同性，是传统的共同犯罪理论的要求，将传统的共同犯罪理论中的主观故意以意思联络进行替代性置换，这一困扰共同犯罪认定的“共同认识因素和共同意志因素”可以得到很好解决。

3. 客观行为的因果归责

将“共同犯罪”解读为二人以上“共同去犯罪”，在主观方面不要求二人以上的行为人具有共同故意的同时，在客观行为上也不再要求二人以上的行为主体在客观行为上的一致性、相同性。也就是说，在客观行为方面，二人以上的行为主体构成共同犯罪，并不要求行为人的行为相同，只是要求行为人在客观行为方面有参与行为即可，行为之间具有相互协作的关系和对危害结果发生的贡献。二人以上的行为主体，通过客观的参与行为，连带性地制造了违法事实。不同的行为人实施链条性的不同行为，网络犯罪行为分工细化、去中心化、链条化,[④] 有的甚至看起来像是中立的帮助行为。这些行为相互联系在一起，共同为贩卖毒品危害结果的实现作出“贡献”，这在网络贩毒共同犯罪中表现得尤为突出。比如，贩毒信息的发布者，只是通过网络“孤立地”发布了一条信息，其本身并没有毒品也不负责运送、收钱等，但是却对贩卖毒品行为的完成起到作用；再如，在他人实施贩卖毒品行为时，通过遥控无人机对现场情况进行查看为实施贩卖毒品行为的人进行望风，其行为本身并不符合贩卖毒品罪的构成要件，甚至也没有在物理层面对

---

① 白海娟：《论共同犯罪理论的网络异化》，载《广西警察学院学报》2018 年第 4 期。

② 张阳、刚婉：《论网络共同犯罪的认定——一起假淘宝网诈骗案引发的思考》，载《云南大学学报（法学版）》2014 年第 5 期。

③ 吕翰岳：《互联网共同犯罪中的意思联络》，载《法学评论》2017 年第 2 期。

④ 喻海松：《网络犯罪形态的碎片化与刑事治理的体系化》，载《法律科学（西北政法大学学报）》2022 年第 3 期。

贩卖毒品罪的完成起到帮助作用。但是，对于这些分散的行为，他们共同参与到了引起危害结果发生的违法事实之中，相互协作共同为危害结果的发生提供了原因力——有些是物理上的原因力，有些是心理上的原因力。也就是说，无须再考虑行为人的具体行为是否相同或者在多大程度上相同，只需考察行为人是否实施了参与行为，参与行为本身是否对危害结果的发生具有物理上或心理上的因果关系。如此，即使面对网络社会背景下纷繁复杂的贩卖毒品共同犯罪，以及各参与人千姿百态的各种行为，也能抓住“参与性”的本质和“因果性”的核心，正视网络犯罪参与行为由金字塔式的阶层犯罪参与向链式的扁平化犯罪参与结构的转变所带来的行为共同性的消解这一事实，[①] 跳出相同的客观行为的枷锁，较为顺利地解决网络贩毒共同犯罪的客观行为归责问题，为承继共犯理论的运用提供有益补充。

刑法诞生于没有网络的时代，近代世界各国的刑事立法和刑法理论的形成时期，亦处于没有网络的时代；可以说，两者均形成于物理空间时代。但是，时代的车轮滚滚向前，刑事立法和刑法理论作为社会治理的重要手段和工具，理应与时俱进，因应时代的发展而不断发展完善。网络社会的新特点，对传统刑事立法和刑法理论的更新提出了挑战，更发出了适应性的呐喊。网络贩毒共同犯罪作为网络社会背景下的一种犯罪类型，也在期待着传统刑事立法和刑法理论的更新。网络贩毒共同犯罪司法认定问题，是一个十分复杂的重大课题，涉及侦查的技术和水平、公安司法人员的理念素质、刑事立法的应对、刑法理论的更新等方方面面；然而，技术问题和理念素质的问题，需要在刑法理论研究之外予以关照，刑法研究领域需要解决的问题应当是刑法范畴之内的命题。

在刑法研究的叙事中，网络贩毒共同犯罪司法适用的难题主要表现在共同意志弱化、共同行为分散导致的网络贩毒共同故意认定难、共同行为判定难。这些难题给理论研究提供了样本，在一定程度上引起了理论界的关注，而真正令人困扰的则是在实务界的纷争不断，给司法实务认定事实、适用法律带来了极大困难。对于这些难题，需要置身于网络社会这一宏大背景中，通过实证数据和实践案例对理论的不足和实践的难题进行类型化分析，找出导致这些难题出现的真正原因。可以看到，导致难题出现的原因主要在于意

---

① 王肃之：《论网络犯罪参与行为的正犯性——基于帮助信息网络犯罪活动罪的反思》，载《比较法研究》2020 年第 1 期。

思联络的模糊、单向、片面，然而却没有普遍承认片面共犯理论；共同行为呈链条状发展，前行为与后行为之间往往不存在物理空间上的接续，前行为人与后行为人之间往往被无数的环节阻隔，甚至被无犯罪意识的人或者人工智能机器人阻断，然而承继的共犯理论却没有发挥出应有的作用。对此，通过弱化意思联络的“明确、双向、全面”等传统属性，采用片面共犯论，有利于解决一直以来关于共同犯罪意思联络难以认定的争论，通过采纳意思联络即参与意识的概念来解决共同犯罪的认识问题；通过承认共同行为非同时、同地性，扩张承继共犯论，有利于解决行为网络化、片段化导致的共同行为难以判定的挑战，通过纠偏共同犯罪客观行为的本质在于参与性和协作性来解决客观行为认定中的“不相同”“不一致”问题。诚然，上述针对网络贩毒共同犯罪司法适用难题的破解之策，并不能一劳永逸地解决现有适用困难的所有问题，毕竟这些问题的解决是一个系统工程，需要人财物的投入、刑事程序法和刑事实体法的一体运用、侦查手段的突破和人员素质的提升等共同发力。但不可否认的是，从刑法教义学的角度而言，上述破解之策在一定程度上对于刑法层面的问题解决具有独特价值，将对全面贯彻罪刑相适应原则，严厉打击网络贩毒共同犯罪，发挥正向积极作用。

第八章
“互联网+寄递”贩毒犯罪的司法认定与治理对策

“鸦片流毒，为中国三千年史未有之祸。”近代思想家魏源如是说。① 自清末开始对毒品实施管制以来，严厉惩处毒品犯罪就一直是我国禁毒的主旋律。② 时至今日，毒品犯罪在司法实务中的案件量占比仍然居高不下。从近年《中国毒品形势报告》通报的毒情来看，自2014年起，我国毒品管控形势总体向好，尤其在减少吸食人数、控制国内制毒源头、加强吸毒戒治工作等方面取得了明显的进步。但是，互联网和寄递业涉毒违法犯罪活动在每年的报告中均被列为亟须解决的突出问题，且总体形势相比往年都愈加严峻。的确，在互联网经济高速发展、寄递行业急剧扩张的大背景下，互联网和快递已经成为国民生活不可或缺的一部分，其为生活带来高效、便捷的同时，也为毒品犯罪的复杂化发展提供了可乘之机。“互联网+寄递”贩毒犯罪治理由此也呈现出法律法规执行效果较差、司法适用标准把握不明、现有对策施行收效甚微等问题。

---

① 魏源：《海国图志》，卷三十七。

② 张洪成：《毒品犯罪刑事政策之反思与修正》，中国政法大学出版社2017年版，第1页。

第一节　“互联网＋寄递”贩毒犯罪治理困境

纵观“互联网＋寄递”贩毒犯罪目前较为严峻的司法现状，本书从前端、中端、末端三个角度归纳了现存的治理困境。前端是指在预防一侧，“以贩养吸”的诱惑和“大麻合法化”的浪潮冲击着我国毒品管控秩序；中端是指在打击一侧，司法认定存在适用标准不明的问题；末端是指在治理一侧，“互联网＋寄递”贩毒犯罪面临缺乏科学系统的治理策略这一现实问题。

一、犯罪预防侧需求方管控难度大

（一）“以贩养吸”导致犯罪预防陷入恶循环

2021年6月24日，公安部新闻发布会通报禁毒工作情况时提出：“新发现吸毒人员数量下降，全国新发现吸毒人员从2016年的37.9万名下降至2020年的15.5万名，降幅接近六成；我们国家现有的吸毒人员数量也在下降，目前到2020年底的统计是，现有吸毒人员180万名，现在这个数字又在下降，比2016年的降幅已经超过三成。”① 由此可见，我国毒品吸食管控总体形势向好。但在仍然较为庞大的吸食基数下，要彻底防治毒品吸食问题任重而道远，短期内几乎不可能实现。

毒品贩卖本质上是市场交易行为，从经济学的角度分析，供应和需求相互作用，对于毒品交易这一类高风险高收益的犯罪行为，只要有需求便一定有人冒着风险牟取暴利，即使需求不足，供给方也会通过各类途径引诱需求达到旺盛。加之，毒品成瘾性高、戒治难度大，为了吸食而贩卖，为了贩卖而引诱他人吸食便形成了不良循环。前文的实证研究数据同样验证了该点，实施“互联网＋寄递”贩毒犯罪的行为人本身为吸食者所占比重较大，且众多行为人在大量购进毒品被抓获时，均以购买毒品是为了自身吸食为理由

---

① 《公安部新闻发布会：通报全国公安机关禁毒工作新成效有关情况》，载中华人民共和国公安部网，https://www.mps.gov.cn/n2254536/n2254544/n2254552/n7946755/index.html，最后访问日期：2021年8月22日。

否认具有贩卖毒品的目的，在陈述犯罪动机时主张因为自身的经济收入难以支撑吸食毒品的花销才实施贩毒行为。而且，在通常情况下，法院会考虑到行为人自己吸食毒品而酌情从轻处罚。如此之下，庞大的毒品消费市场极大增加了犯罪预防的难度。

（二）国外“大麻合法化”趋向冲击国内防线

在世界政治、经济、文化广泛交融的大背景下，涉毒相关违法犯罪作为一种社会现象也呈现出全球化的趋势。例如，毒品吸食问题治理就面临着世界“大麻合法化”浪潮的冲击。2021 年 3 月 31 日，美国纽约州长签署了纽约州“大麻合法化”的法案，[①] 这朵“大麻合法化”浪潮中的“浪花”让由来已久的“大麻合法化”之争呈现白热化状态。目前，世界上已有多个国家医用大麻合法化，乌拉圭、加拿大、美国部分州、格鲁吉亚等地娱乐大麻合法化。据前文实证分析数据可知，行为人通过暗网购入毒品用于贩卖的种类高度集中于大麻，在越来越多的国家将娱乐大麻合法化的背景下，暗网毒品交易的国际卖方市场活跃、国内买方市场扩大。尤其在新冠疫情期间，以国外网站为大麻交易平台、以国际邮包为输送路径实施毒品贩运行为的现象更加突出。由此，毒品犯罪国际发展态势迅猛，但毒品犯罪治理却面临着意识形态差异、经济发展差距和国际协作乏力等现实难题，毒品犯罪链条商业化、毒品犯罪形态全球化、毒品犯罪利益多元化已是在毒品犯罪治理中必须重视和解决的问题。要站在中国的立场上，在国外“大麻合法化”趋向下，解决好毒品犯罪治理羁绊的社会矛盾、观念冲突、利益争夺等社会问题，评估好毒品犯罪带来的新型挑战和治理难点。

二、犯罪打击侧司法认定标准不明

（一）主观明知认定难

在毒品犯罪构成要件要素中，主观明知认定一直是争议较多的疑难问题。在“互联网 + 寄递”贩卖毒品的模式下，司法实践中对于主观明知的认定存在以下问题：一是对主观明知的内容把握缺乏权威的标准；二是对间接故意的判定缺乏足够的重视；三是对认识错误的甄别缺乏充分的考量。具

① 《纽约州议会通过大麻合法化法案 州长：迈出一大步》，载中国新闻网，http://www.chinanews.com/gj/2021/03-31/9444367.shtml，最后访问日期：2021 年 10 月 10 日。

体来说，主要表现为以下几个方面：

第一，涉新型毒品案件的行为人否认对毒品性质具有认知。如前文关于毒品种类变化的阐述，新型毒品在毒品犯罪市场占比趋高。面对表现形式多样、化学成分翻新的新型毒品，行为人辩称并未认识到其贩卖的物质系毒品已成为常用理由。例如，贩卖“犀牛液”的毕某辩称自己贩卖的只是成人用品润滑剂，在出售时并不知道其系违禁品，在被公安机关抓获后始知“犀牛液”系含有 N－二异丙基－5－甲氧基色胺成分的新类型液体毒品。[①] 一般来讲，若行为人确未认识到其贩卖的对象系毒品，便不能构成贩卖毒品罪，但若行为人认识到其贩卖的对象系违禁品，这涉及行为人主观明知的内容争议问题；若行为人认识到其贩卖的对象可能是毒品，这便涉及毒品犯罪是否存在间接故意的问题。另外，在列管制度的时间差影响下，违法性认识也成为需要明确的争议问题。

一方面，关于认识的内容，学界主要呈现出三种观点，其一，有学者认为，毒品犯罪的成立只要求行为人认识到是毒品即可，对毒品的种类、名称、成分等具体要素没有认识要求，[②] 此类学说为通说；其二，有学者认为，即使行为人在主观上仅认识到是违禁品，在客观上实施了毒品犯罪，就不影响主观罪过的认定，因为其有危害社会的概括故意；[③] 其三，还有学者认为，对毒品种类的认识也是毒品犯罪中主观明知的重要内容，[④] 因为毒品不能脱离其种类而孤立地具有认识性、毒品种类的不同折射出行为人主观恶性大小的不同、毒品作为上位概念，在故意的一般理论来看，认识的程度应该具体到刑法规定的具体事实。[⑤] 关于认识的程度，即行为人主观罪过系间接故意时能否构成贩卖毒品罪，学界多认为主观上为间接故意也可以构成毒品犯罪。[⑥] 因为毒品犯罪中要求的明知是毒品，并非能够确定其行为对象是

---

① 上海市徐汇区人民法院（2019）沪0104刑初681号刑事判决书。

② 段鹏云：《毒品犯罪中“主观明知”内涵应予厘清》，载《人民检察》2014年第6期。张明楷：《刑法学（下）》，法律出版社2021年版，第1510页。赵秉志、李运才：《论毒品犯罪的死刑限制——基于主观明知要件认定的视角》，载《中南民族大学学报（人文社会科学版）》2010年第5期。

③ 张寒玉：《毒品犯罪主观“明知”的认定》，载《人民检察》2007年第21期。

④ 高巍：《贩卖毒品罪研究》，中国人民公安大学出版社2007年版，第123页。

⑤ 张汝铮：《毒品犯罪“主观明知”的实质性研究》，载《广西社会科学》2019年第2期。

⑥ 梅传强、徐艳：《毒品犯罪司法实践中的疑难问题探究》，载《河南司法警官职业学院学报》2005年第2期。张明楷：《刑法学（下）》，法律出版社2021年版，第1510页。

毒品，只要在主观上认为有可能是毒品即可成立犯罪。

另一方面，关于违法性认识的问题，面对新精神活性物质蔓延、合成类新型毒品不断出现的趋势，我国采用了列举式列管的方式进行管制。列举式列管的方式具有具体详尽、针对性强的优点，但因合成类毒品更迭速度快，列管具有时间差，即从某类新型毒品产生到其列管为毒品之间，可能存在行为人对其贩卖对象的法律性质认识存有偏差的情况，由此，在认定行为人的主观罪过时存在疑难。

第二，“为卖而买”型毒品犯罪的犯罪行为、犯罪故意、犯罪数额认定问题。据相关司法解释规定，以贩卖为目的而非法收买的行为也属于贩卖。[①] 因此，在司法实务中，行为人以贩卖为目的的购毒行为被视为贩卖毒品罪的实行行为，其所购买的毒品数额会计入贩卖毒品数额。同样地，《昆明会议纪要》规定：“对于有吸毒情节的贩毒人员，一般应当按照其购买的毒品数量认定其贩毒数量，量刑时酌情考虑其吸食毒品的情节；购买的毒品数量无法查明的，按照能够证明的贩卖数量及查获的毒品数量认定其贩毒数量；确有证据证明其购买的部分毒品并非用于贩卖的，不计入其贩毒数量。”通常来讲，行为人对于购买的毒品都只承认确有持有的故意，但拒不承认有贩卖毒品的目的，上述法律规范体现的是我国对犯罪故意的推定，对毒品犯罪的严打。但从应然层面上讲，贩卖目的的证明、贩卖数额的认定尚有争议。

（二）犯罪形态界定难

毒品犯罪的犯罪形态界定问题在司法实践中一直没有得到充分重视。大部分案件一旦被侦查机关查获，其犯罪形态均被认定为犯罪既遂，被认定为犯罪未遂的寥寥无几，被认定为犯罪中止的案件几乎没有。一方面是受毒品犯罪“发现难”的特征影响，另一方面则是被模糊的犯罪形态界定标准所限制。具体来看，犯罪形态的界分问题在以下三类行为模式中表现得尤其突出：

其一，为了贩卖而购买毒品的既未遂判定。在司法实践中，将行为人为了贩卖而购买毒品囤货的行为处理为贩卖毒品罪既遂是通常做法。例如，在

---

① 根据最高人民检察院、公安部《关于公安机关管辖的刑事案件立案追诉标准的规定（三）》第1条第3款的规定，《刑法》第347条规定的贩卖是指明知是毒品而非法销售或者以贩卖为目的而非法收买的行为。

胡某贩卖毒品案中，法院认定其家中查获的毒品均是为了“囤货”用于销售，构成犯罪既遂。① 彭某贩卖毒品案，法院认为对侦查机关在被告人彭某住处查获的16.2克毒品应按既遂处理，但考虑该部分毒品未实际卖出、被告人彭某本身为吸毒人员，其所贩卖的毒品中有部分可能用于个人吸食之用，故在量刑时酌情考虑其贩卖毒品的数量。② 有学者认为，为了贩卖而购买毒品的行为并非贩卖毒品罪的实行行为，无论是贩卖的日常含义还是其规范含义，抑或是从比较法出发，以贩卖为目的而买入毒品的行为都不构成贩卖毒品罪的实行行为，③ 单纯的购买毒品的行为并不属于刑法的规制对象，出于贩卖目的而非法购买毒品仅属于贩卖毒品的预备行为，只能构成犯罪预备，当然可能同时触犯非法持有毒品罪。④

其二，行为人未完成取货环节的既未遂判定问题。寄递渠道贩毒与普通贩卖毒品罪最关键的区别就在于寄递渠道的介入，在由寄到收的交寄、揽件、分拣、配送的多个环节中，将何处视为贩卖毒品罪的既遂确系司法实践中缺乏统一标准的疑难问题。从实证研究的具体案例来看，实务中多以快件寄出作为认定犯罪既遂的标准。以马某某、王某某走私、贩卖、运输、制造毒品案为例，对于辩护人提出王某某没有领取包裹系犯罪未遂的意见，法院认为王某某向马某某微信联系购买毒品后，毒品已通过邮递方式寄送到其指定的地点，且其指定的电话联系人林某已经签收了装有毒品大麻的包裹，毒

① 上海市第二中级人民法院（2019）沪0110刑初818号刑事判决表明：行为人因贩卖毒品被抓获归案，从其身上或者住处查获的毒品应一并计入贩毒数量，行为人以贩卖为目的而购买了毒品或正在向贩毒者购进毒品的，应认定为贩卖毒品的既遂。本案中，被告人供述，从其家中查获的毒品均是为了“囤货”用于销售，应认定为犯罪既遂。

② 江西省奉新县人民法院（2018）赣0921刑初11号刑事判决书表明：为了贩卖而购买毒品在司法实践中作为犯罪既遂处理，仅在量刑上有所影响。其原因在于为了贩卖而购买毒品的行为构成贩卖毒品罪的既遂是因为贩卖毒品罪是行为犯，行为犯的既遂并不要求造成物质性和有形的犯罪结果，而是以行为完成为表示，通常，贩卖毒品的行为始于购买，仅就购买毒品行为而言，就具有双重的社会危害性。一方面，行为人从其上线购买毒品，购买行为本身造成了毒品的非法流通和运转；另一方面，购买毒品的行为本身意味着可能出售毒品，是实施新的卖出行为的起点和必要前提，因为购买毒品行为同时包含了进一步危害社会的现实危险性，行为人的行为已经造成了国家对毒品的管理秩序的实质性侵害，公众健康的危害、威胁已达到现实的危险状态。因此，贩卖毒品的既遂与否，应以毒品是否进入交易环节为准，而不论行为人是否已将毒品卖出获利或者是否已经实际转移毒品，无论是购买还是卖出，只要行为人实施了其中一个行为，就应当视为贩卖毒品既遂。

③ 李立众：《贩卖毒品罪中“买入毒品即既遂说”之反思》，载《华东政法大学学报》2020年第1期。

④ 张明楷：《刑法学（下）》，法律出版社2021年版，第1514页。

品交易已经完成，其辩护人提出系犯罪未遂的意见，不予采纳。[①] 但此类做法是否符合罪刑相适应原则还需要进一步探讨。

其三，交易前被当场抓获的既未遂判定问题。在实践中，以孟某某、张某某贩卖毒品罪为例，行为人在网络上发布出售毒品信息，后在交易地点与他人约定毒品价格，交易前被当场抓获。对于出售毒品的被告人孟某某、张某某而言，其为卖而买毒品并进行交易，主观上有贩卖毒品的故意，客观上实施了赶赴交易地点、约定毒品价格、分装毒品等行为，故应认定其行为构成贩卖毒品罪的既遂。但有学者提出，贩卖毒品罪既遂与未遂的认定，应以行为人是否实际交付毒品为标准，并结合贩卖行为是否真正的、实质意义上的完成来考量。[②]

（三）共犯作用区分难

在“互联网＋寄递”贩毒犯罪链条式的发展模式下，除部分个人犯罪之外，涉案行为人间相互作用、相互影响，不论是单线式、流水式还是一体式，大部分案件都存在各行为人犯罪行为交错、上下线冗杂的问题。由此，共同犯罪判定难、共同犯罪人的作用大小区分难的问题便由此浮现。具体表现为以下模式：第一，当上线身份不明尚未到案时，面对行为人主张自己系从犯的辩解，法院处于认定两难的困境。若法院认定其属于从犯，考虑到主犯尚未到案，行为人所起作用大小难以仔细区分；若不认定其属于从犯，考虑到行为人实施的行为可能仅起着帮助上线的辅助作用，因为上线未到案不予认定难以做到罪刑相适应。第二，单纯的上下线与共同犯罪的界分困境。[③] 以陈某某贩卖、运输毒品罪为例，法院审理查明，被告人陈某某是在田某某联系其帮助购买毒品冰毒的行为促成下产生贩卖毒品冰毒的犯意，但陈某某与田某某没有实施毒品犯罪的共同故意，仅在客观上为互相关联的毒品犯罪上下家，不是共同犯罪的同案犯。[④] 从法院认定的事实来看，田某某为了吸食毒品而联系陈某某帮其购买，田某某在收取陈某某寄递的毒品后持有并吸食的行为仅构成非法持有毒品犯罪，但田某某是否具有教唆的故意，田某某和陈某某是否构成共同犯罪仍然是存有争议的问题。第三，在明确构

---

① 云南省大理白族自治州中级人民法院（2020）云29刑初63号刑事判决书。

② 张建、俞小海：《贩卖毒品罪未遂标准的正本清源》，载《法学》2011年第3期。

③ 黑龙江省哈尔滨市中级人民法院（2017）黑01刑初168号刑事判决书。

④ 四川省遂宁市中级人民法院（2014）遂中刑初字第23号刑事判决书。

成共同犯罪的前提下主从犯的区分问题。寄递渠道贩卖毒品行为的节点特征明显，具有可拆分的特征，但各个环节的所起作用大小较难仔细区分。以刘某某、杨某某贩卖毒品案为例，被告人刘某某出资购入毒品、联系买家，起主要作用，系主犯，被告人杨某某负责运送，起次要作用，系从犯。① 但购入毒品和寄递毒品是否当然具有主从犯之分，各行为主体对共同犯罪的贡献大小如何准确界分因寄递途径的介入同样面临难题。

三、犯罪治理侧对策施行成效欠佳

（一）责任主体监管难

从“互联网 + 寄递”贩毒犯罪所涉主体来看，网络安全监管义务者和寄递行业服务者发挥着不可替代的重要作用，若网络安全监管能够得到高效落实，行为人便丧失了勾连交易的媒介，贩毒各环节将被孤立开来，从而难以形成关联的链条；若寄递行业扎实推进追踪查验，线上和线下便不能形成交织环状，切断线下的实体交付有助于从根本上防范贩毒犯罪的发生。目前，司法实践中的网络管控和寄递规范面临着成效有限的困境。一方面，从网络安全监管者来看，《刑法修正案（九）》新设了拒不履行信息网络安全管理义务罪，在法律上明确了网络服务提供者的法律义务和违法后果。但在实践中，网络信息数量巨大、传输速度迅速、表现形式丰富，网络服务提供者履行监管义务既存在既定难度，也存在“角色混同”的风险。因为网络平台作为市场主体，在履行事前审查、事中监控、事后处理的义务时会缺乏权威性、中立性，参与执法“中气不足”、政府和网络服务提供者的监管责任难以厘清。② 另一方面，从寄递行业规范来讲，寄递实名制、收寄验视等制度早有法律规范予以明确，但基于实名制在一定程度上与寄递行业的便捷特征相违背，在缺乏强硬的功能类障碍下，用户难以自愿落实，而寄递业广泛分布的门店、各式各样的站点、配备不全的硬件条件、参差不齐的从业人员素质同样使得落实实名制和现场验视制度变得较为困难。例如，大部分快递企业在完成寄递“最后一公里”的目标时采用加盟模式，而此种模式在收寄验视、员工专业培训、设备配置上有所欠缺，即因为节约成本等原因导

---

① 贵州省沿河土家族自治县人民法院（2020）黔 0627 刑初 196 号刑事判决书。

② 周光权：《拒不履行信息网络安全管理义务罪的司法适用》，载《人民检察》2018 年第 9 期。

致监管力度不足。[1]

（二）追踪查控难度大

追踪查控同样是犯罪治理的重要环节，“互联网 + 寄递”贩毒犯罪治理面临的一大困境便是侦控难度大。其一，“丢货保人”的现象增添追踪阻碍。“互联网 + 寄递”贩毒犯罪具有人货分离的特征，为了防止毒品完全脱离掌控，行为人一般会选择暗中监控毒品的运输实况，但并不会暴露自己。一旦毒品有被查获的危险，犯罪分子便会立刻选择“丢货保人”隐匿起来。并且，运货单上的信息往往是虚假的，这进一步加大了深挖犯罪嫌疑人及上下线的难度，而仅查获毒品但未追踪到背后主体并不能真正有效地打击犯罪。其二，伪装方式的多样化增加查获困难。“互联网 + 寄递”贩卖毒品表现形式多样，犯罪分子可以充分利用快递包裹的多样性隐匿包装毒品，常见的如夹带在酒、茶、大米等普通物品里、制成薄片伪装于信件中、做成糖果、饮料等食品混杂在相似物品中等，这使得在打击治理环节察觉此类犯罪都非常困难，自然更难实现精准打击。其三，毒品犯罪网络化加大了打击难度。由于线上联络的方便性、隐秘性，以及网络支付的快捷性、安全性，毒品买卖双方越来越倾向于线上交易，携带毒品当面交易的接触式贩毒模式日渐式微。相应地，通过物流寄递渠道运输毒品，也产生了相配套的新型交易方式。比如，通过网络雇佣没有案底的人或者利用虚假身份信息去运输毒品，导致有关线索难以查获；通过新型虚拟货币或第三方支付手段支付完成交易，交易信息储存时间短、隐蔽性高，从而致使难以及时查处和收集证据。

第二节　“互联网 + 寄递”贩毒犯罪原因剖析

“互联网 + 寄递”贩毒犯罪的司法现状和现实困境是深挖犯罪原因的基础，明晰犯罪原因是提出相应治理对策的前提。因此，原因剖析是承上启下的关键环节。具体来讲，“互联网 + 寄递”是一种犯罪手段，犯罪分子在选

---

① 贾健、吴锋涛：《快递行业犯罪治理问题研究——以重庆市近五年快递行业发生的482个犯罪案例为样本》，载《西北民族大学学报（哲学社会科学版）》2020年第4期。

择行为方式时更加青睐此种方式，主要是基于低风险和高效益的吸引，而现有规范执行效果差、治理经验推广程度低、网络与寄递阵地控制薄弱都是现有治理对策收效甚微的原因。

一、规避风险与追逐利益双重影响

（一）查获概率低

从风险层面分析，“互联网 + 寄递”贩毒被查获的概率相对较低。如前所述，网络具有隐匿性强的特征、寄递贩毒面临人货分离的打击困境，面对一旦被抓获刑罚后果便极为严厉的刑事风险，犯罪分子利用网络勾连、寄递贩运是以降低风险为目的的择优选择。传统的贩运方式主要包括三类：一是行为人驾驶车辆进行公路贩运；二是行为人携带毒品乘坐飞机、高铁、火车、出租车、顺风车、商务车等公共交通工具贩运；三是人体藏毒贩运。一方面，三类传统方式均具有人货同行的特征，且需经过各类关卡的查验，被查获的概率很高。因此，不管是从证据的收集、保存，还是从行为认定来看都相对便利。而物流寄递人货分离，证据收集受阻、运输行为的认定因为物流寄递的介入变得困难。另一方面，人体藏毒这一类传统方式虽然有人体作为掩护，但该方式对行为人的身体伤害较大，当其出现在公共交通领域时被查获的风险也同样较大；而寄递运输不管是出货还是收货，均有快递作为良好的掩护，且随着社会经济的发展，不用当面签收的智能快递柜、雇佣没有案底的无关第三人代取快递更是降低了被查获的风险。另外，在网络的掩护下，勾连和支付环节同样相比传统方式变得更加隐蔽，被查获的风险变得更低。但需要明确的是，“互联网 + 寄递”贩毒并非没有风险，物流寄递人货分离的特征虽然大大降低了行为人被抓获的风险，但同时也使得犯罪分子无法实时监控所运毒品，甚至完全脱离其掌控，导致无法灵活应对各项突发情况，且据上述案例的实证分析数据显示，寄递贩毒案件中行为人被抓获的方式大部分均为在线下寄收快递时被顺藤摸瓜抓获归案，即“互联网 + 寄递”贩毒犯罪仅相比传统的贩运方式在一定程度上风险较低。

（二）行为效益高

追逐暴利是毒品犯罪的重要诱因。[①] 一方面，在犯罪成本上，“互联网 + 寄递”贩毒成本更低。一是在网络勾连层面，行为人几乎不需要花费额外费用；二是基于物流运输毒品的秘密性，行为人并不需要像传统运输方式一样支付运输者高于普通货物价额的运输费。夹杂或隐匿在普通货物中的毒品只需按照物流收费标准支付运费（运费一般是与重量成正比），而在伪装之下毒品所占重量几乎可以忽略不计，犯罪者不会因此产生过多的额外支出。即使行为人雇佣他人实施寄取行为，所付价额比雇佣他人实施运输行为更为低廉。因此，低成本这一显著优势也是寄递贩毒犯罪形势严峻的重要影响因素。

另一方面，在效率层面，“互联网 + 寄递”贩毒效益较高。一是行为人以交易平台为媒介实现一体化交易、利用网络群组勾连交流，既能够实现“一对一”信息精准直达，又能够实现“一对多”广泛散布信息。二是行为人利用寄递渠道贩运毒品，只需要参与寄发和收取，便可以直接将毒品从始发地运送到目的地，既不用自行规划运输路线，也不用自行转化交通工具，更不用像传统运输方式一样分段负责、紧密配合。随着物流业的迅速发展，寄递所需时间越来越短，行为人运送毒品的效率越来越高，进而可以快速达到犯罪目的。加之，庞大的毒品消费市场是毒品犯罪持续呈高发态势的重要原因，[②] 市场规模与经济利益成正比，在较高的效率之下，庞大的市场与可谋求的暴利综合作用，使得“互联网 + 寄递”方式变得越发受犯罪分子青睐。

二、网络监管与寄递控制力量单薄

（一）网络监管阵地控制不足

犯罪分子利用网络实施毒品犯罪呈现频率越来越高，隐秘性、智能化程度越来越强的特征，除了网络具有高度便捷性的现实吸引之外，阵地控制不足也为犯罪分子提供了可乘之机。阵地控制的关键在于职能部门监管功能的发挥。从目前的职能部门分布来看，禁毒委员会、公安机关、网信部门、电

---

① 应培礼主编：《犯罪学通论》，法律出版社 2016 年版，第 296 页。

② 张敏发、刘洪主编：《犯罪学原理与实务》，中国政法大学出版社 2015 年版，第 161 页。

信主管部门、市场监督部门、网络服务提供者等主体在一定程度上都负有净化网络环境的职责。但其各自的履职范围设定有所侧重，具体来看，禁毒委员会作为开展禁毒工作的专设机构，其关键作用在于组织协调各部门开展联合执法行动；公安机关作为刑事侦查机关，主要职责是追踪查控涉毒违法犯罪行为；网信部门负责落实互联网信息传播方针政策，督促有关部门加强对互联网涉毒内容的管理，推动互联网信息传播法治建设；电信主管部门主要负责互联网接入服务相关资质审查核验；市场监督部门负责对网络交易进行日常督查；网络服务提供者则需要自查自纠，对自身提供的网络服务履行安全管理义务。从积极意义上讲，多个部门对网络安全监管认真履职能够发挥更加全面、系统的作用；但从现实情况和消极意义来看，各部门职能交织、分工不明，容易因为在工作取得良好成效时归功不明、在工作出现缺陷不足时互相推诿，从而导致工作效果不理想。禁毒委员会办公室作为我国规制涉毒违法犯罪行为的统领部门，要让其他部门在繁杂的互联网监管义务中履行好涉毒违法信息监控职责，就必须切实发挥好其统筹作用。

（二）物流行业阵地控制不足

物流行业阵地控制，是指禁毒部门依靠物流行业主管部门及物流企业的协助，为收集毒品犯罪情报信息或发现毒品犯罪而对毒品犯罪分子经常涉足、利用的物流行业进行公开或秘密控制的一种需要长期经营的基础性公安工作。[①] 牢牢掌握物流行业阵地对预防犯罪起着举足轻重的作用，把好关口有利于从源头控制犯罪；一旦阵地失守便大大降低了寄递贩毒行为的风险，为毒品犯罪提供绝佳的平台。目前，我国对物流行业的阵地控制主要呈现出以下三个方面的问题：

第一，主体繁杂使得阵地控制难以全面地展开。2008 年以来，物流业便被评为中国十大兴盛产业，在良好的发展前景和偏低的准入门槛的吸引下，物流企业大量涌现，且其中中小型企业众多。禁毒部门欲实现全面的阵地控制，需要面对繁杂的物流企业和庞大的从业人员群体，在有限的侦控资源下，情报收集、秘密控制等工作难以全面展开。

第二，寄发实名制的阶梯化差异使得阵地控制南橘北枳。从制度规范来看，物流行业的实名制、登记、验视规定明确，但其在实施效果上存在明显

---

① 李云鹏：《物流贩毒研究》，载《云南警官学院学报》2011 年第 5 期。

的阶梯化差异现象，影响因素有区域、企业、从业人员等。一般来讲，偏远地区、乡镇地区物流工作相较于城市地区严谨性不足，中小型物流企业相较于大型企业规范性不足，低文化从业人员相较于高素质从业人员能力不足。而寄递渠道的毒品犯罪起运地相对集中，且所集中之地通常不会是城市中心，而是较为偏远的地区，因此，难以确保相关措施得到严格落实。此外，犯罪分子在选用物流公司时也更青睐程序简单的企业，因为此类企业更难保证查验工作的规范性，相关从业人员素质参差不齐，不能保证均按制度行事，由此导致阵地控制难以真正落到实处。

第三，收件实名制的制度空缺使得阵地控制成效减半。从现行规范来看，我国仅规定了寄件实名制，但并未通过法律条文明确收件实名制，[①] 由此导致物流阵地控制存有较大缺口。分析背后的原因，这主要是受寄递效率和个人信息保护两个方面的影响。在数量庞大的快递量下，施行实名收取与寄递业追求高效的行业特征在一定程度上相违背；加之，大量的个人真实身份信息被记录和核验，消费者难免会担心个人信息安全问题，所以一时难以接受和自愿遵守，因此广泛推行收件实名制还存有较大阻碍。但收件环节是“互联网+寄递”贩毒犯罪的重要环节，也是最薄弱、最容易突破的环节，若毒品在寄送过程中即被查获，可以通过收件点布控的方式抓获犯罪嫌疑人。另外，从常态化治理来看，若坚持收寄实名，则能够有效减少代取代拿的现象，这也有助于根据线索顺藤摸瓜全线条打击涉案上下线犯罪嫌疑人。但是，因为收件实名的制度空缺，实践中代取代拿现象常见、不按程序履行签收手续允许收件人自行拿走快件的现象非常普遍，因此，犯罪嫌疑人利用制度空缺大大降低了收取毒品环节的风险，综合寄发环节的实名制落实情况，物流行业的阵地控制整体成效便大大缩减。

三、规范执行与经验推广实效性差

（一）法律规范执行效果差

在法律规范层面，总的来看，我国“互联网+寄递”贩毒犯罪相关法律法规形成了以刑法和禁毒法为主导，与邮政法、网络安全法相配合，以

---

① 《邮件快件实名收寄管理办法》规定的“实名收寄”是以寄递企业的角度出发，要求在收寄邮件、快件时要求寄件人出示有效身份证件，对寄件人身份进行查验并登记身份信息，并未涉及收件人在收取快递时是否需要核验身份信息。

《快递市场管理办法》《关于加强互联网禁毒工作的意见》《禁止寄递物品管理规定》《互联网信息服务管理办法》《快递暂行条例》《邮件快件实名收寄管理办法》《快递业务经营许可管理办法》《邮政业寄递安全监督管理办法》等相关条例为辅助的规范体系。但该规范体系在一定程度上存有滞后性强、针对性弱、执行效果差等不足，其中症结在于执行效果差。

首先，滞后性强。法律规范天然具有滞后性，对于“互联网 + 寄递”贩毒犯罪这类新型犯罪，法律规范更是难以提前预见或者及时更新。2015年，邮政法经第二次修正通过，九部门出台《关于加强互联网禁毒工作的意见》，有关快递市场管理、实名制收寄、经营许可管理、安全监督管理相关的管理办法和条例陆续颁布或修订，但互联网信息高速更迭、寄递方式日异月殊，法律规范难以及时对接形形色色的犯罪行为。由此，复杂的司法现状对既有的预防犯罪措施打开了缺口、为追踪打击措施增添难度、为完善治理措施设置阻碍。同时，各类新型犯罪行为还不断挑战着传统司法认定，如新型合成类毒品对毒品性质认定带来新的问题、网络屏障的阻隔对主观明知、共同犯意的认定带来新的困难，寄递途径的介入对既未遂判定、行为性质的认定带来新的影响，而这都是法律规范难以事先预料并规定成文的，相应地，在相关法规和司法解释尚未及时出台的情况下，司法实践中便呈现出做法不一、成效不足的问题。

其次，针对性弱。上述规范文件虽然在一定程度上体现了对互联网业、寄递业涉毒犯罪的专项整治，但相关法规层级均较低，规范内容也较为笼统。分析其规范内容不难发现，其更倾向于行业规范、职责划分，对于新型犯罪方式带来的刑法认定和适用问题，并无相关法律法规予以解释和说明。例如，代为收取快递行为的性质认定、寄递途中被截获的既未遂判断、为了贩卖而用寄递方式运输的罪名适用等问题，都缺乏相应的权威规范予以说明，且规范文件中对各部门的责任划分也缺乏更为细致的规定和施行方略。

最后，执行效果差。法律规范的作用重在落实，再完备的条文制定之后若得不到施行，犯罪态势固然会越趋严峻。分析背后的原因，除受硬件条件阻碍之外，互联网领域监管成效堪忧、寄递行业实名、验视制度得不到充分的施行还在于相关制度规范关于惩罚措施的设置还有待完善。如邮政法对于不执行收件验视制度或违规寄递限制寄递的物品的，虽规定了对相关责任人员予以处分，对快递企业可以责令停业整顿直至吊销快递业务经营许可证，但此类惩罚措施很难得到立竿见影的效果。例如，对乡镇快递门店的兼职人员，用处分一类的惩罚措施促使其合规履职是缺乏威慑力和可行性的，而若在法律规范上缺乏强硬的法律后果，仅靠市场主体依靠内部行为规范予以管理较难收获良好成效。

（二）治理经验推广程度低

从实践中总结得出的经验是治理毒品犯罪的良药，采用何种具体的治理措施、施行何种具体的管理办法能有效提升毒品犯罪治理成效是需要经过实践检验的。面对“互联网+寄递”贩毒犯罪这类新型犯罪方式，若能在其萌芽的阶段便及时发现、重点整治，归纳总结形成可推广的经验普及开来，犯罪治理的难度便能大大降低。有学者以嵊泗县“全域无毒”创建为例探讨区域毒品治理路径①；以“凉山经验”为范本主张构建毒品问题治理的全民参与模式②；以“什邡经验”为借鉴探究易制毒化学品的基层治理③。但从目前来看，“互联网+寄递”贩毒犯罪尚缺乏能推广普及、持续性适用的治理经验，且其犯罪态势已经趋向严峻，在不同区域呈现不一样的特征，其既缺乏能够广泛适用的区域性治理经验，也尚未形成囊括性强的普适性治理经验。因此，在缺乏良好药方的情况下，犯罪形势依然较为严峻。

第三节 “互联网+寄递”贩毒犯罪治理对策

为应对“互联网+寄递”贩毒犯罪的严峻态势，实现犯罪打击的精准化，相关学者各抒己见，提出了很多对策，比如，有学者认为应当加大禁毒经费投入力度，以此保障物流渠道禁毒工作顺利进行；④ 整合物流寄递业禁

① 方顺红：《县域毒品治理的路径探索与思考——以嵊泗县“全域无毒”创建为例》，载《公安学刊（浙江警察学院学报）》2019 年第 2 期。

② 盛浩：《毒品问题治理的全民参与模式研究——以“凉山经验”为范本》，载《四川警察学院学报》2020 年第 2 期。

③ 任惠华：《易制毒化学品的基层治理——以什邡经验为借鉴》，载《四川警察学院学报》2021 年第 2 期。

④ 张黎、邵俊程：《论物流渠道贩毒问题及防治对策》，载《中国人民公安大学学报（社会科学版）》2011 年第 5 期，第 40 页。

毒情报资源；建立通报机制，强化责任追究；[①] 促进物流行业内部改革，完善相关的禁毒法律体系建设等。[②] 应当肯定，上述见解在一定程度上回应了打击寄递贩毒犯罪的现实状况和客观规律，但总体仍显粗犷，未针对“互联网＋寄递”贩毒犯罪的困境对症下药，难以为治理实践提供明确参考。本书认为，还需从前端预防、中端规制、末端治理三个角度分门别类地对“互联网＋寄递”贩卖毒品犯罪治理提出对策建议。

一、在犯罪预防侧实现供需双向管控

在犯罪预防一侧，随着国外“大麻合法化”浪潮的冲击，面对新型毒品违法使用情况堪忧、国内阵地控制薄弱的问题，我们需要发挥网络的积极作用，以吸食方管控、戒治康复工作、寄递实名制为落脚点，常态化、持续性地做好供需双向防控工作。

（一）以事前防范为关键点实现需求方管控

第一，充分利用网络的便捷性和影响力发挥积极作用。受毒品的成瘾性特征影响，人一旦沾染上毒品，就需要花费大量的时间和精力才有可能实现解脱。因此，做好事前防范是高效遏制毒品犯罪的良策。网络空间便捷程度高、影响范围广、表现形式丰富，其虽被毒品犯罪分子利用成为勾连交易的场所，但也能成为毒品治理主体防范毒品犯罪的有力战场。据学者的调查研究发现，吸食毒品的青少年中有85.37%的人对传统毒品表示拒绝，他们接受新型毒品是因为把其当作一种时尚的娱乐方式而已。[③] 因此，在加强毒品认知方面，应充分利用网络空间，针对不同的对象制定不同风格的禁毒宣传计划，实现需求方管控。例如，限制青少年可接触的网络范围，加强学校、家庭、社会等渠道对涉毒知识的普及；对青年人采涉毒危害的具象化宣传、对中年人采涉毒风险的直观性表述、对老年人采简单易懂的生活化普及，争取让更少的人因认知有限或一时糊涂而踏入吸食毒品的深渊。同时，还要注

---

① 李伟、焦志超：《网络、物流寄递涉毒犯罪的特点及打防对策》，载《江西警察学院学报》2015年第2期。

② 宋薇：《5G时代背景下物流涉毒违法犯罪的特点及侦控对策》，载《河北公安警察职业学院学报》2019年第4期。

③ 吴先超、张垚、刘华山、张春梅：《青少年吸食新型毒品成因个案研究》，载《中国青年研究》2015年第2期。

重线上媒介与线下教育相结合，建立禁毒宣传基地、从进学校、进企业、进场所、进农村、进家庭、进社区、进网络七个维度出发，做好毒品识别教育工作，对毒品的成瘾性、致幻性、伪装性、危害性等特征做好专门的宣传普及，做好全民毒品预防教育工作。

第二，坚决抵制国外“大麻合法化”这一不良倾向。在对大麻合法与否的态度上，依据我国的社会背景和禁毒理念，杜绝“大麻合法化”是必须坚守的立场。有学者提出“大麻合法化”的欧洲逻辑在于大麻立法的“禁止性模式”不仅无法减少大麻市场的泛滥，反而可能会导致严重的社会和公共卫生问题的出现，甚至给刑事司法系统带来沉重负担。① 但从我国的毒品形势和治理逻辑来看，科学的“禁止模式”不仅有助于防止大麻市场泛滥，避免严重公共卫生问题出现，也可以为刑事司法减负。在此立场下，面对国际“大麻合法化”带来的冲击，我们应坚守立场，做到堵源截流、加强管控，大力铲除本土种植活动、鼎力阻截境外侵入途径。

（二）以戒治康复为辅助避免形成恶性循环

戒毒康复是毒品犯罪治理中非常重要的一环，成熟的戒毒康复制度有助于吸毒者健康地从毒品的“魔爪”中脱离出来，这既能从控制需求方的角度减少毒品流通，又能从控制供应方的角度避免吸毒者走上“以贩养吸”的犯罪道路。科学技术的发展为犯罪治理提供了很大的帮助，在戒治康复环节，我们同样要充分利用现代科技的力量。目前，毛发检测在社区戒毒中的适用对防止吸毒人员“复吸”起到了很好的作用。同样，在日常管控吸毒人员的过程中，大数据和现代科技的应用也逐渐兴盛，适当引入社会力量对戒毒康复工作有很大的帮助。例如，部分企业推出的吸毒人员风险评估 AI 分析模型可以从生理特征、社会特征、染毒特征、管控状态、社会危害等角度综合评估涉毒人员的涉毒风险，此种可视化技术有助于推动吸毒人员检测和管控工作高效、精准地运行。

同时，有学者提出，我国台湾地区的戒毒制度从“道德模式”转向“医疗模式”，并总结出“轻重结合”模式，反映出我国台湾地区的毒品控制政策强调在保障吸毒者人权的基础上，通过司法裁判的介入等措施，平衡

---

① 李岚林：《大麻合法化的欧洲逻辑：价值博弈与法律平衡》，载《上海对外经贸大学学报》2020 年第 4 期。

社会管理目标与保障公民权利的正当诉求。① 也有学者提出，韩国依托医疗机构开展的入院戒毒治疗模式可以为我国毒品戒治提供经验，具体体现为加大对社会性戒毒医院的政策扶持、提高监所类戒毒医院的治疗功能、强化各类戒毒医院的集中监督管理。② 的确，毒品吸食者具有受害者、违法者、病人三重身份，③ 借助系统的医疗手段将戒毒与医疗相结合，不仅有助于吸毒者更科学地戒治毒品，减少身体损害，还有助于加强毒品戒治的持续性，减少“复吸”现象，从生理上和心理上都做到彻底戒毒。未来，我们应在此治理理念下，提升吸毒戒治工作的智能化程度、强化戒毒机构的医疗性，推进戒治康复工作的完善。

（三）以寄收实名制为落脚点实现阵地控制

落实寄收实名制是打赢常态化攻防战的重要举措。一方面，实名制的落实有助于从源头震慑犯罪分子，使之不敢在暴露真实身份的情况下，冒着被查获的风险肆意贩运毒品；另一方面，实名制的落实有助于案发后精准追踪犯罪嫌疑人，从而实现高效查获犯罪。同时，实名制的落实还有利于规范行业习惯，形成良好的毒品治理氛围。

在物流寄递行业，实名制分为寄件实名和收件实名两类。寄件实名制，是指在物流寄递企业收寄物品时要求寄件人出示本人身份证件，并在货运清单上如实登记寄件人姓名、居民身份证或其他有效身份证件及号码、住址、联系电话等个人信息和收件人个人信息的制度。④ 随着相关规范性文件的颁布和寄递程序的规范，寄发快递的实名制落实已经有了较大的改善，但仍需解决的是部分规范性不足的企业、经济落后的地区和主体素质的差异等因素带来的制度落实问题，其关键就在于设立科学的核验方式。收件实名制，是指收件人在收取快递时需向快递站点或快递人员出示本人有效身份信息并签收单据的制度。相对空缺的收件实名制既容易导致寄递行业秩序杂乱，又加大了寄递渠道犯罪的追踪查控难度。

本书认为，应当构建科学可行的寄收实名制度。具体的构建路径分为两

---

① 包涵：《“道德模式”与“医疗模式”的交错并行：台湾地区戒毒制度的现状考察与经验借鉴》，载《中国刑事法杂志》2016 年第 2 期。

② 黄尚：《韩国入院戒毒治疗模式的经验与启示》，载《科教导刊（下旬）》2019 年第 15 期。

③ 王心一：《防微杜渐思维下的韩国禁毒策略》，载《中国禁毒报》2021 年 11 月 5 日，第 6 版。

④ 李云鹏：《禁毒学视野下的物流寄递实名制研究——以云南省德宏州为例》，载《云南警官学院学报》2014 年第 3 期。

个方面：其一，在寄发环节，应根据《快递暂行条例》的现有规定，切实落实寄件人如实提供收件人的姓名（名称）、地址和联系电话的规定。[①] 不管是个人寄递活动、电商平台交易活动还是企业间的货物流通活动，物流寄递均要求寄件方如实提供收件方基本信息。其二，在签收环节，应先从法律规范上为收件实名制设立依据，然后再构建具体的施行细则，将现有规范设定的寄件实名扩展为寄件和收件均实名。在构建施行细则时，需要做到提升查验效率、加强用户个人信息保护。落实寄收实名制的关键仍在于核验方式，司法实务和理论学界关于实名制的落实主要有出示实体身份证件、应用人脸识别技术、应用 CTID[②] 等电子身份证件三种方式。

其一，核验实体身份证件。出示实体身份证件以核验身份，是传统的落实实名制的方式。该方式要求物流寄递企业从业人员在收取客户所寄货物或者在收件人签收货物时，查看寄件人或收件人的实体身份证件，并确认与快递单上所登记的信息相一致，对没有随身携带实体身份证件的寄件人或收件人，原则上不予收寄和取件。通过核验实体身份证件来落实寄递实名制虽具有必要性，但可行性欠缺。一是在物流行业市场竞争激烈的背景下，追求经济效益是企业的首要目标，鉴于实体身份证件多为人工查验，当寄件人不符合实名核验的标准，企业仍选择为其寄件的现象非常常见；同样，在收件一侧，即使规定了取件实名，施行效果也不会理想。二是寄取快递随身携带实体身份证件的确为公众的生活带来了一些不便，较难形成自愿践行的社会氛围；且随着互联网经济的发展，若有更为安全、高效的新兴方式出现，自然可以替代传统方式。当然，此类方式可以作为不便使用智能设备群体的补充方式。

其二，充分利用人脸识别技术。有学者提出，可以利用人脸识别技术将

---

① 《快递暂行条例》第 22 条规定："寄件人交寄快件，应当如实提供以下事项：（一）寄件人姓名、地址、联系电话；（二）收件人姓名（名称）、地址、联系电话；（三）寄递物品的名称、性质、数量。除信件和已签订安全协议用户交寄的快件外，经营快递业务的企业收寄快件，应当对寄件人身份进行查验，并登记身份信息，但不得在快递运单上记录除姓名（名称）、地址、联系电话以外的用户身份信息。寄件人拒绝提供身份信息或者提供身份信息不实的，经营快递业务的企业不得收寄。"

② CTID 是指"网络身份认证凭证"，简称"网证"。是地方公安机关为了推进社会治理与警务便民，依托公安部"互联网 + 可信身份认证平台"自主签发的电子加密文件，将公民个人身份信息，通过人脸识别等生物特征技术手段进行比对，用于用户身份识别。

实名制寄递落到实处，[①] 要加强智能快件箱的视频监控系统的建设。[②] 按学者建议，不论是门店寄件、上门寄件还是及时收取或非及时收取，均需要利用人像采集终端采集寄件人和收件人的有效身份证件及人像信息。但本书认为将人脸识别技术应用于寄递行业既不具有必要性，也不具有可行性。一方面，高风险、低效益的特征决定了应用人脸识别技术不具有必要性。高风险是指在收集、保管、使用人脸信息的各个环节，可能出现无意识性的非法收集问题、不当保管甚至出卖的问题、恶意获取违法使用的问题等。低效益是指为了打击一小部分犯罪行为，而对整个物流行业采取高风险应对措施，收集每天寄取快递的普通群众的人脸信息，不仅对于打击犯罪收效甚微，还可能为其他犯罪提供更大的契机。另一方面，寄递最大的特点就是便捷，快递代发、代收点分布广泛，其可能是集中的驿站、自助快递柜、快递员上门，也可能是小区相邻几米的几家便利店、乡镇上简陋的门房。面对庞大的寄递量，要实现寄发和收取每一个快递都读取身份证、收集人像，需要在各式各样的每个站点安装设备，且即使均安装了设备也不能保证其一一按规范落实，这不仅耗财耗时耗力，还给公众的生活带来极大的不便。

其三，广泛应用 CTID 等电子身份证件。2016 年，公安部“互联网 + 可信身份认证平台”获国家发改委批复立项，试点示范积累了较为丰富的实践经验。目前，网证已在酒店住宿等领域广泛适用，但在寄递领域尚未广泛适用，将网证应用于寄递行业的实名制验证既具有必要性也具有可行性。在实践中，扫描身份码的验证方式在经济较为发达的地区得到了较为广泛的适用。身份码是关联个人支付宝或淘宝账号的验证二维码，其由快递公司所设，在性质上也属于一种网络身份认证凭证。虽身份码在核验身份上有所裨益，但存在设立主体不具有公共性、查验结果不具有准确性的问题。因此，本书认为，应用 CTID 是最佳方式。[③]

将网证应用于寄递环节是集便捷、安全与高效于一身的选择。其一，从便捷性来讲，支付宝和微信是网证的两大主要载体，以微信申领为例，用户

---

① 于春秀：《人脸识别技术在防控物流贩毒中的运用》，载《云南警官学院学报》2019 年第 5 期。

② 刘鹏：《大数据背景下寄递物流领域犯罪打防对策研究》，载《中国人民公安大学学报（社会科学版）》2017 年第 5 期。

③ 梅传强、王心一：《物流运毒犯罪的肇因检视与治理之策》，载《广西警察学院学报》2021 年第 1 期。

只需要在“网证 CTID”小程序中依序输入个人信息、确认手机授权、完成人脸识别，即可将网证保存到微信卡包或警办小程序。在使用时，用户只需要出示核验通过的二维码或电子身份证信息即可完成身份核验。相较于实体身份证件，手机具有便捷和便携的优点，用户更愿意主动遵守；相较于现场识别人脸技术，使用网证无须在快递站点安装人脸识别仪器，只需要扫描二维码，成本低且易于推广，将其应用于物流行业，既方便了预防、打击犯罪，还可以提高实名登记的工作效率。

其二，从安全性来讲，在使用网证时，用户需要通过验证密码、指纹、刷脸等途径证明是本人操作，且网证信息是与人脸、指纹、身份证芯片绑定的，很难被仿冒。相较于实体身份证件，网证被他人捡拾或者偷盗的风险较低，即使手机丢失了，用户可以通过其他手机登录微信或支付宝删除原手机的网证，也可以通过线下可信终端删除。相较于人脸识别技术，网证的安全性能体现得更加明显。网证使用的二维码具有短期、动态的特征，互联网后台存储的数据都是经过国产商用密码算法单向变换的脱敏信息，验证过程不会传输或者储存公民的隐私信息，原始的生物特征和身份信息均存储在公安信息网内，[①] 这极大地降低了公民个人信息被二次传播、贩卖、用于违法犯罪活动的危险。

其三，从效力上讲，网证同样能提供国家法定证件级的身份认证服务，合法效力受公安机关认同。目前，除网证以外，扫描“身份码”、手机输入身份证号核验寄递人的身份信息等电子核验方式在部分地区开始盛行，在便捷性上与“网证”异曲同工，但在安全性和效力上稍显不足。综上，将网证适用于物流寄递行业，既方便居民生活、提高物流行业工作效率，又有利于落实寄递实名制，有效预防、打击寄递渠道贩卖毒品犯罪。

二、在基本原则下明晰司法认定立场

（一）以罪刑法定为根本遵循把握犯罪构成

罪刑法定原则是刑法的基本原则，也是把握犯罪构成时必须遵循的原则。对于“互联网 + 寄递”贩卖毒品犯罪呈现出的对毒品性质的认知、对

① 杨林、国伟、孙玉龙：《“互联网 + 可信身份认证平台”的建设与应用》，载《警察技术》2020 年第 3 期。

贩卖故意的认定等问题，不能因毒品犯罪的“严打”政策而放松标准，应当在强调有效打击的同时，注意定罪量刑环节刑法运用的合法性和合理性。这要求司法人员在定罪量刑活动中严格恪守罪刑法定原则，防止泛化打击和过度依赖刑法。

具体来讲，首先，对于毒品犯罪主观明知的认定，必须在总则关于“明知”规定的指导下，结合分则对“明知”的细化进行综合判断，在判断时必须坚持主客观相统一原则，不能陷入仅凭主观归责或客观归罪的错误倾向。毒品属于规范的构成要件要素，判断行为人是否构成毒品犯罪时，只需考察是否认识到其贩卖或者帮助贩卖的是毒品，不要求认识到具体的毒品种类。因为考虑法益侵害性有无是罪刑法定原则对明知范围的固定要求，而法益侵害性大小一般只影响量刑结果。值得注意的是，当行为人发生认识错误时，仍应坚持主观“明知”的内容只需认识到是毒品，无须认识到具体种类的原则。但是，不能直接用鉴定结果决定行为人的刑罚，需要坚持主客观相统一原则，对行为人主观罪过的认定根据行为人意识状态行为的性质而定。① 例如，行为人将贩卖的10克海洛因误以为是10克咖啡因，若直接以鉴定结果10克海洛因对行为人定罪量刑显然存在量刑过重、客观归罪的嫌疑。因此，应坚持把10克咖啡因作为量刑基数，只有这样才符合主客观相统一原则。另外，行为人若对毒品性质缺乏认识，即没有认识到其贩卖的对象是毒品或者可能是毒品，同时也因为客观原因缺乏违法性认识可能性，从罪刑法定原则的角度出发是可以排除犯罪故意的。总之，贩卖毒品罪中行为人主观需要认识的内容仅包括毒品；对毒品种类的认识不影响定罪，但不能忽视其对量刑的影响。

其次，从罪刑法定原则出发，贩卖毒品犯罪的主观罪过既包含直接故意，又包含间接故意，间接故意心态下实施的毒品犯罪同样具有严重的社会危害性、刑事违法性和应受刑罚处罚性。对间接故意的判定，除了直接实施毒品犯罪的行为人之外，通常出现在网络服务提供者、寄递行业工作人员等技术主体的责任认定中。

一方面，对于寄递行业工作人员，从客观方面看，其危害行为可能是帮助行为，也可能是实行行为；其表现形式可能是作为，也可能是不作为。在

---

① 梅传强：《犯罪故意中“明知”的涵义与内容——根据罪过实质的考察》，载《四川师范大学学报（社会科学报）》2005年第1期。

从业人员客观上的确实施了帮助贩运毒品的前提下，是否承担刑事责任的关键就在于主观罪过的判定。具体可以分为以下几种类别：其一，当寄递行业工作人员对毒品贩运行为具有直接故意，即明知自己提供寄递服务的行为会发生毒品流通危害社会的结果，仍希望该危害结果发生，自然构成毒品犯罪的共同犯罪无疑。其二，当寄递行业工作人员认识到自己的行为可能造成危害社会的结果，且在意志因素上持放任的心态，同样也会构成贩卖毒品罪的共同犯罪。其三，虽然毒品犯罪系故意犯罪，但过失罪过形态仍然具有讨论的空间，且实践中负有查验身份、检查验视职责的收寄人员的主观心态多为过失，即已经预见自己的行为可能会发生危害社会的结果，但轻信能够避免或者应当预见到自己的行为会发生危害社会的结果，但因为疏忽大意没有预见。本书认为，过于自信的过失在寄递行业工作人员的主观认定中并不具有成立的空间。因为在实务中，考虑到他们身份的特殊性，一旦认识到寄递的物品可能是毒品，他们则必须采取避免结果发生的积极措施，并无任何可信赖的事实可以作为其轻信危害结果不会发生的根据。换言之，若其已经认识到寄递的可能是毒品，其主观应当认定为间接故意而非过于自信的过失。对于疏忽大意的过失，即寄递工作人员应当认识到自己的行为会发生危害社会的结果，但因为疏忽大意没有预见，这是司法实践中最为常见的主观心态。因毒品犯罪的主观罪过形式要求是故意，根据罪刑法定原则，行为人主观罪过是疏忽大意的过失时实施的毒品贩运行为不能用刑法予以规制，此时，用行政法规和行业规范即可合理惩治失职行为、维护社会秩序，应当严格遵守罪刑法定原则且保持刑法的谦抑性。但从综合治理的角度来看，为了更好解决“互联网＋寄递”贩毒这样的实务难题，从行业规范出发尽量减少疏忽大意的过失的出现是预防寄递贩毒犯罪的有力举措。具体来讲，本书认为应该适当加大寄递公司和工作人员的责任，硬性规范寄递审查程序，对每一步检验措施设置障碍性权限，使寄递工作在审查义务范围内逐步规范施行，缩减疏忽大意的生存空间。

另一方面，对于网络服务提供者，其责任认定主要表现在两个方面：一是若网络服务提供者故意拒不履行信息网络安全管理义务，致使大量涉毒违法信息传播，在经监管部门责令采取改正措施而拒不改正，情节严重，满足拒不履行信息网络安全管理义务罪的构成要件时，则需要以拒不履行信息网络安全管理义务罪定罪处罚。二是若网络服务提供者拒不履行信息网络安全管理义务的同时，又为贩卖毒品行为提供技术帮助，则还可能构成贩卖毒品罪的共同犯罪。

最后，对通过“互联网＋寄递”大量购买毒品的“为卖而买”行为性质判定问题，在罪刑法定原则的规范下，推定大量购入毒品的行为具有贩卖毒品的故意对于本身就是吸食毒品者和为他人代购者略显严苛，但基于我国相关规范性文件已予以明确，所以它是符合罪刑法定原则的。但我们需要在犯罪形态上要充分重视犯罪预备的判定、为犯罪中止留存成立的空间，准确区分犯罪未遂与犯罪既遂。

（二）以“交付制”为着力点分析既未遂状态

纵观我国刑法及毒品犯罪相关司法解释和会议纪要，现并无法律规范对寄递渠道贩卖毒品犯罪的既未遂判断标准加以明确，而理论界学说纷呈、实务中模糊判定已成常态。合理规范贩卖毒品犯罪的既未遂判定问题、做到罪责刑相适应，需要以传统理论为着力点，结合新型犯罪方式明晰适用标准。

传统理论关于贩卖毒品罪的既未遂标准存在“契约说”“交易说”“实际交付说”“买入说”等学说。“契约说”以买卖双方就交易毒品达成意见一致为犯罪既遂的标准。“交易说”以买卖双方进入交易阶段为犯罪既遂的标准。[①]“实际交付说”以买卖双方进入“实际交易状态”为犯罪既遂的标准。[②]“买入说”以购买行为完成为犯罪既遂的标准。[③] 在“互联网＋寄递”贩毒犯罪等新型犯罪方式的司法认定中，简单套入传统理论都会出现一定问题。首先，“契约说”具有犯罪既遂判定过于前移的缺陷。在“互联网＋”背景下，卖毒者和买毒者契约达成多在网络空间，当二者通过线上商议的方式达成交易合意后，距离实际履行交易往往还有一段距离，且随时有取消交易的可能性，若此时便以犯罪既遂认定，有抹杀了犯罪中止成立空间的嫌疑。其次，“交易说”具有标准模糊适用不一的缺陷。“进入交易阶段”本身解释空间较大，且在互联网和寄递业的介入下，“拍下商品链接”“暗网平台下单”“寄递发货流程”“第三方平台支付货款”等行为都可以解释为进入交易阶段，但以哪一环节为既遂节点难以明确，因此，不能为司法实践

---

① 梁彦军、何荣功：《贩卖毒品罪认定中的几个争议问题》，载《武汉大学学报（哲学社会科学版）》2013 年第 5 期。

② 魏东、金燚：《贩卖毒品罪的几个争议问题研究》，载《西南石油大学学报（社会科学版）》2016 年第 5 期。

③ 张汝铮：《贩卖毒品罪既遂标准的审视与重构》，载《河北法学》2019 年第 12 期。

提供科学的指导。再次，“买入说”同样存在判定前移和标准不明的缺陷。最后，“实际交付说”是理论界的通说，但寄递环节的介入使得“实际交付”也难以判断。从总体来看，人货分离的交付流程分为卖方寄出、物流公司运送、买方收取这三大部分，从语义上讲，应以买方收取为实际交付节点，但因为快递的介入，当涉毒包裹到达快递站点时，买方就已经转换成了主导地位，随时可以完成交付，若因买方迟迟不予收件而不能认定已然实际交付，则又存在既遂状态认定不当后移的嫌疑。

因此，有学者提出，我国未遂与既遂的区别仅在于违法性程度不同，区分二者的必要性不大，在特殊的毒品案件中，司法实践模糊犯罪既遂与未遂认定的做法是具有合理性的。[①] 也有学者提出，通过物流寄递方式贩卖毒品，应坚持将毒品是否实际交付作为既遂标准。[②] 本书认为，上述观点均有一定合理性，但要么不符合我国刑法对既未遂判定的现行规定，要么对司法实践起不到有效的指引作用。另外，对“控制下交付”下的既未遂认定，若硬性以实际交付为标准，同样会导致认定困难，因为在控制下交付下，行为人一旦出现，公安机关便会以抓获成功的可能性为参考依据采取抓捕行动，通常并不一定能等到实际交付。因此，若单以行为人是否成功取件为标准，便会出现认定行为人既未遂取决于公安机关采取抓捕行动的快慢的情况，这难以反映行为人的主观恶性大小和社会危害性大小。且控制下交付的目的就在于利用线下交付时人货统一的特点将行为人抓获归案，即使完整完成了交付，此时的交付实际上也不再具有交付的现实意义了。

综上，刑法理论应当在刑法基本原则的框架下对司法实践发挥指导作用。本书认为，贩卖毒品罪的既未遂判定标准仍然应当总体坚持“交付制”，因为交付与否就意味着行为人的贩卖目的达到与否，这是区分犯罪既未遂的关键所在。至于交付与否的具体判断，并不要求毒品现实地转移到买家的手中，只要毒品已经脱离了卖家的掌控，即可视为交付，进而认定为犯罪既遂。因此，在此标准之下，为了贩卖而购入毒品的行为认定为犯罪预备较为妥当，因为其确未进入交易环节，仍处于贩卖行为的预备阶段。

---

① 梅传强、张喆锐：《论贩卖毒品罪既遂标准的模糊化认定》，载《河北大学学报（哲学社会科学版）》2019 年第 3 期。

② 史令珊：《物流领域毒品犯罪既未遂状态的认定》，载《黑龙江省政法管理干部学院学报》2019 年第 3 期。

需要注意的是，在以邮寄快递方式实现交付的贩卖毒品犯罪中，因存在货物到达与买方取货的时间差，故而应当进一步区分交付的时间点。具体来说，应以货物到达代收点为犯罪既遂的标准，因为在货物已经到达代收点之后，已然从卖方支配转为买方支配，即卖方已经完成了交付的全部动作，买方有权随时取走货物实现对货物的直接占有，可以视为贩卖目的已经达到，即已经实际完成交付，构成犯罪既遂。以货物到达代收点为既未遂标准也可以有效解释控制下交付的既未遂问题，因为货物一旦到达代收点就已经构成既遂，后续的抓获时间不再影响犯罪既未遂的判定。当然，若快递本身的交付方式限定直接交付，并无代收制度，则应以实际交付与否为判断既遂的标准，因为在实际交付之前快递仍处于快递公司管控之下，尚未形成收件方可随时支配的状态。

（三）以罪刑适应为重要参考考量共犯认定

共同犯罪的认定错综复杂，加上网络的隔间和寄递的介入，各行为人间相互配合的方式与传统方式有所出入，共同故意的认定也变得更加疑难。从主观认定上看，理论上对共同犯罪故意的认定有“明知说”和“共谋说”两种观点，前者以明知是毒品而参与到他人进行的犯罪行为中即可认定为有共同犯罪故意；后者不仅要求行为人在认识因素上已然认识到自己与他人共同实施犯罪，还要求在意识因素上经过自由意志选择与他人共同实施犯罪。[①] 从刑法理论上来讲，共同犯罪故意的确既包括认识因素也包括意志因素，各行为人之间必须具有“意识联络”。[②] 面对网络和寄递的介入，即使在从严打击毒品犯罪的刑事政策下，认定共同犯罪也需要严格遵循刑法关于共同犯罪的规定。在认定各共同犯罪人的责任大小时，也必须遵循罪刑相适应原则，仔细分析各共同犯罪人所起作用大小，对能够区分主从犯的予以区分，各行为人所起作用相当的不予区分，且结合各类量刑情节做到罚当其罪。结合前述实证分析可知，“互联网＋寄递”贩毒犯罪所判刑期居高不下，而影响量刑的主要因素就是毒品数额，在共同犯罪中，各行为人的数额统一计算，自然会面临较高的刑期。但值得警惕的是，不加区分的重刑可能不仅不能起到治理犯罪的良效，反而会有违罪刑相适应原则。因此，要准确

---

① 梅传强、张嘉艺：《论毒品犯罪的共犯认定思路》，载《西南政法大学学报》2019 年第 3 期。

② 高铭暄、马克昌主编：《刑法学》，北京大学出版社、高等教育出版社 2007 年版，第 180 页。

把握行为人的刑期判定。具体来讲，一是要加强技术研究，尽可能将全链条的犯罪嫌疑人一并抓获，避免出现因共同犯罪人不到案而难以认定共同犯罪的困境；二是要在主观认定上善用推定规则，综合行为人的客观行为表现，从参与方式、可获利益、行为隐匿程度高低等因素判定共同犯罪人的主观罪过；三是要在量刑上给予法官足够的自由裁量权，对于主从犯区分不明显但所起作用确有大小之分的共同犯罪人在量刑上予以体现。

三、在治理对策上强调防打治相结合

（一）全民助力形成社会共治良好格局

要高效地开展毒品治理工作，就需要构建社会共治良好格局，即监管部门、物流企业及其从业人员、群众、各职能部门等主体都积极参与到预防、打击、治理毒品犯罪体系中。

首先，就物流行业工作人员与监管部门的关系来看，一方面，监管部门在做好分内的预防、打击工作的同时，要充分发挥物流企业及工作人员的自身监管作用。禁毒部门虽然是监管毒品犯罪的第一责任主体，但在寄递贩毒模式下，物流企业及工作人员才是一线参与的主体，其能更加迅速和高效地发挥监管作用。另一方面，物流企业和从业人员自觉投身禁毒事业的同时，应当配合监管部门针对全社会形成治理毒品的良好氛围。即除了通过客观的制度要求、主观的意识约束督促物流企业和从业人员严格贯彻落实各项措施，还需要形成良好的禁毒氛围。毒品犯罪治理需要从源头根治，若毒品失去了贩卖的市场，运输的问题也自然迎刃而解，而在全社会形成良好的打击毒品交易的氛围，也有利于减少潜在的毒品吸食者，由此逐步形成良性治理格局。

其次，对于普通群众作用的发挥，可以汲取成熟的具有普适性的治理经验。例如，有学者提出，要汲取“枫桥经验”中“依靠群众”和“化解矛盾”的核心内涵，走“依靠群众”的禁毒人民战争道路，把“自治、法治、德治”相融合，打造“源头治理、依法治理、综合治理、合作治理”的具有中国特色的毒品问题治理之路。[①] 的确，打赢禁毒人民战争需要依靠人

---

① 周秀银：《汲取“枫桥经验”走中国特色毒品问题治理之路》，载《公安学刊（浙江警察学院学报）》2019 年第 4 期。

民。加强情报工作、推进社会共同治理，这是治理毒品犯罪的有效路径。与此同时，要拓宽治理成效，还应凝练实践中各地的治理经验，通过提取共性部分，提高地方经验的普适性；通过列明具体措施，提高地方经验的实操性。

再次，禁毒部门需要增强部门联动，着力完善禁毒、网侦、技侦的通力合作，有效整合信息资源，依托线上专业平台，发挥各个部门各自的技术优势。通过技术的不断更新，打开禁毒部门追踪查控的视野。面对“丢货保人”的问题，除了推进网证实名制，禁毒部门还应建立大数据模型，对涉案信息深挖线索，其中包括运单留存信息、物流往来信息、资金流向信息、马仔交流信息等。通过数据平台与其他关联平台资源共享、整合分析，充分发挥数据在公安办案中的综合效能。[①] 国家禁毒委员会要统筹公安机关、网信部门、电信主管部门、市场监督部门、网络服务提供者等主体，各司其职、协同配合，高效开展网络毒品违法犯罪治理活动。

最后，要健全国际禁毒合作治理体系。随着毒品网络犯罪形式逐渐丰富、网络毒品犯罪范围逐渐扩大。毒品犯罪治理单靠某一个国家是不能根治的，我们必须在人类命运共同体理念的指引下，树立共治理念、推进国际合作，通过国内外多手段并举有效推进“互联网＋寄递”贩毒犯罪的打击和治理。例如，对于行为人在暗网平台、在境外合法网络平台发布涉毒信息并进行毒品交易的行为，就需要加强国际合作，在技术攻破、抓获犯罪行为人、惩治犯罪等环节同心协力、互相配合。

总之，若简单将毒品治理的希望寄托于禁毒部门，而忽视物流企业及从业人员、普通公众、其他职能部门、国际合作的作用，治理之路定会难上加难。只有切实提高企业的专业能力，提升公众的安全意识，法律部门间的联动作用，促进国际间合作共赢，使多方主体积极主动地参与到毒品犯罪治理中，才能有效提升综合治理实效。

（二）全过程管控犯罪所涉各个环节

“互联网＋寄递”贩毒犯罪治理需要针对网络和寄递领域分别展开全过程管控，即在增强网络监管力度的同时逐个突破寄递各环节，做到双管齐下。

---

① 李莉、熊俊：《“互联网＋”背景下快递涉毒违法犯罪行为数据预警研究——以实名制快递数据为切入点》，载《江西警察学院学报》2020 年第 1 期。

1. 加强网络监管

首先，在总体方略上，要坚持总体国家安全观、维护重点领域国家安全。网络和信息安全牵涉到国家安全和社会稳定，要筑牢网络安全防线，提高网络安全保障水平，加强网络安全预警监测，更好适应国家安全工作的需要。

其次，在具体的施行路径上，应加大对网络服务提供者的重视，使其发挥好在网络空间中不可替代的枢纽作用。关于网络服务提供者的信息网络安全管理义务，有学者认为其属于消极义务，只需履行事后的报告、删除等义务；① 也有学者认为，应当强调网络服务提供者的积极管控义务，即不仅需要在事后履行报告、删除等义务，也需要承担事前的审查义务和事中的监控义务。② 本书认为，网络服务提供者作为网络空间至关重要的角色，其既应承担网络安全管理的义务，又完全具有履行积极义务的能力，故而应当切实发挥其在网络涉毒犯罪防控中的关键作用，促使其主动出击、严格审查、持续监控，致力于杜绝网络环境滋生贩毒犯罪行为。

最后，需要特别注意的是，大麻的主要滋生环境是暗网，把控暗网毒品犯罪，要对暗网毒品犯罪各个环节展开逐个突破。作为对技术要求较高的暗网空间，提升防控效果最重要的就是促进技术革新，即通过科技手段探悉暗网毒品犯罪行为的蛛丝马迹。具体来看，在预防环节，要加大力度管控翻墙软件和特殊配置的使用，阻断暗网的进入路径；在监管环节，要加强对暗网环境的日常监管，系统建立规管措施。在查控环节，要提升暗网数据实时监测和智能分析技术，稳定数据采集工作，依托实体线索助力追踪查控。

2. 加强寄递各环节管控

寄递活动呈线性发展，各个环节条理明晰。首先，寄发环节。第一，提高物流行业准入门槛、设置行业退出机制。物流行业阵地控制难以全面展开的一部分原因是主体繁杂。因此，适当提高物流行业的准入门槛和在一定条件下设置退出机制确有必要。物流企业须具备相应的从业资质、一定的经济实力和完备的规章制度，在涉毒防控中高效配合禁毒部门的相关工作。若其

① 涂龙科：《网络内容管理义务与网络服务提供者的刑事责任》，载《法学评论》2016年第3期。

② 莫洪宪、王肃之：《毒品滥用行为网络防控体系的多维建构》，载《政法论丛》2020年第1期。

在设立时并无完备的规章制度，或未对涉毒风险进行预警和防控，则限制其准入资格；若其在设立后多次、大量出现违法犯罪行为，则责令其整改或退出行业。这既有助于缩小侦控范围、节约侦控资源，也有助于提高侦控效率、确保侦控质量。第二，加强从业人员素质培养。如前所述，物流从业人员素质参差不齐也是物流阵地管控不严的重要原因。为了保障就业和民生，无须立刻提高物流行业从业人员的准入门槛，但可以通过对物流从业人员开展禁毒宣传培训来提升行业素质。一是可以对物流从业人员进行定期宣讲，使其对毒品的危害、物流寄递毒品的严峻性、禁毒工作的必要性的认识更加深入，从而在思想层面做到充分认识。二是，可以通过上岗培训、定期培训的方式，使其充分了解毒品的种类、常见隐匿毒品的方式、发现隐匿毒品时如何妥善处理等，切实掌握好实操技能。三是可以通过在站点张贴标语的方式，时刻提醒从业人员认真细致，尽职尽责。四是可以通过合理的奖惩机制激励从业人员主动落实各项禁毒措施。如当从业人员严格落实查验制度，发现夹带的毒品并妥善报予公安机关处理时，物流企业与公安部门应通过表扬、发放奖金予以鼓励；当从业人员存在职务过失，未按规范查验毒品时，轻者处告诫、罚款，重者处开除等惩戒措施，涉嫌刑事犯罪的依法定罪处罚。

其次，运输环节。第一，中转枢纽处集中查验。面对越趋隐蔽的隐匿、伪装手段，要实现精准查验毒品，除了依靠从业人员的人工查验，还需要借助精密的毒品查验设备。考虑到代取、代收点广泛分布的现状，如同身份识别仪器一样，各点均安装查毒设备的做法投入高、产出低，难以全面展开。因此，在更为便捷、平价的查毒设备得以普遍适用之前，可以选择在中转枢纽处集中查验。如乡镇站点的来往货物统一由区县枢纽站检查，这既可以减轻经济负担、加快查控效率，又可以规范查控手段、扩大查控覆盖面。第二，重点地区物流信息抽检。毒品犯罪具有区域分布较为集中的特征，要将有限的侦控资源发挥最大的效用，就需要因地制宜，采取分级防控的应对措施。具体来讲，除针对各地区均衡开展的普通例行检查之外，一方面，可以对毒品犯罪高发的重点地区的物件进行不定期抽检，抽检的频率与地区的案发率相关联，若抽检到含毒物件，需由相关物流公司的责任人员承担相应的责任；另一方面，可以对非重点地区的可疑物件进行监控、查验，必要时采取控制下交付，深挖背后的涉案人员和涉案团伙。

最后，收货及后续查控环节。该环节是“互联网+寄递”贩毒犯罪被查获概率最高的环节，也是最终的落脚环节。虽然犯罪主体隐匿性高、人货分离的特点为打击和治理毒品犯罪带来了较多的阻碍，但线下收寄环节的人货统一为打击犯罪提供了入口，不管是“明网”还是“暗网”，不论其涉及的技术多复杂，都需要依赖寄递系统将毒品送到买家手上。2013 年 6 月，“丝绸之路”管理者乌布利希被抓获的线索之一便是其在订购一批假身份证时泄露了他的住址，暗网的交易因普通的邮政系统而变得有迹可循。① 因此，在该环节，提升追踪查控能力至关重要。当寄递贩毒进入收货环节以后，禁毒部门需要集中力量于精准打击和妥善处置，面对毒品犯罪网络化的新样态，寄递贩毒的追踪查获方式也需要打破传统模式，做到与时俱进。

（三）全方位形成防打治有机结合体

要精准地开展毒品治理工作，就需要系统构建全方位毒品治理体系，在毒品犯罪活动打击过程中，促进防、打、治措施的有机衔接。各项措施不能为了防而防、为了打而打、为了治而治，若只强调打击一侧，当危害行为发生后才致力于追踪查控，便会因为没有事先预防和综合治理的帮助而举步维艰。若提前做好预防工作，日常做好治理工作，定能助力打击工作的顺利开展。因此，防、打、治三者是相辅相成、不可偏废的，只有做到三者的协调与平衡，才能实现毒品犯罪可持续治理。

毒品公开查缉是一项集预防、打击、治理效果于一身的良策。毒品公开查缉工作是指禁毒执法部门在毒品运输的各种通道上，依法对特定范围内可能藏匿毒品的人员、货物、运输工具等进行公开检查，以期查获毒品并抓获贩毒人员的专门执法工作。② 此项工作虽由来已久，但在司法实践中的施行成效存在明显的地域差异，只有部分地区施行情况较好。总体来说，全国毒品公开查缉工作面临队伍薄弱、设备不足、信息闭塞的问题。因此，要在犯罪预防侧形成持续威慑，在打击毒品犯罪侧化被动为主动，在治理侧形成包围体系，就可以以毒品公开查缉工作为着力点，总结成熟地区的有效经验，加强各地区之间的联络和协作，应用“互联网 +”时代背景下的大数据分析和新兴技术，拟定邮包公开查缉专项计划，充分利用社会资源，形成防、打、治三位一体的立体化格局，实现综合联动。

禁毒工作 AI 可视化体系也是有助于预防、打击、治理协同作用的先进

① 方言：《两大暗网黑市覆灭记》，载《中国信息安全》2017 年第 11 期。

② 昂钰：《试析公开查缉毒品的基本程序和方法》，载《云南警官学院学报》2005 年第 2 期。

技术手段。在犯罪预防方面，其可以设置全方位毒情监测体系，分析吸毒人员的检测结果和评估结果；在打击犯罪方面，其可以设置涉毒犯罪 AI 分析研判体系，利用信息化技术监测禁毒工作的实时进展；在犯罪治理方面，其可以健全全层级责任落实体系，将协同绩效数据化、可视化。通过政企联合，加强禁毒部门与科技公司的合作，在毒品犯罪治理的每个环节都注入科技的力量，是未来实现防、打、治有机结合的必然走向。

在当代社会，毒品犯罪治理还与社会阶层、文化思潮等因素密切相关，面对新型毒品的渗透，要全面、科学地认识毒品的衍变问题，为对策的制定和实施提供科学的依据。总之，毒品犯罪治理需要多学科的全面研究，社会、文化和教育等领域的协同助力，接续不断地系统思考和实践探索。①

① 夏国美、杨秀石：《社会学视野下的新型毒品》，上海社会科学院出版社 2017 年版，第 4 页。

后　记

随着《毒品犯罪司法认定基本问题研究》的完稿，我们编撰团队的每一位成员都感到了一种释然与期待。本书的编撰是对毒品犯罪司法认定的一次系统思考，也是一次学术探索的旅程。在此，我首先要介绍参与本书编撰的团队成员，他们分别是执行主编王心一（西南政法大学博士研究生，国家毒品问题治理研究中心研究人员）；编撰人员：严磊（法学博士，温州大学法学院讲师，国家毒品问题治理研究中心研究人员）、盛浩（法学博士，四川警察学院侦查系讲师，国家毒品问题治理研究中心研究人员）、梁选点（西南政法大学博士研究生，国家毒品问题治理研究中心研究人员）、李可（重庆市渝中区人民法院法官助理）、周佳璇（四川省成都市人民检察院检察官助理）。每一位团队成员都以其独特的视角和专业的知识为本书的完成做出了重要的贡献。在此，我谨向他们为本书的编撰和研究提供的支持表示由衷的感谢！

本书编撰期间，在团队成员的共同努力下，我们深入司法实践一线，与法官、检察官、律师等法律实务工作者进行了多次深入交流，收集了大量案例资料，进行了严谨的分析和讨论。与此同时，我们梳理、汇总、整合了大量文献资料和研究成果，进行了反复论证和深入讨论，最终完成了本书的编撰。在这个过程中，每一位团队成员都发挥了自己的专长和才华，共同形成了丰厚的研究基础，产出了丰硕的研究成果。其中，本书的前期成果《毒品数量在量刑中的功能定位》《“互联网+寄递”贩毒犯罪及治理研究》均被评为重庆市优秀硕士学位论文。

禁毒工作事关国家安危、民族兴衰、人民福祉，厉行禁毒是党和政府的一贯主张和立场。根据近年发布的《中国毒情形势报告》，新型毒品种类多、更新快，我国禁毒形势依然严峻复杂。同时，受网络技术发展的影响，毒品犯罪呈现出人货钱分离的网络化趋势。因此，在司法实践中，毒品性质认定、毒品数量认定、毒品犯罪法益认定、网络毒品犯罪的形态认定等具体问题，都给毒品犯罪治理带来了新问题和新挑战，这严重影响了毒品犯罪案件刑法适用的协调性、统一性和有效性。

本书的研究内容涵盖毒品犯罪司法认定中的基本问题。从毒品犯罪司法认定的总体概况到分类聚焦，从毒品犯罪司法认定的实践现状到修正建议，主要包括毒品犯罪司法认定的基本概述、问题检视、原则坚守与修正建议，新型毒品犯罪的司法认定与完善路径，毒品数量的司法认定与功能定位，网络贩毒共同犯罪的认定现状与破解路径，“互联网+寄递”贩毒犯罪的司法认定与治理对策。我们从不同角度对毒品犯罪司法认定进行探讨，旨在为司法实践和学术研究提供理论与实践相结合的有效参考。

在研究方法上，我们采用了案例分析、比较研究、实证调研、文献分析等多种研究手段。一方面，通过对国内外相关文献的广泛梳理和比较分析，我们试图构建一个全面、系统的毒品犯罪司法认定理论体系，力求做到全面且深入。另一方面，我们以实证研究数据为试金石，力求研究结果更加贴近实际，更具说服力，并通过完善毒品犯罪司法认定的规则体系，以期对司法实践有所裨益。

我们认为，毒品犯罪的司法认定是一个动态发展的过程，随着社会环境的变化和司法实践的深入，相关的法律规定和司法解释也会不断更新。因此，我们期待本书能够成为一个开放的学术平台，激发更多的学者和实务工作者参与到这一领域的研究中，共同推动我国毒品犯罪司法认定相关理论研究与司法实务工作的进步。尽管我们团队付出了较大的努力，但本书仍然存在不足之处，我们真诚地希望学界同仁和广大读者能够提出宝贵的建议。同时，在未来的研究和实践中，我们将继续深耕，不断完善与深化对毒品犯罪司法认定问题的研究，为我国相关法律法规的制定和司法实践的进步提供更为系统和科学的参考依据。

本成果系国家社科基金重大项目《国家毒品问题治理的实践困境与模式创新研究》（20&ZD196）的阶段性成果，2024年度教育部人文社会科学研究规划基金项目《青少年新型毒品滥用风险控研究》（24YJA8200019）的阶段性成果，也是盈科律师事务所横向课题《国家毒品问题治理的理论与模式创新研究》的最终成果。在此，向全国哲学社会科学工作办公室、教育部、西南政法大学和盈科律师事务所表示衷心感谢！

最后，在此付梓之际，感谢本书编撰过程中各位理论和实务专家给予的悉心指导和大力支持，感谢出版社编辑团队的专业指导和辛勤付出，感谢为本书编撰提供调研指导的单位及实务工作者，感谢所有支持、帮助本书出版的个人与机构！

梅传强

2024年7月3日于重庆